入門
公共経済学

第2版

土居丈朗
Doi Takero

日本評論社

はしがき（第 1 版）

　本書は、政府に関わる現実の諸問題を取り上げながら、公共経済学を学ぶことを目的とします。公共経済学とは、政府や公共部門が行う経済活動を経済学的に分析する学問です。公共経済学を学ぶことによって、現在の政府の行政や財政に対するより実践的な理解を深めることができ、そのあるべき姿について 1 つの考え方を習得することを目指しています。政府はなぜ必要なのか、税金はどのように課税するのがよいか、公共投資はどのように行えばよいか、地方分権はどう進めればよいか、などの問題を本書では取り上げています。公共経済学を初めて学ぶ学生はもとより、経済政策のあり方をきちんと考えたい社会人の方、さらには政策現場で仕事に携わる公務員の方にも読んで頂けるよう配慮しました。

　これまでにも、多くの公共経済学の教科書が出版されています。著者もそれらの本から多くを学びました。しかし、後で振り返ったとき、1 つの物足りなさを感じました。それは、公共経済学の優れた考え方が現実の政策のあり方とどう結びついているかについて、あまり書かれていない点です。本書では、現実の政策のあり方を直視でき、数式をなるべく使わずに解説することを心がけています。さらに、公共経済学の見地から言える地方分権や税制に対する政策提言も、本書に盛り込みました。教科書としては言い過ぎかもしれませんが、日本経済をよりよくするために公共経済学の主張が役立ってほしいという思いを込めて敢えて書くことにしました。

　また、本書は、本文中の説明で使う数式を最低限にしました。その代わり、理論が示す直観的な意味を、言葉で丁寧にわかりやすく説明しました。その意図は 2 つあります。1 つ目は、数式を見ただけで学習意欲を失う初学者にも、数式を使わずに理解してもらえる点です。2 つ目は、公共経済学を学んだ後でそれを実践するとき、一般国民にもわかるように公共経済学が示唆する政策の内容を説明するには、数式を用いずに言葉で説明できなければならない点です。ただ、公共経済学の理論の数式による展開に興味がある読

者のために、各章の補論に厳密な理論の展開を載せています。

　本書は、16章から構成されています。学習目的別に各章を分類すると、第1章から第5章は公共経済学の基礎理論、第6章以下は現実の政策への理論の応用で、第6章から第10章は静学編、第11章から第13章は動学編、第14章と第15章は国際編、第16章は政治編、となっています（ちなみに「静学」とは一時点での経済活動の分析を意味し、「動学」とは現在から将来にわたる異時点間の経済活動の分析を意味します）。講義の回数や時間の制約から重要度の高い章だけに絞りたいという方は、第1章から第5章を終えた後で、必要に応じて各章に進むと、無理なく理解できます。

　本書は、『経済セミナー』2001年4月号〜2002年3月号に連載した「実践！公共経済学」の内容をもとに、法人税や公共料金などを加筆修正したものです。連載時から本書の刊行に至るまで、日本評論社の福里美加氏には大変お世話になりました。本書の内容には、慶應義塾大学経済学部や大蔵省財政金融研究所（現・財務省財務総合政策研究所）で著者が行った講義の資料や受講生との質疑応答も生かされています。また、草稿の段階から本書を読んで頂いた芦谷政浩・名古屋市立大学助教授（当時）からの多くのコメントによって、内容が改善されました。この場を借りてお礼を申し上げます。

　最後に、私事にわたって恐縮ですが、本書の執筆を支えてくれた妻真理と、愛くるしい笑顔で著者を応援してくれた長女史佳に、感謝の意を表したいと思います。

　　2002年7月　サンディエゴ・ラホーヤにて　　　　　　　　　土居丈朗

はしがき（第2版）

　第1版を刊行してから15年が経ちました。その間、日本の財政状況は、大きく変わりました。しかし、本書で取り上げた公共経済学の理論は、その妥当性は揺るがず、大きく改訂する必要性が生じることなく今日まで来ました。

　ただ、本書で講じる公共経済学の理論を適用する政策課題は、日本の財政状況の変化に伴い変容しています。政府支出の構成は、高齢化がさらに進んだことにより、社会保障費がますます増えてゆきました。年金給付を受ける高齢者も増え、年金財政を持続可能にするためには、給付と負担の規模を改める必要が生じました。そうした背景から、2004年にわが国の公的年金制度は大きく改革されました。社会保障費の増大を受け、公共投資など他の支出は抑制が求められることがありました。

　他方、税制に目を転じると、社会保障費の財源を確保するため2014年度に消費税率は5％から8％に引き上げられましたが、10％への引上げは2度延期されました。グローバル化が進み、日本企業が直面する国際競争も激しくなったことを受け、法人税率は2014年度から2018年度にかけて引き下げられることとなりました。所得税も、所得再分配機能を回復させることなどを狙いとして、2016年と2017年に控除の見直しが企画されました。

　そうした中、政府支出が増大する割には、国民に租税負担をさらに求めることができず、政府債務は累増の一途をたどりました。その間、わが国の税制は前述したように変わり、本書の公共経済学の理論が示唆するように、望ましい方向に改革されましたが、いかんせん増加する政府支出を十分に賄えるだけの収入を確保することができませんでした。本書で取り上げる公共経済学の理論は、政府債務が過度に累増すると経済活動を阻害すると示唆するだけに、政府支出と租税負担のバランスを適切に見直すことが必要です。

　本書で取り上げる国際的な政策課題も、近年変化しています。地球環境問題では、先進国のみならず途上国も参加して温室効果ガス排出量の削減に取

り組む世界初の枠組みとしてパリ協定が、2015年に採択され、2016年に発効しました。今後は、各国が設定した温室効果ガス排出量の削減目標をどう実現するかが課題です。国際課税では、多国籍企業の課税逃れが問題視され、国際機関であるOECD（経済協力開発機構）にBEPS（税源浸食と利益移転）プロジェクトが立ち上げられました。グローバル化によって変容した多国籍企業の活動実態と各国の税制や国際課税ルールとの間のずれを是正して、各国政府が協調して人為的な租税回避行為を防ぐ対応策について協議し、2015年に最終報告書がとりまとめられました。これを踏まえた国際課税ルールの修正が求められます。

　このように、第1版が刊行されて以降、本書で取り上げる政策課題が変容したことを受け、本書を改訂することにしました。実施された制度変更も踏まえ、政策課題の現状に関する記述を大幅に更新するとともに、公共経済学の理論の説明をよりわかりやすく書き換えました。

　本書の第2版への改訂に際しては、日本評論社の小西ふき子氏には大変お世話になりました。本書の内容には、慶應義塾大学経済学部をはじめ、早稲田大学大学院ファイナンス研究科（現・大学院経営管理研究科）、日本経済研究センターや日本政策投資銀行設備投資研究所で著者が行った講義や受講生との質疑応答も生かされています。この場を借りてお礼を申し上げます。

　　2018年1月　東京・三田山上にて　　　　　　　　　　　　　土居丈朗

＊本書に関する追加情報などは、著者のウェブサイト　http://web.econ.keio.ac.jp/staff/tdoi/pubecon.html　に掲載いたします。

目次 ── 入門│公共経済学 第2版

はしがき（第1版）ⅰ
はしがき（第2版）ⅲ

第1章　公共経済学とは何か —————————————— 1
　1　政府の役割　1
　2　政府の必要性　4
　3　本書の理論的枠組み　7
　練習問題　18

第2章　公共財の供給量を決める —————————————— 19
　1　公共財　19
　2　公共財の最適供給条件　24
　3　公共財の自発的供給　30
　4　公共財の中立命題　37
　5　リンダール・メカニズム　41
　6　クラーク＝グローブス・メカニズム　46
　補論　A．公共財のパレート最適条件の導出　50
　　　　B．ナッシュ均衡の効率性の数式による説明　52
　練習問題　53

第3章　税の望ましい徴収方法　消費課税1 —————————————— 55
　1　日本の租税　55
　2　消費課税　59
　3　従量税（部分均衡分析）　61
　4　独占市場における従量税　69
　補論　独占企業の利潤最大化行動　76
　練習問題　77

第4章　税の望ましい徴収方法　消費課税2 —————————————— 79
　1　従価税　79

 2 独占市場における従価税 85
 3 消費課税の効率性（一般均衡分析） 91
 4 ラムゼイ・ルール 95
 練習問題 97

第5章　税の望ましい徴収方法　所得課税 ── 99

 1 労働所得税 99
 2 現行の労働所得税 105
 3 望ましい労働所得税 112
 4 利子所得税 116
 練習問題 121

第6章　法人税の意義 ── 123

 1 法人税の意義 123
 2 法人税が投資に与える影響 127
 3 法人税が資金調達に与える影響 137
 練習問題 151

第7章　補助金の経済効果 ── 153

 1 補助金 153
 2 補助金の効果 155
 3 価格支持政策の効果 161
 練習問題 168

第8章　公共料金の決め方 ── 169

 1 価格規制の必要性 169
 2 公共料金の決め方 175
 3 ラムゼイ価格 185
 補論　A．限界収入の大きさ（図解による近似的説明） 196
    B．需要の価格弾力性の図解 197
 練習問題 198

第9章　望ましい地方財政の姿 —— 199

1　地方公共財　199
2　地方政府の分権的な政策決定　208
3　現行の地方財政制度の問題点　218
補論　A．地方公共財供給のパレート最適条件の導出　225
　　　B．短期における分権的な地方政府と移住均衡　225
練習問題　227

第10章　地方財政の分権化 —— 229

1　望ましい地方税制　229
2　スピルオーバー効果　242
3　地方分権の進め方　249
補論　A．短期における分権的な地方政府による固定資産税　254
　　　B．長期における分権的な地方政府の戦略的行動　255
　　　C．地方公共財の便益がスピルオーバーする際のパレート最適条件　257
　　　D．地方公共財の便益がスピルオーバーする際の分権的な地方政府の政策決定　257
練習問題　259

第11章　公債の有効活用 —— 261

1　公債の経済効果　261
2　課税平準化の理論　276
練習問題　281

第12章　年金制度の課題 —— 283

1　年金の経済効果　283
2　将来の年金改革　292
練習問題　299

第13章　効率的な公共投資のために —— 301

1　公共投資の経済効果　301

2　社会資本の最適供給　309
  3　公共投資の費用便益分析　321
  練習問題　324

第14章　国際課税をどう行うか ―――― 325

  1　国際的な取引と租税　325
  2　国際課税の原則　329
  3　国際資本課税のあり方　334
  4　総生産効率性定理　344
  補論　A．図14-5の点 P' と点 Q' の位置関係　347
  　　　B．源泉地主義課税下での(8)'式と(9)式の関係　348
  練習問題　348

第15章　地球環境問題 ―――― 351

  1　外部性と地球環境問題　351
  2　ボーモル=オーツ税　361
  3　排出量取引　365
  練習問題　369

第16章　政策決定の政治的影響を考える ―――― 371

  1　公共選択学派　371
  2　直接民主主義　372
  3　議会制民主主義　382
  練習問題　388

本書を終えるにあたって　389

用語解説　391

参考文献　395

練習問題解答例　397

索引　403

Public Economics

1 公共経済学とは何か

1　政府の役割

　近年、日本では政府の借金（政府債務）が急速に累増し、このままでは政府が破綻してしまうのではないかと懸念されている。そうした中、この現状を打開しようと、政府のあり方についてさまざまな議論がなされ、改革案が提示されている。この主な論点は、政府がたずさわる政策・行政をいかに効率化するかという点である。

　本書は、政府にかかわる現実の諸問題を取り上げながら、公共経済学を学ぶことを目的としている。公共経済学とは、政府や公共部門が行う経済活動を経済学的に分析する学問である。公共経済学を学ぶことによって、現在の政府の行政や財政に対する理解を深めることができ、そのあるべき姿についての一つの考え方を習得することができる。

　公共経済学を学ぶためには、まず、家計や企業などの民間の経済主体の間で行われる経済取引の中で、なぜ政府が必要なのかを根源的に考える必要がある。公共経済学は政府を分析対象としている以上、政府の意義を経済学の

考え方に沿って深く考えることこそが、政府の経済活動のあり方を考える際の第一歩だからである。

　財政学では、通常、政府が果たす機能として3つ挙げている[1]。それは、**①資源配分機能、②所得再分配機能、③経済安定機能（景気調整機能）** である。

　資源配分とは、土地、労働、資本といった限りある経済資源を各経済主体（家計、企業、政府など）に振り分けることである。振り分けるといっても、何の目的もなくするのではなく、経済全体でみてより多くの利潤が上がり、人々がより幸せになる（効用が高くなる）ようにうまく振り分けるのである。ここでの資源配分機能とは、政府が経済全体を考慮して限りある経済資源をよりうまく振り分ける機能である。

　この機能は、ミクロ経済学では、通常、市場の価格調整メカニズムによって実現することが期待されている。しかし、後で述べるように、必ずしも市場では経済全体でみて望ましい資源配分ができない場合がある。この場合を、**市場の失敗**と呼ぶ。市場の失敗が生じるときには、政府が適切に介入して、前に述べたように経済全体でみて望ましい資源配分になるよう是正する役割を果たすべきであるというのが、この機能に込められた意味である。「経済全体でみて望ましい」資源配分は、別の表現で、効率的な資源配分とも呼ぶ。

　例えば、政府が果たす資源配分機能として、公共財の供給が挙げられる。詳細は後で述べるが、公共財（公園、道路など）は市場の失敗が起こって民間の経済主体だけではうまく供給できない。このとき、政府が公共財を供給する。現実社会では、政府が税金を徴収して、公園や道路を作る場合がこれにあたる。

1）財政学と公共経済学は、厳密には分析対象や分析手法が異なる。財政学は基本的に予算編成や税制などの「財政」を対象としているのに対し、公共経済学は、政府の経済活動を「財政」のみならず、政府当局が行う各種の規制や公的企業（水道、電力）の活動などを含む行政サービスを広く対象としている。また、分析手法として、公共経済学は基本的にミクロ経済学（新古典派経済学）に基づいているのに対し、財政学は、マクロ経済学やミクロ経済学を用いるだけでなく、財政制度の事例研究も含んでいる。

所得の再分配とは、個人間の所得格差を（所得分配が公平になるように）調整することである。したがって、所得再分配機能とは、政府が個人間の所得格差を是正する機能である。財政（政府）が果たす所得再分配の具体例としては、累進課税制度、社会保障制度（年金など）、義務教育や低家賃住宅などへの政府支出が挙げられる。所得格差が大きい経済では、政府が所得の多い人から多くの税金をとり、所得の少ない人に多くの補助金（社会保障給付）を出すと、再分配後の所得格差が小さくなる。

　経済の安定化とは、政策によって景気（好況・不況の波）を安定させることである。したがって、経済安定機能とは、政府が財政政策などを通じて、景気変動を安定させる機能である。これについては、マクロ経済学の教科書で詳しく書かれているから、ここでは詳しくは取り扱わない。

　この3つの機能の観点から、わが国の1990年代の政策運営を評価すれば、次のようになる。日本経済は、1990年代初めにバブルが崩壊し、景気がしばらく低迷する状態が続いた。これに対して、政府は経済安定機能を重視し、税収が減少する中で多額の政府支出を投じて景気を回復させようとした。この政府支出に対する財源を租税に求めると、国民の租税負担が重くなって景気回復の足を引っ張ることを懸念し、結局公債発行によってその財源をまかなった。それと同時に、この財政政策は低所得の人や地域を配慮する運営を行い、相対的に低い所得の地域に公共投資を積極的に行ったり、低所得者層の租税負担を増やさないようにする税制改正を行ったりした。これは、所得再分配機能を重視した政策運営であるといえる。

　こうした1990年代の政策運営は、期待したようには景気が回復しないまま大量の財政赤字を残した。そして現在、より効率的な政策運営を求める声が強まっている。すなわち、資源配分機能をより重視する政策運営が求められている。

　効率的な政策運営を考えるには、公共経済学の考え方が多くの示唆を与えてくれる。本書を通じて、さまざまな観点から効率的な政策運営をともに考えていきたい。

2　政府の必要性

●経済の見方

　政府が果たすべき機能の一つとして挙げられる資源配分機能は、政府が民間の経済主体の経済活動を差し置いて、独裁的に経済全体の資源配分に介入すべきであることを意図しない。この資源配分機能は、あくまでも政府は民間の経済活動ではうまくいかないところを補完することを意図している。つまり、本来は民間の自発的、利己的な経済活動によって、市場において経済全体でみて望ましい資源配分が実現するのだが、ある特別な状況においてはこれがうまくいかず、**市場の失敗**が生じる。この市場の失敗が生じる場合には、経済全体でみて望ましい資源配分を実現させるべく、政府が適切に介入することが求められるのである。ここに、資源配分の上で政府の必要性が認められ、公共経済学の意義が見いだせるのである。

　では、こうした状況とは、どのような状況であるかをより詳しくみることにしたい。以下の説明は、本書を理解するうえで必要なミクロ経済学の基礎知識を復習する意味もかねている。

　まず、経済全体には家計（消費者）と企業（生産者）が数多く存在し、家計は手持ちの所得（財産）を使って財を消費してより高い効用を得ようと（**効用最大化行動**）し、企業は生産要素を使って財を生産してより多くの利潤を得ようと（**利潤最大化行動**）している。家計も企業も自らの目的を達成することのみを考えるという意味で利己的であり、他の経済主体の目的の達成を思いやることはない（つまり利他的ではない）とする。

　ここで取引される財は、通常のミクロ経済学で想定されているように、私的財である。**私的財**とは、排除性と競合性をともに持つ財である。**排除性**とは、財を購入するために対価を支払った人以外、その財を消費することができない性質である。言い換えれば、対価を払うことでその財の私的所有権が侵害されない性質ともいえよう。**競合性**とは、ある人がその財を消費すれば、他人がまったく同じ財を消費することはできない性質である。例えば、ある人がパンを食べたとする。そのとき、今食べられたまさに同じパンを別

の人が食べることはもはやできない。それらの意味で、パンは私的財である。私的財は、こうした性質を持っている。

また、通常のミクロ経済学で想定されているように、家計と企業は数多く存在するため、個々の家計や企業には価格を操作できるほどの影響力がないとする。これは、個々の家計や企業が**価格受容者**である（価格支配力がない）ことを意味する。価格受容者である家計や企業によって取引されている市場を、**完全競争市場**とも呼ぶ。そして、市場で取引される財について、家計も企業も同じ情報を持ち、隠された情報はないとする。こうした状態を、**完全情報**の状態という。さらに、家計と企業の間の取引はすべて市場を通じて行われ、家計と企業の間で取引したいものについてすべて市場が設けられているとする。このような市場（の状態）を**完備市場**という。

以上のように、通常のミクロ経済学で想定されている家計と企業の間の市場での取引は、①取引される財はすべて私的財で、②家計や企業は価格受容者で、③完全情報の状態で、④完備市場において行われると考えられている。これがどれほど現実をうまく描写できているかは後に議論するとして、このような条件が満たされた経済（市場）で、家計や企業の利己的な行動がどのような結果をもたらすだろうか。

● **厚生経済学の基本定理**

ミクロ経済学が教えることは、家計と企業の間での消費と生産は、互いに利己的な行動をとったとしても、先の4つの条件を満たした市場では、価格調整を通じて消費量と生産量が一致（需給が均衡）し、家計の効用も企業の利潤ももはやこれ以上上げようがない状態（パレート最適）に導かれる、ということである。なぜそうなるかは、本章第3節で簡単に示している。

経済学では、経済全体でみて最も望ましい状態を、次のように定義する。家計が効用最大化行動をとり、企業が利潤最大化行動をとっている状況で、他の家計の効用（企業の利潤）を下げずにある家計の効用（企業の利潤）をもはや上げることができない状態が、最も望ましい状態であり、このような状態を**パレート最適**と呼ぶ。したがって、経済学的な評価基準は、経済全体の状態がどれ程パレート最適に近い状態かで測るのである。

話を元に戻して、先の4つの条件を満たした市場では、価格調整メカニズムに導かれ需給が均衡する状態でパレート最適となることが、ミクロ経済学で厳密に証明されている。これは、ある経済における完全競争市場での均衡はパレート最適である、ということで**厚生経済学の第1基本定理**という。それとともに、任意のパレート最適な配分（財の量の組み合わせ）は、適切な再配分を行うことにより完全競争市場での均衡として実現できる、とする**厚生経済学の第2基本定理**も成り立つことが知られている（厳密な証明は省略する）。これらの定理の含意は、家計や企業が利己的に行動したとしても、市場での価格調整を通じて、社会的に望ましいパレート最適が実現されると同時に、適切な再分配を行えば、パレート最適な状態は市場での価格調整を通じて実現できることである。

こうして、完全競争市場では、利己的な個人の間で取引が行われても、経済全体では望ましい状態が実現できるから、政府が市場に対して何ら介入をする必要はないという主張が生まれた。近年の日本でも、政府による不適切な経済的規制によって経済全体で望ましくない状態に陥っているとして、市場での価格調整に委ねれば経済全体でより望ましい状態が実現するから、規制を撤廃して自由な競争を促すべきだとする主張が出されているが、これは上記の論理が一つの論拠となっている。

● 市場の失敗と政府の必要性

しかし、注意しなければならないのは、ここでの議論の前提である。上記の結論は、あくまでも私的財の取引、価格受容者（完全競争市場）、完全情報、完備市場の仮定が満たされていることが前提である。ところが、実際の経済は、これらの仮定をすべて満たすほど単純ではない。通常のミクロ経済学でも教えるように、例えば企業がある財の生産を1社で独占している場合、この独占市場では価格受容者（完全競争市場）の仮定は満たされず、利己的な家計や企業の行動では、市場を通じた取引でもパレート最適な状態は実現しない。あるいは、企業が製品についての情報を隠すことができ、本当は粗悪品でありながら、良品であるかのように装って良品と同じ価格で供給し、家計がそれを買った後に知り、粗悪品である分だけ効用が低下したとし

よう。このとき、完全情報の仮定は満たされず、市場での価格は良品と粗悪品を区別するシグナルとならず、市場を通じた取引ではパレート最適な状態は実現しない。

　このように、厚生経済学の基本定理が前提とした市場の条件が満たされていないときには、市場での価格調整では社会的に望ましい状態は実現できない。このことを、**市場の失敗**と呼ぶ。市場の失敗が起こる例としては、上記のほかに、私的財の取引の仮定が満たされない例として、公共財が存在する場合がある。また、完備市場の仮定が満たされない例として、隣の家の美しい庭を（無料で）見て満足感を得るように市場を通さないで効用を高める行為が行われたり、工場から排出される有毒ガスによって健康を害するように市場を通さないで効用が下がる行為が行われたりする、外部性が存在する場合がある。とくに、これらについては、公共経済学の分析対象となっている。本書でも、公共財や外部性については次章以降で紹介する。

　市場の失敗が生じる場合、利己的な家計や企業の間で取引される市場での価格調整ではパレート最適が実現しないから、政府などの第三者が適切に介入する（資源配分を変える）ことによってよりパレート最適に近づける（これを**パレート改善**と呼ぶ）ことができる。ここに、公共経済学が認める政府の必要性がある。これは、先の政府の機能で言えば、資源配分機能であり、効率的な政策運営を追求するならば、市場の失敗をいかに是正するかがカギとなる。

　本書では、どのような状況で市場の失敗が起こり、それをいかにすれば政府が改善できるのか、といった観点から公共経済学を学ぶ。そして、その考え方をどうすれば現実の経済政策によりよく反映できるかを、実践的に考えてゆきたい。

3　本書の理論的枠組み

●家計の効用最大化行動

　公共経済学を学び始めるに際し、これからの議論で必要なミクロ経済学の枠組みを簡単に紹介する。以下は、ミクロ経済学で学んだことの復習であ

図 1-1 家計の効用最大化

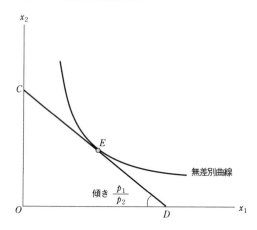

る[2]。この節では、私的財の取引、価格受容者（完全競争市場）、完全情報、完備市場の仮定がすべて成り立っていることを前提に話を進める。

まず、家計の効用最大化行動から考える。家計は、ある水準の与えられた名目所得（w）を2つの私的財（第1財と第2財）を消費するために費やして、効用を得るとする[3]。効用は、それぞれの財の消費量が増加すれば上昇する。いま、第1財の消費量を x_1、第2財の消費量を x_2 とする。第1財、第2財ともに上級財であるとする。**上級財**（正常財）とは、所得が増えると消費量が増える財のことである。ちなみに、所得が増えると消費量が減る財を**下級財**（劣等財）、所得が増えても消費量が変化しない財を中級財（中立財）という。

また、価格が第1財で p_1、第2財で p_2 とする。このとき、家計の予算制

2）ここでの議論は、本書を読む上で必要な最低限度のものである。より詳しくはミクロ経済学の教科書を参照されたい。また、不必要に複雑な説明を避けるため、説明の厳密さを多少犠牲にした個所があることを予め了解いただきたい。

3）より厳密に考えたい読者は、家計は所得を得るために労働を1単位（非弾力的に）供給し、労働1単位当たり賃金 w を得ている（賃金について家計は価格受容者である）と考えてもよい。労働を非弾力的に供給するとは、賃金がいくらであっても供給量1単位を変えないという意味である。

約式は、

$$p_1 x_1 + p_2 x_2 = w \tag{1}$$

と表される。これは、図1-1において直線 CD として表される。この直線の傾き（の絶対値）は、p_1/p_2 で、これは第1財と第2財の価格比である。

そしてこの家計は、ある効用関数から導かれた、図1-1に示されたような無差別曲線を持つとする。この無差別曲線の傾きは、第1財と第2財の**限界代替率**（MRS）と呼ばれる。つまり、第1財の消費量を追加的に1単位減らしたときに、効用水準の維持に必要な第2財の消費量の追加的な増加分である。第1財の消費量を追加的に1単位減らすと、効用水準は第1財の限界効用（MU_1）分だけ低下し、第2財の消費量を追加的に1単位増やすと、効用水準は第2財の限界効用（MU_2）分だけ上昇する。このとき、第1財の消費量を追加的に1単位減らすのに伴い効用水準が MU_1 だけ低下するから、その低下分を回復するのに足る第2財の消費量の追加的な増加分は、MU_1/MU_2 単位となる[4]。これが限界代替率を意味するから、$MRS = MU_1/MU_2$ と表される。このことから、限界代替率は第2財の限界効用に比した第1財の限界効用の大きさとも解釈できる。

そこで、家計が(1)式の予算制約式に直面している下で効用を最大にする各財の消費量を決めるならば、点 E における消費量を選択する。点 E では予算制約式（直線 CD）と無差別曲線が接しており、両者の傾きが同じになっている。したがって、

$$MRS \equiv \frac{MU_1}{MU_2} = \frac{p_1}{p_2} \tag{2}$$

が成り立つ。この(2)式は、**効用最大化条件**である。

この効用最大化条件は、家計が複数いても同じであるから、価格受容者である家計にとって、すべての家計で同じ価格に直面すれば、すべての家計の

---

4) 例えば、$MU_1 = 10$、$MU_2 = 5$ ならば、低下分を回復するのに足る第2財の消費量の追加的な増加分は $MU_1/MU_2 = 2$ 単位となる。このとき、第1財の消費量を追加的に1単位減らすのに伴い効用水準が10だけ低下するから、第2財の消費量を追加的に2単位だけ増やせば、効用水準は追加的に10だけ上昇し、効用水準が維持できる。

図 1-2 需要曲線

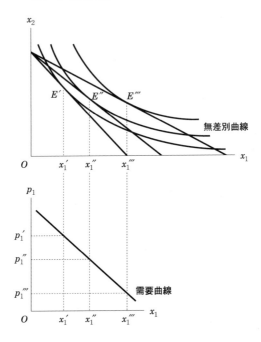

限界代替率が等しくなる。例えば、家計Aの限界代替率が MRS^A、家計Bの限界代替率が MRS^B とすると、

$$MRS^A = MRS^B = \frac{p_1}{p_2} \tag{3}$$

が成り立つ。この状態は、すべての家計が効用最大化している状態で、他の家計の効用を下げずにある家計の効用をもはや上げることができないパレート最適な状態である。(3)式は、家計の間でのパレート最適条件である。

さらに、図 1-1 を用いて、需要曲線を導きたい。いま、名目所得 w と第2財の価格 p_2 が不変であるとする。そこで第1財の価格 p_1 が変化したときに効用を最大化する第1財消費量 x_1 がどう変化するかをみよう。図 1-2 の上図には、第1財の価格が p_1'、p_1''、p_1''' と変化したとき、効用最大化点が E'、E''、E''' と変化し、第1財消費量が x_1'、x_1''、x_1''' と変化することが表されている。これを、価格と消費量だけのグラフに写し取ったのが、図 1-2

の下図である。図1−2の下図のように、通常、効用最大化する財の消費量は、価格が低下するにつれて増加する。この関係を表したものが、**需要曲線**である。ここで注意したいことは、需要曲線は家計の効用最大化行動から導かれたものであることと、他の財の価格や所得を不変にして導かれたことである。

●企業の利潤最大化行動

　他方、企業の利潤最大化行動をみてみよう。企業は財を生産するために、生産要素を投入する必要がある。例えば、パンを作るのに労働者を雇わなければならないならば、労働という生産要素を投入する必要がある。生産要素を用いるには1単位当たり w だけ名目費用がかかり、生産要素を l 単位投入すれば wl の費用がかかる。財の生産量（y）は、生産要素投入量（l）の大きさによって決まる。両者の関係は生産関数と呼ばれ、通常、図1−3のように表される。図1−3の生産関数の傾きは、生産要素の限界生産性（MP）と呼ばれ、生産要素を追加的に1単位増やしたのに伴う生産量の追加的な増加分を表す（$MP \equiv dy/dl$）。通常のミクロ経済学では、生産量が増加するにつれて限界生産性が低下するという**限界生産性逓減の法則**が成り立つとされるから、図1−3でもそのように描かれている[5]。

　いま企業は財を生産するために、固定費用が FC だけ必要であるとする。これは、財をまったく生産しない場合でも必要な費用である[6]。このとき、企業の利潤（π）は、生産要素を l 単位投入して、費用を $wl+FC$ だけ費やし、財を y 単位生産して、1単位当たり価格 p で売るから、利潤＝売上−費用、

$$\pi = py - wl - FC \tag{4}$$

と表せる。(4)式について、ある利潤の水準 π_0 を実現するような y と l の組

5）数学的に言えば、偏微分で $\frac{\partial y}{\partial l} \geq 0$, $\frac{\partial^2 y}{\partial l^2} < 0$ である。

6）この固定費用は、ここでの議論を通常のミクロ経済学のものに近づけるためのものであり、まったくなくてもここでの議論の結論は変わらない。

図 1-3　企業の利潤最大化

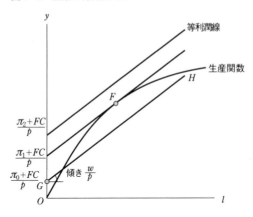

み合わせを考える。つまり、$\pi_0 = py - wl - FC$ は、

$$y = \frac{w}{p}l + \frac{\pi_0 + FC}{p}$$

と書き直せるから、図1-3に直線 GH として表せる。この直線を等利潤線と呼ぶ。π_0 より高い利潤水準 π_1 や π_2（$\pi_0 < \pi_1 < \pi_2$ とする）についても同様に表せるから、図1-3にはいくつもの等利潤線が表せる。この傾きは、w/p で、生産要素の実質単位費用である。

そこで、利潤を最大にする y と l の組み合わせを考える。企業の生産は、生産関数の範囲内でしかできないから、その制約の下で利潤を最大にするのは、点 F における生産要素投入量と生産量となる。点 F では生産関数と等利潤線が接しており、両者の傾きが同じになっている。したがって、

$$MP = \frac{w}{p} \tag{5}$$

が成り立つ。この(5)式は、利潤最大化条件であり、**限界生産性条件**とも呼ばれる。生産要素の限界生産性が実質単位費用と等しくなる状態である。

利潤最大化条件については、別の説明の仕方もある。利潤＝売上－費用だから、追加的に生産量を1単位増やしたときに、売上は（企業は価格受容者だから）価格 p だけ追加的に増加し、費用は限界費用（MC）だけ追加的に増加する。すなわち、追加的に増える利潤は、$p - MC$ である。もしこれが

プラスならば、生産量を追加的に増やすことで利潤も増えるから、さらに生産を増やした方がよい。マイナスならば、生産量を追加的に増やすと利潤が減るから、生産量をこれ以上増やさない方がよい。したがって、利潤が最大になる生産量は $p = MC$ となる生産量である。だから、$p = MC$ は**利潤最大化条件**であるといえる。

この2つの利潤最大化条件は、まったく同じものの別の表現に過ぎない。これを示そう。前述のように、この企業にとって総費用（TC）は $wl + FC$ である。だから生産量を追加的に1単位増やしたときの限界費用 MC は、

$$MC \equiv \frac{dTC}{dy} = w\frac{dl}{dy} = \frac{w}{dy/dl} = \frac{w}{MP}$$

と表される。よって、$p = MC$ は $p = w/MP$ を意味する。これは、(5)式と同値である。したがって、$MP = w/p$ と $p = MC$ はまったく同じ利潤最大化条件である。

さらに、利潤最大化条件を用いて、供給曲線を導きたい。利潤最大化条件から $p = MC$ であるから、価格受容者である企業にとっては、市場において価格が p であるときには限界費用が価格に等しくなる生産量だけ生産すると利潤が最大になるといえる。だから、生産量と限界費用の大きさの関係を示す限界費用曲線がそのまま、企業の**供給曲線**となる。供給曲線は、企業の利潤最大化行動から導かれる点に、注意されたい。

企業の限界費用曲線が、図1-4のように縦軸に価格、横軸に生産量をとったときに右上がりの曲線で表せたならば、企業の供給曲線も右上がりの同じ曲線として表される。直観的な意味は、企業は価格が高いときには財を多く供給したいが、価格が低い時には財をあまり多く供給しない、ということである。

上記は、1種類の財を生産する企業での話であるが、家計での想定と同じ2種類の財を生産する企業の利潤最大化はどのようになるだろうか。そこで、図1-5を用いて説明しよう。まず、生産要素は1種類しかないとして、第1財の生産関数は $y_1 = f_1(l_1)$ と表され、生産要素を l_1 単位投入して第1財の生産量が y_1 単位だけ生み出されることを意味する。同様に、第2財の生産関数は $y_2 = f_2(l_2)$ と表され、生産要素を l_2 単位投入して第2財の生産

第1章 公共経済学とは何か

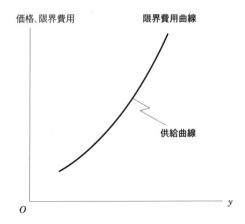

図1-4 供給曲線

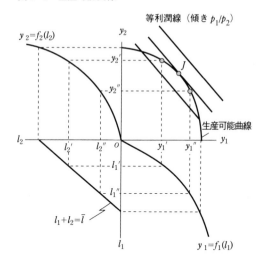

図1-5 生産可能曲線

量が y_2 単位だけ生み出されることを意味する。これらの生産関数では限界生産性逓減の法則が成り立つとする。他方、この企業が利用できる生産要素には量に限りがあり、それが $\bar{l}$ と表されるとする。このとき、両財の生産にすべての生産要素を投入すれば、$l_1 + l_2 = \bar{l}$ が成り立つ。これらの関係式を

図示したのが図1-5である。

図1-5の第4象限（右下）には第1財の生産関数 $y_1 = f_1(l_1)$ が示されている。第2象限（左上）には第2財の生産関数 $y_2 = f_2(l_2)$ が示されている。第3象限（左下）には生産要素の制約 $l_1 + l_2 = \bar{l}$ が示されている。この3つの関係が成り立つような y_1 と y_2 の関係は、第1象限（右上）に書き表すことができる。例えば、第1財生産のために生産要素投入量を l_1' としたとき、第1財の生産量は y_1' となり、生産要素の制約から第2財の生産要素は $l_2'(=\bar{l}-l_1')$ となり、第2財の生産量は y_2' となる。したがって、第1象限（右上）には両財の生産量の組み合わせ（y_1', y_2'）がプロットされる。同様に、第1財生産のために生産要素投入量を l_1'' としたときも、両財の生産量の組み合わせ（y_1'', y_2''）がプロットされる。こうして、描かれた第1象限の曲線は、企業が生産可能な両財の生産量の組み合わせを意味し、**生産可能曲線**（production possibility frontier: PPF）と呼ばれる。

この生産可能曲線の傾きは、次のことを意味する。上記のような企業が第2財の生産量をより増やしたいために、第1財の生産量を減らそうとしたとする。いま、第1財の生産量を1単位だけ追加的に減らしたとする。これに伴い第1財に用いる生産要素が追加的に不要となる。どれぐらい不要となるかは、生産関数から、dl_1/dy_1 単位だけ減らしてよいことになる。定義より、第1財における生産要素の限界生産性（MP_1）は dy_1/dl_1 だから、$dl_1/dy_1 = 1/MP_1$ である。そこで、第1財の生産で不要となった生産要素を第2財の生産にあてれば、その分だけ第2財の生産量が増加する。生産関数から、第2財生産のために生産要素を追加的に1単位増やせば、第2財の生産量は限界生産性（MP_2）分だけ、つまり dy_2/dl_2 単位だけ追加的に増加する。このことから、不要となった生産要素を $1/MP_1$ 単位だけ第2財生産にあてれば、第2財の生産量は、$(1/MP_1) \times MP_2 = MP_2/MP_1$ 単位だけ追加的に増加するといえる。以上より、生産可能曲線の傾きは、第1財の生産量を1単位だけ追加的に減らしたときの第2財の生産量の追加的な増加分を表し、その大きさは MP_2/MP_1 であるといえる。この生産可能曲線の傾きを第1財と第2財の**限界変形率**（MRT）と呼ぶ。ちなみに、前述の利潤最大化条件から、各財について $MC = p = w/MP$ が成り立つから、$MRT = MC_1/MC_2$ も成り

立つ。このことから、限界変形率は第 2 財の限界費用に比した第 1 財の限界費用の大きさとも解釈できる。

この図 1-5 を踏まえて、2 種類の財を生産するときの企業の利潤最大化行動を考える。価格が第 1 財で p_1、第 2 財で p_2、生産要素の単位費用（価格）が w である（いずれの価格も企業は価格受容者である）とき、企業の利潤 π は、$\pi = p_1 y_1 + p_2 y_2 - w(l_1 + l_2) - FC$ と表される。そして、生産要素の制約から $l_1 + l_2 = \bar{l}$ だから、

$$\pi = p_1 y_1 + p_2 y_2 - w\bar{l} - FC \tag{6}$$

となる。(6)式は、費用は生産量にかかわらず同じとなり、利潤は売上（$p_1 y_1 + p_2 y_2$）、ひいては生産量の組み合わせで決まることを意味する。そこで、(6)式を等利潤線として、図 1-3 と同様、図 1-5 の第 1 象限に書き込めば、傾き（の絶対値）が p_1/p_2 となる直線が描ける。この等利潤線は、図 1-3 から類推すると、右上方向にあるほど利潤の大きさが大きい。

以上より、利潤を最大にする企業の両財の生産量は、図 1-5 の点 J における生産量といえる。このとき、生産可能曲線と等利潤線は接しており、両者の傾きが同じになっている。したがって、

$$MRT = \frac{MP_2}{MP_1} = \frac{MC_1}{MC_2} = \frac{p_1}{p_2} \tag{7}$$

が成り立つ。この(7)式は、2 種類の財が生産されるときの利潤最大化条件である。

この利潤最大化条件は、（同質の）企業が複数いても同じであるから、価格受容者である企業にとって、すべての企業で同じ価格に直面すれば、すべての企業の限界変形率が等しくなる。例えば、企業 A の限界変形率が MRT^A、企業 B の限界変形率が MRT^B とすると、

$$MRT^A = MRT^B = \frac{p_1}{p_2} \tag{8}$$

が成り立つ。この状態は、すべての企業が利潤最大化している状態で、他の企業の利潤を下げずにある企業の利潤をもはや上げることができないパレート最適の状態である。(8)式は、企業の間でのパレート最適条件である。

図1-6 パレート最適（私的財のみの場合）

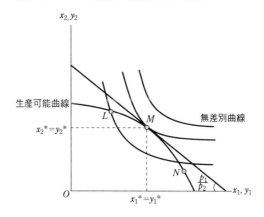

●家計と企業の間の最適な資源配分

　そこで、家計と企業が、それぞれ利己的に、効用最大化行動や利潤最大化行動をとって、完全競争市場において消費（需要）、生産（供給）したとき、この経済ではどのような状態が実現するのかを考える。いま、簡単化のため、経済があたかも1つの家計と1つの企業に代表されていて、両者の間で市場を通じた取引が行われると想定する。家計は図1-1で表されたような効用最大化行動をとり、$MRS = p_1/p_2$となるように消費量を決める。企業は図1-5で表されたような利潤最大化行動をとり、$MRT = p_1/p_2$となるように生産量を決める。このとき、両者の間には、

$$MRS = MRT = \frac{p_1}{p_2} \tag{9}$$

が成り立つ。この状態を図示したのが、図1-6である。

　図1-6は、まず企業が持つ生産可能曲線に従って第1財と第2財を生産し、その生産量と同じだけの消費量を家計が消費して効用を得る。その効用水準は家計が持つ無差別曲線に従っており、無差別曲線ができるだけ右上方向に位置するような消費量の組み合わせを家計が求める。例えば、点Lで生産・消費されたとすると、もう少し第1財を増やし第2財を減らした方が、家計の効用も企業の利潤も上がるから、点Lでは取引が成立しない。点Nで生産・消費されたとすると、もう少し第1財を減らし第2財を増やした方

が、家計の効用も企業の利潤も上がるから、点Nでは取引が成立しない。こうして、点Mにおいて、もはや家計の効用も企業の利潤もこれ以上上げようがない状態になり取引が成立する。このとき、家計は効用最大化し、企業は利潤最大化している。また、パレート最適な状態になっている。したがって、(9)式は家計と企業の間のパレート最適条件である。そして、点Mでの限界代替率や限界変形率と等しくなるように、市場で価格が調整されるのである[7]。

このように、家計と企業の間での消費と生産は、互いに利己的な行動をとったとしても、市場での価格調整を通じて消費量と生産量が一致（需給が均衡）し、家計の効用も企業の利潤ももはやこれ以上上げようのない状態（パレート最適）が達成される。これが前述の**厚生経済学の第1基本定理**である。

しかし、こうした市場メカニズムがハッピーエンドのままでは終わらない。つまり、市場メカニズムではパレート最適が達成されない場合がある。より具体的には、次章から詳しく説明してゆきたい。

■練習問題

1. 次の専門用語について、それぞれの内容（定義）を説明せよ。
   ① パレート最適（の状態）
   ② 排除性
   ③ 競合性
2. 2つの家計（AとB）、2つの企業（AとB）の間で2つの財（1と2）が取引されていて、厚生経済学の第1定理が成り立つ状況において、家計間、企業間、家計と企業の間で満たされるパレート最適条件を示せ。
3. 公共経済学の見地から見いだせる政府の意義として、市場の失敗の是正がある。市場の失敗が起こる状況として、一般化して分類すると4つになる。その4つの性質を答えよ。

---

[7] ちなみに、図1-6には現れていないが、生産要素市場でも需給が一致するように価格wが同時に決まっている。

Public Economics 2　公共財の供給量を決める

1　公共財

●政府の行政サービス

　政府の経済活動を考える公共経済学の話を始めるにあたり、わが国の政府が私達国民にどのような行政サービスを行っているかを紹介しよう。データを見る前に、私達が日常生活でなじみのある行政サービスを思い浮かべてみるとわかりやすい。行政サービスは、市役所や県庁などの窓口に行かなければ受けられないものではない。国公立の小学校、中学校での義務教育は、政府の行政サービスの1つである。警察、消防、国公立の図書館もそうである。何気なく日頃歩いている道路も、大半は国や地方自治体が作ったものである。上下水道も大半がその運営を地方自治体が行っている。もちろん、市役所や県庁などの窓口に行くと受けられる行政サービスもある。日本で生活する以上、自らの居住地にある市町村に住民登録をしなければならないが、そうした住民票や戸籍の管理は、地方自治体が行っている。

　では、わが国の政府はどのような行政サービスにどれだけのお金を費やし

図2-1 国（一般会計）の主要経費別歳出（2015年度決算）

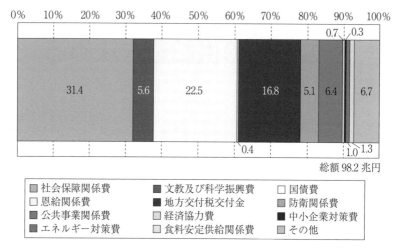

単位：兆円。注：地方交付税交付金には、地方特例交付金を含む。
資料：財務省『決算の説明』

ているだろうか。行政サービスは国や地方自治体が行っているが、まず国の方から見てみよう。2015年度決算において、国（一般会計）がどのような行政サービスに支出したかを示したのが、図2-1である。この支出項目は、主要経費別分類に基づいたものである。

図2-1に示された主要経費別分類の項目には、次のようなものがある。社会保障関係費は、社会福祉、生活保護、年金などに要する費用である。文教及び科学振興費は、学校教育や科学技術振興に要する費用である。国債費は、国債の償還、利子支払の財源にあてる費用である。恩給関係費は、旧軍人遺族や文官等に対する恩給に要する費用である。地方交付税交付金は、国から地方自治体に使途を定めずに配る補助金である（第9、10章で詳述）。防衛関係費は、日本の安全保障に要する費用である。公共事業関係費は、国が費用を負担する公共事業（地方自治体への公共事業のための補助金も含む）に要する費用である（第13章で詳述）。経済協力費は、発展途上国への経済協力や国際機関への拠出金などに要する費用である。中小企業対策費は、中小企業の経営の安定化や近代化を促すための費用である。エネルギー

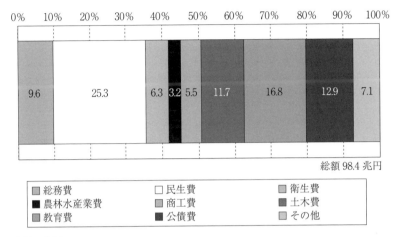

図2-2 地方の目的別歳出（2015年度純計決算）

単位：兆円。
資料：総務省『地方財政白書』

対策費は、石油の備蓄、発電用施設の立地対策、原子力の安全対策、石炭鉱業の構造調整などに要する費用である。食料安定供給関係費は、生産調整や備蓄等の米管理などに要する費用である。

　この中では、社会保障関係費、国債費、地方交付税交付金（地方特例交付金を含む）、公共事業関係費が多くなっている。この特徴は、国の行政サービスとしては、社会保障や公共事業により多く支出していること、国から地方自治体への補助金も多いこと、そして国の借金の利払いや返済にも多く支出していることである。

　次に、地方自治体について見てみよう。2015年度純計決算（都道府県と市町村の重複分を除いた合計）において、地方自治体がどのような行政サービスに支出したかを示したのが、図2-2である。この支出項目は、目的別分類に基づいたものである（前述の国の分類とは必ずしも整合的ではない）。

　図2-2に示された目的別分類の項目には、次のようなものがある。総務費（退職金、基金積立金、徴税等の費用）、民生費（社会福祉のサービス提供や施設建設などに要する費用）、衛生費（公衆衛生や清掃などに要する費用）、農林水産業費、商工費、土木費（道路、河川、住宅、公園など各種の

公共施設の建設整備の費用)、教育費(学校教育・社会教育などに使われる費用)、公債費(借り入れ金の元金・利子などの支払いの費用)などである。その他の中には、議会費、消防費、警察費、災害復旧費などが含まれる。

この中では、民生費、教育費、公債費、土木費が多くなっている。地方自治体の行政サービスに費やす支出も、国と概ね同じ特徴を持っているが、義務教育などを直接行うのは主に地方自治体であるため、教育費の支出割合が国よりも高くなっている。

こうして国と地方自治体は、さまざまな行政サービスを国民のために行っている。公共経済学では、こうした行政サービスを政府が適切に提供するには、どのようにすればよいかを議論している。この章では、行政サービスの中でも市場の失敗が生じる公共財の性質を持つものについて話を進めていく。

●公共財の定義

第1章で述べたように、家計や企業の利己的行動では、必ずしもパレート最適にならないものがある。その1つが公共財である。

公共財(public goods)とは、非排除性と非競合性を持つ財である。**非排除性**(排除不可能性)とは、財やサービスの対価を支払わなかった人でもその財・サービスの消費ができる性質である。つまり、対価を支払わなかった人でも、財やサービスの消費を排除されない性質である。**非競合性**とは、ある人が財やサービスを消費したとしても、他の人々のまったく同じ財やサービスの消費を減らすことはない性質である。この性質から、非競合性は等量消費性とも呼ばれる。公共財に対して、これまでミクロ経済学で通常扱ってきた財は、私的所有権が認められている財で「**私的財**(private goods)」ともいう。

公共財の中でも、非排除性または非競合性の度合いが弱い財を**準公共財**と呼ぶ。具体例としては、有料道路がある。有料道路は、料金を支払わない人は利用できないから、排除的だが非競合的な財であるといえる。これに対して、非排除的かつ非競合的な財を、厳密には**純粋公共財**と呼ぶ。公共財と私的財の特徴をまとめると表2-1のようになる。

表2-1 公共財と私的財

	非排除的	排除的
非競合的	純粋公共財	準公共財
競合的	準公共財	私的財

ただし、これ以降、単に「公共財」という場合は、純粋公共財（pure public goods）を指すこととする。

純粋公共財として代表的なものは、警察（治安維持）、消防、国防、公園などがある。政府が供給するから公共財、民間の経済主体が供給するから私的財と称するわけではない点に注意されたい。公共財は、民間の経済主体も供給しうる。より具体的な純粋公共財の例として、ガードマンの防犯サービスを見てみよう。あるマンションで、1階の人が防犯のためお金を払ってガードマンを雇ったとする。しかし、費用を支払わない他の階の人もこの防犯の便益を受ける。これが非排除性である。1階の人がこの防犯サービスを消費しても、他の階の人も同じ防犯サービスを同じだけ消費できる（防犯サービスの消費が減少しない）。これが非競合性である。

先に挙げた、国や地方自治体の行政サービスの中でも、公共財に近い性質を持つものと、私的財に近い性質を持つものとがある。もちろん、準公共財に該当する行政サービスもある。前述のように、警察、消防、国防などは公共財に近い性質を持ち、中小企業対策費や農林水産業費、商工費など、民間企業や生産者のための支出は、私的財に近い性質を持つ。私的財については、ミクロ経済学の教科書で取り上げられているから、この章では公共財に焦点を絞って話をしよう。第1章で述べたように、公共財は、市場の失敗が生じるから、民間の経済主体だけでは必ずしも適切に供給できない可能性がある。そこで、公共財（の性質を持つ行政サービス）を政府がいかに適切に供給するかが重要になってくる。この論点は、本章第2節で議論しよう。

●フリーライダー問題

公共財は非排除性を持っているから、**フリーライダー問題**（ただ乗り問題）が生じる。フリーライダーとは、故意に対価を支払わずに公共財を消費

しようとする人のことである。公共財は非排除性を持っているから、対価を支払わない人でも公共財を消費できる。だから、故意に対価を支払わずに公共財を消費しようとする人を阻止できない。これが、フリーライダー問題である。フリーライダー問題が生じるため、公共財は市場メカニズムで供給すると市場の失敗を起こすのである。具体的には、後で詳述する。

2 公共財の最適供給条件

●公共財供給のパレート最適条件

　公共財がある経済でのパレート最適条件はどのようなものであろうか。公共財にはフリーライダー問題が生じるため、私的財のパレート最適条件は成り立たなくなるのである。このことを確かめるべく、第1章とほぼ同じ分析の枠組みを用いて考えたい。

　経済が2人の家計A、Bと1種類の私的財と純粋公共財の2つの財から成り立っているとする。家計は私的財と公共財をそれぞれ消費することによって効用が高まるとする。いま、家計Aの私的財消費量を x_A、家計Bの私的財消費量を x_B、家計Aの公共財消費量を G_A、家計Bの公共財消費量を G_B と表すとする。経済全体の私的財供給量が X、経済全体の公共財供給量が G であったとすると、私的財は競合性から、$x_A + x_B = X$ が成り立つ。また、公共財は非競合性から、$G_A = G_B = G$ という両家計の等量消費が成り立っている。

　家計A、Bは、私的財の消費量が増えるにつれて、また公共財の消費量が増えるにつれて効用は上がると仮定する。このとき、家計Aの無差別曲線は図2-3のように表される。家計Bの無差別曲線もほぼ同様に表されるとする（図2-4参照）。無差別曲線の傾きがそれぞれ各家計の私的財と公共財の限界代替率となる。つまり、公共財の消費量を追加的に1単位減らしたときに、効用水準の維持に必要な私的財の消費量の追加的な増加分である。公共財の消費量を追加的に1単位減らすと、効用水準は公共財の限界効用（MU_G）分だけ低下し、私的財の消費量を追加的に1単位増やすと、効用水準は私的財の限界効用（MU_x）分だけ上昇する。公共財の消費量を追加的

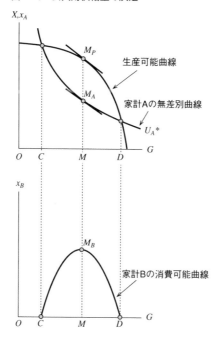

図 2-3 公共財供給量の決定

に 1 単位減らすのに伴い効用水準が MU_G だけ低下するから、その低下分を回復するのに足る私的財の消費量の追加的な増加分は、MU_G/MU_x 単位となる。これが限界代替率である。ただし、家計によってその大きさは異なる。ここで、家計 A の限界代替率を MRS^A、家計 B の限界代替率を MRS^B とする。また、この章での私的財と公共財は、上級財であると仮定する。

次に、私的財と公共財の生産について考える。経済全体の資源には限りがあるため、私的財を多く生産するとそれだけ公共財の生産量が減る。公共財を多く生産するとそれだけ私的財の生産量が減る。この関係を表したのが、図 2-3 の生産可能曲線である。この曲線の傾きは私的財と公共財の限界変形率（MRT）である（限界変形率の詳細は第 1 章第 3 節を参照）。

そこで、私的財と公共財を適切な組み合わせで供給し、家計 A も家計 B も効用を最大化して、もはやこれ以上効用が上がりようのないパレート最適な状態を考えるべく、私欲私権を超越してパレート最適を実現できる権限をも

つ全知全能の社会計画当局（必ずしも政府を意味しない）を想定する。これは実社会には存在しないが、パレート最適な状態を解明するために理論上創造されたものである。社会計画当局がパレート最適を実現するには、家計Aがすでに効用最大化して効用水準がU_A^*に達していて、この水準を維持しつつ家計Bの効用を最大限高めればよい。

　図2-3の読み方は、横軸と生産可能曲線の間の長さが、経済全体での私的財生産量Xの大きさを表している。一方、横軸と家計Aの無差別曲線の間の長さが、家計Aの私的財消費量x_Aの大きさを表している。したがって、生産可能曲線と家計Aの無差別曲線との間の長さが生産された私的財のうち家計Aが消費しなかった分だから、家計Bの私的財の消費可能量x_Bを表している。例えば、この経済で限りある資源を用いて公共財を図2-3の線分OMだけ生産したとすると、私的財は線分M_PMだけ生産される。公共財が線分OMだけ供給されるとき、家計Aは効用最大化された効用水準U_A^*を実現するべく私的財を線分M_AMだけ消費する。私的財は競合性があるから、家計Aが私的財を消費するとその分だけ家計Bが消費する私的財が減る。すなわち、残りの線分M_PM_Aが家計Bの私的財の消費可能量となる。

　この家計Bの私的財の消費可能量を表したものが、図2-3の下図である。家計Bの消費可能曲線は、生産可能曲線と家計Aの無差別曲線との垂直方向の差の大きさを表したものである。この曲線の傾きは、生産可能曲線の傾きから家計Aの無差別曲線の傾きを引いたものである。つまり、$MRT-MRS^A$である[1]。例えば図2-3の点Mにおいて、生産可能曲線の傾きと家計Aの無差別曲線の傾きは等しい（両接線は平行である）。したがって、両者の差は0である。また、点Mにおいて生産可能曲線と家計Aの無差別曲線との垂直方向の差の大きさ（線分M_PM_A）は、最も大きくなっている。これをそのまま下ろせば、家計Bの消費可能曲線になる。他の点でも同様で

1）この理由は次の通りである。例えば、ある状況から公共財供給量を追加的に1単位増やしたとする。これに伴い、私的財生産量が生産可能曲線に従いMRT単位だけ減少し、家計Aの（効用水準U_A^*を実現する）私的財消費量は無差別曲線に従いMRS^A単位だけ減らそうとする。その結果、家計Bの私的財の消費可能量は$MRT-MRS^A$単位だけ変化する（$MRT-MRS^A$が正ならば増加し、負ならば減少する）。

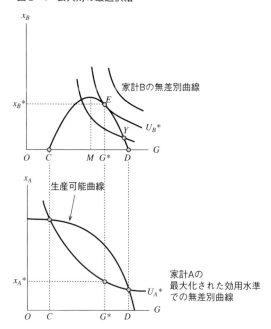

図2-4 公共財の最適供給

ある。例えば、点Mにおける家計Bの消費可能曲線の高さ（線分M_BM）は、線分M_PM_Aと等しい。

これに家計Bの無差別曲線を重ねると、図2-4の上図となる。例えば、家計Bの消費可能曲線と無差別曲線が交わる点Yでは、公共財消費量を減らして私的財消費量を増やした方が効用は上がる。やがて、家計Bは無差別曲線が消費可能曲線に接する点Eで効用が最大となる。結局、家計Bは効用水準U_B^*が最大化された水準となる。このとき、公共財供給量はG^*、家計Bの私的財消費量はx_B^*となる。他方、家計Aの消費量を図2-3のように表すと、図2-4の下図となる。家計Aは、公共財供給量がG^*のときに最大化した効用水準U_A^*を得るには、私的財消費量をx_A^*とすればよい。これは、家計Bの最大化した効用水準を所与として家計Aの効用最大化を考えてもまったく同じ結果を得る。

そこで、図2-4の均衡点Eでの状態を考える。点Eは、家計Aが効用

最大化した効用水準 U_A^* を維持するように家計Bが効用最大化した状態だから、パレート最適の状態である。このとき、家計Bの無差別曲線と消費可能曲線は接しているから、MRS^B（家計Bの無差別曲線の傾き）＝消費可能曲線の傾きとなっている。したがって、点 E では、$MRS^B = MRT - MRS^A$ が成り立っている。これを整理すると、

$$MRS^A + MRS^B = MRT \tag{1}$$

各家計の限界代替率の和＝限界変形率

が成り立つ。これは、**公共財供給のパレート最適条件**を意味し、**サミュエルソンの公式**とも呼ばれる。ちなみにこの条件は、家計がどれだけ多くても成立する。(1)式の理論モデルからの導出は、本章補論Aを参照されたい。

ここで、限界変形率は、第1章で学んだように、$MRT = MP_X/MP_G = MC_G/MC_X$ である。この右辺の分母は私的財生産の限界費用である。同様にいえば、右辺の分子は公共財生産の限界費用を表している。したがって、MRT は私的財生産の限界費用で測った公共財生産の限界費用と解釈することができる。また、各家計の限界代替率は、第1章で学んだように、$MRS = MU_G/MU_X$ であり、私的財の限界便益（効用）で測った公共財の限界便益（効用）と解釈することができる。したがって、サミュエルソンの公式は

　　　　（私的財の限界便益で測った）　　　（私的財の限界費用で測った）
　　　各家計の公共財の限界便益の和＝公共財の限界費用　　　　　　(1)′

ともいえる。このことから、公共財供給に際して、費用と便益を比較する費用便益分析を行う発想が生まれた。

また、サミュエルソンの公式は、私的財のみのパレート最適条件と比較すると、異なっていることもわかる。私的財のみの場合のパレート最適条件は、家計の限界代替率＝限界変形率、すなわち

$$MRS^A = MRS^B = MRT$$

であったことに注意されたい。

ここで注意したいことは、公共財供給のパレート最適条件が満たされない

ときに、何が生じているかである。もし $MRS^A + MRS^B > MRT$ となる状態であれば、公共財供給は最適水準よりも過小であることを意味する。図2-4をみれば、公共財 G の量が少なく私的財 X の量が多いほど、MRT（生産可能曲線の傾きの絶対値）は小さい（傾きが緩やか）といえる。他方、公共財 G の量が少なく私的財 X の量が多いほど、各家計の MRS（無差別曲線の傾きの絶対値）は大きい（傾きが急）といえる。この状態で公共財を追加的に1単位増やしたとしよう。家計Aは、私的財消費量を追加的に MRS^A 単位減らしても効用水準を維持できる。また家計Bは、私的財消費量を追加的に MRS^B 単位減らしても効用水準を維持できる。よって、両家計で効用水準を維持するには、合わせて私的財消費量を追加的に $MRS^A + MRS^B$ 単位減らしてよい。他方生産側では、公共財供給量 G を追加的に1単位増やしたら私的財供給量 X が追加的に MRT 単位だけ減ることになる。いま、$MRS^A + MRS^B > MRT$ で、両家計で効用水準を維持するために減らしてもよいと思っている私的財の量よりも、生産側で実際に減る私的財生産量の方が少ない。だから、この両者の差の分だけ私的財を両家計が消費すれば両家計の効用水準が上がる。つまり、経済全体としては公共財供給量を増やして私的財供給量を減らした方が、パレート改善する。したがって、$MRS^A + MRS^B > MRT$ のとき、公共財供給 G が最適水準よりも過小になっているといえる。

同様に考えれば、$MRS^A + MRS^B < MRT$ であるとき、公共財供給量 G が最適水準よりも過大であることを意味する。このとき、経済全体としては公共財の量を減らして私的財の量を増やした方が、パレート改善する[2]。

●費用便益分析

この公共財の最適供給条件を、実社会で応用した例として、費用便益分析がある。(1)′式のように、各家計の公共財の限界便益の和と公共財の限界費用が等しくなるように公共財を供給すれば、パレート最適が実現する。ある公共財の供給にかかる費用と、供給して得られる便益をしかるべき方法で推

---

2) 家計の数がいくら多くても、この結論はまったく変わらない。

計し，（限界）便益（の和）が（限界）費用を上回ればその公共財の供給量を増やすのが望ましいと判断し，費用が便益を上回れば供給量を減らす（あるいは供給をやめる）のが望ましいと判断して，望ましい公共財供給量を推計する方法が，**費用便益分析**である。公共財の供給に伴う費用と便益を正確に推計できれば，明快で効率的な決定方法である。

しかし，この費用と便益は簡単に推計できないという欠点がある。問題点の1つは，公共財が必ずしも市場を通じて供給されるわけではないから，便益をうまく推計できない可能性がある点にある。公共財は非排除性を持つために対価を支払わなくても便益を受ける人がおり，その人の便益を含めなければ正確に社会全体の便益を推計できないにもかかわらず，その人の便益を容易に捉える方法がないのである。

とはいえ，費用便益分析は，公共財供給をより効率的にするためには近似的に使える方法であるから，財政支出の効率化を目指すわが国で，公共事業の評価などについて最近導入されつつある手法である。公共投資に関する議論は，第13章で詳しく述べる。

3　公共財の自発的供給

●公共財の自発的供給

第2節で述べた公共財供給の最適条件を満たすように公共財を供給するには，どうすればよいだろうか。実社会では全知全能の社会計画当局はない。ここでは，公共財を家計が自らの所得と選好に合わせて自発的に供給する場合を考える。つまり，各家計が持っている私財の一部を，ボランティアをするように，自発的に対価も求めずに提供し，これを元手に公共財を供給する方法である。そこには，公共財を供給する政府は存在しない。これを，公共財の私的供給ともいう[3]。

---

[3] 実社会での例でいえば，町内会やマンションの自治会で，自発的に労力を出し合って，近隣の公園を清掃したり，通学路を警備したりする場合である。国際社会の例でいえば，近隣の国同士で，自発的に国防費を出し合って，集団的に安全保障をする場合である。

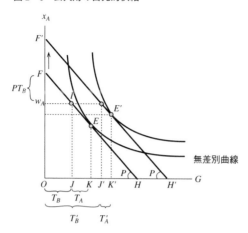

図2-5 公共財の自発的供給

　第2節と同様に2人の家計からなる経済を考える。ここでの経済全体の公共財供給量 G は、2人の家計が自発的に私財を提供した（供給した）量の和となるから、家計 $i(i=A,B)$ の自発的な公共財の供給量を T_i とすると、

$$T_A + T_B = G$$

となる。公共財の非競合性より、公共財の供給量と消費量の関係は $G=G_A=G_B$ である。また、第2節と同様、私的財の消費量が増えるにつれて、また公共財の消費量が増えるにつれて家計の効用は上がると仮定し、家計の無差別曲線は第2節と同様で、図2-5のようになるとする。家計 i は、（私的財の形で得た）所得 W_i を（外生的に）得て、どのくらい私的財（x_i）を消費するか、公共財を自発的に供給（T_i）するかを選択する[4]。

　ここでは、限界変形率が私的財や公共財の量にかかわらず一定で、P であると仮定する[5]。これは、家計が得た（私的財の形で得た）所得の一部を公共財供給のために提供すれば、P 単位の私的財は1単位の公共財に作り変え

---

4) 所得が家計によって同じでも異なっていても、ここでの結論は変わらない。
5) これを、私的財価格が1で、公共財価格が P であると考えてもよい。この場合、P は（私的財の限界費用で測った）公共財の限界費用ともいえる。

ることができることを意味する。ちなみに、このとき私的財と公共財の生産可能曲線は傾き $-P$ の右下がりの直線となる。

家計 i の予算制約式は、

$$W_i = x_i + PT_i$$

である。そこで、家計Aに注目する。$T_A + T_B = G$ だから、家計Aの予算制約式は、

$$W_A + PT_B = x_A + PG \tag{2}$$

と表せる。家計Aの予算制約式と無差別曲線が、図2-5のように表せたとする。

● ナッシュ均衡

図2-5において、予算制約式（直線 FH）と無差別曲線の接点が、家計Aの効用最大化点 E である。このとき、線分 OK は、家計Aが欲する公共財供給量 G の大きさを表す。しかし、線分 OK 分をすべて家計Aだけで自発的に供給するわけではない。家計Bも公共財を自発的に供給してくれるかもしれない。そうかといって、家計Aは他人である家計Bの自発的供給量 T_B を決めることはできない。そこで家計Aは、家計Bの自発的供給量 T_B を所与として自らが欲する自発的供給量 T_A を決めようとする。このように相手の行動を所与として自らが最適な選択を独立して決定する行動を（非協力ゲーム的）**戦略的行動**という。

図2-5での家計Aの予算制約式（直線 FH）は

$$x_A = -PG + W_A + PT_B$$

だから、線分 OF の長さは $W_A + PT_B$ である。縦軸で原点 O から所得 W_A の大きさだけとると、PT_B は線分 FW_A の長さと等しい。予算制約式の傾きは P だから、T_B の大きさは線分 IW_A に等しい。そこで家計Aは、この家計Bの自発的供給量（線分 OJ）を想定して効用最大化するように自発的供給量 T_A を決める。このとき、家計Aが欲する公共財供給量は線分 OK に相

図2-6 ナッシュ反応曲線

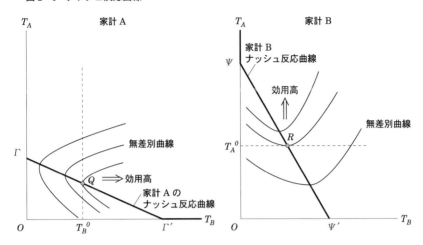

当するので、家計Aの自発的供給量を線分 JK（=線分 OK −線分 OJ）に相当するように決める。

このような行動から、T_A の量は T_B の量によって変化する。いま、図2-5をもとに、W_A と P が不変であるとして、家計Bの自発的供給量が線分 $OJ'(= T'_B)$ に増えたと想定しよう。T'_B に増えると(2)式より、PT_B が PT'_B に増えて、予算制約式が線分 FF' 分だけ上へシフトする。それとともに、効用最大化点も右上の点 E' にシフトして家計Aが欲する公共財供給量 G と家計Aの私的財消費量 x_A はともに増加する（その理由は、家計Aにとって公共財も私的財も上級財で、家計Bの自発的供給量が増えることは家計Aにとって所得が増えることを意味するからである）。このとき、家計Aが欲する公共財供給量は線分 KK' 分だけ増えるが、家計Bの自発的供給量の増加分は線分 JJ' 分だから、この変化に伴い家計Aの自発的供給量は減少する[6]。

したがって、家計Aは効用を最大化する戦略的行動により、家計Bの自発的供給量 T_B が増えると家計Aの自発的供給量 T_A を減らす。また、家計A

---

6) この減少は、図2-5で確かめられる。図2-5において、T_B の増加分は線分 JJ' の長さと等しく、この大きさは（W_A や P の大きさにかかわらず）線分 KK' の長さよりも大きい。これは、家計Aの自発的供給量が減少したことを意味する。

の自発的供給量の減少分の絶対値は、家計Bの自発的供給量の増加分よりも小さい[7]。この関係を図示したのが図2-6の曲線$\Gamma\Gamma'$である。Γはギリシャ文字のガンマ（大文字）である。T_Aの減少分の絶対値はT_Bの増加分よりも小さいから、曲線$\Gamma\Gamma'$の傾きの絶対値は1よりも小さい（45度より緩やかである）。これを家計Aのナッシュ反応曲線という。家計Bについても同様に、効用を最大化する戦略的行動によりT_Aが増えるとT_Bを減らす。これを図示すると、家計Bのナッシュ反応曲線は図2-6の曲線$\Psi\Psi'$となる。Ψはギリシャ文字のプサイ（大文字）である。

ちなみに、図2-5を見ると、家計Aの所得W_Aが増えるにつれて、家計Aの欲する公共財供給量Gが増加している。この関係を、説明の便宜上、

$$G = g_A \times \left(\frac{W_A}{P} + T_B\right) \quad g_A は正の定数$$

と表せると仮定する[8]。この式と$T_A + T_B = G$から、家計Aのナッシュ反応曲線$\Gamma\Gamma'$

$$T_A = g_A\left(\frac{W_A}{P} + T_B\right) - T_B \tag{3}$$

が導かれる。同様に、家計Bについても、所得が増えるにつれて欲する公共財供給量が増えるから、

$$G = g_B \times \left(\frac{W_B}{P} + T_A\right) \quad g_B は正の定数$$

と表せると仮定すると、家計Bのナッシュ反応曲線$\Psi\Psi'$は

$$T_B = g_B\left(\frac{W_B}{P} + T_A\right) - T_A \tag{4}$$

と表せる。この節での結論は、上記の場合だけでなくより一般的に成り立つ。

そこで、家計Aと家計Bがともに、相手の行動を所与として自らの効用を

---

7) なぜならば、T_Aの減少分の絶対値＝線分JK－線分$J'K$＝線分JJ'＋線分$J'K$－（線分$J'K$＋線分KK'）＝線分JJ'－線分KK'＜線分JJ'＝T_Bの増加分、だからである。
8) 厳密に言えば、各家計の効用関数がホモセティック（所得消費曲線が原点を通る直線で表される）であることを仮定すると、この式が導かれる。

図2-7 ナッシュ均衡

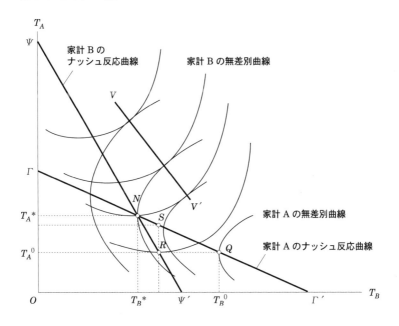

最大化するように自発的供給量を決めようとすると、どうなるだろうか。両家計の反応曲線を合わせた図2-7で考えよう。いま、家計Aが、家計BはT_B^0を選択したと想定する。このとき、家計AがT_B^0を所与として効用最大化すると、曲線$\Gamma\Gamma'$上の点Qが実現し、自発的供給量をT_A^0とする。これを受けて家計BはT_A^0を所与として効用最大化すると、曲線$\Psi\Psi'$上の点Rが実現する。続いて同様に家計Aが効用最大化すると、自らの自発的供給量を変えて点Sが実現するという具合に、互いに戦略的行動をとると、両家計のナッシュ反応曲線の交点である均衡点Nに収束する[9]。点Nでは、両家計がともに相手の行動を所与として自らの効用最大化をしている。だから、各家計はともにこれ以上自発的供給量を変更しようとはしない。こうした点Nの均衡状態を**ナッシュ均衡**という。この性質は、最初に想定した相手の自発的供給量T_A^0、T_B^0の大きさやナッシュ反応曲線の傾きの加減に依存

---

9) 先の説明は、点Nの左上側であってもまったく同様で、点Nに収束する。

しない。

●ナッシュ均衡の性質

ナッシュ均衡は、相手の行動を所与として互いに非協力的で利己的な行動をとった結果実現する。この均衡において、公共財の最適供給条件が成り立つであろうか。

図2-6の左図には、家計Aのナッシュ反応曲線 $\varGamma\varGamma'$ に対応した家計Aの無差別曲線を描き込んでいる。家計Aは反応曲線 $\varGamma\varGamma'$ 上で効用が最大になるから、ある T_B^0 が与えられると、自発的供給量を T_A^0 とするのが最も効用が高く、T_A^0 より量が多くても少なくても効用水準は低下する。つまり、家計Aの無差別曲線を図2-6の左図に描けば、曲線 $\varGamma\varGamma'$ 上で縦軸に平行な点線と接するように描ける。家計Aにとって、負担する T_A が少ない方が同じ所得でも私的財がより多く消費できるから、この図の右方ほど効用水準が高い。同様に、家計Bの反応曲線と無差別曲線は、図2-6の右図のように描ける。家計Bの無差別曲線を描けば、曲線 $\varPsi\varPsi'$ 上で横軸に平行な点線と接するように無差別曲線が描け、この図の上方ほど効用水準が高い。

両者の無差別曲線が接すれば、他の家計の効用を下げることなく、どの家計の効用も高めることはできないから、パレート最適の状態となる。図2-6に描いた両家計の無差別曲線を図2-7に描き写してみると、ナッシュ均衡の点 N では、両者の無差別曲線が接することなく交わっている。点 N の状態で、もし両家計が協力的に互いの自発的供給量を増やすことができれば、点 N よりも右上の点が実現できる。そこは両家計にとって、点 N での効用水準を下回ることなく、かつ少なくともどちらかの家計の効用が上昇している。つまり、点 N から右上の方へ何らかの方法で T_A や T_B を変えることができれば、パレート改善できることを示している。したがって、ナッシュ均衡（点 N）ではパレート最適ではない。図2-7でパレート最適となる点は、点 N の右上方向で両家計の無差別曲線が接する曲線 VV' 上の点である。

では、ナッシュ均衡ではどのような状態になっているか。それは、図2-5を見れば、T_B の量にかかわらず、家計Aの無差別曲線は予算制約式と接

している。すなわち、家計Aの公共財と私的財の限界代替率と予算制約式の傾き（公共財と私的財の限界変形率）が等しい（$MRS^A = P = MRT$）。これは、家計Bについても同様で、$MRS^B = P = MRT$である。したがって、ナッシュ均衡では、$MRS^A = MRS^B = MRT$が成り立っている。言い換えれば、$MRS^A + MRS^B = 2MRT > MRT$である。したがって、ナッシュ均衡では公共財は過小供給となる。過小供給になる理由についての理論モデルによる説明は、本章補論Bを参照されたい。

4 公共財の中立命題

　公共財の自発的供給では、公共財供給がパレート最適にはならないことがわかった。そこで、政府が第三者的に介入して、公共財供給をよりパレート最適な状態に近づけられるかを考えよう。その介入の仕方として、1つには家計Bから家計Aへの所得再分配政策[10]、もう1つは政府自らがしかるべきルールで徴税して公共財を供給する方法である。まず、前者の所得再分配政策について、この節で考えよう。

　前節と同様に、家計は自発的に公共財供給のために貢献するとして、そこに政府が第三者的に家計Bの所得からs単位（の私的財）だけ徴収し、それをそのまま家計Aへ分配するという所得再分配政策を行ったとする[11]。このとき、家計Aの再分配後所得は$W_A + s$で、家計Bの再分配後所得は$W_B - s$となる[12]。そこで、家計Aの効用最大化行動を図2-5のように図示してみよう。図2-8は、家計Aの再分配後の行動を示している。いま、再分配の大きさsが、図2-8の線分FF''の長さに相当したとする。このとき、家計

[10) 暗黙に意図していることは、適切に所得再分配をすることで各家計の自発的供給量がより多くなれば、ナッシュ均衡での過小供給が解消できるのではないか、ということである。
11) 厳密に言えば、sは所得や自発的供給量など他の条件にまったく依存しない一括固定補助金（一括固定税）であると仮定する。
12) 家計Aと家計Bの所得のうちどちらが多くても、ここでの結論はまったく変わらない。

図 2-8 所得再分配政策と自発的供給

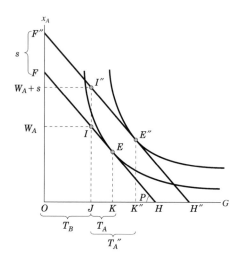

Aの予算制約式は、再分配前の(2)式から再分配後は

$$W_A+s = x_A+PT_A \Leftrightarrow W_A+s+PT_B = x_A+PG \tag{5}$$

となる。いま家計Aが、家計Bの自発的供給量 T_B （線分 OJ）が変わらないと想定する（実際に変わらないか否かは別）。したがって、再分配後の予算制約式(5)は、縦軸で原点 O から再分配後所得 W_A+s の大きさだけとり、そこから T_B の大きさ（線分 OJ）だけとった点 I'' を通る直線 $F''H''$ へ、再分配前の直線 FH よりも右上にシフトする。これに伴って、効用最大化点は点 E'' となり、家計Aの自発的供給量は、再分配前の線分 JK （T_A 単位）から再分配後の線分 JK'' （T_A'' 単位）に増加する。すなわち、所得再分配後に所得が増えた家計は、他の家計の自発的供給量が変わらないと想定すれば、公共財の自発的供給量を増やす。

この変化を、図2-7のナッシュ反応曲線のように表したのが、図2-9である。再分配前の家計Aのナッシュ反応曲線は曲線 $\Gamma\Gamma'$ で、再分配後は曲線 $\Gamma_A\Gamma_A'$ へ上にシフトする。なぜならば、所得再分配後に所得が増えると、家計Bの自発的供給量が変わらないと想定すれば、公共財の自発的供給量を

図2-9 公共財の中立命題

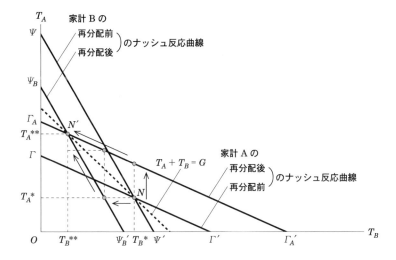

増やすからである。曲線 $\varGamma_A\varGamma'_A$ は、前節で説明した(3)式（再分配前の家計Aのナッシュ反応曲線 $\varGamma\varGamma'$）のように式で表すと、再分配後の所得が W_A+s に増加したことを受けて、

$$T_A = g_A\left(\frac{W_A+s}{P} + T_B\right) - T_B \tag{3}'$$

となる[13]。

他方、同様に考えれば、家計Bは所得再分配後に所得が減るから、家計Aの自発的供給量が変わらないと公共財の自発的供給量を減らす。だから、家計Bについても図2-9に示すと、再分配前のナッシュ反応曲線 $\varPsi\varPsi'$ に対して、再分配後は曲線 $\varPsi_B\varPsi'_B$ へ下にシフトする。曲線 $\varPsi_B\varPsi'_B$ は、(4)式（曲線 $\varPsi\varPsi'$）のように表すと、

---

13) (3)′式は、整理すると

$$T_A = g_A\frac{s}{P} + g_A\left(\frac{W_A}{P} + T_B\right) - T_B$$

だから、(3)式と比べて、図2-9でみれば $g_A\dfrac{s}{P}$ だけ上にシフトしていることがわかる。

$$T_B = g_B\left(\frac{W_B+s}{P} + T_A\right) - T_A \tag{4}'$$

となる。

 所得再分配政策によって、ナッシュ均衡における公共財供給量 $G = T_A + T_B$ はどのように変化するだろうか。再分配後のナッシュ均衡は、図 2-9 では曲線 $\Gamma_A \Gamma_A'$（(3)′式）と曲線 $\Psi_B \Psi_B'$（(4)′式）の交点 N' となる。ナッシュ均衡点 N' における各家計の自発的供給量（T_A^{**}, T_B^{**}）は、(3)′式と(4)′式から、

$$T_A^{**} = \frac{g_A(W_A+s) - (1-g_A)g_B(W_B-s)}{\{1-(1-g_A)(1-g_B)P\}}$$

$$T_B^{**} = \frac{g_B(W_B-s) - (1-g_B)g_A(W_A+s)}{\{1-(1-g_A)(1-g_B)P\}}$$

となる。このとき、公共財供給量 G は、

$$G = \frac{g_A g_B(W_A + W_B)}{\{1-(1-g_A)(1-g_B)\}P} \tag{6}$$

となる。この公共財供給量は、s の大きさと無関係である。すなわち、政府が s をいかなる大きさにする所得再分配政策を行っても、公共財供給量はまったく変化しない。このように、純粋公共財の自発的供給が行われる下で、いかなる所得再分配政策も公共財供給量に影響を与えないことを、**公共財の中立命題**という。この命題は、家計が何人いても成り立つ[14]。

 公共財の中立命題が意味することを、直観的に説明しよう。公共財の中立命題がなぜ成り立つかといえば、所得再分配後に所得が増えた家計は、その増えた分だけ公共財の自発的供給量を増やし、再分配後に所得が減った家計は、その減った分だけ自発的供給量を減らし、結果的には各家計の自発的供給量の合計は再分配前と同じになってしまうからある。

 前述の通り、再分配後に所得が増えた家計Aは、私的財と公共財は上級財だから、所得が増えれば私的財消費量と欲する公共財供給量が増える。その

---

[14] 説明の便宜上、効用関数がホモセティックであることを仮定しているが、この仮定がなくても命題は成り立つ。

ため、増えた所得を私的財消費量と公共財の自発的供給量を増やすために費やす。他方、再分配後に所得が減った家計Bは、私的財と公共財は上級財だから、所得が減れば私的財消費量と欲する公共財供給量が減る。そのため、減った所得分だけ私的財消費量と公共財の自発的供給量をそれぞれ減らす。家計Bが自発的供給量を減らすから、欲する公共財供給量が増えている家計Aは、戦略的行動によってその分を補うべく自発的供給量を増やそうとし、その分だけ家計Aは私的財消費量を減らすことになる（図2-8でいえば、家計Aの予算制約式が直線 $F''H''$ から少し左下方向にシフトする）。これに伴い、欲する公共財供給量が減っている家計Bは、家計Aがさらに自発的供給量を増やしたので、戦略的行動によって自発的供給量をさらに減らす。そして、これを受けて家計Aが、戦略的行動によって先のように自発的供給量をさらに増やす（図2-8の予算制約式がさらに直線 FH に近づく）。こうして、図2-9で見れば家計Aは曲線 $\Gamma_A\Gamma_A'$ に沿って、家計Bは曲線 $\Psi_B\Psi_B'$ に沿って、両曲線の交点 N' へ向かって動き、結局再分配による所得の増減を相殺するように自発的供給量が増減して、公共財供給量はまったく変化しない結果となる[15]。もちろん、このときの公共財供給量は、前節と同じ大きさだから、最適水準よりも過小で、パレート最適ではない。

公共財の中立命題が成り立つことは、所得再分配政策が、公共財供給量をまったく変化させないという意味で効果がなく、パレート改善するためにも役立たないといえる。したがって、公共財供給をパレート最適にするには、所得再分配政策ではなく、政府自らがしかるべきルールで徴税して公共財を供給する方法を考える必要がある。

5 リンダール・メカニズム

●リンダール・メカニズム

公共財の自発的供給では、政府が所得再分配を行う形で介入しても、公共

---

[15] だから、図2-9では、点 N や点 N' は直線 $T_A+T_B=G$（ただし、G は(6)式を満たす）上にある点である。

図2-10 リンダール・メカニズム

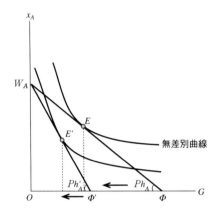

財供給がパレート最適にはならないことがわかった。そこで、政府が直接的に公共財を供給する場合を考える。ただし、政府がパレート最適を実現するような公共財供給を行うべく、しかるべき費用負担ルールを考えたい。いま、政府が次のようなメカニズムで公共財を供給するものとする。

①政府は、公共財の供給費用の負担を求めるべく各家計に費用の負担割合を提示する。

②各家計は、その負担割合に対して、欲する公共財水準を政府に報告する。

③政府は、各家計の報告した公共財水準がすべて同じでなければ、①に戻って負担割合を改めて提示する。各家計の報告した公共財水準がすべての家計で同じならば、その公共財水準で、②で提示した負担割合で費用を徴収して供給する。

このような公共財供給のメカニズムを、**リンダール・メカニズム**と呼ぶ。

家計が2人いる経済で、家計 $i\,(i=A,B)$ の無差別曲線と予算制約式、限界変形率 P は第3節と同じとする[16]。リンダール・メカニズムによる公共財供給では、家計 i が最終的に負担した費用を T_i と表せば、公共財供給量 G は $T_A + T_B = G$ となる。

ここで、家計 i の負担割合を $h_i = T_i/G$ と表すとする。だから、$h_A + h_B =$

---

16) 家計の数が多くても、この結論は基本的に変わらない。

図2-11 リンダール反応曲線

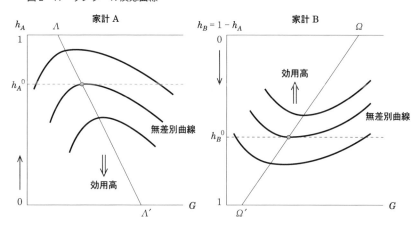

1が成り立つ。家計 i の予算制約式は、

$$x_i + Ph_i G = W_i$$

と書き換えられる。家計 i にとって、h_i は政府が決めるため所与として行動する。そこで、家計Aについて無差別曲線と予算制約式 ($x_A + Ph_A G = W_A$) を図示したのが図2-10である。予算制約式（直線 Φw_A）の傾きは Ph_A、縦軸の切片は W_A である。政府が決めた h_A を所与としたときの効用最大化点は点 E である。Φ はギリシャ文字のファイ（大文字）である。

いま、政府が h_A を h'_A に上げたとき、図2-10のように予算制約式の傾きは急になるが切片 W_A は変わらないから、直線 ΦW_A から直線 $\Phi' W_A$ に変化して効用最大化点は点 E' となる。このとき家計Aが欲する公共財供給量 G は点 E のときより減少する。つまり、h_A を所与として効用最大化する家計Aは、h_A が上昇すると G を減らす。この関係を、家計Aのリンダール反応曲線と呼び、図2-11の左図の曲線 $\Lambda\Lambda'$ として表せる。家計Bでも同様に、h_B が上昇すると家計Bが欲する G は減少するから、家計Bのリンダール反応曲線は図2-11の右図の曲線 $\Omega\Omega'$ として表せる。図2-11では、$h_A + h_B = 1$ の制約の下で、縦軸に下から上へ h_A、上から下へ h_B をとっている。Λ はギリシャ文字のラムダ（大文字）、Ω はオメガ（大文字）である。

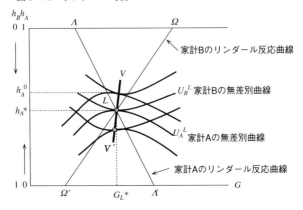

図2-12 リンダール均衡

　図2-11の両家計のリンダール反応曲線を同時に描いたのが、図2-12である。家計Aと家計Bのリンダール反応曲線は点Lで交わっている。この点Lでは、両家計は政府が提示した負担割合を所与として、自らの効用を最大化しており、両家計が報告する公共財供給量は同じ量になっている。したがって、ここで政府は公共財供給を実行する。この点Lの状態を**リンダール均衡**という。点Lでは、家計Aの負担割合がh_A^*、家計Bの負担割合が$1-h_A^*$、公共財供給量がG_L^*と決まる。この均衡は、最初に提示する負担割合にかかわらず、点Lに収束する。

●リンダール均衡の性質

　リンダール均衡では公共財の最適供給条件が成り立つだろうか。ナッシュ均衡での議論と同様に、反応曲線と無差別曲線の図解で検討する。

　図2-11左には、家計Aのリンダール反応曲線$ΛΛ'$に対応した家計Aの無差別曲線を描き込んでいる。家計Aは反応曲線$ΛΛ'$上で効用が最大になるから、あるh_A^0が与えられると、曲線$ΛΛ'$上で横軸に平行な点線と接するような無差別曲線が描ける。家計Aにとって、h_Aが低い方が望ましいから、この図の下方ほど効用水準が高い。同様に、家計Bのリンダール反応曲線と無差別曲線は、図2-11の右図のように描ける。家計Bの無差別曲線を描けば、曲線$ΩΩ'$上で横軸に平行な点線と接するように無差別曲線が描け、こ

図 2-13 フリーライダー問題

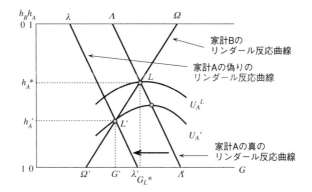

の図の上方ほど効用水準が高い。

　図 2-12 の点 L では、両者の無差別曲線が横軸に平行な点線と接しているから、両者の無差別曲線が接している。したがって、点 L ではパレート最適であり、サミュエルソンの公式を満たす。さらに、図 2-12 での曲線 VV' はパレート最適点の軌跡になっている。また、リンダール均衡では、各家計の負担割合を公共財から受ける便益に応じて決めるという受益者負担の原則が成り立っている。

●リンダール均衡とフリーライダー問題

　公共財には対価を払わず利用するフリーライダー（ただ乗り）が生じることは前に述べた。リンダール・メカニズムでは、家計が偽りの選好を報告することによってフリーライダー問題（ただ乗り問題）が生じる可能性があるという欠点がある。とくに、政府が各家計の偽りのない真の選好（無差別曲線）を必ずしも把握していない場合には、この問題が生じる。これを確かめてみよう。

　家計 A のみが偽りの選好を報告しようとして、家計 A は公共財の供給費用の負担割合をできるだけ低くするべく、自らが望む公共財供給量 G の量を過小に報告したとする。つまり、家計 A は従来のリンダール反応曲線 $\Lambda\Lambda'$ よりも左にシフトさせた曲線 $\lambda\lambda'$ に従って報告したとする。λ はギリシャ文

第 2 章　公共財の供給量を決める

字のラムダ（小文字）である。これを図示したのが図2-13である。政府は家計Aが偽りの報告をしたと見破れなければ、この行為により、リンダール均衡は点L'となる。点Lと点L'を比較すると、家計Aの負担割合はh_A^*からh_A'となり、公共財水準はG_L^*からG'へ減少する。このとき、家計Aの効用水準は、点Lでの効用水準U_A^Lから、偽って報告した結果負担割合が低下した点L'での効用水準U_A'に上昇する。だから、他の家計が偽りを報告しない限り、家計Aは偽りを報告して効用水準を高めようとするただ乗りのインセンティブを持つのである。

　このことは家計Bにもいえ、両家計が互いにただ乗りしようとすると、公共財水準のみ減少するだけで、逆に両家計の効用水準を低下させることになる。このように、リンダール均衡は、すべての家計が公共財についての好み（選好）を偽りなく報告すれば、パレート最適となるが、各家計が偽って報告すれば効用が上がるため、フリーライダー問題（ただ乗り問題）が生じる。しかも、政府が家計の真の選好を把握していなければ、各家計の偽った報告を効果的に防ぐ手立ては、リンダール・メカニズムに内在していない。だから、リンダール・メカニズムでは、フリーライダー問題（ただ乗り問題）を根本的に克服することができないのである。

6　クラーク＝グローブス・メカニズム

●クラーク＝グローブス・メカニズム

　リンダール・メカニズムによる政府の公共財供給では、パレート最適は実現するが、フリーライダー問題があった。これを解消すべく、クラークが考案し、グローブスがそれを拡張したのが、次のような公共財供給メカニズムである。このメカニズムでは、パレート最適を実現すべく、政府が各家計に求める費用負担は、サミュエルソンの公式$(1)'$を満たすように決める。①政府は、公共財供給を追加的に1単位増やすために、各家計の公共財供給の費用負担ルールを、

　　　家計Aの費用負担＝公共財の限界費用－家計Bの報告した公共財の限界便益

> 家計Bの費用負担＝公共財の限界費用－家計Aの報告した公共財の限界便益

と定める[17]。
② （他の家計の情報を知らない）各家計は、公共財が追加的に1単位増えたときの限界便益を政府に報告する。
③ 政府は、各家計の報告した限界便益の和が限界費用以上ならば、政府が①の費用負担ルールに従って公共財を追加的に1単位供給し、②に戻って各家計に限界便益を改めて報告させる。各家計の報告した限界便益の和が限界費用未満ならば、公共財供給をやめる。

このような公共財供給のメカニズムを、**クラーク＝グローブス・メカニズム**と呼ぶ。

このメカニズムでは、すべての家計が公共財の限界便益を正しく報告すれば、各家計は公共財の限界便益分だけ費用を負担し、公共財の最適供給条件を満たすように公共財が供給される[18]。

● **クラーク＝グローブス・メカニズムの性質**

問題は、このメカニズムでフリーライダー問題を解消できるか否かである。これまでと同じ枠組みで、公共財の限界費用は P、家計 i $(i=A,B)$ の公共財の限界便益について正しいものが b^{*i}、報告したものが b_R^i、とする。政府は、必ずしも各家計の偽らない真の選好（公共財の限界便益）を把握していないとする。このメカニズムでは、偽りを報告するか否かにかかわらず、$b_R^A + b_R^B < P$ ならば（追加的な）供給をやめ、各家計の真の限界純便益（＝限界便益－限界費用負担）はともに0となる。なぜならば、追加的な公共財供給がないため、すべての家計にとって追加的な便益は得られずゼロで、追加的な費用負担もゼロだからである。他方、$b_R^A + b_R^B \geq P$ ならば（追

---

17) この費用負担ルールを一般化していえば、家計 i の費用負担＝公共財の限界費用－家計 i 以外の家計が報告した公共財の限界便益の合計、となる。
18) 2つの家計A、Bの下では、この費用負担ルールから、両者が正しく限界便益を報告すれば、サミュエルソンの公式(1)′を満たすといえる。この性質は、家計が何人いても成り立つ。

図2-14 クラーク＝グローブス・メカニズム

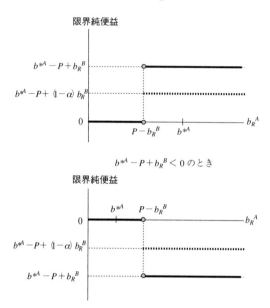

加的な）供給をし、家計Aは $P-b_R^B$ だけ費用を負担し b^{*A} の真の限界便益を得るから、$b^{*A}-P+b_R^B$ だけ真の限界純便益を得る。

ここで、各家計の限界純便益が正か負かが重要となる。上記のように、自らの真の限界純便益は、他の家計がどのような公共財の限界便益を報告するかに依存している。しかし、他の家計の報告は、自らが決めることができず動かし難いものである。だから、自らが正しく報告するか否かにかかわらず、真の限界純便益は他の家計の報告如何では正にも負にもなる。

そこで、両方の場合をそれぞれ考えて、家計がどう報告すれば効用を高められるかを検討する。まず、家計Aの真の限界純便益が正（0を含む）である場合（$b^{*A}-P+b_R^B \geqq 0$）を考える。この場合、報告 b_R^A に対応した真の限界純便益は図2-14の上図のように表され、公共財は追加的に1単位増加した方が家計Aにとって望ましい。b_R^A を正しく報告しても偽って大きく報告しても、少し小さく（ただし $b_R^A \geqq P-b_R^B$）報告しても、公共財は追加的に

1単位供給が増加する。むしろ、かなり小さく（$b_R^A < P - b_R^B$）報告すれば、公共財は増加せず、正しく報告すれば得られたはずの正の限界純便益を失ってしまう。

他方、家計Aの真の限界純便益が負である場合を考える。この場合、報告 b_R^A に対応した真の限界純便益は図2-14の下図のように表され、公共財が増加しない方が家計Aにとって望ましい。前述と同様に、b_R^A を正しく報告しても、偽って小さく報告しても、少し大きく（ただし、$b_R^A < P - b_R^B$）報告しても、公共財が増加しないのは同じである。むしろ、かなり大きく（$b_R^A \geq P - b_R^B$）報告すれば、公共財は増加し、負の限界純便益を被ってしまう。

この2つの場合のどちらになるかは他の家計の報告に依存している。だから、各家計にとって、どちらの場合になっても自らの効用が高まる（あるいは下がらない）ように報告するのが得策である。それは、常に偽らず真の限界純便益を報告することである。以上は、家計Bにとっても同様である。したがって、クラーク＝グローブス・メカニズムの下では、政府が各家計の真の選好を知らなくても、政府が偽りの報告に対して特別な懲罰を科さなくても、偽って報告するインセンティブはなく、フリーライダー問題は生じない。クラーク＝グローブス・メカニズムには、各家計の偽った報告を効果的に防ぐ手立てが内在している。

●クラーク＝グローブス・メカニズムの問題点

これで、公共財供給のメカニズムとして完璧であるといえればよいのだが、このメカニズムには、別の問題点がある。それは、政府の収支が均衡しないことである。とくに、上記のメカニズムでは政府の財政収支が赤字になる。

政府は、公共財供給を追加的に1単位増やすと限界費用 P だけ支出し、収入は上記のルールに従っている。したがって、このときの財政収支は

$$\{(P - b_R^B) + (P - b_R^A)\} - P = P - b_R^A - b_R^B \leq 0$$

となる。つまり、財政収支は偶然 $b_R^A + b_R^B = P$ となった場合だけ均衡し、それ以外は赤字となる。公共財供給を追加的に1単位増やすごとに赤字が発生

すれば、このメカニズムに従って継続的に公共財を供給することができなくなる。

　その改善策を、グローブスが提示した。それは、費用負担ルールを、例えば家計Aに $P-(1-\alpha)b_R^B$、家計Bに $P-(1-\alpha)b_R^A$ と、適切な定数 α を設定するルールである。すると、前述の2つの場合は、図2-14の破線のようになり、相変わらず各家計が偽りの報告をするインセンティブを排除しつつ、財政収支は

$$\{P-(1-\alpha)b_R^B\}+\{P-(1-\alpha)b_R^A\}-P = P-(1-\alpha)(b_R^A+b_R^B)$$

なので、$b_R^A+b_R^B = P/(1-\alpha)$ となるとき財政収支が均衡する。しかし、この収支均衡は、各家計が報告した限界便益（＝各家計の正しい限界便益）に左右されてしまい、均衡するのは依然として偶然でしかない。また、$b_R^A+b_R^B < P/(1-\alpha)$ のとき、逆に財政収支黒字が発生する。政府がこの財政収支黒字をそのまま放置すると、その分だけ家計の可処分所得を減らしているわけだから、その分家計の効用を下げている。この財政黒字を家計に分配することで、家計の効用が上がる可能性がある。そこで、財政黒字を各家計に分配したとすると、その分配次第では、各家計の限界純便益や報告のインセンティブを変え、公共財供給がパレート最適でなくなる恐れがある。

　以上のように、公共財供給をパレート最適にし、偽りの報告をするインセンティブを阻止し、財政収支を均衡させるというメカニズムは、きわめて困難であるといえる。これをより実践的に言えば、政府による公共財供給の効率化は、究極的に望ましいものを目指すのは難しいから、その次に望ましいもの（次善）を目指す必要があるということである。

■ 補　論

A．公共財のパレート最適条件の導出

　ここでは、第2節で述べた公共財のパレート最適条件を理論モデル（数式）を用いて導き出す。いま、第2節で想定した家計 i $(i=A,B)$ の効用関

数が

$$U_i(x_i, G_i) \quad \text{ただし、} \frac{\partial U_i}{\partial x_i} > 0, \frac{\partial U_i}{\partial G_i} > 0$$

であるとする。また、図2-3のような私的財と公共財の生産可能曲線が

$$X = \Gamma(G) \quad \text{ただし、} \frac{\partial X}{\partial G} = \frac{\partial \Gamma}{\partial G} < 0$$

であるとする。この式は、この経済における生産の技術的制約を表す。このとき、生産可能曲線の含意から、$MRT = |\partial \Gamma / \partial G| > 0$ だから、$MRT = -(\partial \Gamma / \partial G)$ と表せる。

第2節で説明したように、社会計画当局がパレート最適を実現するには、家計Aがすでに効用を最大化して効用水準が U_A^* に達していて（図2-3上の無差別曲線でこれを表現している）、この水準 U_A^* を維持しつつ、家計Bの効用を最大限高めればよい。しかし、社会計画当局は、この経済に存在する資源に限りがあるという制約（資源制約）に直面する。これらを含めて定式化すると次のようになる[19]。

$$\max_{\{x_A, G_A, x_B, G_B, X, G\}} U_B(x_B, G_B)$$

$$\text{subject to} \quad U_A(x_A, G_A) = U_A^*$$

$$X = \Gamma(G)$$

---

[19] この問題は、社会計画当局による社会厚生最大化問題として考えることもできる。社会厚生とは、この経済に存在するすべての家計の効用について何らかのウエイト付けをして社会全体での効用として測ったもの（これを社会厚生関数という）である。ここでの社会厚生関数を各家計の効用の加重和とすると、社会厚生関数は

$$\omega_A U_A(x_A, G_A) + \omega_B U_B(x_B, G_B)$$
$$\text{ただし、} \omega_A + \omega_B = 1$$

と表すことができる。ここで、$\omega_i (i = A, B)$ は家計 i の効用のウエイトである。したがって、この下での社会厚生最大化問題は、

$$\max_{\{x_A, G_A, x_B, G_B, X, G\}} \omega_A U_A(x_A, G_A) + \omega_B U_B(x_B, G_B) \quad \text{ただし、} \omega_A + \omega_B = 1$$
$$\text{subject to (A-1)}$$

と定式化できる。補論Aでの最大化問題は、この問題と同値であることは容易に確かめられる。

$$x_A + x_B = X$$
$$G_A = G_B = G \quad \quad \text{(A-1)}$$

これをラグランジュ乗数法で解くと（ラグランジュ関数を L とする）、

$$L = U_B(x_B, G_B) + \lambda_1\{U_A^* - U_A(x_A, G_A)\} +$$
$$\lambda_2\{X - x_A - x_B\} + \lambda_3\{G - G_A\} + \lambda_4\{G - G_B\} + \lambda_5\{X - \Gamma(G)\}$$

となり、これを解くと1階条件は次のようになる。

$$\lambda_1 \frac{\partial U_A}{\partial x_A} + \lambda_2 = 0, \quad \frac{\partial U_B}{\partial x_B} - \lambda_2 = 0, \quad \lambda_2 + \lambda_5 = 0$$

$$\lambda_1 \frac{\partial U_A}{\partial G_A} + \lambda_3 = 0, \quad \frac{\partial U_B}{\partial G_B} - \lambda_4 = 0, \quad \lambda_3 + \lambda_4 - \lambda_5 \frac{\partial \Gamma}{\partial G} = 0$$

これらを整理すると、次のようになる。

$$\frac{\frac{\partial U_A}{\partial G_A}}{\frac{\partial U_A}{\partial x_A}} + \frac{\frac{\partial U_B}{\partial G_B}}{\frac{\partial U_B}{\partial x_B}} = -\frac{\partial \Gamma}{\partial G} \Leftrightarrow MRS^A + MRS^B = MRT$$

こうして、公共財供給のパレート最適条件（サミュエルソンの公式）(1)式が導かれる。

B．ナッシュ均衡の効率性の数式による説明

第3節での結果は、先と同様にラグランジュ乗数法を解くことによって数式でも示される。第3節と同じ状況で、各家計は、自分の所得と他の家計の自発的供給量を所与として、予算制約の下で効用を最大にするように戦略的行動をとり、私的財消費量と自発的供給量を決める。

家計Aの効用最大化問題は

$$\max_{\{x_A, T_A\}} U_A(x_A, G)$$

subject to $\quad W_A = x_A + PT_A, T_A + T_B = G, T_B = \overline{T_B}$（所与の定数）

と表される。いま、ラグランジュ関数を L と表す。この効用最大化問題をラグランジュ関数で表せば、次のようになる。

$$L_A = U_A(x_A, T_A + \overline{T_B}) + \lambda_A(W_A - x_A - PT_A)$$

家計Bの効用最大化問題は

$$\max_{\{x_B, T_B\}} U_B(x_B, G)$$

subject to $\quad W_B = x_B + PT_B, T_A + T_B = G, T_A = \overline{T_A}$ （所与の定数）

と表される。このラグランジュ関数を表すと、次のようになる。

$$L_B = U_B(x_B, T_B + \overline{T_A}) + \lambda_B(W_B - x_B - PT_B)$$

各家計のラグランジュ関数をそれぞれ解くと、1階条件は次のようになる。

$$\frac{\partial U_i}{\partial x_i} - \lambda_i = 0, \frac{\partial U_i}{\partial G} - \lambda_i P = 0 \qquad i = A, B$$

これらを整理すると、

$$\frac{\frac{\partial U_A}{\partial G_A}}{\frac{\partial U_A}{\partial x_A}} = \frac{\frac{\partial U_B}{\partial G_B}}{\frac{\partial U_B}{\partial x_B}} = P \Leftrightarrow MRS^A = MRS^B = MRT$$

となる。したがって、ナッシュ均衡では、公共財供給のパレート最適条件(1)式を満たさないことがわかる。しかも、このとき、

$$MRS^A + MRS^B = 2MRT > MRT$$

だから、公共財の自発的供給は、パレート最適な供給量に比べて過小になることがわかる。

■ **練習問題**

1．次の専門用語について、それぞれの内容（定義）を説明せよ。
  ① 純粋公共財

② 公共財の中立命題（が成り立つ状態）
③ フリーライダー

2．次の文章について、正しいものに〇、誤っているものに×、どちらとも言えないものに△を付けなさい。
① 公共財の自発的供給（ナッシュ均衡）の下では、パレート最適な資源配分は実現できない。
② 公共財の供給に伴い市場の失敗が起こるのは、政府が独占的に供給し、費用負担や供給量を決定するからである。
③ クラーク＝グローブス・メカニズムによる公共財供給は、財政収支が均衡するが、パレート最適にはならない。

3．2人の家計がいる経済で、1種類の私的財と純粋公共財があるとする。このとき、家計の効用関数が、

家計Aの効用関数：$U_A(x_A, G) = 5x_A G$

家計Bの効用関数：$U_B(x_B, G) = 3x_B G$

ただし、x_A：家計Aの私的財消費量

x_B：家計Bの私的財消費量

G：公共財供給量

であったとする。公共財を生産するために私的財が必要で、公共財と私的財の限界変形率が8で一定、つまり生産可能曲線が、$G = x/8$（ただし、xは公共財供給に用いるための私的財の量）であったとする。
① この経済全体で私的財が960単位あったとする。すなわち、$x_A + x_B + x = 960$である。この経済での公共財の最適供給量はいくらになるか。
② いま、家計Aの所得が360、家計Bの所得が600であったとする。そこで、公共財を2人の家計が自発的に供給しようとする。このとき、公共財供給量はいくらになるか。
③ 各家計の所得が②と同じであったとする。今、公共財を政府がリンダール・メカニズムに基づいて供給し、これに対して2人の家計に（偽りなく）費用の負担を求めるものとする。このとき、家計Aの負担比率h_A、家計Bの負担比率h_Bはそれぞれいくらになるか。

Public Economics

3 税の望ましい徴収方法
―――消費課税 1

1　日本の租税

●日本の税制

　この章から 4 章にわたって、財政支出の財源となる租税をどのように徴収するのが望ましいかについて、公共経済学の見地から議論する。その前に、日本の税制について、簡単に紹介しておこう。わが国の租税には、国が課税している国税と、地方自治体が課税している地方税がある。国税や地方税にはいくつもの税目があり、それぞれの特徴があるが、しばしば 2 つの分類方法で分類される。それは、直接税と間接税、普通税と目的税、という分類である。

　直接税とは、法律上の納税義務者が最終的な租税を負担する人と同一となることが予定されている租税である。間接税とは、法律上の納税義務者は租税を財・サービスの価格に転嫁して、必ずしも実質的に租税を負担する人とならず、財・サービスの最終的な購入者にも負担させることが予定されている租税である。普通税とは、使途を限定せず課税される租税である。目的税

表3-1 日本の税制

		直接税		間接税	
		普通税	目的税	普通税	目的税
国税		所得税、法人税、相続税・贈与税、地価税		消費税、酒税、たばこ税、関税、印紙税 等	電源開発促進税 等
地方税	道府県税	道府県民税、事業税、自動車税 等	狩猟税 等	地方消費税、道府県たばこ税、不動産取得税 等	産業廃棄物税、宿泊税 等
	市町村税	市町村民税、固定資産税、軽自動車税 等	都市計画税、事業所税 等	市町村たばこ税 等	入湯税 等

とは、使途を限定する租税である。

　日本に存在する代表的な税目を、こうした分類に従ってまとめると、表3-1のようになる。表3-1に記されたもの以外の税目も課税されている。地方税の中でも、都道府県が課税する税目は道府県税[1]、市町村が課税する税目は市町村税と呼ばれる。

　こうした税目は、それぞれどれほどの額が課税されているだろうか。国、都道府県、市町村でそれぞれ見てみよう。まず、国では、税収が多い順に所得税（税収全体の3割強）、消費税（全体の約3割）、法人税（全体の約2割）となっている。この3つの税目で国税税収の8割強を占める。国税の税収総額は、1990年代初めは60兆円を超えていた。しかし、景気低迷に伴って減少し、一時期50兆円を下回ることもあったものの、消費税率が5％から8％に引き上げられた2014年度以降では50兆円を超えている。

　都道府県では、収入が多い順に道府県民税（税収全体の約3割）、地方消費税（全体の3割弱）、事業税（全体の2割強）、自動車税（全体の1割弱）となっている。最近ではこの4つの税目で税収全体の約9割を占める。これらのうち、道府県民税は国の所得税と、地方消費税は国の消費税と、それぞれ同じものに課税している（課税標準が同じである）。全都道府県を合計した税収は、近年では約18兆円である。

---

1) 慣習で「道府県税」と呼ぶ。これは、廃藩置県時には現在の東京都が東京府で、都がなかったことにも起因している。

市町村では、市町村民税（全体の45％前後）と固定資産税（税収全体の4割強）で税収のほとんどを占めている。市町村民税は景況の影響を受けやすく、景気回復期には市町村民税が、景気後退期には固定資産税が最も収入が多い税目となる傾向がある。市町村民税は、国の所得税と課税ベースが同じである。全市町村を合計した税収は、約20兆円である。ちなみに、一般的に「住民税」と呼ばれる税金は、道府県民税と市町村民税のことを指す。

　わが国における国税や地方税は、国や地方自治体がそれぞれ独自に課税しているのではなく、国が税制全体の整合性をとって税目を設定している。地方税は国の法律である地方税法の規定に従って課税されている。では、こうした国税と地方税は、どのような考え方に基づいて設けられているのだろうか。

●日本の税制の租税原則
　租税のあり方を考える上で念頭におくべきことは、第1章で述べた政府が果たすべき3つの機能である。租税は、この3つの機能をよりよく果たすことができるように徴収するのが望ましいといえる。そこで、政府が果たす機能と整合的な租税のあり方について議論を進める上で便利なのが、わが国の税制の租税原則である。ここで、日本の税制の租税原則について紹介しよう。

　戦後日本の税制の租税原則は、**公平**、**中立**、**簡素**である。これは、戦後のわが国の税制を強く規定した1949年のシャウプ税制改革勧告で打ち出されたものである。

1．公平
　公平の原則には、水平的公平と垂直的公平の2つの原則がある。
　(1) 水平的公平
　租税の負担能力が同等な人は、同じ額の租税を支払うべきである。そのため、税務当局は、各個人が持つ租税の負担能力を適正に把握する必要がある[2]。
　(2) 垂直的公平
　課税後の所得や資産について、個人間の格差をできるだけ小さくするよう

に租税を徴収すべきである。すなわち、租税の負担能力のある人ほどより多くの租税負担を求められることとなる。そのため、租税は、累進課税制度のように所得再分配機能を果たすことが求められる。

2．中立

租税は、民間の経済活動をできるだけ阻害しないようにするべきである。とくに、租税を徴収しなかったときに行われた生産、消費、貯蓄の水準と比べて、租税を徴収したときにその経済活動の水準が減退するならば、そうした租税は望ましくないと考える。完全競争市場で租税がないときに効率的な資源配分（パレート最適）が実現していれば、租税の徴収によって効率的な資源配分ができるだけ妨げられないようにするべきである。このことから、中立の原則は、効率性の原則とも呼ばれる。中立の原則をより満たす租税は、資源配分機能をよりよく果たすのに有用な租税であるともいえる。

中立の原則を後述する概念を用いて（先取りして）言えば、租税による市場の総余剰の損失（超過負担）をできるだけ小さくすべきである。その意味で、完全に中立的な租税は、一括固定税（人頭税）である。それは、一括固定税は財の相対価格を歪めない（代替効果がない）からである。

3．簡素

租税制度は、納税者にとって簡素でわかりやすいものにすべきである。

以上のように、わが国の租税原則は、租税のあり方を簡潔に示した内容となっている。ただ、この原則のうち、（垂直的）公平と中立は必ずしも両立するわけではなく、時にトレード・オフの関係になる場合もあり、3つの原則を常にすべて成り立たせるのは容易ではない。だから、現実問題として税制のあるべき姿を検討するには、現に徴収されている租税が、これらの原則のうちどれをどの程度満たしているかについて、公共経済学の見地から検討

2）しかし、わが国の租税の現状では、所得税について、「トウ・ゴウ・サン（サラリーマンが10割、自営業者が5割、農家が3割）」、「クロヨン（同様に9割、6割、4割）」という言葉に象徴されるように、税務当局による所得の捕捉率が職業によって異なるといわれている。これが事実ならば、捕捉率が低い職業ほど同じ所得額でも税負担が軽くなるという意味で不公平である。

する必要がある。

　そこで、第3、4章では消費に対する課税について、第5章では所得に対する課税について、（垂直的）公平の原則と中立（効率性）の原則の側面から、これらがどのような性質を持っているかを理論的に分析したい。法人税については第6章、資産に対する課税については、本書後半で議論する。ただし、ここでは説明の便宜上、徴収された税金を第2章のように家計の効用を高める公共財供給にあてることは陽表的に考えない。つまり、政府がある税金を課税することになったときに、各家計が直面する課税による変化だけを考察して、その税金の使途である財政支出（およびその経済効果）はまったく考慮しないことと仮定する。これは、あくまでもここで税金の経済効果をわかりやすく説明するための仮定である。

2　消費課税

●消費課税の性質

　消費に対する課税は、家計が財を消費する際に租税を徴収するものである。そこで、水平的公平の原則を満たすように徴税するには、同じ消費額には同じ税額を課税すればよい。また、消費課税の租税負担は、家計の消費額で決まり、家計が得た所得額や保有する資産額とは必ずしも直接関係がない。とくに、家計の所得や資産の多寡にかかわらず財を同じ額だけ消費したら同じ税額を課税するならば、垂直的公平の原則は満たしにくい。なぜならば、同じ税額を支払う家計で比較して、担税能力を示す所得や資産と比べた租税の負担率（＝税額÷所得or資産）でみれば所得や資産が多い家計は低く（負担割合が軽く）、少ない家計では高く（負担割合が重く）なっているからで、これを指して逆進的ともいう[3]。

　中立の原則の観点からみた消費課税の性質は、以下で述べるような性質が

3）ただし、所得や資産が多い家計は消費額も相対的に多いから、消費額が多いほど累進的に税率が高くなるように消費課税をすることは可能で、個々の家計の消費額が把握できれば累進的消費税（あるいは支出税）を導入することも可能である。この場合、消費課税でも垂直的公平の原則をある程度満たすことができる。

ある。

●課税方法

　政府が消費に課税する際、消費する財の何に対して課税し、誰に納税義務を課すかをあらかじめ決めなければならない。消費に対する税金のかけ方には、従量税と従価税という方法がある。

　従量税とは、財1単位当たりに課税する税のことである。例えば、みかん1個当たり5円の従量税とは、課税前にみかん1個が100円のとき税込価格は105円となり、課税前に1個200円のとき税込価格は205円となる。日本のたばこ税や自動車重量税は、従量税である。

　従価税とは、財の価格に対して一定割合を課税する税である。例えば、みかんの価格に対して5％の従価税とは、課税前にみかん1個が100円のとき税込価格は105円となり、課税前に1個200円のとき税込価格は210円となる。日本の消費税は、従価税である。

　法律などによって租税を直接政府に納める義務がある人（経済主体）を、納税義務者という。ただし、納税義務者が租税をすべて負担するわけではない。つまり、納税義務者と租税を負担する人（担税者）とは必ずしも一致しない。

　いま、家計と企業の間で売買をする財に対して政府が課税したとする。そこで納税義務者が企業である場合、企業が政府に税金を納めなければならない。しかし、企業がその租税を全額負担しなくてもよい。その税負担を家計にも全部ないしは一部負担してもらうには、財を供給する際に代金に上乗せすればよい。逆に家計は税込価格で財を購入することになる。これを表したのが、図3-1である。日本の消費税やたばこ税はこの方式をとっている。

　納税義務者が家計である場合、家計が政府に税金を納めなければならない。このとき、企業は直接税金を納める必要がないため、税金を上乗せせずに財を供給する。そして家計は税抜価格で財を購入する。これを表したのが、図3-2である。現在の日本でこの方式をとっているものは、自動車重量税などがある。

図3-1 納税義務者が企業の場合

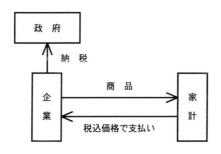

図3-2 納税義務者が家計の場合

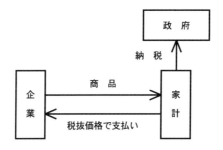

3　従量税（部分均衡分析）

●従量税の転嫁と帰着

　この節では、完全競争市場における消費課税の転嫁と帰着を部分均衡分析（ある財の需要や供給は他の財の価格の変化などに影響を受けない状況）で考える。租税の**転嫁**とは、納税義務者がさまざまな理由で租税の負担を他の人に負わせることである。租税の**帰着**とは、租税負担の最終的な帰属のことである。

　そして、完全競争市場において、家計と企業は価格受容者（プライス・テイカー）である。いま、税金がまったくない状態で、家計は効用を最大化するように、与えられた市場価格に対してある財の消費量を決める。第1章で

説明したように、その市場価格と財の消費量の関係は需要曲線と呼ばれ、図3-3の曲線 D のように、通常右下がりの曲線として表される。企業は利潤を最大化するように、与えられた市場価格に対してある財の生産量を決める。第1章で説明したように、その市場価格と財の生産量の関係は供給曲線と呼ばれ、図3-3の曲線 S のように、通常右上がりの曲線として表される。以下では、この需要曲線と供給曲線を前提に消費課税の効果を考察する。この章では、財1単位当たり t（円）の従量税を課税することを考える。

●納税義務者が企業の場合

　納税義務者が企業である場合、企業は財の供給1単位当たり t の従量税を納めなければならないため、前述の通り税込価格で家計と取引する。したがって、課税前と比べて供給曲線が t だけ上にシフトする。これを図示したのが、図3-3である。従量税を課税する前の需要曲線は曲線 D、供給曲線は曲線 S で表している。従量税が課税されると、税込価格の供給曲線は曲線 S'（曲線 S より上）で表される。

　この従量税の課税によって、市場均衡はどのように変化するだろうか。縦軸を価格 p、横軸を数量 Q とした図3-3のように、市場均衡は、課税前の点 e（曲線 D と曲線 S の交点）から課税後は曲線 D と曲線 S' の交点である点 g になる。課税後の均衡点 g での税込価格は f となる。納税義務者が企業である場合、前に述べたように家計は税込価格を支払うため、家計が財を購入するとき実際に支払う価格は、課税前の p^* から課税後の f に上昇する。これに伴い、需要量（＝供給量）は Q^* から Q' に減少する。このとき従量税は、1単位当たり t、つまり線分 gi が課され課税後の均衡需給量 Q' 分に課税されるから、線分 gi ×線分 OQ' ＝ □$fgih$ が税収となる。

　消費者余剰は、課税前は図3-3の △aep^* であったが課税後は △afg となり台形 $fgep^*$ だけ減少する。また、生産者余剰は、課税前は △dep^* であったが課税後は △dhi となり台形 $hiep^*$ だけ減少する[4]。課税によって消費者余剰と生産者余剰を合わせて五角形 $fgeih$ の大きさだけ余剰が減少したことになる。しかし、そのうち □$fgih$ は政府の税収であるから、これを差し

図3-3 完全競争市場における従量税（納税義務者が企業の場合）

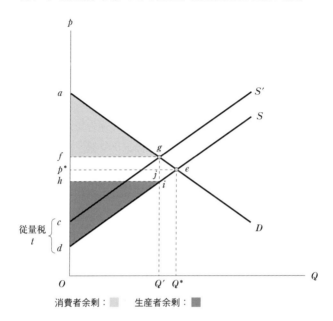

消費者余剰： 生産者余剰：

引いた残りの △egi が、従量税の課税によって誰のものでもなく失われてしまった余剰となる。この △egi を**超過負担**（死荷重）という。**超過負担（死荷重）とは、完全競争市場均衡で得られる総余剰と比べて失った余剰の大きさである**。超過負担は課税しなかったときに本来得られたはずの余剰である。だから、中立の原則の観点から、超過負担はできるだけ小さい租税が望ましいとされる。

税収□ fgih のうち、実際に租税を負担しているのは納税義務者の企業だけではない。□ fgih のうち、家計が課税後に失った消費者余剰の台形 fgep* と重なる部分である□ fgjp* が家計の租税負担である。なぜならば、□ fgjp* は、課税前は消費者余剰の部分であったが課税後は政府の税収となったからである。同様に、□ fgih のうち、企業が課税後に失った生産者余剰

4）消費者余剰、生産者余剰についてわからない読者は、巻末の用語解説を参照されたい。

の台形 $hiep^*$ と重なる部分である□ $hijp^*$ が企業の租税負担である。このことからもわかるように、納税義務者がすべて租税を負担しているわけではない。

●納税義務者が家計の場合

納税義務者が家計である場合、家計は財１単位当たり t の従量税を納めなければならないため、家計は課税前の需要曲線を従量税が含まれたものとして行動する。つまり、課税前と比べて t だけ下に位置した需要曲線が家計の税抜価格で表した需要曲線となる。なぜならば、前に述べたように納税義務者が家計の場合に家計が直面する価格は税抜価格だからである。これを図示したのが、図３−４である。従量税を課税する前の需要曲線は曲線 D、供給曲線は曲線 S で表している。従量税が課税されると、税抜価格の需要曲線は曲線 D' と表される。

この従量税の課税によって、市場均衡はどのように変化するだろうか。図３−４における市場均衡は、図３−３と同様に課税前は点 e であったが、課税後は曲線 D' と曲線 S の交点である点 n になる。課税後の均衡点 n での税抜価格は m に低下する。このときの需要量（＝供給量）は Q^* から Q'' に減少する。このとき従量税は、１単位当たり t、線分 ln が課され課税後の均衡需給量 Q'' 分に課税されるから、線分 ln ×線分 OQ'' ＝□ $klnm$ が税収となる。消費者余剰は、課税前は図３−４の△ aep^* であったが課税後は△ akl となり台形 $klep^*$ だけ減少する。また、生産者余剰は、課税前は△ dep^* であったが課税後は△ dmn となり台形 $mnep^*$ だけ減少する。

課税によって消費者余剰と生産者余剰を合わせて五角形 $klenm$ の大きさだけ余剰が減少したことになる。しかし、そのうち□ $klnm$ は政府の税収であるから、これを差し引いた残りの△ eln が誰のものでもなく失われてしまった余剰となる。したがって、△ eln が超過負担となる。税収□ $klnm$ のうち、実際に租税を負担しているのは納税義務者の家計だけではない。□ $klnm$ のうち、家計が課税後に失った消費者余剰である台形 $klep^*$ と重なる部分である□ $klrp^*$ が家計の租税負担である。なぜならば、□ $klrp^*$ は、課税前は消費者余剰の部分であったが課税後は政府の税収となったからであ

図3-4 完全競争市場における従量税（納税義務者が家計の場合）

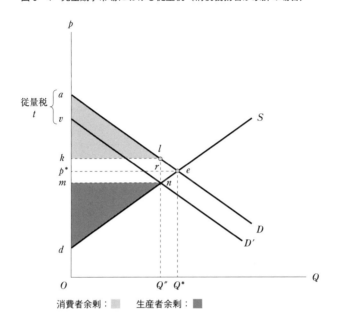

消費者余剰： ▨　　生産者余剰： ▪

る。

同様に、□$klnm$ のうち、企業が課税後に失った生産者余剰である台形 $mnep^*$ と重なる部分である□$mnrp^*$ が企業の租税負担である。

● 納税義務者と均衡の関係

そこで、完全競争市場において、同じ課税前の状況から、同じ1単位当たり t の従量税について、納税義務者が企業の場合と家計の場合を比較する。まず、従量税は1単位当たり t であるから、図3-3の線分 $gi = t =$ 図3-4の線分 ln である。また、課税前の需要曲線 D と供給曲線 S は同じだから、点 e が同じで、点 g と点 l、点 i と点 n がそれぞれ同じ点である。だから、両者の課税後の需給量 Q' と Q'' は同じである。したがって、両者の税収は同じとなる。それだけでなく、課税後に失われた消費者余剰、生産者余剰も同じとなり、両者の超過負担も同じ大きさとなる。つまり、超過負担や実質的な租税負担は誰が納税義務者かにかかわらず同じである。

第3章　税の望ましい徴収方法 | 65

以上より、完全競争市場における従量税では、納税義務者が企業であっても家計であっても、課税後の需給量、税収、実質の租税負担、超過負担は同じとなる。これ以降の議論では、納税義務者が企業のときだけを扱う。

●超過負担の大きさ
　図3-3で示されたように、従量税に伴う超過負担の大きさは、$\triangle egi$ である。この大きさの計算を、近似的に試みる。課税による需要量の変化分を ΔQ と表し、従量税による価格の変化分 Δp は、近似的に、1単位当たり税額 t である。$\triangle egi$ の面積は、線分 gi は t で、これを底辺とみたときの高さに相当するのが ΔQ だから、需要の価格弾力性 ε_D の定義より、

$$\triangle egi = \frac{1}{2}t\Delta Q = \frac{1}{2}tQ^*|\varepsilon_D|\frac{\Delta p}{p} = \frac{1}{2}t^2\frac{Q^*|\varepsilon_D|}{p}$$

と近似的に表すことができる[5]。このことが意味することは、第1に、超過負担は税額（あるいは税率）の2乗に比例する、ということである[6]。すなわち、税率が大きくなると、超過負担はその2乗の大きさだけ大きくなる。第2に超過負担は需要の価格弾力性に比例する、ということである[7]。すなわち、需要の価格弾力性が大きいと、課税に伴う超過負担が大きくなる。

●転嫁・帰着と価格弾力性
　次に、租税負担（帰着）と超過負担が価格弾力性によってどう変わるかをみてゆく。納税義務者が企業である従量税（1単位当たり t）の場合で考える。

---

[5] 需要の価格弾力性についてわからない読者は、巻末の用語解説を参照されたい。ちなみに、ε はギリシャ文字のイプシロン（小文字）である。需要の価格弾力性の値は通常マイナスで、$|\varepsilon_D|$ は需要の価格弾力性の絶対値を意味する。

[6] 厳密に言えば、この式での t は税率であって、税額ではない。この式は、説明の都合上あくまでも近似的に示したものに過ぎない。厳密にこの式を導出することは、本書の範囲を超えるため割愛する。

[7] 厳密に言えば、この需要は補償需要のことである。補償需要とは、一定の効用水準を得るために費やす支出を最小化する需要量のことである。詳細は、ミクロ経済学の教科書を参照されたい。

1. 供給の価格弾力性が無限大のとき

供給の価格弾力性が無限大のとき、供給曲線は水平となる。図3-5において課税後の供給曲線がS'と表されると、均衡点がE^*からE'に変化する。その結果、家計が直面する価格はp^*からp'に上昇する。この家計の価格の上昇は従量税の大きさと同じだから、租税負担はすべて家計が負うこととなる。また、超過負担は図3-5の$\triangle AE'E^*$となる。

2. 供給の価格弾力性がゼロのとき

供給の価格弾力性がゼロのとき、供給曲線は垂直になる。図3-6において課税後の供給曲線がS'と表されるが、垂直なので均衡点はE^*のまま変化しない。その結果、家計が直面する価格はp^*のまま変化しない。つまり、課税に関係なく価格が同じだから家計は租税負担をまったく負わないこととなり、企業がすべて負うこととなる。そして、超過負担は生じない。

3. 需要の価格弾力性（の絶対値）が無限大のとき

需要の価格弾力性の絶対値が無限大のとき、需要曲線は水平となる。図3-7において課税後の供給曲線がS'と表されると、均衡点がE^*からE'に変化する。しかしその結果、家計が直面する価格はp^*のまま変わらない。したがって前に述べたように、租税負担はすべて企業が負うこととなる。また、超過負担は図3-7の$\triangle BE'E^*$となる。

4. 需要の価格弾力性がゼロのとき

需要の価格弾力性がゼロのとき、需要曲線は垂直になる。図3-8において課税後の供給曲線がS'と表されると、均衡点はE^*からE'に変化する。その結果、家計が直面する価格はp^*からp'に上昇する。この家計の価格の上昇は従量税の大きさと同じだから、租税負担はすべて家計が負うこととなる。このとき、超過負担は生じない。

以上の結果をまとめたものが、表3-2である。要するに、供給も需要も価格弾力性の絶対値が大きいほど、超過負担が大きくなる。中立の原則の観点から、供給や需要の価格弾力性の絶対値が小さい財ほど、超過負担が少なく、課税するのが望ましい財であるといえる。

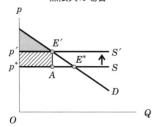

図3-5 供給の価格弾力性が無限大の場合

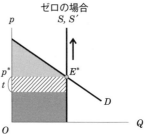

図3-6 供給の価格弾力性がゼロの場合

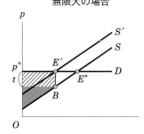

図3-7 需要の価格弾力性が無限大の場合

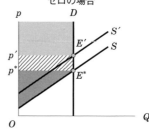

図3-8 需要の価格弾力性がゼロの場合

消費者余剰：　　　生産者余剰：　　　税収：

表3-2 価格弾力性（の絶対値）と課税による超過負担の関係

需要の価格弾力性	小	大	供給の価格弾力性	小	大
消費者価格	上　昇	ほぼ不変	消費者価格	ほぼ不変	上　昇
租税負担	主に家計	主に企業	租税負担	主に企業	主に家計
超過負担	小	大	超過負担	小	大

4 独占市場における従量税

● 独占市場の均衡

　この節では、独占市場における消費課税の転嫁と帰着を、前節と同様に、部分均衡分析で考える。ある財の企業が1社しかなく独占的に供給量や価格が決められる場合に、前節と同じように財1単位当たり t（円）の従量税を課税すると、どうなるだろうか。

　独占的に供給量や価格を決めることができる独占企業が財を供給し、多数の家計がその財を需要する独占市場を考える。この独占市場での消費課税を考える前に、独占市場についてミクロ経済学の復習をしておこう。理論モデル（数式）を用いた説明は、本章補論を参照されたい。

　この独占市場での需要曲線は、図3-9の曲線 D のように表されたとする[8]。この需要曲線 D は図3-3などの曲線 D と同じものであると仮定する。家計だけが価格受容者（プライス・テイカー）である。独占企業にとって、この需要曲線は、財の価格に対して財1単位当たりの収入（平均収入）を示す曲線であるともいえる。そこで、需要曲線を平均収入（AR）曲線ともいう。独占企業の限界費用曲線は、標準的なもので図3-9の曲線 MC のようになっているとする。この曲線 MC は図3-3などの曲線 S と同じ曲線であると仮定する[9]。独占企業は財の価格を自由に操作できるが、家計は独占企業がつけた価格に対して需要曲線に従った需要量しか需要しない。だから、独占企業は、つけた価格に対して需要曲線が示す需要量だけを供給すればよい。

　そこで、この独占企業は、利潤を最大化するように価格や供給量を決めようとする。独占企業の利潤は、収入マイナス費用である。独占企業が利潤を最大にする供給量は、限界収入＝限界費用となる供給量である。なぜ限界収

---

[8] 図3-9において、α はギリシャ文字のアルファ（小文字）、β はベータ（小文字）である。

[9] 限界費用曲線は、第1章で説明したように、完全競争市場では供給曲線となることを注意されたい。

図3-9 独占市場

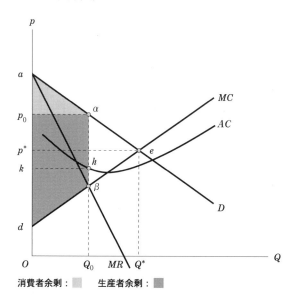

消費者余剰：　　生産者余剰：

入＝限界費用となるところで利潤が最大になるかを説明しよう。限界収入（追加的に1単位供給量を増やしたときに追加的に得られる利潤の大きさ）の大きさと供給量の関係は、図3-9の曲線 MR で表される。この曲線 MR を、限界収入曲線と呼び、需要曲線（平均収入曲線）よりも傾きが急な（傾きの絶対値が大きい）右下がりの曲線になる[10]。すなわち、限界収入は、供給量が多いほど小さくなる。他方、限界費用は、図3-9の曲線 MC が示すように、通常供給量が増えると大きくなる。限界収入が限界費用よりも大きい（供給量が少ない）場合、追加的に1単位供給量を増やせば、追加的に得られる収入が費用よりも大きいことを意味するから、独占企業にとって供給量を追加的に1単位増やせば利潤が増える。逆に、限界収入が限界費用よりも小さい（供給量が大きい）場合、追加的に1単位供給量を増やせば、追加的に得られる収入が費用よりも小さいことを意味するから、独占企業にとっ

---

10) その理由は、本章補論を参照されたい。

て供給量を追加的に1単位増やせば利潤が減ってしまう。したがって、限界収入と限界費用がちょうど等しいところで供給するのが、利潤を最も大きくできる。図3-9でいえば、曲線 MR と曲線 MC の交点での供給量が、利潤を最大化する供給量である。

限界収入＝限界費用となる供給量は、図3-9の Q_0 である。独占企業は、この供給量で供給できるように価格をつければよいから、需要曲線に従ってつけられる価格は p_0 である。これが、租税がないときの独占市場での均衡である。前述の仮定で、図3-9での需要曲線・限界費用曲線は、完全競争市場を扱った図3-3などの需要曲線・供給曲線と同じものであると設定した。だから、完全競争市場での市場均衡を図3-9で示せば、均衡需給量は Q^*、均衡価格は p^* と表すことができる。これをみると、独占市場での需給量は、完全競争市場での均衡需給量と比べて少なく、価格は完全競争市場での均衡価格よりも高くなっていることがわかる。

独占市場では、租税がなくても、超過負担が生じることが知られている。そこで、独占市場での消費者余剰と生産者余剰の大きさを見てみよう。これは、租税がない完全競争市場での余剰の大きさを示した巻末の用語解説の図Aと比較可能である。まず、消費者余剰の大きさは、家計は独占企業がつけた価格 p_0 に直面し需要量が Q_0 だから、$\triangle ap_0\alpha$ となる。生産者余剰の大きさは、独占企業は価格を p_0 として供給量を Q_0 とするから、台形 $dp_0\alpha\beta$ となる。独占市場において、消費者余剰と生産者余剰の合計である総余剰は、台形 $ad\beta\alpha$ である。この大きさは、完全競争市場での総余剰 $\triangle ade$ と比べて、$\triangle e\alpha\beta$ だけ小さくなっている。この $\triangle e\alpha\beta$ が、（租税がない）独占市場での超過負担である。

さらに、この独占企業は、独占するが故に生じる利潤（独占利潤）が得られる。独占企業がこの市場で得る売上は、図3-9の□$Op_0\alpha Q_0$ で表される。売上から費用を引けば利潤だが、図3-9で独占企業の費用はどう表されるか。この独占企業の平均費用と供給量の関係が図3-9の曲線 AC のように表されるとする。曲線 AC は、平均費用曲線である。独占企業の費用は、平均費用と供給量の積である。この独占市場の均衡における供給量 Q_0 での平均費用は、線分 hQ_0 である。したがって、独占企業の費用は、□$OkhQ_0$ と

図3-10 独占市場における従量税（納税義務者が企業の場合）

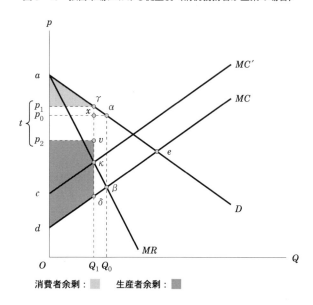

表される。したがって、独占企業が得る利潤は、売上から費用を差し引いて □$p_0 ahk$と表される。この独占利潤を、超過利潤（レント）ともいう。

● 納税義務者が企業の場合

そこで、政府がこの財に対する従量税を導入したとする。まず、企業を納税義務者とした場合を考えよう。前に述べたように、このとき企業は税込価格で家計と取引する。独占企業は、財の供給1単位当たりtの従量税を納めなければならないため、課税前と比べて税込みの限界費用曲線がtだけ上にシフトする。それ以外の曲線は動かない。これを図示したのが、図3-10である[11]。税込みの限界費用曲線は、曲線MC'として表している[12]。独占企業

---

11) 図3-10において、γはギリシャ文字のガンマ（小文字）、δはデルタ（小文字）、χはカッパ（小文字）である。
12) ちなみに、図3-10における課税前の限界費用曲線MCが図3-3などの供給曲線Sと同じならば、この税込みの限界費用曲線MC'は図3-3などの税込価格の供給曲線S'と同じとなる。

は財の供給を独占し、価格を決めることができることを背景に、この従量税の負担を家計に転嫁することができる。はたして、どれほどの負担を家計に転嫁できるだろうか。

　従量税が課税されても、独占企業が利潤を最大にするべく、限界収入＝限界費用となる量を供給することには変わりない。ただし、納税義務者の独占企業は従量税分だけ（税込みの）限界費用が上がっているから、曲線 MR と曲線 MC' の交点 $κ$ での供給量 Q_1 で供給する。そして、独占企業はこの供給量がちょうど需要される価格を、需要曲線 D に従って p_1 と設定する。この価格 p_1 は家計に売る際の価格だから、税込価格である。

　従量税課税後の独占市場での需給量 Q_1 は、課税前の Q_0 に比べて減少している。また、家計が直面する価格 p_1 は、課税前の p_0 に比べて上昇している。いま、税込価格 p_1 から従量税 t 分だけ差し引いた税抜価格を $p_2(= p_1 - t)$ とする。このときの税収は、図3-10における□$p_1p_2υγ$ と表すことができる。税抜価格について別の言い方をすれば、課税後の独占市場において、独占企業が消費者から受け取った財1単位当たりの税込価格 p_1 から従量税 t 分を政府に支払った後で手元に残る財1単位当たりの（平均）収入ということになる。これまでの議論と同様に考えれば、課税後の消費者余剰は、△$ap_1γ$ となる。課税後の生産者余剰は、台形 $dp_2υδ$ となる。したがって、課税後の消費者余剰と生産者余剰と税収を合計した総余剰は台形 $adδγ$ となる。この課税後の総余剰は、課税前の総余剰である台形 $adβα$ よりも小さく、課税による超過負担は台形 $αβδγ$ となっている。

　そこで、税収□$p_1p_2υγ$ のうち、家計が実質的に負担したのはどれだけだろうか。図3-10で、前節と同じように考えることができる。税収□$p_1p_2υγ$ のうち、家計が課税後に失った消費者余剰の台形 $p_0p_1γα$ と重なる部分である□$p_0p_1γx$ が家計の租税負担である。なぜならば、□$p_0p_1γx$ は、課税前は消費者余剰の部分であったが課税後は政府の税収となったからである。同様に、□$p_1p_2υγ$ のうち、独占企業が課税後に失った生産者余剰の図形 $p_0p_2υδβα$ と重なる部分である□$p_0p_2υx$ が独占企業の租税負担である。このことからもわかるように、独占市場でありながら独占企業が、租税負担をすべて家計に転嫁しているわけではない。その背景には、独占企業がたとえ供給を独占して

第3章　税の望ましい徴収方法　｜　73

図 3-11　独占市場における従量税（納税義務者が家計の場合）

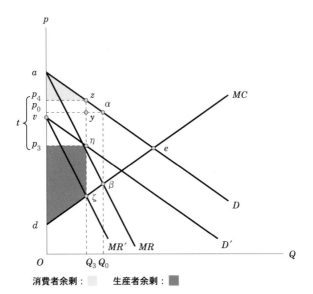

消費者余剰：　　　　生産者余剰：

いるといえども、家計が課税後の価格の上昇に対して需要を減らす度合いに独占企業の収入や利潤が影響を受けるからである。つまり、需要の価格弾力性が独占企業の価格づけに影響を与えているから、その大きさ次第では独占企業が家計に租税負担を多く転嫁できないのである。

●納税義務者が家計の場合

　納税義務者が家計の場合、家計は財 1 単位当たり t の従量税を納めなければならないため、独占企業と家計の間では税抜価格で取引される。この状況を図示した図 3-11[13]において、課税前の需要曲線 D と比べて需要曲線が t だけ下に位置した税抜価格で表した需要曲線 D' となる[14]。これに伴って、

---

13) 図 3-11 において、ζ はギリシャ文字のゼータ（小文字）、η はイータ（小文字）である。
14) ちなみに、図 3-11 における課税前の需要曲線 D が図 3-4 などの需要曲線 D と同じならば、図 3-11 の税抜価格の需要曲線 D' は図 3-4 の税抜価格の需要曲線 D' と同じとなる。

限界収入曲線も t だけ下にシフトして曲線 MR' となる。このとき、限界費用曲線は動かない。

従量税が課税されても、独占企業が利潤を最大にするべく、限界収入＝限界費用となる量を供給する。このとき、独占企業にとって、家計から受け取る税抜価格での限界収入は、図3-11の曲線 MR' のように下がっているから、曲線 MR' と曲線 MC の交点 ζ での供給量 Q_3 で供給する。そして、独占企業はこの供給量がちょうど需要される価格を、税抜価格で表した需要曲線 D' に従って p_3 と設定する。この価格 p_3 は、税抜価格である。

従量税課税後の独占市場での需給量 Q_3 は、課税前の Q_0 に比べて減少している。また、企業が家計から受け取る価格 p_3 は、課税前の p_0 に比べて低下している。この税抜価格 p_3 に従量税 t 分だけ加えた税込価格を $p_4(=p_3+t)$ とする。このときの税収は、図3-11における□$p_3p_4z\eta$ と表すことができる。これまでの議論と同様に考えれば、課税後の生産者余剰は、台形 $dp_3\eta\zeta$ となる。課税後の消費者余剰は、△ap_4z となる。したがって、課税後の消費者余剰と生産者余剰と税収を合計した総余剰は台形 $ad\zeta z$ となる。この課税後の総余剰は、課税前の総余剰である台形 $ad\beta\alpha$ よりも小さく、課税による超過負担は台形 $\alpha\beta\zeta z$ となっている。

これまでと同様に、税収□$p_3p_4z\eta$ のうち、独占企業と家計がどれだけ実質的に負担したかを、図3-11で見てみよう。税収□$p_3p_4z\eta$ のうち、家計が課税後に失った消費者余剰の台形 $p_0p_4z\alpha$ と重なる部分である□p_0p_4zy が家計の租税負担である。同様に、□$p_3p_4z\eta$ のうち、独占企業が課税後に失った生産者余剰の図形 $p_0p_3\eta\zeta\beta\alpha$ と重なる部分である□$p_0p_3\eta y$ が独占企業の租税負担である。

独占市場における従量税も、納税義務者が企業の場合と家計の場合で、均衡が同じになる。つまり、納税義務者が企業の場合の需給量 Q_1 と納税義務者が家計の場合の需給量 Q_3 は同じになる。図3-10の点 δ、点 γ、点 υ、点 x はそれぞれ図3-11の点 ζ、点 z、点 η、点 y と同じ点である。

■ 補　論

独占企業の利潤最大化行動

　第4節で述べた、独占的に供給量や価格を決めることができる独占企業の利潤最大化条件を、理論モデル（数式）を用いて導き出そう。いま、独占市場における需要曲線（関数）が、$p = -bQ + a$ と表せたとする（a, b は正の定数）。需要曲線は必ずしも直線でなくても以下の結果は本質的に変わらないが、説明を簡単にするために直線と仮定する。ちなみに、「$p = \cdots\cdots$」の形になっているこの需要関数（曲線）を、「$Q = \cdots\cdots$」の形に逆（関数）にして書き換えると、

$$Q = -\frac{1}{b}p + \frac{a}{b}$$

と表せる。これを、逆需要関数ともいう。逆需要関数は、単に形を書き換えただけで、もとの需要関数と数式としてはまったく同じである。いま、（総）費用を C とすると、財の費用曲線（関数）が $C = C(Q)$ と表せたとする。$C(Q)$ は、費用関数が供給量 Q の関数であることを示す。$C(Q)$ を Q で（1回）微分したものを、$C'(Q)(=\{\partial C(Q)\}/\partial Q)$ と表すと、$C'(Q)$ は限界費用を意味する。

　ここで、独占企業の収入は、$p \times Q$ と表せる。そこで、需要関数は $p = -bQ + a$ だから、収入は $(-bQ+a)Q = -bQ^2 + aQ$ とも表現できる。そこで、この収入を Q で（1回）微分すると、$-2bQ + a$ となる。これは、収入 $p \times Q$ を Q で（1回）微分したものなので、限界収入（MR）を意味する。つまり、$MR = -2bQ + a$ である。この式は、限界収入曲線を表す式である。これと、需要関数（曲線）を比べると、図3-9のように図示すれば、縦軸の切片の大きさは a で同じである。傾きの絶対値は、需要関数は b で、限界収入曲線は $2b$ だから、限界収入曲線の方が大きく、図示すると限界収入曲線の方が傾きが急になる。

　この独占企業は、利潤を最大化するように供給量と価格を決めようとす

る。このとき、独占企業の利潤 π は、収入マイナス費用だから、次のように表される。

$$\pi = p \times Q - C = (-bQ+a)Q - C(Q)$$

利潤を最大化するように Q を決めると、1階条件より、

$$\frac{\partial \pi}{\partial Q} = -2bQ + a - C'(Q) = 0$$

となる。ここで、$-2bQ+a$ は、限界収入である。したがって、上の利潤最大化条件は、限界収入＝限界費用を意味する。

■練習問題

1. 次の文章を読み、文章中にある空欄Ⅰ～Ⅳに、当てはまる語句をそれぞれ答えよ。

　　政府が完全競争市場の企業を納税義務者とする従量税をある財に課税したとする。この財の供給曲線は通常のものであったとする。もしこの財の需要の価格弾力性が無限大ならば、家計が直面する課税後の価格は課税前と比べて［　Ⅰ　］。そのため、租税負担はすべて［　Ⅱ　］が負うこととなる。もしこの財の需要の価格弾力性がゼロならば、租税負担はすべて［　Ⅲ　］が負うこととなる。このとき超過負担は、需要の価格弾力性の絶対値が無限大の場合と比べて［　Ⅳ　］。

2. 独占企業が供給する財に対して、政府が独占企業を納税義務者とする従量税を課税したとする。この財の需要曲線は通常のものであったとする。このとき、この財の供給の価格弾力性がゼロ（となるような限界費用の構造）であった場合、この課税に伴う超過負担はどうなるか、説明せよ。

第4章 税の望ましい徴収方法
──消費課税2

1　従価税

●従価税

　前章に引き続いて消費課税を議論する。前章は従量税について述べたが、この章では、財の価格に対して一定割合を課税する従価税について考える。この章で取り上げる従価税は、財の価格に対してt（×100％）の従価税である。したがって、税込価格は課税前の価格の$(1+t)$倍になる。2019年10月以降わが国における消費税の標準税率は10％だが、これは従価税で、課税前価格が100円なら、税込価格は110円（$=(1+0.1)\times 100$）になる。

　従価税の経済効果は、前章の従量税と概ね同じだが、前章と同様の部分均衡分析で議論すると、若干異なる部分がある。また、わが国における現実の経済で、最も大きな消費課税は消費税であるが、この消費税は従量税ではなく従価税である。このことから、この章では従価税の経済効果を議論することにしたい。

図 4-1 完全競争市場における従価税（納税義務者が企業の場合）

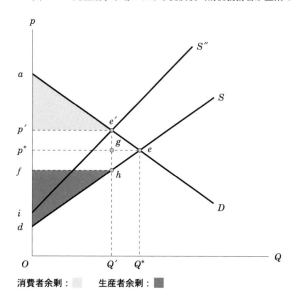

● 納税義務者が企業である場合

この従価税の課税によって、市場均衡はどのように変化するだろうか。まず、完全競争市場で従価税が課税された状況を考える。企業も家計も価格受容者（プライス・テイカー）である。そこで、納税義務者が企業のとき、企業が従価税を納めなければならないため、従価税を考慮に入れて供給する。このとき、前章の図 3-1 で示したように、企業は税込価格で家計と取引することは、従価税であっても同じである。すると、税込価格は課税前価格の $(1+t)$ 倍になるから、税込みの限界費用が課税前と比べて $(1+t)$ 倍になる。これを図示したのが、図 4-1 である。縦軸を価格 p、横軸を数量 Q とした図 4-1 には、従価税を課税する前の需要曲線が曲線 D、供給曲線が曲線 S として表されている。従価税が課税されると、供給曲線のみが回転して、曲線 S'' と表される。供給曲線は限界費用曲線でもあることに留意すると、この曲線 S'' は、曲線 S に比べて、各供給量において限界費用が $(1+t)$ 倍になって表されている。

図 4 - 2 　従価税課税後の供給曲線

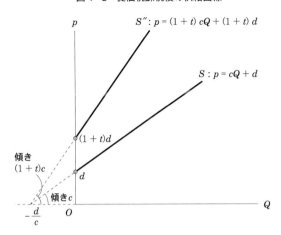

　ちなみに、課税前の供給曲線（限界費用曲線）が $p=cQ+d$ と直線で表されたとすると、図 4 - 2 のように直線 S で表される。従価税が課税されれば、税込みの限界費用は課税前に比べて（$1+t$）倍になるから、課税後の供給曲線（限界費用曲線）は $p=(1+t)cQ+(1+t)d$ と表される。課税前の供給曲線の傾きが c、縦軸の切片が d であれば、税率 t（×100％）の従価税の課税後の供給曲線の傾きは $(1+t)c$、縦軸の切片は $(1+t)d$ となる。したがって、課税後の供給曲線 S'' は、課税前の供給曲線 S が左上方向に回転したようになる。

　図 4 - 1 において、市場均衡は、課税前の点 e（曲線 D と曲線 S の交点）から課税後は曲線 D と曲線 S'' の交点である点 e' になる。課税後の均衡点 e' での税込価格は p' となる。このとき、供給曲線か需要曲線が垂直でなければ、課税後の均衡価格は課税前の均衡価格の（$1+t$）倍にはならない。なぜならば、家計は税込価格を支払うため、課税後の価格の上昇に伴って需要量が Q^* から Q' に減少しているからである。このとき、従価税の大きさは線分 $e'h$（＝線分 $p'f$）である。この大きさは、この均衡での税抜価格を表す線分 hQ'（＝線分 Of）の t（×100％）倍になっている。この従価税が、

第 4 章　税の望ましい徴収方法　81

課税後の均衡需給量 Q' 分に課税されるから、税収の大きさは線分 $e'h$ ×線分 $OQ'=□p'e'hf$ となる。

消費者余剰は、課税前は図4-1の $\triangle aep^*$ であったが、課税後は $\triangle ae'p'$ となり台形 $p'e'ep^*$ だけ減少する。また、生産者余剰は、課税前は $\triangle dep^*$ であったが課税後は $\triangle dfh$ となり台形 $fhep^*$ だけ減少する。その結果、従価税課税後の総余剰は、台形 $ae'hd$ となる。これと、課税前の総余剰 $\triangle ade$ と比べれば、従価税の課税によって誰のものでもなく失われてしまった超過負担は $\triangle ee'h$ として表される。

この超過負担の大きさを、納税義務者が企業の従量税のときと比較してみよう。図4-1と前章の図3-3で表されている課税前の需要曲線と供給曲線がまったく同じであるとすると、点 a、点 d、点 e の位置はまったく同じである。しかし、同じ需要曲線 D 上にある図4-1の点 e' と図3-3の点 g、同じ供給曲線 S 上にある図4-1の点 h と図3-3の点 i は同じ位置にある必然性はない。ただし、図4-1の従価税の額（線分 $e'h$）と図3-3の従量税の額（線分 gi）が同じであった場合に限り、両者の超過負担は同じになる。このことから、従量税であれ、従価税であれ、課税によって均衡需給量がどれだけ変化するかで、超過負担の大きさが決まる。均衡需給量の変化が大きいほど、超過負担は大きい。ちなみに、同じ課税前の需要曲線・供給曲線の下で、同じ税収が得られるように課税する場合、従価税で実現する課税後の需給量（図4-1の Q'）・価格（図4-1の p'）は、従量税で実現する課税後の需給量（図3-3の Q'）・価格（図3-3の f）と同じになる。

従価税の税収を示す図4-1の $□p'e'hf$ のうち、$□p'e'gp^*$ が家計の租税負担である。なぜならば、この部分は、課税前は消費者余剰の部分であったが課税後は政府の税収となったからである。同様に、税収 $□p'e'hf$ のうち、$□fhgp^*$ が企業の租税負担である。このことから、従価税の場合も同様に、納税義務者がすべて租税を負担しているわけではない。

● 納税義務者が家計の従価税

納税義務者が家計のとき、前述のように、家計が直面する価格は税抜価格である。したがって、需要曲線は、課税後には税抜価格で表した需要曲線と

図4-3 完全競争市場における従価税（納税義務者が家計の場合）

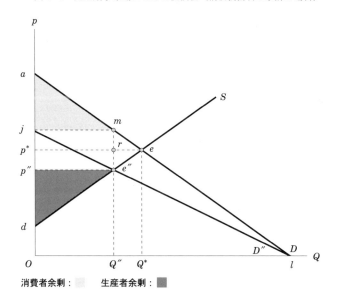

消費者余剰：　　　生産者余剰：

なる。税率 t（×100％）の従価税の税抜価格は、課税後価格を1とすると $1/(1+t)$ である。つまり、税抜価格で表した需要曲線の傾きや縦軸の切片は $1/(1+t)$ 倍になる。これを図に表すと、図4-3のようになる。従価税を課税する前の需要曲線は曲線 D、供給曲線は曲線 S、従価税課税後の税抜価格で表された需要曲線は曲線 D'' である。曲線 D'' は、点 l を中心にして曲線 D を左下方向に回転したように表される。

この従価税の課税によって、市場均衡はどのように変化するだろうか。図4-3のように、市場均衡は、課税前は点 e であったが、課税後は曲線 D'' と曲線 S の交点である点 e'' になる。課税後の均衡点 e'' での税抜価格は p'' となる。このときの需要量（＝供給量）は課税前の Q^* から Q'' に減少する。従価税の額は、線分 me''（＝線分 jp''）と表される。これが課税後の均衡需給量 Q'' 分に課税されるから、線分 $me'' ×$ 線分 $OQ'' = \square jme''p''$ が税収となる。消費者余剰は、課税前は図4-3の $\triangle aep^*$ であったが課税後は $\triangle ajm$

第4章　税の望ましい徴収方法 | 83

となり台形 $jmep^*$ だけ減少する。また、生産者余剰は、課税前は $\triangle dep^*$ であったが課税後は $\triangle de''p''$ となり台形 $p''e''ep^*$ だけ減少する。

　この従価税によって、課税後の総余剰は台形 $ame''d$ となる。これと、課税前の総余剰 $\triangle ade$ とを比べれば、従価税の課税によって誰のものでもなく失われてしまった超過負担は $\triangle ee''m$ となる。また、税収 $\square jme''p''$ のうち、$\square jmrp^*$ が家計の租税負担である。なぜならば、$\square jmrp^*$ は、課税前は消費者余剰の部分であったが課税後は政府の税収となったからである。同様に、$\square jme''p''$ のうち、企業が課税後に失った生産者余剰である台形 $p''e''ep^*$ と重なる部分である $\square p''e''rp^*$ が企業の租税負担である。

　納税義務者が家計の場合で、従価税課税後の均衡と従量税のそれとを比較してみよう。図4-3と前章の図3-4で表されている課税前の需要曲線と供給曲線がまったく同じであるとすると、点 a、点 d、点 e の位置はまったく同じである。図4-3の従価税の額（線分 me''）と図3-4の従量税の額（線分 ln）が同じであった場合に限り、両者の課税後の需給量、課税後価格、税収、超過負担は同じになる。

　さらに、課税前の需要曲線と供給曲線が標準的なものであるとき、同じ税率の従価税で、課税前の需要曲線と供給曲線がまったく同じであれば、納税義務者が企業の場合と家計の場合とで実現する課税後の需給量、課税後価格、税収、超過負担は同じになる。その理由を説明しよう。納税義務者が企業の場合、図4-1で点 e' での税込価格 p' は点 h での税抜価格 f の $(1+t)$ 倍になっている。他方、納税義務者が家計の場合、図4-3で点 e'' での税抜価格 p'' は点 m での税込価格 j の $1/(1+t)$ 倍となっている。つまり、逆にいえば、税込価格 m は税抜価格 p'' の $(1+t)$ 倍になっている。すると、図4-1の点 e' と図4-3の点 m はともに曲線 D 上にあり、図4-1の点 h と図4-3の点 e'' はともに曲線 S 上にあるから、課税前の需要曲線と供給曲線がまったく同じであれば、両者の間で需要曲線上の価格が供給曲線上の価格の $(1+t)$ 倍になっている点は、通常1か所しかない。だから、図4-1の点 e' と図4-3の点 m、図4-1の点 h と図4-3の点 e'' の位置は同じであるといえる。

　したがって、完全競争市場における従価税では、課税前の需要曲線と供給

曲線が標準的なものであるとき、納税義務者が企業であっても家計であっても、課税後の需給量、税収、実質の租税負担、超過負担は同じとなる。

2　独占市場における従価税

●納税義務者が企業の場合

　この節では、独占市場における従価税の経済効果を議論しよう。租税がないときの独占市場については、前章第4節で見た通りである。この節でも、課税前の需要曲線や限界収入曲線や限界費用曲線は前章第4節とまったく同じあるとする。そこで、財の価格に対して税率 t（×100％）の従価税を課税したときに均衡はどうなるかを見てみよう。

　まず、納税義務者が企業の場合、独占企業が従価税を納めなければならないため、従価税を考慮して税込価格で家計と取引する。従価税を課税すると、税込価格は課税前価格の（$1+t$）倍になるから、課税前と比べて限界費用曲線の傾きと縦軸の切片が（$1+t$）倍に大きくなる。その理由は、図4-2で示した通りである。これを図示したのが、図4-4である[1]。従価税を課税する前の限界費用曲線 MC は、課税後には税込みの限界費用曲線 MC'' に回転する。需要曲線は変化しない。

　このとき、従価税が課税されても、独占企業が利潤を最大にするべく、限界収入＝限界費用となる量を供給することには変わりない。ただし、納税義務者の独占企業は従価税分だけ（税込みの）限界費用が上がっているから、曲線 MR と曲線 MC'' の交点 y での供給量 Q_5 で供給する。そして、独占企業はこの供給量がちょうど需要される価格を、需要曲線 D に従って p_5 と設定する。この価格 p_5 は家計に売る際の価格だから、税込価格である。

　従価税課税後の独占市場での需給量 Q_5 は、課税前の Q_0 に比べて減少している。また、家計が直面する価格 p_5 は、課税前の p_0 に比べて上昇している。財1単位当たりの従価税の額は、線分 ry と表される。いま、財1単位

---

[1]　図4-4において、θ はギリシャ文字のシータ（小文字）、λ はラムダ（小文字）である。

図4-4 独占市場における従価税（納税義務者が企業の場合）

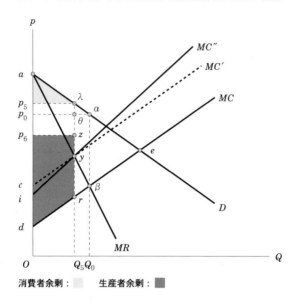

消費者余剰： 　　生産者余剰：

当たりの従価税の額である線分 ry と同じ大きさの分だけ、消費者が直面する税込価格 p_5 から差し引いた価格を p_6 と表すとする。価格 p_6 は、このときの税抜価格を意味し、線分 p_5p_6 は線分 ry と同じ長さになっている。この従価税が、課税後の均衡需給量 Q_5 分に課税されるから、線分 p_5p_6 × 線分 $OQ_5 = \square p_5p_6z\lambda$ が税収となる。

これまでの議論と同様に考えれば、課税後の消費者余剰は、$\triangle ap_5\lambda$ となる。課税後の生産者余剰は、台形 dp_6zr となる。したがって、課税後の消費者余剰と生産者余剰と税収を合計した総余剰は台形 $adr\lambda$ となる。この課税後の総余剰は、課税前の総余剰である台形 $ad\beta a$ よりも小さく、課税による超過負担は台形 $\alpha\beta r\lambda$ となっている。

さらに、税収 $\square p_5p_6z\lambda$ のうち、独占企業と家計がどれだけ実質的に負担したかを見てみよう。税収 $\square p_5p_6z\lambda$ のうち、家計が課税後に失った消費者余剰の台形 $p_0p_5\lambda\alpha$ と重なる部分である $\square p_0p_5\lambda\theta$ が家計の租税負担である。同様に、$\square p_5p_6z\lambda$ のうち、独占企業が課税後に失った生産者余剰の図形 p_0

$p_6zr\beta$ と重なる部分である □$p_0p_6z\theta$ が独占企業の租税負担である。ここでも、前述と同様に、独占市場でありながら独占企業が、租税負担をすべて家計に転嫁しているわけではない。

ここで、納税義務者が企業の場合で、従価税と従量税と比較してみよう。図4-4と前章の図3-10で表されている課税前の需要曲線 D、限界収入曲線 MR、限界費用曲線 MC がまったく同じであるとすると、点 a、点 d、点 α、点 β の位置はまったく同じである。しかし、課税後に、財1単位当たりの税額が、従価税と従量税で同じになるとは限らない。すなわち、図4-4の線分 ry と、図3-10の線分 $\delta\kappa$ は同じ大きさになる保証がない。したがって、従価税と従量税では、課税後の均衡は通常異なる。ただし、結果的に、従価税の額と従量税の額が同じになった場合に限り、両者は課税後には同じ均衡需給量、価格、税収、超過負担になる。なぜならば、図4-4の点 r と図3-10の点 δ は同じ課税前の限界費用曲線 MC 上にあり、図4-4の点 y と図3-10の点 κ は同じ課税前の限界収入曲線 MR 上にあるからである。本章図4-4の線分 ry と、前章図3-10の線分 $\delta\kappa$ は同じであることを意味する。したがって、両者の税額が同じであるときに限り、図4-4の点 r と図3-10の点 δ、図4-4の点 y と図3-10の点 κ はまったく同じ点となる。ちなみに、その状況での従量税課税後の限界費用曲線を図4-4に描くと、点線の曲線 MC' のようになる[2]。

● 納税義務者が家計の場合

納税義務者が家計の場合、独占企業と家計の間では税抜価格で取引される。税率 t（×100％）の従価税の税抜価格は、課税後価格を1とすると$1/(1+t)$ である。この状況を図示した図4-5[3]において、課税後の税抜価格で表した需要曲線は、傾きや縦軸の切片が$1/(1+t)$ 倍になる曲線 D'' のようになる。従価税を課税する前の需要曲線は曲線 D、限界費用曲線は曲

---

[2] ただし、曲線 MC' が常にこのように描けるわけではない。これは、あくまでも従価税と従量税の税額が結果的に同じになった場合のものにすぎない。
[3] 図4-5において、μ はギリシャ文字のミュー（小文字）、ϕ はファイ（小文字）、σ はシグマ（小文字）、ω はオメガ（小文字）である。

図 4-5 独占市場における従価税（納税義務者が家計の場合）

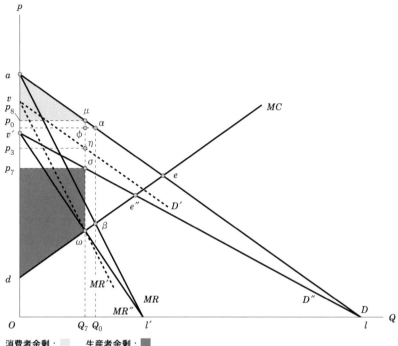

線 MC、従価税課税後の税抜価格で表された需要曲線は曲線 D'' である。曲線 D'' は、点 l を中心にして曲線 D を左下方向に回転したように表される[4]。これに伴って、税抜価格で表された限界収入曲線は曲線 MR'' のように回転する[5]。曲線 MR'' の傾きは、曲線 MR の傾きよりも必ず緩やかになる。このとき、限界費用曲線 MC は変化しない。

従価税が課税されても、独占企業が利潤を最大にするべく、限界収入＝限界費用となる量を供給する。このとき、独占企業にとって、家計から受け取る税抜価格での限界収入は、図 4-5 の曲線 MR'' のように下がっているから、曲線 MR'' と曲線 MC の交点 ω での供給量 Q_7 で供給する。そして、独占企業はこの供給量がちょうど需要される価格を、税抜価格で表した需要曲線 D'' に従って p_7 と設定する。この価格 p_7 は、税抜価格である。

従価税課税後の独占市場での需給量 Q_7 は、課税前の Q_0 に比べて減少し

ている。また、企業が家計から受け取る価格 p_7 は、課税前の p_0 に比べて低下している。この税抜価格 p_7 に従価税額の線分 $\mu\sigma$ だけ加えた税込価格を p_8 とする。このときの税収は、図4-5における□$p_7p_8\mu\sigma$ と表すことができる。これまでと同様に考えれば、課税後の生産者余剰は、台形 $dp_7\sigma\omega$ となる。課税後の消費者余剰は、△$ap_8\mu$ となる。したがって、課税後の消費者余剰と生産者余剰と税収を合計した総余剰は台形 $ad\omega\mu$ となる。この課税後の総余剰は、課税前の総余剰である台形 $ad\beta\alpha$ よりも小さく、課税による超過負担は台形 $\alpha\beta\omega\mu$ となっている。

税収□$p_7p_8\mu\sigma$ のうち、独占企業と家計がどれだけ実質的に負担したかを、図4-5で見てみよう。税収□$p_7p_8\mu\sigma$ のうち、家計が課税後に失った消費者余剰の台形 $p_0p_8\mu\alpha$ と重なる部分である□$p_0p_8\mu\phi$ が家計の租税負担である。同様に、□$p_7p_8\mu\sigma$ のうち、独占企業が課税後に失った生産者余剰の図形 $p_0p_7\sigma\omega\beta\alpha$ と重なる部分である□$p_0p_7\sigma\phi$ が独占企業の租税負担である。

独占市場における従量税は、納税義務者が企業の場合と家計の場合では、均衡が必ずしも同じにならない。それは、通常、納税義務者が企業の場合の需給量 Q_5 と納税義務者が家計の場合の需給量 Q_7 が同じにならないことからも示される。

ここで、納税義務者が家計の場合で、従価税と従量税と比較してみよう。図4-5と前章の図3-11で表されている課税前の需要曲線 D、限界収入曲

---

4) ちなみに、図4-5における課税前の需要曲線 D が図4-3の需要曲線 D と同じならば、図4-5の税抜価格の需要曲線 D'' は図4-3の税抜価格の需要曲線 D'' と同じとなる。

5) 曲線 MR'' が図4-5のように回転する理由を簡単に言えば、次の通りである。税抜価格で表された需要曲線が曲線 D'' のように回転し、縦軸の切片は点 v' に移る。この切片の大きさは、この市場で財がまったく供給されていない状態(供給量ゼロ)から追加的に1単位供給したときの独占企業の税抜価格を意味する。したがって、この状態での限界収入も同じ大きさになるから、税抜価格で表された限界収入曲線は、点 v' を通る。さらに、課税後に税込価格で表された限界収入曲線となる曲線 MR で点 l' の状態は、税込価格で限界収入がちょうどゼロになる状態である。税込価格でみて限界収入がちょうどゼロになれば、税抜価格でみても限界収入はちょうどゼロである。したがって、税抜価格で表された限界収入曲線は点 l' を通る。このように、曲線 MR'' は点 v' と点 l' を通る曲線となる。

線 MR、限界費用曲線 MC がまったく同じであるとすると、点 a、点 d、点 α、点 β の位置はまったく同じである。しかし、課税後に、財 1 単位当たりの税額が、従価税と従量税では異なる。すなわち、図 4-5 の線分 $\sigma\mu$ と、図 3-11 の線分 ηz は同じ大きさにならない。したがって、通常では、従価税と従量税では、課税後の均衡は異なる。

いま、結果的に、従価税課税後の均衡需給量と従量税課税後の均衡需給量が同じになった場合を考えよう。このとき、両者の税込価格の（すなわち課税前の）需要曲線は同じだから、均衡での税込価格は同じである。しかし、税抜価格は両者で異なる。つまり、課税後の均衡需給量が同じでも、両者の税収が異なるのである。その理由を以下で示そう。この独占市場では、従量税であれ従価税であれどちらの税をかけても、独占企業は限界収入＝限界費用となるところで供給量を決める。そこで、図 4-5 の均衡需給量 Q_7 を実現する従量税を課税すると、均衡でどうなるかを見てみよう。言うまでもなく、図 4-5 の Q_7 を実現する従価税は、すでに図 4-5 に示された通りである。課税前の限界費用曲線 MC が同じだから、Q_7 を実現する従量税は、税抜価格で表された限界収入曲線が図 4-5 の点 ω を通るように課税しなければならない。それには、税抜価格で表された限界収入曲線が図 4-5 の曲線 MR' のようになればよい。従量税課税後に税抜価格で表された限界収入曲線 MR' は、税込価格で表された（ないしは課税前の）限界収入曲線 MR と同じ傾きであることに注意されたい[6]。この限界収入曲線 MR' に対応した税抜価格で表された需要曲線は、図 4-5 では曲線 D' のように表される。この曲線 D' は税込価格で表された（ないしは課税前の）需要曲線 D と同じ傾きであることに注意されたい。

この均衡において、財 1 単位当たりの従量税は、図 4-5 では線分 $\eta\mu$ と表される。この大きさは、財 1 単位当たりの従価税の額である線分 $\eta\sigma$ よりも小さい。それでいて、均衡需給量は同じである。したがって、独占市場において、同じ均衡需給量を実現する従価税と従量税を比較すると、従量税の

---

[6] また、曲線 MR'' の傾きは、曲線 MR と曲線 MR' の傾きよりも必ず緩やかであることにも注意されたい。

税収の方が従価税よりも少ないといえる。

これをさらに敷衍すれば、独占市場において同じ税収を得るためには、従量税は従価税よりも超過負担が大きくなる、といえる。その理由は次の通りである。いま、同じ均衡需給量を実現するとき、従量税の方が従価税よりも税収が少ないことがわかった。図 4-5 の従価税の税収 $\Box p_7 p_8 \mu \sigma$ と同じだけの税収を従量税で得ようとするなら、従量税課税後の税抜価格で表された需要曲線は、図 4-5 で描かれている曲線 D' よりも下方にくるように課税しなければならない。そのように従量税を課税すれば、税抜価格で表された限界収入曲線も、曲線 MR' よりも下方に同じだけシフトする。独占企業は、限界収入＝限界費用となるように供給量を決めるから、税抜価格で表された限界収入曲線が下方にシフトしたなら、そのときに実現する供給量（＝需要量）は、図 4-5 の Q_7 よりも小さくなる。課税後の均衡需給量が小さければ、それだけ課税による超過負担は大きくなる。

このように、独占市場において同じ税収を得るならば、従価税は従量税よりも超過負担を小さくできる。その意味で、従価税の方が中立の原則の観点から望ましいといえる。

3 消費課税の効率性（一般均衡分析）

●個別消費税

前節では、部分均衡分析としてある財の課税が他の財に波及する効果はないと見なして消費課税の効果を分析した。ある特定の財の消費に課税する租税を（理論上の抽象名として）個別消費税と呼ぶ[7]。ある財に対する個別消費税が、課税されない他の財の消費量にまったく影響を与えないならば前節の分析で十分だが、他の財の消費量に何らかの影響を与えるならば、その影響も考慮して課税の効果を分析する必要がある。そうした分析を一般均衡分析と呼ぶ。

7）これを、日本で過去に実際に課税されたことのある租税の名称で呼べば、物品税である。

図4-6 個別消費税の効果

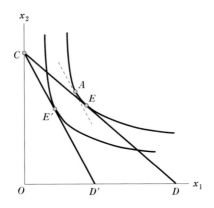

いま、第1章と同様、ある家計が所得をある一定水準の W だけ得たとする。この家計は2つの財（第1財、第2財）を消費して効用を得るものとする。第1財の消費量を x_1、第2財の消費量を x_2 とする。また、価格が第1財で p_1、第2財で p_2 とすると、予算制約式は

$$p_1 x_1 + p_2 x_2 = W$$

となる。ただし、第1財、第2財とも上級財であるとする。効用関数から無差別曲線を導き出して予算制約式とともに図4-6に示すと、点 E が効用最大化点となる。

そこで、政府が第1財だけに税率 t（×100％）の個別消費税（従価税）を課税したとする。このとき、予算制約式は

$$(1+t)p_1 x_1 + p_2 x_2 = W$$

となる。この予算制約式は、図4-6の CD' のように表され、課税前の予算制約式 CD よりも傾きがきつくなる。

個別消費税を課税することによって、効用最大化点は点 E' に移る。このとき、第1財の消費量は通常減少するが、第2財の消費量は増加するか減少するかは断定できない。なぜならば、所得効果と代替効果の大きさによって決まるからである。図4-6で見ると、点 E から点 A への動きは課税によ

る**代替効果**を表し、点 A から点 E' への動きは課税による**所得効果**を表す。個別消費税の所得効果は、課税によって可処分所得（財の購買力）が減少するから、両財とも消費量が減少する効果である。代替効果は、第1財の課税後価格が個別消費税によって p_1 から $(1+t)p_1$ に上昇するために、課税前と同じ額を第1財消費にあてても価格上昇分だけ第1財消費量が減ってその分効用が上がらないから、相対的に第1財を消費する意欲を失う、つまり第1財消費量を減らして第2財消費量を増やす効果である。

●一括固定税との比較

いま、政府が個別消費税課税後と同じ効用水準が得られる一括固定税（人頭税）によって徴収することを考える。一括固定税とは、家計に対する税額を、その家計の所得や資産や消費などいかなる経済活動にも比例させない形で一定額だけ徴税する租税である。一括固定税はすべての個人が必ずしも同じ税額である必要はない。すべての個人が同じ税額である人頭税は、一括固定税の一種である。

図4-7において課税前の予算制約式を CD、効用最大化点を点 E とする。税率 t の個別消費税を課税すると、予算制約式は CD'、効用最大化点は点 E' となり、税収は、線分 IE' で表される。

そこで、点 E' と同じ効用水準が得られるように、個別消費税の代わりに一括固定税を v だけ徴収することを考える。このときの予算制約式は、

$$p_1 x_1 + p_2 x_2 = W - v$$

であるから、課税前の予算制約式 CD と同じ傾きの予算制約式が描ける。そこで、簡単化のため $p_2 = 1$ として、点 E' と同じ効用水準が得られるように予算制約式 CD と同じ傾きの予算制約式を示すと、直線 FF' となる。このとき税収 v は線分 IJ となる。

ここで明らかになったことは、同じ効用水準を得るように課税するときに、個別消費税では線分 IE' しか得られないが、一括固定税では線分 IJ だけ税収が得られるということである。このことから、課税の仕方が異なるだけで、得られたはずの税収が失われてしまったと考えられる。この失われた

図4-7 個別消費税の超過負担

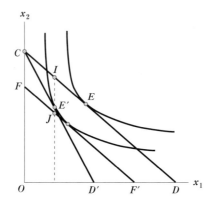

税収の大きさが、ここでの超過負担と定義できる。すなわち、線分 FJ が超過負担の大きさである。別の言い方をすれば、同じ効用を得るとき、個別消費税よりも一括固定税の方が、税収が多くなるという意味で望ましいといえる。

なぜ一括固定税の方が望ましいかは、ここでの個別消費税は課税による代替効果が生じるのに対して、一括固定税は両財の価格比を変えず代替効果が生じないという点で歪みのない中立的（効率的）な租税であるからである。この個別消費税は、代替効果を伴うため、中立的でなく歪みが生じる租税である。なお、第2財のみに課税する個別消費税でも同様の結論となる。

● 一般消費税

次に、政府がどちらの財にも同じ税率をかける消費税を課税したとする。第1財と第2財の両方に同じ税率 t' で課税する消費税を一般消費税（均一消費税）ともいう。このとき、予算制約式は、

$$(1+t')p_1x_1+(1+t')p_2x_2 = W$$

となる。このときの変化を図示すると、図4-8のようになる。結局、一般消費税課税後における予算制約式の傾きの絶対値は、$(1+t')p_1/(1+t')p_2 =$

図4-8 一般消費税

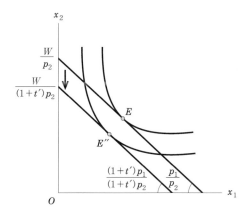

p_1/p_2 となって、課税前と変わらない。しかし、徴税された分だけ全体の消費量が減少するから、平行に下へシフトする。これにより、効用最大化点は点 E'' に移る。このときには、価格比が変化しないから所得効果のみ生じる。つまり、一般消費税（どの財にも同率で課税する消費税）は歪みのない中立的な租税となる。

4 ラムゼイ・ルール

これまでに見てきたように、最も効率的（完全に中立的）な租税は、一括固定税（人頭税）である。しかし、政府が一括固定税を実際に導入しようとしても、担税力のない人がいるため政治的にはかなり難しい。そこで、最善（ファースト・ベスト）である一括固定税が利用不可能なときに、次善（セカンド・ベスト）の意味で最適な税制を検討する理論が、**最適課税論**である。言い換えれば、政府が一定の税収を複数の異なる財に課税して調達する場合、家計の効用が最大になるような税率の組み合わせを分析するのが、最適課税論である。最適課税論の先駆者はラムゼイで、効率性の観点から最適課税の一般的なルールを導き出した。その**ラムゼイ・ルール**は次のものがある。

> **逆弾力性の命題**
>   各財の需要が相互に独立である場合[8]、各財の税率は各財の需要の（自己）価格弾力性に反比例して決めるのが望ましい。
>
> **均一課税の命題**
>   各財（余暇を除く）に対して同一の税率で課税するのが望ましいのは、各財の需要[9]の賃金弾力性がすべての財で等しい場合である。

　この命題を直観的に説明しよう。逆弾力性の命題について、前述の従量税でも解説したが、部分均衡分析（各財の需要が相互に独立）において、価格弾力性が低いほど超過負担が小さく、より効率的であるといえた。したがって、価格弾力性が低い財ほど高い税率をかければ、多くの税収を得つつ超過負担を小さくできる。最適課税論では、一定の税収を得る際にできるだけ超過負担の少ない効率的な税制が望ましいと考えるから、このような結論となるのである。均一課税の命題は、第5章で詳述する。

　しかし、最適課税論にも問題点がある。最適課税は効率性の観点から望ましいということにすぎず、垂直的公平性の観点からは必ずしも望ましいとはいえない。とくに、逆弾力性の命題で、価格弾力性が低い財ほど高い税率を課すのがよいということは、必需財のような価格弾力性が低い（価格が大きく上がったからといって需要がそれほど減らない）財に高税率を課し、奢侈財に低税率を課すのがよいと主張するのである[10]。この主張に対しては垂直的公平性の観点から反発が起き、最適課税論の主張が政治的には実現しにくくなっている。

---

[8] 厳密に言えば、これは、クロスの代替効果（他の財の価格が変化したときに生じる代替効果）がない、あるいは各財の補償需要の交差価格弾力性がゼロである場合のことである。

[9] 厳密に言えば、この需要は補償需要のことである。補償需要とは、一定の効用水準を得るために費やす支出を最小化する需要量のことである。詳細は、ミクロ経済学の教科書を参照されたい。

[10] 必需財、奢侈財についてわからない読者は、巻末の用語解説を参照されたい。

このように、望ましい税制を考える上で、垂直的公平性と効率性の両立は難しい問題である。垂直的公平性と効率性のどちらをどれだけ重視すべきかについては、次章に持ち越し、所得税でさらに深く議論しよう。

■ 練習問題

1. 独占企業が供給する財に対して、政府が家計を納税義務者とする従量税を課税したとする。この財の需要曲線は通常のものであったとする。このとき、同じ税収を得るために従量税を用いた場合と、従価税を用いた場合とでは、どちらが超過負担が大きくなるか、答えよ。
2. 個別消費税（各財の消費に異なる税率をかける租税）は、一括固定税に比べて超過負担が大きいのはなぜか、説明せよ。
3. 最適課税論のラムゼイ・ルール、逆弾力性の命題と均一課税の命題の内容について説明せよ。

Public Economics

5 税の望ましい徴収方法
――所得課税

1　労働所得税

●余暇と消費の選択

　この章では、所得に対する課税が、公平の原則と中立（効率性）の原則の側面から、どのような性質を持っているかを理論的に考察したい。ここで取り上げる所得課税は、労働所得税と利子所得税である。これらを同時に扱うのは複雑だから、個別にその課税の経済効果を検討する。

　まず、労働所得税を考える。家計が、労働を供給して所得を得て、それをすべて（1種類の）私的財の消費にあて、この消費により効用を得るとする。この節では、稼いだ所得を貯蓄しないと考える[1]。ここでは、稼いだ所得はすべて消費にあてるから、消費量を選択することは、ある一定期間（生涯とか1年間）の内でどれだけ働く（労働を供給する）かを選択することと

---

1) より現実的な設定で言えば、この節では家計の一生涯を考えており、生涯に稼いだ所得は遺産を残さず、生きているうちにすべて消費する状況を想定している。

同じである。労働所得税がないとき家計の予算制約式は、次のようになる。

$$x = wl = w(H - L) \tag{1}$$

ただし、x は私的財の消費量、w は賃金率（1時間当たり賃金：時給）、l は労働時間、H はその家計にあらかじめ与えられている利用可能な時間（生涯とか1年間）、L は余暇時間である。この私的財の価格は、一般性を失うことなく1と仮定する。

(1)式の最初の等号は、稼いだ所得はすべて消費にあてることを意味する。そして、所得は労働時間 l に対し時給に相当する賃金率 w で支払われる。ただし、家計は賃金を所与（価格受容者、プライス・テイカー）とする。2番目の等号は、家計の生涯（あるいは1年間）の利用可能な時間が H に限られていて、働かない時間は余暇を楽しむ時間 L にあてるということである。つまり、$H = l + L$ となっている。

次に、この家計は私的財を消費するとともに、余暇を楽しむことによっても効用を得るとする。効用水準は私的財の消費量が多いほど、余暇時間が多いほど高くなるとする。このとき、効用関数 U は一般的に

$$U = U(x, L)$$

と書ける。ただし、家計にとって私的財も余暇も上級財（所得が増えると私的財消費量や余暇時間が増える）とする。この効用関数にもとづく無差別曲線は、図5-1のように表せる。横軸に余暇時間 L、縦軸に消費量 x をとれば、右上方向が効用水準の高い状態を意味する。ここで注意したいのは、時間に限り（H）があるため、余暇時間は多くても H までしか楽しめない。余暇時間を H だけ楽しむと労働時間は0である。そして、余暇時間が0ならば労働時間は H である。

そこで、家計は予算制約式(1)を満たしながら効用を最大化する。この状況は図5-1に示している。家計にとって、私的財消費量を増やしたいならば、所得を増やすべく労働時間を増やさなければならない。しかし、このとき余暇時間が減少してしまう。他方、余暇時間を増やしたいならば、労働時間を減らさなければならず、それだけ所得が減り消費量を減らさなければならな

図5-1 余暇と消費の選択

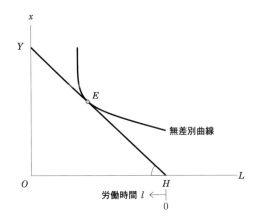

い。家計はこのようなディレンマに直面している。そのなかで、家計は予算制約式 HY を満たしながら効用水準が最大になるように決定した結果、点 E を選択する。

●労働所得税

そこで、政府が労働所得に対して労働所得税を課税するときを考える。労働所得税は労働所得に比例的に課税し、その限界税率が t（×100％）であれば、家計の課税額 T は、

$$T = twl = tw(H-L) \quad 0 \leqq t \leqq 1$$

となる。この場合の労働所得税を、線形の労働所得税という。このとき、家計の課税後の予算制約式は

$$x = wl - T = (1-t)w(H-L) \tag{2}$$

となる。(2)式右辺は課税後所得を表す。この予算制約式の変化を図示すると、図5-2のようになる。予算制約式は課税後に傾きが緩やかになるから、点 H を中心に左下に回転し、直線 HY' となる。すべての時間 H を余暇にあてて（$L = H$）まったく働かない（$l = 0$）とき、(1)式でも(2)式でも $x = 0$

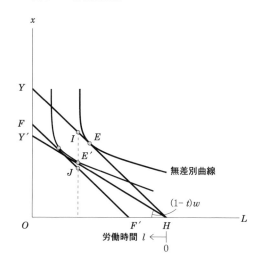

図5-2 労働所得税

となるからともに点 H を通る。

　課税後の効用最大化点は、図5-2の点 E' となる。このとき家計は、点 E' での労働時間でみた課税前の予算制約式 HY と課税後の予算制約式 HY' の差に相当する線分 $E'I$ だけ労働所得税を支払っている。図5-3では、課税による効用最大化点の点 E から点 E' への動きは、代替効果は点 E から点 A への動きとして、所得効果は点 A から点 E' への動きとして表されている。ちなみに、点 A で無差別曲線と接する直線は、課税後の予算制約式 HY' と同じ傾き(絶対値 $(1-t)w$)の直線である。

　この労働所得税を課税すると、第4章第3節の消費課税での議論と同様、所得効果と代替効果が生じる。ここでの所得効果は、労働所得税を課税するとそれだけ課税後所得が減少するから、ある程度の所得を確保するために労働時間を増やす(余暇を減らす)効果である。一方、代替効果は、労働所得税の課税によって賃金率が w から $(1-t)w$ に低下する(時給が減る)ために、労働意欲を失って労働時間を減らす(余暇を増やす)効果である。まとめていえば、労働所得税を課税すると、所得効果によって労働時間が増加(余暇が減少)し、代替効果によって労働時間が減少(余暇が増加)する。

図 5-3 労働所得税の効果

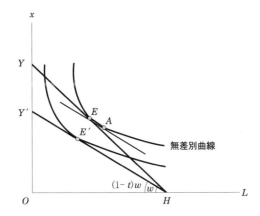

だから、総合的に労働時間が増加（余暇が減少）するかどうかは所得効果と代替効果の大きさによって決まる。課税後の効用最大化点 E' は、所得効果の方が上回る場合には図 5-2 のように点 E の左下になるが、代替効果が上回る場合には点 E' は点 E の右下になる（労働時間が減少する）。

● 一括固定税との比較

いま、政府が労働所得税と同じだけの税収を一括固定税（人頭税）によって徴収することを考える。第 4 章第 3 節での議論と同様に、図 5-2 において課税後の効用最大化点 E' と同じ効用水準を得るように一括固定税を課税すれば、課税額がどれだけ変化するかを確認できる。

一括固定税を v だけ徴収すると予算制約式は

$$x = w(H-L) - v \tag{3}$$

と表せる。これは、一括固定税課税前の予算制約式(1)を v だけ下にシフトさせる。そこで、点 E' と同じ効用水準を得るように一括固定税を徴収する場合を考える。すると、点 E' と同じ効用水準を得る無差別曲線と接するように v を設定すればよいから、予算制約式(3)は、図 5-2 の直線 FF' で表され

る。このとき、一括固定税収vは線分IJの大きさだけ得られている。ここで明らかになったことは、同じ効用水準を得るように課税するときに、労働所得税では線分IE'しか得られないが、一括固定税では線分IJだけ税収が得られることである。このことから、課税の仕方が異なるだけで、得られたはずの税収が失われてしまったと考えられる。この失われた税収の大きさが、ここでの超過負担と定義できる。すなわち、線分$E'J$が超過負担の大きさである。別の言い方をすれば、同じ効用を得るとき、一括固定税の方が労働所得税よりも、税収が多くなるという意味で望ましい。

　一括固定税の方が望ましい理由は、一括固定税は課税によって賃金率を変えないために、代替効果が生じないからである。どの税でも、税金を徴収する以上課税後所得が課税前よりも減少するから、所得効果は必ず生じる。しかし、一括固定税は賃金率を変えず代替効果が生じないのに対して、ここでの労働所得税は課税後に賃金率を低下させるために代替効果が生じる。代替効果が原因で超過負担が生じる。だから、ここでの労働所得税は、歪みがある中立的（効率的）でない租税であるといえる。この代替効果の原因は、労働所得税は、労働所得に対して課税できても、余暇に直接的に課税できないことである。労働所得は私的財消費にあてられるから、労働所得税は私的財消費に間接的に課税したことになる。たとえ消費課税をしなくても、労働所得税によって課税される財（私的財）とされない財（余暇）が存在すると、価格比が変化して代替効果が生じ、超過負担が生じてしまう。さらにいえば、労働所得税の限界税率tが大きい（課税後の予算制約式の傾きが緩やかな）ほど、代替効果は大きくなるから、超過負担が大きくなる。

　この結論は、労働供給（あるいは余暇）の賃金弾力性の大きさに依存する。つまり、賃金率の変化によって労働時間が変化するか否かに依存する。そもそも、余暇時間（ひいては労働時間）が効用に影響を与えるから賃金率によって変化する。この節のように、賃金率の変化に対して労働時間が弾力的である（労働供給の賃金弾力性がある程度高い）場合、課税によって賃金率が変化すると代替効果を伴って労働時間が変化し、それが所得を変化させるから、前述のように資源配分に歪みが生じる。これに対し、賃金率が課税によって変化しても労働時間は所与の一定時間で変化しない（労働供給の賃

金弾力性がゼロ）場合、課税による賃金率の変化に対して労働時間が非弾力的だから、課税後所得を比例的に変化させるだけで、所得効果は生じても代替効果は生じず、中立的（効率的）な租税になる。

このように、労働所得税が効率的になるか否かは、課税に伴う賃金率の変化によってどれほど労働時間（労働供給）が弾力的に変化するかで決まる。労働供給の賃金弾力性が高いとき、代替効果が大きく、超過負担が大きくなる。労働供給の賃金弾力性が低いとき、代替効果が小さく、超過負担が小さくなる。

2 現行の労働所得税

●課税最低限

現行の労働所得税は、労働所得を少しでも稼げば無条件に課税されるわけではない。垂直的公平性の観点から、少ししか労働所得を稼がなかった人は課税が免除され、ある一定額以上の所得を稼いだ人が課税される。所得税が課税される最低限の課税前所得額を、**課税最低限**という。しかし、課税最低限は、あらかじめその額が設定されているわけではない。実際には、稼いだ所得に対して課税を免除する**課税控除**が認められ、これにより課税最低限以下の所得しか稼いでいない人には課税が免除されることになるのである。

課税控除の方法としては、家計が稼いだ所得のうち、課税前にあらかじめ一定額を課税対象額から控除する方法がある（これを所得控除ともいう）[2]。そこで、労働所得税の限界税率を前節と同様tとし、課税控除額をKとすると、課税額Tは次のように表される[3]。

---

2) 実際の税務において、課税控除には所得控除方式と税額控除方式がある。所得控除方式は、課税対象となる所得額から一定額を控除する方式で、課税対象所得額を減らす効果がある。そして、課税対象所得額が減ればこれに税率をかけて算定される税額が減る。税額控除方式は、いったん算定された所定の税額から一定額を控除する方式で、税額を直接減らす効果がある。したがって、両者の控除額を比較するだけでは、最終的な税額の減額効果を単純に比べることはできない。
3) 現行の所得税制でいえば、基礎控除がこれにあたる。

図 5-4 課税控除と課税最低限

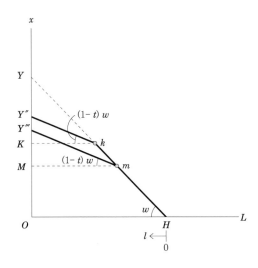

$$T = \begin{cases} 0 & wl < K \text{ のとき} \\ t(wl-K) = tw(H-L) - tK & wl \geq K \text{ のとき} \end{cases}$$

ここで、$wl-K$ が課税対象所得である。課税対象所得がマイナスになる場合、課税できないので課税額 T はゼロとなる。このとき、予算制約式は次のようになる。

$$x = wl - T = \begin{cases} w(H-L) & wl < K \text{ のとき} \\ (1-t)w(H-L) + tK & wl \geq K \text{ のとき} \end{cases}$$

そして、この予算制約式を図示すると、図 5-4 の線 HkY'' のようになる。このとき、効用最大化行動の結果として課税前所得が K 以下ならば労働所得税はまったく課税されない[4]。つまり、この場合 K が課税最低限となる。

いま、限界税率 t が一定のまま課税控除額（課税最低限）が K から M に

---

[4] 厳密に言えば、この状況で効用最大化点が線分 Hk 上に位置する場合、結果的に課税前所得が K 以下となり、まったく課税されないこととなる。

引き下げられたとする。このときの予算制約式を図示したのが図5-4の線HmY'''である。限界税率は変わらないから、所得が課税控除額以上にある予算制約式は線分kY''から線分mY'''へ平行移動する。

このとき、以前に課税最低限以下で引下げ後に課税最低限以上となった家計だけが増税になるわけではないことに注意されたい。課税前所得がM以上K未満の家計（効用最大化点でいえば、線分km上に課税前の効用最大化点がある家計）は、課税控除額が引き下げられることによって予算制約式が変化して、増税（以前は労働所得税を支払わなかったが引下げ後に支払うこと）となる。しかし、以前から課税最低限以上だった家計も、課税控除額の引下げにより予算制約式は左下にシフトするから、その分だけ課税前の予算制約式HYとの差が大きくなっている。つまり、それだけ税額が多くなっている。したがって、課税最低限（課税控除額）の引下げは、以前に課税最低限以下で引下げ後に課税最低限以上となった家計だけでなく、引下げ前に課税最低限以上である家計も増税となることを意味している。

ただし、それぞれの家計で課税最低限の引下げによって直面する効果が異なる。以前に課税最低限以下で引下げ後に課税最低限以上となった家計は、引下げ前の予算制約式は線分Hkだったが引下げ後はmY'''となって、傾き（賃金率）が変化するから、所得効果だけでなく代替効果も生じる。引下げ前に課税最低限以上である家計（引下げ前の効用最大化点が線分kY''上にある家計）は、引下げ前の予算制約式も引下げ後の予算制約式も同じ傾き（賃金率）に直面しているから、所得効果のみ生じている。つまり、この家計に限っていえば労働時間は増加（余暇は減少）することとなる。

●累進所得税制

現行の所得税制では、課税前所得が多い人ほど高い限界税率となる累進所得税制をとっている。例えば、課税控除額をKとし、労働所得税の限界税率は、課税対象所得$(wl-K)$がK'未満の分についてはt、K'以上の分については$t'(>t)$とする。このとき、課税額Tは

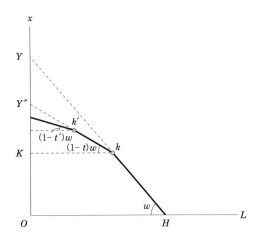

図 5-5 累進所得税制

$$T = \begin{cases} 0 & wl < K \text{のとき} \\ t(wl-K) = tw(H-L)-tK & K \leqq wl < K+K' \text{のとき} \\ tK'+t'(wl-K-K') = t'w(H-L)-t'K+(t-t')K' & K+K' \leqq wl \text{のとき} \end{cases}$$

と表される[5]。このとき、予算制約式は次のようになる。

$$x = wl - T = \begin{cases} w(H-L) & wl < K \text{のとき} \\ (1-t)w(H-L)+tK & K \leqq wl < K+K' \text{のとき} \\ (1-t')w(H-L)+t'K+(t'-t)K' & K+K' \leqq wl \text{のとき} \end{cases}$$

この課税後の予算制約式を図示すると、図 5-5 の実線のようになる。累進所得税制は、図 5-5 の課税後の予算制約式では傾きが緩やかになる形で表現されている。課税後の予算制約式の傾きが緩やかになるほど、限界税率が大きくなることを表すから、累進度が強いことを意味する。この累進度が強いほど、課税前所得（予算制約式は直線 HY）に比べて課税後所得の格差が縮小するから、垂直的公平性がより実現されている。しかし、累進度が強い

5）例えば、$K = 50$万円、$K' = 200$万円で、$t = 0.1$（10％）、$t' = 0.2$（20％）として考えるとよい。

図 5-6　生活保護制度

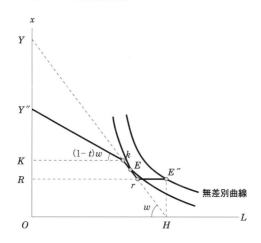

ほど、課税後の予算制約式の傾きが課税前の傾きと比べて大きく変化して、代替効果が大きくなり超過負担が大きくなるから、中立性（効率性）が損なわれる。

このように、累進所得税制は、垂直的公平性をより実現しやすいが、中立性（効率性）は阻害されるといえる。

●生活保護制度

現行制度の下では、さまざまな理由により労働所得がほとんど稼げない人は、生活保護給付が受けられる。生活保護給付を受けられる人は、日常生活を営む上で必要な所得以下しか所得が得られない人で、生活保護給付を支給する限度額を最低生活水準という。この額を R とすると、現行制度では所得が R 以下ならばどの額でも、R の収入が得られるように生活保護給付が支給される。所得が R 以上ならば、生活保護給付は支給されない。

これが予算制約式として図 5-6 のように図示できるとする（説明の便宜上、累進所得税制は割愛）。まず、課税前所得が R 以下ならば生活保護が支給されるから、生活保護給付後の予算制約式は図 5-6 の線分 $E''r$ となる。線分 $E''r$ は傾きがゼロとなっている。別の言い方をすれば、生活保護を受

ける人は R だけ給付を受けるのに伴い労働所得税率が100％（いくら労働して所得を稼いでも全額課税される）となることを意味する。次に課税前所得が R より多く K 以下のとき、生活保護は支給されないが、課税最低限以下なので課税されない。つまり、予算制約式は線分 kr となる。そして課税前所得が K より多いときは所得税率 t で課税される（累進所得税制は割愛）。ただし、課税対象額は K だけ課税控除されるから、課税後の予算制約式は線分 kY'' である。

　ここで、課税前所得が R 以下の家計（課税前の効用最大化点が線分 Hr 上にある家計）ならば、生活保護制度がないときに比べてあるときの方が、所得が増加し消費が増えるから、効用が高くなる。そして、このとき生活保護制度があるときの効用最大化点は点 E'' となる。点 E'' では余暇時間を H としてまったく労働しない（労働時間をゼロとする）状態である。つまり、最低生活水準を確保できるなら、少し働いて余暇時間を減らしてそれだけ効用を下げるぐらいなら、まったく労働せず余暇時間を増やして効用を高め、生活保護給付分で消費した方が、家計にとって効用が高いという状態である。

　また、課税前所得が R より多く K 以下の家計（課税前の効用最大化点が線分 kr 上にある家計）でも、効用最大化点が図5-6の点 E のように表される場合、課税前と同じ労働時間だけ働くよりも、まったく働かずに生活保護給付の支給を受ける点 E'' の方が効用は高まりうる。このとき、課税前に最低生活水準以上の所得を稼いでいたはずの家計が、生活保護給付がなければある程度（点 E における労働時間分だけ）働いていたのに、生活保護制度があるためにあえてまったく働かず生活保護給付を受ける点 E'' を選択することになる。

　これは、生活保護制度が労働時間の選択を歪めていることを意味する。こうした状態になる理由は、生活保護制度は代替効果が大きいからである。前述のように生活保護を受ける人は100％の労働所得税率に直面しており、労働時間をゼロから少し増やしても課税後（生活保護受給後）所得がまったく増えないため、労働時間を増やそうとしない。しかも、労働所得税率が高いほど代替効果が大きく、超過負担が大きくなるから、生活保護制度は超過負

図 5-7 負の所得税

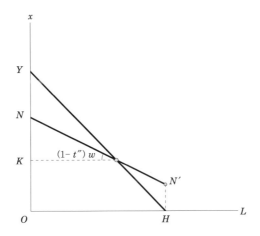

担が大きい。

　確かに、垂直的公平性の原則から、ほとんど所得がない家計でも最低限度の生活を営めるようにする点で望ましい。しかし、中立（効率性）の原則からは望ましくない。課税前にある程度働いていて所得を稼いでいたはずの家計が生活保護を受けてまったく働かなくなるという、生活保護制度が本来意図していない効果が生じうる。生活保護制度の設計にはこの点に注意する必要があるといえる。

●負の所得税

　現行制度に伴う問題点の中で重要なものの1つとして、生活保護を受ける人の労働意欲を阻害することが挙げられる。この欠点を解消する制度として提案されたのが、負の所得税である。負の所得税は、課税前所得がある一定額以上の家計には所得に比例して課税し、それ未満の家計には所得に比例して給付するものである。負の所得税の限界税率を t'' とし、税額がゼロとなる課税前所得を K としたときの予算制約式を図示したのが、図5-7の直線 NN' である[6]。負の所得税も、線形の労働所得税の一種である。

　課税前所得が K 以下の家計は、その差額が多いほどより多く補助金が給付される。言い換えれば、差額に比例する形で生活保護が給付されるともい

える。負の所得税ならば、垂直的公平性の観点から（課税前）所得格差を是正しながらも、課税前所得がゼロの人と課税前所得を K だけ稼ぐ人の課税後所得は異なり、前節の生活保護制度ほどには労働意欲を阻害することはない。しかし、負の所得税でも、課税により賃金率が変化するから代替効果が生じるため、超過負担が生じている。

これまで日本において負の所得税は導入されていない。

3 望ましい労働所得税

● 労働所得税における効率性と公平性

これまで見てきたように、労働所得税で垂直的公平性を実現させつつ、効率性（中立の原則）を阻害しないようにすることは、単純にできるわけではないことがわかった。要約すれば、（課税前）所得が多い家計からより多く課税し、所得が少ない家計には補助金をより多く給付すれば、垂直的公平性がより実現するものの、これに伴い労働所得税の限界税率を高めて累進度を上げれば効率性が阻害される。逆に、労働所得税の限界税率を低くすれば、効率性がより実現するものの、これに伴い課税後の所得格差が縮まらなければ垂直的公平性が阻害される。

この両者をできるだけよりよく実現するには、課税前所得が多い家計にはできるだけ多く課税し、所得が少ない家計にはできるだけ多く補助金を給付すると同時に、労働所得税の限界税率をできるだけ低くすればよい。これを課税後の予算制約式として示したのが、図5-8の線 $\Omega ZZ'\Omega'$ である。この課税後の予算制約式に反映されている税制は、課税前所得が多い家計には定額（線分 $Y\Omega$）だけ課税し、所得が少ない家計には定額の補助金（線分 $H\Omega'$）を給付し、所得に比例して課税や給付を行わないという税制である。線分 ΩZ 上、あるいは線分 $Z'\Omega'$ 上に課税後の効用最大化点がある家計は、課税や給付で予算制約式の傾きは変わらず、課税による所得効果は生じるが

6）負の所得税は、税額がゼロとなる課税前所得を K としなくてもよい。また、線分 HN' の大きさは、最低生活水準の R と同じであっても、それ以上であっても構わない。

図5-8 望ましい労働所得税

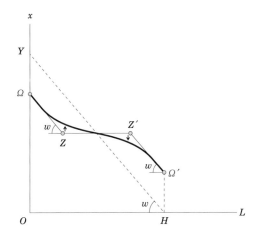

代替効果が生じないから、労働時間の選択に歪みを与えておらず効率性の観点から望ましい。それでいて、課税後の所得格差は是正されているから、垂直的公平性に配慮している。垂直的公平性をより実現させるには、定額の課税額（線分 $Y\Omega$）や補助金額（線分 $H\Omega'$）をできるだけ大きくすればよい。

しかし、定額の課税額や補助金額を大きくすると、課税後の予算制約式上で、傾きがゼロ（水平）となる部分（線分 ZZ'）が大きくなる。あるいは、線分 ZZ' が右上がりになる可能性もある。傾きがゼロであることは、前述の通り限界税率が100％で、線分 ZZ' 上では労働供給の多少にかかわらず課税後所得は同額となるから、労働時間を増やそうとせず、労働時間の選択を歪め効率性を阻害する。さらに、線分 ΩZ や線分 $Z'\Omega'$ の部分を長くする税制にすれば、線分 ZZ' が右上がりになり、線分 ZZ' 上で課税前所得がより多かった家計が逆に課税後所得がより少なくなる現象が生じ、ますます効率性を阻害する。

このことから、課税前所得が最も多いところ（図の左端）では適切に定額を課税し、最も少ないところ（図の右端）では適切に定額を給付するのはよいが、線分 ZZ' の部分で予算制約式を直線にすることは効率性の観点から望ましくない。したがって、図5-8のように、線分 ΩZ と線分 $Z'\Omega'$ をその

途中から間を滑らかな右下がりの曲線でつなぐような労働所得税制をとるのが、効率性と垂直的公平性をできるかぎり実現させる意味で望ましい。この税制（図5-8の課税後の予算制約式）は、効率性と垂直的公平性をどちらも十分に満たしているわけではないが、それぞれの原則を最大限実現させようとした結果の税制であることに注意されたい。

●余暇と消費の選択に関する最適課税論

第4章第4節で言及した最適課税論について、余暇と消費の選択での関連でまとめておきたい。効率性の観点から最適課税の一般的なルールを導き出した**ラムゼイ・ルール**として、**均一課税の命題**があった。それは、各財の（補償）需要が相互に独立であるときに、各財（余暇を除く）に対して同一の税率で課税するのが望ましいのは、各財の（補償）需要の賃金弾力性がすべての財で等しい場合である、というものである。さらに、後に次の命題が導き出された。

> **コレット＝ヘイグの命題**
> 余暇とより補完的な財に、より高い税率を課すのが望ましい。

これらの命題について直観的に説明しよう。まず、私的財消費に対する課税が、労働所得税と同様の効果をもたらすことを示す。家計の課税前の予算制約式が(1)式で表されるとして、税率 t_x（×100％）の消費税を課税したとする。このとき、消費税課税後の予算制約式は、

$$(1+t_x)x = w(H-L) \qquad t_x \geq 0$$

と表される。この式を変形すると、

$$x = \frac{1}{1+t_x}w(H-L) \qquad \text{ただし、} 0 \leq \frac{1}{1+t_x} \leq 1 \qquad (2)'$$

となる。(2)′式を労働所得税課税後の予算制約式(2)と比較すると、税率 t_x（×100％）の消費税は、税率 $1-1/(1+t_x)$（×100％）の線形の労働所得税

を課税したことと同値である。だから、消費税を課税することは、課税後に賃金率を $w/(1+t_x)$ に低下させることと同じ効果をもつ。

　この章ではこれまで1種類の私的財で議論してきたが、ここでは複数の私的財があるとする。これらの命題が対象とする消費課税は、私的財に課税することはできても、余暇に直接的に課税することはできない。このとき、課税される財（私的財）とされない財（余暇）が存在すると、価格比が変化して代替効果が生じ、超過負担が生じて効率性の観点から望ましくない（第4章第3節の個別消費税の結果を思い出されたい）。超過負担をできるだけ小さくするには、代替効果がより小さい私的財に課税する必要がある。

　いま、ある財に個別消費税を課税したとする。このとき、前述のように課税後賃金率が下がるのと同じ効果が生じる。このとき、本章第1節で説明したように、余暇時間は、所得効果で減り（労働時間が増え）、代替効果で増える（労働時間が減る）から、総合して増えるか減るかは断定できない。課税した財は、図5-2からわかるように、所得効果・代替効果ともに作用して消費量が減る。ただし、各財の需要が相互に独立である状況では、課税していない財には、課税後賃金率が下がることに伴う所得効果は生じる（消費量が減る）が、代替効果は生じない。以上より、この個別消費税は線形の労働所得税と同等の効果をもたらすから、個別消費税の課税に伴う余暇と消費の選択に与える代替効果は、個別消費税を課税する財の（補償）需要の賃金弾力性が小さいほど小さくなる。だから、超過負担を小さくするには、課税する財の（補償）需要の賃金弾力性が小さい財に高い税率を課税すればよい。さらにいえば、各財の需要が相互に独立である状況で、もしすべての財の（補償）需要の賃金弾力性が同じであれば、同じ税率で課税すればよい。これが、均一課税の命題である。

　前述の(2)式と(2)′式の関係から、すべての財に同じ税率で課税する一般消費税は、線形の労働所得税を課税することと同じである。したがって、均一課税の命題から、各財の需要が相互に独立である状況で、もしすべての財の（補償）需要の賃金弾力性が同じであれば、線形の労働所得税は、超過負担をより小さくできるから次善の意味で望ましい。

　また、個別消費税は、余暇に直接的には課税できないにしても、余暇と補

完的な財に課税すれば、所得効果と代替効果が生じるが、課税した財の消費量とともに余暇時間も減少する。このことは、前述のように、課税によって余暇時間が減る効果である所得効果が代替効果よりも大きいことを意味する。超過負担を小さくするには、代替効果が相対的に大きい（小さい）財により低い（高い）税率を課税すればよい。だから、余暇とより補完的な財は、代替効果が相対的に小さいから、より高い税率を課税するのが、超過負担をより小さくできるから次善の意味で望ましい。これが、コレット＝ヘイグの命題である。

4　利子所得税

●貯蓄行動と利子所得

　利子所得税は、貯蓄に対する利子所得に課税される租税である。利子所得税の課税の効果を考えるには貯蓄を考慮しなければならず、貯蓄は将来消費するためにあてられるから、現在の消費と将来の消費を考えなければならない。

　そこで現在の消費と将来の消費を考える。いま、ある家計は現在のみ働いてWだけ所得を得たとする（ここでは労働時間が非弾力的でWは一定であるとする）。将来は引退して働かないため労働による所得はないものとする。このとき、この家計は現在消費と将来消費をどれだけにするかを決める。そこで、現在消費量をx_1、将来消費量をx_2とする。消費する私的財の価格は、一般性を失うことなく現在も将来も1と仮定する。現在Wの所得を得て、それを現在消費にx_1だけあて、残りは貯蓄して将来消費にあてることとなる。貯蓄をsと表してこの関係を表すと、

$$W = x_1 + s \tag{4}$$

となる。将来時点において、労働による所得はないがsだけの貯蓄がある。しかも、その貯蓄には利子率r（×100％）で利子所得が生じるとすると、将来時点では貯蓄と利子所得を合わせて$(1+r)s$だけの収入があり、これを将来消費にあてる[7]。したがって、この関係を表すと、

図5-9 利子所得税

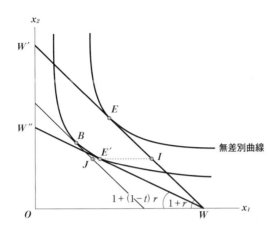

$$(1+r)s = x_2 \tag{5}$$

となる。(4)式と(5)式を合わせると、この家計の生涯を通じた予算制約式は、

$$W = x_1 + \frac{x_2}{1+r} \tag{6}$$

となる。この式を図示したのが図5-9の直線 WW' である。この直線の傾きの絶対値は $1+r$ である。

また、この家計は現在消費と将来消費から効用を得るとする。家計の効用は現在、将来の消費量が多いほど高くなるとする。このとき、効用関数は一般的に

$$U = U(x_1, x_2)$$

となる。ただし、現在消費、将来消費とも上級財であるとする。この効用関数から無差別曲線を導き出して図5-9に示すと、点 E が効用最大化点となる。

---

7) 生涯で得た所得はすべて消費し、遺産を残さないとする。

第5章 税の望ましい徴収方法 | 117

● 利子所得税

次に、政府が利子所得税を課税することを考える。利子所得税率を t（×100%）とする。このとき、利子所得に対する課税額 T は、

$$T = trs$$

である。労働による所得には課税されない。したがって、現在消費についての(4)式は課税後も変わらない。しかし、利子所得がある(5)式は、課税後には次のようになる。

$$x_2 = (1+r)s - T = \{1+(1-t)r\}s$$

この式と(4)式から、課税後の家計の生涯を通じた予算制約式は、次のようになる。

$$W = x_1 + \frac{x_2}{1+(1-t)r}$$

この式を図示したのが図5-9の直線 WW'' である。この直線の傾きの絶対値は $1+(1-t)r$ である。

このように、利子所得税を課税すると予算制約式の傾きは緩やかになるから、予算制約式が点 W を中心として左下に回転する。図5-9では、課税前と課税後の効用最大化点を比べている。点 E は課税前の効用最大化点であり、点 E' は課税後の効用最大化点である。

利子所得税を課税したときも、前述と同様に課税による所得効果と代替効果が生じる。ここでの所得効果は、利子所得税が課税された分だけ可処分所得が減少したため、将来消費のみならず現在消費も減らそうとする効果である。代替効果は、貯蓄の課税後収益率（利子率）が課税によって r から $(1-t)r$ に低下し、貯蓄と利子所得をあてる将来消費がそれだけ割高になるから、貯蓄する意欲を失って貯蓄を減らして将来消費を減らし、現在消費を増やす効果である。利子所得税も代替効果が生じるから、中立的（効率的）でない歪みがある租税である。課税後の効用最大化点 E' は、所得効果の方が上回る場合には図5-9のように点 E の左下にくるが、代替効果が上回る場合には点 E' は点 E の右下にくる（現在消費 x_1 が増加する）。

● 利子所得税の超過負担

　利子所得税は、代替効果が生じるから超過負担が生じ、効率性の観点から望ましくない。それでは、利子所得税によってどれだけ超過負担が生じるだろうか。これは、第1節の労働所得税と同様に分析できる。

　政府が利子所得税と同額の税収を一括固定税（人頭税）によって徴収できたとする。このとき、図5-9において課税後の効用最大化点 E' と同じ効用水準を得るように一括固定税を課税すれば、課税額がどれだけ変化するかを確認する。

　利子所得税は課税せず、現在の所得に一括固定税を v だけ徴収すると、予算制約式は

$$W - v = x_1 + \frac{x_2}{1+r} \tag{6}'$$

と表される。これは、一括固定税課税前の予算制約式(6)を v だけ左に平行移動させることを意味している。そこで、点 E' と同じ効用水準を得るように一括固定税を徴収する場合を考える。このときの予算制約式(6)′を図5-9上で表すと、点 E' と同じ効用水準を得る無差別曲線と接するように v を設定した直線として表せる。このとき、一括固定税収 v は線分 IJ の大きさだけ得られている。すなわち、同じ効用水準を得るように課税するときに、（現在時点の価値で測った）利子所得税では線分 IE' しか得られないが、一括固定税では線分 IJ だけ税収が得られる。このことから、課税の仕方が異なるだけで、得られたはずの税収が失われたと考えられ、この失われた税収の大きさが、ここでの超過負担と定義できる。すなわち、線分 $E'J$ が超過負担の大きさである。別の言い方をすれば、同じ効用を得るとき、一括固定税の方が利子所得税よりも、税収が多くなるという意味で望ましい。

● 利子所得税と消費税

　これまでの議論では、利子所得税は超過負担が生じて効率性の観点から望ましくない、と結論づけられそうである。効率性の観点からみれば、利子所得税はまったく課税しない方がよいようにみえるが、必ずしもそうではない。先に述べた均一課税の命題やコレット＝ヘイグの命題から、効率性の観

点からみた利子所得税の意義を見出すことができる。

　第3節で説明した均一課税の命題やコレット＝ヘイグの命題は、複数の財についての消費税の話であった。これらは、同じ時点での複数の財について当てはまる命題ではあるが、この節で用いた現在消費と将来消費という時点が異なる2つの財の間でも当てはまる命題である。そこで、この節の議論に、均一課税の命題やコレット＝ヘイグの命題を応用してみよう。応用するにあたって、第3節での説明のように、家計は現在消費と将来消費だけでなく、余暇によっても効用を得て、労働時間を必要に応じて変えられると仮定する。

　第3節で説明した均一課税の命題でいえたことは、各財（余暇を除く）に対して同一の税率で課税するのが望ましいのは、各財の（補償）需要が相互に独立で、各財の（補償）需要の賃金弾力性がすべての財で等しい場合であることであった。だから、現在消費と将来消費と余暇から効用を得る家計に対しては、現在消費と将来消費の（補償）需要が相互に独立で、両時点の消費の（補償）需要の賃金弾力性が等しい場合、両時点の消費に対して同一の税率で課税するのが望ましい、といえる。

　現在消費と将来消費の（補償）需要が相互に独立で、両時点の消費の（補償）需要の賃金弾力性が等しい場合、現在時点と将来時点の消費税を同じ税率で課税できるならば、それが望ましいから、現在消費と将来消費の価格比を変える利子所得税を課税するのは望ましくない。しかし、何らかの理由で同じ税率で課税できない場合、両時点の消費に対して同じ税率をかけたときに実現する価格比になるように利子所得税を課税することは、効率性の観点から望ましいといえる。

　コレット＝ヘイグの命題でいえたことは、もし各財の（補償）需要の賃金弾力性が異なっていれば、余暇とより補完的な財により高い税率を課すのが望ましいことであった。だから、現在消費と将来消費の（補償）需要の賃金弾力性が異なる場合、余暇とより補完的な方に高い税率を課すのが望ましい、といえる。

　現在消費と将来消費の（補償）需要の賃金弾力性が異なる場合、コレット＝ヘイグの命題が示唆する税率で課税できるならば、それが望ましいから、

利子所得税を課税するのは望ましくない。しかし、何らかの理由で両時点の消費に同じ税率でしか課税できない場合、コレット＝ヘイグの命題が示唆する税率をかけたときに実現する価格比になるように利子所得税を課税することは、効率性の観点から望ましいといえる。

このように、現在消費と将来消費の弾力性の大きさ如何では、利子所得税を課税する意義が、効率性の観点からも見出せるのである。

●所得課税と消費課税の考え方

第3章からこの章までの議論をまとめれば、消費課税は効率性を実現できるが、垂直的公平性は実現しにくい税であり、所得課税は垂直的公平性を実現できるが、これに伴い効率性を阻害する恐れのある税である、といえる。これらのバランスを考えれば、効率性を実現すべく消費課税、垂直的公平性を実現すべく所得課税を行うという役割分担が必要である。消費税は逆進的だからよくないとか、ラムゼイ・ルールは垂直的公平性の観点からみて誤っているなどという主張に現れているように、消費課税に垂直的公平性を阻害するなと期待することは、そもそも無理な話である。消費課税は効率性を実現するのにより適した税である。もし垂直的公平性を重視したければ、これにより適した所得課税を重視すべきである。

所得税と消費税のどちらをどれだけ課税するかは、必要な税収を確保するために、効率性と公平性のどちらをどれだけ重視するかで判断すべきである。効率性（経済成長）を促すなら超過負担の少ない消費税を、垂直的公平性（所得格差是正）をより重んじるなら所得税を重視した税制を選択する、という考え方を政治の場で実践することが望まれる。

■ 練習問題

1. 次の文章について、正しいものに○、誤っているものに×、どちらとも言えないものに△を付けなさい。
   ① 比例所得税（限界税率が一定の所得税）を課税する場合、その税率は

100%にする時が最も超過負担が生じない点で効率的である。
② 低所得者に補助金を給付する場合に、ある水準以下の所得しか得られない人に対して一定額（最低生活水準）に達するように生活保護給付を与えるよりも、負の所得税制度を導入して補助金を給付した方が、超過負担が小さくなる意味でより効率的である。
③ 私的財と余暇から効用を得る家計に労働所得税を課税したとき、課税前に比べて私的財消費量も労働時間も減少する。
2．最適課税論におけるコレット＝ヘイグの命題の内容について説明せよ。
3．「利子所得税は代替効果が生じるため、どのような場合でも効率性の観点から課税するのは望ましくない」といえるか、検討せよ。

Public Economics

6 法人税の意義

1 法人税の意義

● 最近の動向

 これまでの章では、消費課税と個人所得課税についての経済的性質を見てきた。わが国では、消費課税と個人所得課税と並んで、企業に対する法人課税も大きな位置を占めている。わが国に存在する税目でいえば、国税としては法人税、地方税としては、道府県税として法人に課税される道府県民税と事業税、市町村税として法人に課税される市町村民税がある。法人に課税される道府県民税と市町村民税を合わせて、法人住民税とも呼ばれる。

 この章では、法人税についての経済的性質を考察する[1]。本題に入る前に、法人税に関して、近年わが国で議論された内容について紹介しよう。そもそも、法人税とは、企業が得た「所得」に対して課税される租税である。

---

1) この章での「法人税」は、とくに断らない限り、国の法人税も地方税の法人にかかる税目もすべて含めた広義の意味で用いる。

ここでいう「所得」とは、利潤（＝売上－費用）とは微妙に異なる。税法で定義される「所得」も、基本的には売上から費用を引いたものである。しかし、売上から控除する「費用」（税務用語では損金とも呼ぶ）の税法における定義が、実際に生じた費用と異なっている。その差異が意味する性質について、詳しくは本章第2節で述べる。

したがって、税法上での定義に基づいて算定された企業の「所得」に対して、所定の税率で法人税が課税される。「所得」がマイナス、つまり税法上の定義では赤字が生じた企業は、法人税額はゼロとなる。

1990年代、日本経済の景気が低迷し、企業の「所得」も落ち込んだ。とくに、税法上の定義で「所得」がマイナスとなる企業（欠損法人）が増加した。1990年代後半以降、欠損法人が法人全体の約7割を占めるほどになっている。別の言い方をすれば、全法人のうち約3割の利益計上法人しか税金を払わない状態になっている。

こうした状況は、地方自治体、なかでも都道府県の財政に深刻な影響を与えた。日本の税制では、都道府県の税収は法人所得課税による収入に比較的多く依存している。そのため、景気低迷に伴う法人の「所得」の減少、利益計上法人数の減少によって、法人に対する道府県民税や事業税が大きく減少し、都道府県の税収が大きく減少して財政悪化に直結したのである。

そこで、この対応策として出されたのが**外形標準課税**だった。外形標準課税とは、企業の活動規模を外形的に表す基準（外形基準）を、事業税の**課税標準**（課税対象となる金額）として導入するものである。そもそもこの案は日本では1960年代から出されていたが、2004年度から一部の企業を対象に導入された。それまでの事業税では、課税標準は「所得」のみだった（これを事業税所得割という）。2004年度から、資本金1億円超の企業にのみ、外形標準課税として導入された課税標準は、「付加価値」と「資本金」である。「付加価値」を課税標準としたもの（事業税付加価値割）は、企業の報酬給与額（つまり人件費）と純支払利子と純支払賃借料と単年度損益の合計を課税標準としている。「資本金」を課税標準としたもの（事業税資本割）は、企業の資本金等を課税標準としている。税法上の「所得」がマイナスの企業でも、給与を支払ったり、資本金を持っていたりする。だから、事業税で付

図6-1 法人所得課税の実効税率の国際比較（2015年4月現在）

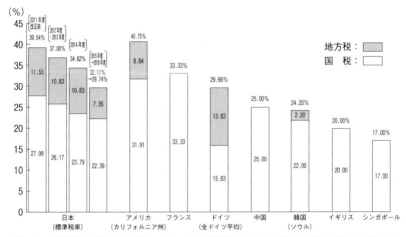

(注) 1. 上記は法人所得に対する税率。なお、法人所得に対する租税負担の一部が損金算入されることを調整した上で、国・地方それぞれの税率（法人実効税率）を合計している。
2. 日本の地方税のうち法人事業税（地方法人特別税を含む）については、外形標準課税の対象となる資本金1億円超の法人に適用される税率を用いている。この他、付加価値割および資本割が課される。
3. アメリカでは、州税に加えて、一部の市で市法人税が課される場合があり、例えばニューヨーク市では連邦税・州税（7.1％、付加税［税額の17％］）・市税（8.85％）をあわせた税率は45.67％となる。また、一部の州では、法人所得課税が課されない場合もあり、例えばネバダ州では税率は連邦法人税率の35％となる。
4. フランスでは、売上高7.63百万ユーロ以上の企業に対し、別途法人利益社会税（法人税額の3.3％）が課され、法人利益社会税を含めた税率は34.43％となる（ただし、法人利益社会税の算定においては、法人税額から76.3万ユーロの控除が行われるが、前記税率の計算にあたり当該控除は勘案されていない）。さらに、別途、売上高2.5億ユーロ超の企業に対しては、2012年より2年間の時限措置として法人税付加税（法人税額の5％）が課されていたところ、2014年予算法によりさらに2年間延期された（2014年以降の税率は法人税額の10.7％）。なお、法人所得課税の他、国土経済税（地方税）等が課される。
5. ドイツの法人税は連邦と州の共有税（50：50）、連帯付加税は連邦である。なお、営業税は市町村税であり、営業収益の3.5％に対し、市町村ごとに異なる賦課率を乗じて税額が算出される。ここでは、連邦統計庁の発表内容に従い、賦課率395％（2013年の全ドイツ平均値）に基づいた場合の計数を表示している。
6. 中国の法人税は中央政府と地方政府の共有税（原則として60：40）である。
7. 韓国の地方税においては、上記の地方所得税の他に資本金額および従業員数に応じた住民税（均等割）等が課される。

出典：財務省「国・地方合わせた法人税率の国際比較」を一部改編。

加価値割や資本割を導入することで、欠損法人となっている企業にも課税できる。

　他方、課税されている企業（利益計上法人）については、その法人税負担が国際的にみて重く、これが日本企業の国際競争力を弱めているとの指摘がなされるようになった。日本では、1980年代の財政再建期に法人税率が引き上げられ、それ以降高止まりしていて、1997年度以前は約50％に達していた。その間、世界経済は国際化し、企業は国境を越えた取引をするだけでなく、企業の本拠地自体も国境を越えて移動するようになった。利益を上げる企業は、法人税率ができるだけ低い国を選ぶ傾向が強くなった。欧米諸国の法人税率は、こうした影響を受けて次第に引き下げられていった。

　1990年代における日本経済の低迷の原因が重い法人税であったとは断言できないものの、国際競争力を失いつつある日本企業にとって、税負担が軽くなってゆく欧米諸国の企業に対抗するには、日本での重い税負担が足かせとなっているとの認識が広まった。そこで、1998年度と1999年度に法人税率が引き下げられた。その後、2012年度と、2014年度から2018年度にかけても法人実効税率の引下げが実施された。これにより、日本の法人実効税率は、図6-1のように、アメリカやフランスよりも低い税率になった。ただ、アジア諸国と比較するとまだ高い税率である。2014年度の法人税改革では、法人実効税率が引き下げられるとともに、これに伴う減収を補うために、外形標準課税の税率が引き上げられた。

　このように、近年の法人税は、税法上の「所得」を上げている企業に対する税負担を軽くすると同時に、課税標準を拡大して、これまで法人税を払わずにすんだ欠損法人に対しては税負担を求めて、法人課税を広く薄く負担してもらおうという趨勢になっている。

●法人擬制説と法人実在説
　そもそも、法人税をなぜ課税する必要があるのだろうか。この問いに対して、2つの考え方がある。企業は出資者（株主）が出資して設立され、労働や資本などの生産要素を投入して財を生産し、賃金や利子などの要素費用を支払った後、利潤が生じる。その利潤は最終的には株主に配当として分配さ

れる。企業としては、一時的に利潤を留保する（留保した利潤を内部留保と呼ぶ）ことはあっても、企業の持ち主である株主に最終的にはすべて分配されるから、何も残らない。こうした法人の見方を、**法人擬制説**（株主集合体説）と呼ぶ。新古典派経済学では、この見方がとられている。

　法人擬制説に立てば、所得税を課税するなら法人税はまったく必要ない。なぜならば、法人税を課税しようとする企業の利潤は、最終的には株主に配当としてすべて分配されるのだが、株主が配当として受け取ったときには所得税が課税されるからである。同じ源泉である企業の利潤と株主の配当は、企業の段階では法人税が、個人の段階では所得税が課税されるとなると、2度も課税される結果になる。こうした二重課税を排除するには、所得税を課税する以上、法人税は不要である。新古典派経済学の立場では、法人税を課税する根拠はほとんどない。

　これに対して、企業は株主が出資するとはいえ、個人とは独立した経済主体であり、実体を持ったものであるという見方がある。この見方を、**法人実在説**（法人独立課税主体説）と呼ぶ。法人実在説に立てば、企業は個人と別個の独立した経済主体である以上、個人の所得に所得税を課税するのと同様に、法人の所得には法人税を課税すべきであるとみる。ここに、法人税を課税する根拠を見出している。

　日本では、戦後のシャウプ勧告において法人擬制説に立って税制を構築した。具体的には、法人税を課税するものの、個人が受け取った配当所得について所得税の税額を減免する制度（配当控除制度）などであった。この制度は現在でもあるが、配当の二重課税を完全に排除できているとはいえない。戦後何度かの税制改正を経て、現在では必ずしもどちらか一方の説に立っているとはいえない制度になっている。

2　法人税が投資に与える影響

●分析の枠組み

　以下では、法人税がどのような経済効果を持つかを考えてゆこう。まずこの節では、法人税が設備投資にどのような影響を与えるかを議論する。ミク

ロ経済学で想定している標準的な企業は、生産要素として労働と資本（機械類）を投入する。労働者を雇えば、賃金を払わなければならず、支払った賃金は費用となる。資本を投入する（投資する）には元手が必要である。それを借金してまかなったとすれば、利子を支払わなければならない。この利払いは企業にとって費用となる。いま、企業は資本を投入するための資金をすべて借入れ（負債）でまかなうと仮定する。

さらに、生産に資本を用いると、資本（機械類）が磨り減ってしまう。そのように減耗した分だけ資本の価値が目減りするから、これも企業にとっては費用と考えられる。この資本減耗（減価償却）が、資本投入量1単位につき、δ（×100％）の割合で実際に生じるとする。δ は、減価償却率（資本減耗率）とも呼ぶ。資本を k 単位投入すると、減価償却は δk 単位生じる。δ の大きさは、通常0以上1以下（0％〜100％）である。

第1章でも簡単に説明したが、財の生産量を y、財の価格を p、労働投入量を l、賃金を w、資本投入量を k、利子率を r とすると、企業の利潤 π は、

$$\pi = py - wl - rk - \delta k \tag{1}$$

と表される。ここでは、企業は財、労働、資本について価格受容者（プライス・テイカー）であるとする。そして、この企業は労働と資本を投入して財を生産する。労働投入量や資本投入量を増やせば、生産量は増える。このような生産要素と生産量の関係である生産関数は、一般的に

$$y = F(l, k)$$

のように表されるとする。2つの生産要素を同時に考えるのは難しいから、1つの生産要素だけを取り上げて、生産量との関係をみてみよう。例えば、資本投入量を一定にしたとき、労働と生産量の関係（生産関数）は、第1章図1-3同様に表せば、図6-2左図のようになる。横軸に労働投入量、縦軸に生産量をとっている。図6-2左図の生産関数の傾きは、労働の限界生産性（MPL）と呼ばれ、労働投入量を追加的に1単位増やすのに伴う生産量の追加的な増加分を表す（$MPL \equiv dy/dl$）。ここでも、限界生産性逓減の法則（生産量が増加するにつれて限界生産性が低下する）が成り立つと仮定す

図6-2 限界生産性条件

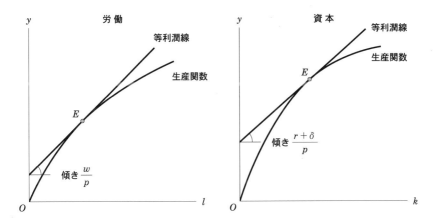

る[2]。

第1章で説明したように、(法人税がないときの) 企業の利潤最大化の結果、労働に関する限界生産性条件

$$MPL = \frac{w}{p}$$

が成り立つ。その理由は、図6-2にも図示している。(1)式について、資本投入量を一定にしたときに、ある利潤の水準 π_0 を実現するような y と l の組み合わせである、等利潤線を考える。つまり、$\pi_0 = py - wl - rk - \delta k$ は、

$$y = \frac{w}{p}l + \frac{r+\delta}{p}k + \frac{\pi_0}{p} \tag{2}$$

と書き直せる。図6-2左図における(2)式の傾きは、w/p で、実質賃金である。企業の生産は、生産関数の範囲内でしかできないから、その制約の下で利潤を最大にするのは、生産関数と等利潤線が接する点である。

資本についても同様である。労働投入量を一定にしたときに、資本と生産量の関係（生産関数）は、図6-2右図のようになる。横軸に資本投入量、

---

2) 数学的に言えば、$\frac{\partial y}{\partial l} \geq 0$、$\frac{\partial^2 y}{\partial l^2} < 0$ である。

縦軸に生産量をとっている。右図の生産関数の傾きは、資本の限界生産性（MPK）と呼ばれ、資本投入量を追加的に1単位増やすのに伴う生産量の追加的な増加分を表す（$MPK \equiv dy/dk$）。ここでも、限界生産性逓減の法則が成り立つと仮定する[3]。

同様に、（法人税がないときの）企業の利潤最大化の結果、資本に関する限界生産性条件

$$MPK = \frac{r+\delta}{p}$$

が成り立つ[4]。図6-2右図では、労働投入量を一定にしたときの等利潤線(2)と生産関数が接した点Eで利潤が最大となる。

● 法人税の課税標準

次に、税法上で定義する企業の「所得」に対して法人税が課税される状況を考えよう。ここで、法人税率をτ_c（×100％）とし、税法上で定義する企業の「所得」に対してτ_c（×100％）だけ課税されるものとする。ただ、税法上で定義される企業の「所得」をπ^Lと表すと、π^Lが(1)式で表される企業の課税前利潤πと異なりうる。企業の利潤は、売上から費用を差し引くのに対し、税法上の企業の「所得」は、税法上定義される「益金」から「損金」を差し引いて求める。売上と益金、費用と損金が常に一致していれば、π^Lとπは同じとなる。しかし、納税実務の都合や政策的配慮などにより、売上と益金、費用と損金は異なるのが現実である。

例えば、企業が資本を投入するための資金のすべてを借入れ（負債）だけでまかなわず株式でまかなったり、税法上認められた減価償却費が実際にかかった減価償却費と異なったりするときである。つまり、資本に対する要素費用（減価償却費も含む）を税法上の費用（損金）として部分的に認めない場合である。

---

[3] 数学的に言えば、$\frac{\partial y}{\partial k} \geq 0$, $\frac{\partial^2 y}{\partial k^2} < 0$である。

[4] 減価償却がない（$\delta = 0$）と仮定すれば、$MPK = \frac{r}{p}$である。

いま、資本を投入する（投資する）ための資金の α（×100％）だけ借入れ（負債）でまかない、残りを株式（自己資本）でまかなったとする。負債に対して、企業が債権者（貸し手）に支払う利払費は、αrk となる。株式に対しては、対価として企業が株主に配当を支払うが、配当は企業が上げた利潤の中から支払われるものである。とくに、法人税が課税される場合は、法人税課税後の利潤の中から支払われる。だから、法人税額を算定する際には、配当は費用として予め差し引かれない。さらに、ここでは、減価償却費は税法上費用（損金）として認められないと仮定する[5]。この場合、税法上の「所得」は $\pi^L = py - wl - \alpha rk$ であり、それに法人税率 τ_c が課されるから法人税額は $\tau_c(py - wl - \alpha rk)$ となる。ちなみに、税法上でどのように規定されようと、企業の実際の課税前利潤 π は、あくまでも(1)式で表される。

したがって、課税後利潤を π^A と表すと、企業は、法人税が課税されることを考慮して、

$$\pi^A = py - wl - rk - \delta k - \tau_c(py - wl - \alpha rk)$$

を最大化するように、生産要素投入量を決める。ここで、課税後利潤で表した等利潤線を図示してみよう。例えば、ある課税後利潤の水準 $\pi^A{}_0$ を実現するような y と k の組み合わせ（労働投入量はある水準で一定とする）は、$\pi^A{}_0 = py - wl - rk - \delta k - \tau_c(py - wl - \alpha rk)$、つまり、

$$y = \frac{w}{p}l + \frac{(1-\alpha\tau_c)r + \delta}{(1-\tau_c)p}k + \frac{\pi^A{}_0}{(1-\tau_c)p} \tag{3}$$

と表せる。(3)式を図示すると、図6-3のようになる（図6-3の生産関数は、図6-2右図の生産関数と同じである）。図6-3における(3)式の傾き（k の係数）は、$\{(1-\alpha\tau_c)r + \delta\}/\{(1-\tau_c)p\}$ である。生産関数の形状は、法人

---

5) これは、説明を簡単にするためであるが、第1節での外形基準の例で言えば、売上総利益を課税標準とし、資本がすべて販売部門や管理部門で投入されている場合が、これに該当する。ただし、労働も資本も実際には、製造や仕入にも、販売部門や管理部門にも投入されている。その意味で、この設定は極端かもしれない。しかし、労働であれ資本であれ、実際にかかった費用の一部しか税法上の費用として認められない場合には、ここでの例での結論が基本的に成り立つ。

図6-3 資本の要素費用を税法上の費用と認めない場合の法人税

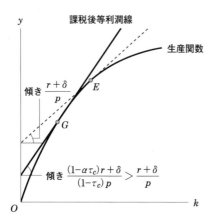

税を課税しても何ら変化しない。図6-3において、課税後の等利潤線と生産関数が接する点 G で課税後の利潤が最大化するから、その結果、

$$MPK = \frac{(1-\alpha\tau_c)r+\delta}{(1-\tau_c)p} = \frac{r+\delta-\alpha\tau_c r}{(1-\tau_c)p} > \frac{r+\delta-\tau_c r-\tau_c\delta}{(1-\tau_c)p}$$
$$= \frac{(1-\tau_c)(r+\delta)}{(1-\tau_c)p} = \frac{r+\delta}{p}$$

が成り立つ。これは、課税前の資本に関する限界生産性条件と異なる。図6-3の生産関数は、限界生産性逓減の法則により、生産関数の傾きは資本投入量が増えるほど緩やかになってゆく。とくに、点 G での資本の限界生産性（MPK）は $(r+\delta)/p$ よりも大きくなっているから、点 G での資本投入量は点 E（傾き：$(r+\delta)/p$）での資本投入量よりも少なくなっている。労働投入量が変わらなければ、課税によって資本投入量が減った分だけ生産量も減っている。この場合の法人税は、資本投入量や生産量にそれだけ歪みを与えている。

●投資税額控除

　法人税制には、投資税額控除という制度がある。これは、設備投資（資本の投入）に費やした費用の一部を法人税額から控除することを認めるもので

図6-4 投資税額控除の効果

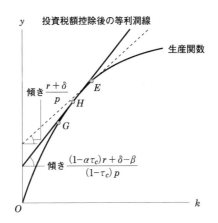

ある。これにより、設備投資を行った企業の法人税額が減るから、設備投資が促されるという効果がある。例えば、投資額（資本投入量 k）のうち β（× 100％）に相当する分だけ法人税額を減免できるとする[6]。投資税額控除を行う前の税法上の「所得」は、先の説明と同じ $\pi^L = py - wl - \alpha rk$ であると仮定する。このとき、投資税額控除を行う前の法人税額は、先に説明した通り、$\tau_c \pi^L$ である。ここで、投資税額控除 βk をこの税額から控除できれば、実際に支払う法人税額は $\tau_c(py - wl - \alpha rk) - \beta k$ となる[7]。このとき、企業

---

[6] もちろん、今年の資本投入量のすべてが今年新規に投資されたものでない。投資税額控除は、あくまでも、今年新規に投資した額に対して与えられるものである。今年の新規投資額を I と表し、新規投資額に対して税法上認められる投資税額控除の割合を税額控除率と呼び、新規投資額に対する今年の資本投入量の大きさ（I/k）を投資資本比率と呼ぶと、投資税額控除の額を厳密に表現すれば、$I ×$ 税額控除率 ＝（税額控除率 × I/k）× k となる。つまり、ここでの β ＝税額控除率×投資資本比率を意味する。当然ながら、β は正の値である。

[7] 厳密に言えば、投資税額控除後に法人税額がマイナスになる（投資税額控除前の法人税額が投資税額控除額よりも少ない）ならば、その場合の法人税額はゼロとなる。ここでは説明が複雑になるのを避けるため、企業が利潤最大化を行った結果、投資税額控除前の法人税額が投資税額控除額よりも多くなる場合を想定して説明を続ける。

は、課税後利潤

$$\pi^A = py - wl - rk - \delta k - \{\tau_c(py - wl - \alpha rk) - \beta k\}$$

を最大化するように、生産要素投入量を決める。ここでも、課税後利潤で表した等利潤線を図示してみよう。例えば、ある課税後利潤の水準 π^A_0 を実現するような y と k の組み合わせ（労働投入量はある水準で一定とする）は、$\pi^A_0 = py - wl - rk - \delta k - \{\tau_c(py - wl - \alpha rk) - \beta k\}$、つまり、

$$y = \frac{w}{p}l + \frac{(1-\alpha\tau_c)r + \delta - \beta}{(1-\tau_c)p}k + \frac{\pi^A_0}{(1-\tau_c)p} \tag{4}$$

と表せる。(4)式を図示すると、図6-4のようになる。図6-4における(4)式の傾き（kの係数）は、$\{(1-\alpha\tau_c)r+\delta-\beta\}/\{(1-\tau_c)p\}$ である。生産関数の形状は、法人税を課税しても何ら変化しない。

この投資税額控除後の等利潤線(4)と生産関数が接する点 H で課税後の利潤が最大化する。その結果、

$$MPK = \frac{(1-\alpha\tau_c)r + \delta - \beta}{(1-\tau_c)p}$$

が成り立つ。これが、課税前の資本に関する限界生産性条件と異なるか否かは、β の大きさ次第である。もし $\beta = \tau_c\{(1-\alpha)r+\delta\}$ ならば、投資税額控除後の資本の限界生産性（MPK）は、課税前の限界生産性 $(r+\delta)/p$ と等しくなる。$\beta < \tau_c\{(1-\alpha)r+\delta\}$ ならば、投資税額控除後の資本の限界生産性は課税前の限界生産性よりも大きくなるが、投資税額控除がない場合の課税後の限界生産性 $\{(1-\alpha\tau_c)r+\delta\}/\{(1-\tau_c)p\}$ よりも小さくなる。この場合、投資税額控除後の等利潤線は、図6-4の点 H で生産関数と接する。点 H での資本の限界生産性（MPK）が $(r+\delta)/p$ よりも大きくなっているから、点 H での資本投入量は点 E（傾き：$(r+\delta)/p$）での資本投入量よりも少なくなっている。しかし、点 G（投資税額控除がないときの図6-3の利潤最大化点）での資本の限界生産性（MPK）が $(p+\delta)/p$ よりも小さくなっているから、点 H での資本投入量は点 G（傾き：$\{(1-\alpha\tau_c)r+\delta\}/\{(1-\tau_c)p\}$）での資本投入量よりも多くなっている。労働投入量が変わらなければ、投資税額控除によって資本投入量が増えた分だけ生産量も増えている。さらに言えば、減価

償却費を実際の減価償却費以上に費用として認める加速償却制度も、これと同様の経済効果を起こす。投資税額控除導入前の資本投入量が何らかの理由でそもそも過小になっていたとすれば、投資税額控除はそれを是正するために役立つものであると考えられる。ただし、投資税額控除や加速償却制度など、これらの法人税軽減措置によって、法人税が資本投入量や生産量に与えた歪みをすべてなくせるとは限らない[8]。

　近年の日本では、1980年代の過剰な設備投資や、1990年代の景気低迷と民間金融機関の貸し渋り等によって、新たな設備投資が伸び悩んでいる。この状況を打開するべく、設備投資や研究開発を促しつつ法人税負担を軽減する方策が検討・導入されている。ただし、法人税を軽減して新たに促される設備投資は限定的であることに注意する必要がある。税制を改めれば、日本での設備投資は、これまで税によって阻害されていた分だけは促され増えるが、税以外の要因で阻害されている分までも引き出すことはできない。すでに新しい設備があって、いまさら新たに設備投資をする必要がない企業や、研究開発をしても成果が上がる見込みがないとして研究開発するつもりがない企業にとっては、いくら研究開発や設備投資をすれば税金が軽くなるといわれても、新たに研究開発や設備投資をしようとは思わない。また、設備投資を促す制度を法人税制に導入することによって、導入後における資本の限界生産性（つまり、資本と、財や労働との間の価格比）を変えることになる。適切に導入しなければ、かえって価格比を変えることによる資源配分の歪みを生み出しかねない。

　では、税収確保の必要性から法人税を課すとして、それでも法人税による資源配分の歪みをなくすことはできるだろうか。それは、税法上で定義される企業の「所得」を、(1)式で表される企業の課税前利潤 π そのものとする場合である。この場合、法人税額は、$\tau_c \pi = \tau_c(py - wl - rk - \delta k)$ と表される。つまり、資本に対する要素費用や減価償却費はすべて、税法上の費用（損金）として認められる場合である[9]。企業は、課税後利潤

---

[8] β の大きさ次第では、投資税額控除後の利潤最大化点 H は、点 E よりも右側に来て、資本投入量を過大にしてしまう可能性もある。

図6-5 資本の要素費用を税法上の費用と認める場合の法人税

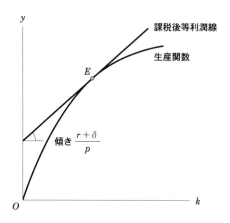

$$\pi^A = (1-\tau_c)(py - wl - rk - \delta k)$$

を最大化するべく、生産要素の投入量を決める。課税後利潤で表した等利潤線はどうなるだろうか。例えば、ある課税後利潤の水準 π_0^A を実現するような y と k の組み合わせ（労働投入量はある水準で一定とする）は、$\pi_0^A = (1-\tau_c)(py - wl - rk - \delta k)$、つまり、

$$y = \frac{w}{p}l + \frac{r+\delta}{p}k + \frac{\pi_0^A}{(1-\tau_c)p} \tag{5}$$

と表せる。(5)式を図示すると、図6-5のようになる。図6-5における(5)式の傾きは、$(r+\delta)/p$ である。生産関数は、法人税を課税しても何ら変化しない。課税後の等利潤線と生産関数が接する点で課税後の利潤が最大化するから、その結果、

---

9) ここでは、税法上認められる減価償却率は、物理的な減価償却率と等しくする必要がある。さらには、投資に必要な資金を負債（借入れ）だけでなく株式（自己資本）でまかなっても、債権者や株主に対して支払う資本に対する要素費用をすべて損金に含める必要がある。

$$MPK = \frac{r+\delta}{p}$$

が成り立つ。これは、課税前の資本に関する限界生産性条件と同じである。図6-5の生産関数上の点で傾き（MPK）が$(r+\delta)/p$とちょうど一致する点は、点Eただ1つである。この点Eは、課税前に限界生産性条件が成り立つ図6-2右図の点Eと同じである。これは、労働についても同じことがいえる。つまり、課税後の利潤最大化行動の結果、課税前と同じ労働に関する限界生産性条件が成り立つ。

法人税を企業の利潤πそのものに課税した（πを課税標準とした）場合、課税前と同じ限界生産性条件が成り立ち、生産要素の資源配分に歪みを与えない。その理由を説明しよう。企業の利潤そのものに法人税をかけた場合、法人税は、売上にも要素費用にも同じ率で課税される。だから、こうした法人税は、売上に関する財の価格と、要素費用に関する要素価格との間の価格比に変化を与えない。したがって、価格比が変化しないから、要素投入量も変化しないのである。もちろん、課税後利潤は、法人税額分だけ課税前利潤より少なくなっている。

この節での議論をまとめれば、次のようになる。企業の実際の課税前利潤と同じものを課税標準とすれば、生産要素投入量や生産量に歪みを与えない。しかし、法人税の課税標準が実際の課税前利潤と異なれば、つまり、利潤計算上の費用の一部でも課税標準に含まれないならば、法人税は生産要素投入量や生産量に何らかの歪みを与える。

3 法人税が資金調達に与える影響

● 企業の貸借対照表

前節では、資本の要素費用として負債に対する支払利子は税法上損金となるが株式に対する配当は損金にならないと、法人税は資源配分に歪みを与えることを確認した。これは、企業にとって、資本を投入するための資金を負債で調達するか、株式で調達するかによって差異が生じることを意味する。そこで、まず企業の貸借対照表で負債や株式がどう扱われているかみてみよう。

図6-6　貸借対照表

　企業は、事業を営むには土地や設備などが必要である。これらは、「資産」と呼ばれる。企業は資産を購入するために資金が必要となる。資金を用立てる手段としては、主だったものとして、借入金、社債、株式、内部留保がある。それぞれの手段には、企業の経営上異なった意義がある。これらをうまく組み合わせて資金を用立てることができれば、効率よく企業を経営できる。

　借入金、社債などのように、誰かから借りて調達した場合、必ず返済しなければならない。このように、返す必要のある借りたお金を、「負債」と呼ぶ。借入金は金融機関等から相対で借りたお金で、社債は債券の形で不特定の個人や企業や金融機関から市場を通じて借りたお金であるが、いずれも負債である。

　それ以外の調達方法としては、出資者を募る方法がある。例えば、株式会社なら、株主にお金を出してもらい、資産を買うことができる。このように、出資してもらったお金を、「純資産（株主資本）」という。企業は、創業時に出資者（株主）に出資してもらい純資産として計上する。また、株式を追加発行してさらなる出資金を得た場合も純資産として計上する。そして、事業を営んで利潤が上がったとする。前述のように、利潤は株主のものとなる。ただ、企業の事情ですぐには株主に配当として支払わず、内部留保にしたとしよう。この内部留保は、もちろん資産を買うために使えるから、「純資産」に計上される。逆に、損失が出た場合も、マイナスの利益として純資産に計上される。

　このように、資産を購入する資金を、負債や純資産でいかに調達したか

示したのが、**貸借対照表**（バランスシート）である。貸借対照表では、図6-6のように「資産」は左側（借方）に書くことになっている。「負債」と「純資産」は右側（貸方）に書く。これで、貸借対照表は、必ず「資産」＝「負債」＋「純資産」となる。ちなみに、もし負債が資産よりも多いならば、この状態を債務超過と呼ぶ。このとき、純資産はマイナスの額になる。

　ここで、株式についてさらに詳しく述べよう。株主には、出資した証として株券が発行される。株式により用立てた資金は、その企業（株式会社）の資本金として扱われ、企業が営業を続ける限り株主に返済することなく、利潤が上がったときには配当金を株主に支払う。企業が資本金として株主が出資した資金を持ち続けることに対して、株主はその企業の経営に関する議決権を得る。つまり、株主は株主総会でその企業の経営方針や役員人事などについて意見を述べ、議決する権限を持っている。このことから、株式会社は株主が所有する会社ということができる。これに対して、負債については、貸し手（債権者）には株主のような議決権はない。

● モジリアーニ＝ミラーの定理

　この節では、法人税がこうした資金調達方法にどのような影響を与えるかを考えたい。その前に、法人税が課税されていない状況において、企業がどのように資金調達するかを考えよう。ここでは、同じ経済環境に直面しているが、資金調達だけが異なる2つの企業を比較することで議論を進める。この2社の企業は債務超過ではなく、倒産する危険性はまったくないとする。

　一方の企業 U は、すべての資金を株式（純資産）によって調達して資産を購入したとする。この資産の時価総額（企業総価値ともいう）を V_U、株式の時価総額を S_U と表すと、$V_U = S_U$ が成り立っている。他方の企業 L は、資金のうち一部を負債で調達し、残りを株式で調達したとする。この資産の時価総額を V_L、負債の時価総額を B_L、株式の時価総額を S_L と表すと、$V_L = S_L + B_L$ が成り立っている[10]。負債の利子率は r（×100％）であるとする。金融市場は完全競争市場で、完全情報、完備市場であると仮定する。したがって、この利子率は、企業にとって負債総額の多寡にかかわらず所与である。また、企業のみならず、個人が必要に応じて資金を貸し借りしたい

場合には、同じ利子率 r で貸し借りできると仮定する。また、簡単化のため、ここでは減価償却はない（$\delta=0$ である）と仮定する。

両企業は、同じ事業を営み、同じように利潤 Π が上がるとする。ただし、ここでの利潤 Π は、利子支払前の利潤（第2節での記号法で言えば $py-wl$）である。この利潤 Π は、企業にとって直接操作できない状況にあって、事前にはわからないが事後的にはある水準の利潤が上がるものと仮定する[11]。しかも、実現する利潤は、両企業とも同じとなる状況を想定する。企業は、利潤を直接操作できないから、利潤最大化を直接的に実行することができない。この節では、従来の利潤最大化行動に代わり、企業は企業総価値（V）を最大化すると仮定する。それは、企業の経営に関する議決権を持つ株主の利害と一致している。

ここで確認しておくが、資金調達方法だけが異なる両企業は、利子支払前の利潤 Π は同じだが、株主に分配される配当が異なる。すべてを株式で調達した企業 U は、支払う利子はないから、利潤 Π をすべて株主への配当にあてることができる。これに対して、一部を負債で調達した企業 L は、rB_L だけの利子支払いが生じる。企業 L の株主には、これを差し引いた $\Pi-rB_L$ だけ、配当として分配される[12]。

いま、企業 U の株式を時価総額のうち θ（×100％）の割合で購入しようとする個人（株主）がいたとする。θ は0より大きく1以下（$0<\theta\leq 1$）であればどんな水準でも構わない。この個人は、株式を購入するために

---

10) 細かい点が気になる読者のために付け加えれば、ここでは、資金を調達して事業を営んで利潤が上がるまでの期間を1期間として考えている。また、両企業は倒産や解散せず永続するものとし、株主に対しては出資金を期末に返還しない状況を想定している。また、負債についても、満期がしばらく来ないためこの期末には元本を返済する必要がない状況を想定している。これらの想定は、本質的ではなく、説明を簡単にするためのものである。資本金や負債の元本を返済しても、以下での結論は基本的に成り立つ。

11) 専門用語で言えば、Π は、ある確率分布に従った確率変数であると仮定する。両企業や株主や債権者はこの確率分布を知っていると仮定する。ただ、この専門用語を理解していなくても、以下の内容を理解するのに支障はない。

12) ちなみに、ここで上がった利潤（利子支払控除後）は同じ時期にすべて配当にあてると想定しているが、株主にとって利潤を配当にあてても内部留保として残しても無差別であれば、利潤を配当と内部留保にどう分けようと無差別である。

$\theta S_U = \theta V_U$ だけの資金が必要である。そして、利潤 Π が実現すると、株式の保有割合（持株比率）θ に応じて利潤が分配され、$\theta\Pi$ だけ配当を受け取る。

同じ個人が、もう一方の企業 L に対して、同じだけの所得（$\theta\Pi$）を得るように資金を注ぎ込むとすれば、次のような方法が考えられる。個人が企業 L の株式を時価総額のうち θ の割合だけ購入すると同時に、企業 L に負債総額のうち θ の割合だけの資金を貸すとする。このときに必要な資金は、株式購入のために θS_L、貸す資金が θB_L で、合計して $\theta S_L + \theta B_L = \theta V_L$ だけ必要となる。これに対して、企業 L で利潤 Π が実現すると、貸した資金に対する利子収入として $r\theta B_L$ を受け取り、利払い後の利潤 $\Pi - rB_L$ について持株比率 θ に応じて分配される配当として $\theta(\Pi - rB_L)$ を受け取る。これらを合計すると、$r\theta B_L + \theta(\Pi - rB_L) = \theta\Pi$ となる。これは、前述の企業 U の株主が受け取る所得と同じ額である。ここでの θ は、企業 U の説明で用いた θ とあえて同じ値にしている。

そこで、この2つの企業に対する資金投入について、個人としてどちらが得であろうか。事後的に受け取る所得は（事前には確定していないものの）同じである。しかし、最初に投入する資金は、企業 U へなら θV_U だけ、企業 L へなら θV_L だけ必要である[13]。いま $V_L > V_U = S_U$ となる状態であったとする。具体的には、$V_L > V_U$ となるような両企業の株価が市場でついていたとする。このとき、同じ所得を得るのに企業 U への資金投入に必要な額の方が少ないから、個人にとって企業 U へ資金を投入した方が得である。つまり、この個人は企業 U の株式を買おうとする。しかし、それはどの個人にとっても同じ[14]だから、企業 U の株式を持っていない人は買い注

---

13) ここでは、企業 U の株式を θV_U だけ購入するか、企業 L の株式を θS_L だけ購入すると同時に θB_L だけ貸すという選択肢を設定したが、他の方法でも同様に議論できる。例えば、企業 L の株式を θV_L だけ購入するか、企業 U の株式を θV_U だけ購入すると同時にそのための資金のうち θB_L 相当分だけ借りるという選択肢でも、以下の結論を同様に示すことができる。この節では、今後も同様に選択肢を比較する形で議論するが、本書で提示した以外の選択肢を設定しても、本書で説明する結論が同様に成り立つから、一例だけを紹介するにとどめる。

14) この節を通じて、どの個人も同じ予想をしていると仮定する。

文を出すが、企業Uの株式を持っている人は持ったままの方が得だから売りたがらない。すると、買いたい人は企業Uの株価が多少上がっても売ってほしいから、株価が値上がりする。似たようなことは企業Lの株式にも起きていて、企業Lの株式を持っている人は、企業Lの株式を売って得た資金で企業Uの株式を買いたいから、企業Lの株式を売ろうとする。しかし、それを買ってくれる人がいない。そして、企業Lの株価は値下がりする。

そうして、企業Uの株価が値上がりし、企業Lの株価が値下がりして、$V_L < V_U$となったとしよう。このとき、同じ所得を得るのに企業Lへの資金投入に必要な額の方が少ないから、個人にとって企業Lへ資金を投入した方が得である。企業Lの株式を持っていない人にとっては、企業Lの株を買おうとする。しかし、前述と同様に、売ってくれる人がいない。こうして、企業Lの株価が値上がりする。似たようなことは企業Uの株式でも起きていて、企業Uの株価が値下がりする。

結局、$V_L = V_U$となるところに収束する。この状況では、個人にとって、企業Uへ資金を投じても企業Lへ資金を投じても無差別である。企業の側からみれば、(法人税がなく金融市場が完全競争市場・完全情報である状況では) 必要な資金を株式で調達しようと負債で調達しようと企業総価値 (V) は同じだから、企業にとって資金調達方法は無差別である、といえる。こうして導かれた結論は、提唱者にちなんで、**モジリアーニ＝ミラーの定理**と呼ばれる[15]。

この結論からいえることは、法人税がない状態では、金融市場が完全競争市場で、完全情報で、完備市場であれば、企業総価値は資金調達方法に依存しないことである。今後の焦点は、法人税が課税されるとこの結論が変わるか否かである。本書では、公共経済学の観点から、法人税が資金調達方法にどのような影響を与えるかについて議論を深めるため、これ以上の詳細は、企業金融に関する教科書を参照されたい[16]。

---

15) この結論とともに他にもある諸命題を総称して、そう呼ぶ場合もある。

● 法人税課税時の資金調達

次に、法人税が課税されるときを考える。ここでの法人税は、前述の利子支払前の利潤 Π から実際の利子支払を差し引いた利潤に、税率 τ_c で課税されるとする[17]。ただし、説明を簡単にするため、個人が受け取る配当所得や利子所得に対する所得税はないと仮定する[18]。したがって、ここでは配当に対する二重課税の問題は生じない。

法人税が課税された場合でも、前述と同様に、企業 U の株式を時価総額のうち θ の割合で購入しようとする個人がいたとする。この個人は、株式を購入するために $\theta S_U = \theta V_U$ だけの資金が必要である。そして、利潤 Π が実現すると、法人税が $\tau_c \Pi$ だけ納税した後、持株比率 θ に応じて利潤が分配され、$\theta(1-\tau_c)\Pi$ だけ配当を受け取る。

同じ個人が、もう一方の企業 L に対して、同じだけの所得（$\theta(1-\tau_c)\Pi$）を得るように資金を注ぎ込むとすれば、次のような方法が考えられる。個人が企業 L の株式を時価総額のうち θ の割合だけ購入すると同時に、企業 L に負債総額のうち $\theta(1-\tau_c)$ の割合だけの資金を貸すとする。このときに必要な資金は、株式購入のために θS_L、貸す資金が $\theta(1-\tau_c)B_L$ で、合計して $\theta S_L + \theta(1-\tau_c)B_L = \theta(V_L - \tau_c B_L)$ だけ必要となる。これに対して、企業 L で利潤 Π が実現すると、貸した資金に対する利子収入として $r\theta(1-\tau_c)B_L$ を受け取り、利払い後の利潤 $\Pi - rB_L$ に対して法人税を $\tau_c(\Pi - rB_L)$ だけ納税した後、持株比率 θ に応じて分配される配当として $\theta(1-\tau_c)(\Pi - rB_L)$ を受け取る。これらを合計すると、$r\theta(1-\tau_c)B_L + \theta(1-\tau_c)(\Pi - rB_L) = \theta(1-\tau_c)\Pi$ となる。これは、前述の企業 U の株主が受け取る所得と同じ額である。ここでの θ は、企業 U の説明で用いた θ と同じ値である。

---

16) 例えば、小宮隆太郎・岩田規久男『企業金融の理論』日本経済新聞社刊などを参照されたい。

17) 企業にとっては、資本（とくに内部留保）で資金を調達した場合でも、機会費用が生じると考えられる。しかし、現実の法人税では機会費用は考慮されておらず、実際にキャッシュ・フローとして利子支払を行わなければ、税法上の費用とはみなされない。このことは、後に負債と資本との間での差異が生じる原因となる。

18) 後に、この仮定を緩めた場合について議論する。

そこで、この 2 つの企業に対する資金投入について、個人としてどちらが得であろうか。事後的に受け取る所得は（事前には確定していないものの）同じである。しかし、最初に投入する資金は、企業 U へなら θV_U だけ、企業 L へなら $\theta(V_L - \tau_c B_L)$ だけ必要である。いま $V_L - \tau_c B_L > V_U = S_U$ となる状態であったとする。具体的には、$V_L - \tau_c B_L > V_U$ となるような両企業の株価が市場でついていたとする。このとき、同じ所得を得るのに企業 U への資金投入に必要な額の方が少ないから、個人にとって企業 U へ資金を投入した方が得である。つまり、この個人は企業 U の株式を買おうとする。しかし、それはどの個人にとっても同じだから、企業 U の株式を持っていない人は買い注文を出すが、企業 U の株式を持っている人は持ったままの方が得だから売りたがらない。すると、買いたい人は多少企業 U の株価が上がっても売ってほしいから、株価が値上がりする。似たようなことは企業 L の株式にも起きていて、企業 L の株式を持っている人は、企業 L の株式を売って得た資金で企業 U の株式を買いたいから、企業 L の株式を売ろうとする。しかし、それを買ってくれる人がいない。そして、企業 L の株価は値下がりする。

そうして、企業 U の株価が値上がりし、企業 L の株価が値下がりして、$V_L - \tau_c B_L < V_U$ となったとしよう。このとき、同じ所得を得るのに企業 L への資金投入に必要な額の方が少ないから、個人にとって企業 L へ資金を投入した方が得である。企業 L の株式を持っていない人にとっては、企業 L の株を買おうとする。しかし、前述と同様に、売ってくれる人がいない。こうして、企業 L の株価が値上がりする。似たようなことは企業 U の株式でも起きていて、企業 U の株価が値下がりする。

結局、$V_L - \tau_c B_L = V_U$ となるところに収束する。この状況では、個人にとって、企業 U へ資金を投じても企業 L へ資金を投じても無差別である。企業の側からみれば、$V_L - \tau_c B_L = V_U$ は、$V_L > V_U$ を意味する。つまり、利子支払後の利潤に法人税を課税すると、必要な資金を株式で調達するよりも、負債で調達した方が企業総価値（V）が、$\tau_c B_L$ だけ大きくなる。逆にいえば、このような法人税制の下では、企業は企業総価値を大きくするべく、負債でより多く資金を調達しようとする。

負債で資金調達した企業が、株式だけで資金調達した企業よりも総価値が大きくなる理由を説明しよう。ここでの法人税は、利子支払後の利潤に課税される。だから、負債にまったく頼らなかった企業 U では、利子支払がない分だけ課税される利潤が多くなる。これと比べて、負債に依存した企業 L では、利子支払分だけ課税される利潤が小さくなっているから、その分だけ法人税負担を軽減でき、軽減できた分だけ株主への配当を多くできるのである。この結論もモジリアーニとミラーが導いたのだが、前述の法人税がない状態に比べて、法人税負担の軽減分だけ企業総価値が多くなることから、資金調達を負債により多く依存した企業が法人税負担を軽減できる。この効果を、**負債の節税効果**ともいう。その意味で、法人税は資源配分（より厳密には資金調達手段）に歪みを与えている。

● 法人税と所得税が与える影響

　最後に、個人が配当所得や利子所得を受け取る段階で所得税が課税される場合を考えよう。この場合には、配当に関して二重課税が起こる。ここでは、個人が受け取る配当所得に対して税率 τ_d（×100％）で、利子所得に対して税率 τ_r（×100％）で所得税が課税されるとする。

　所得税が課税された場合でも、前述と同様に、企業 U の株式を時価総額のうち θ の割合で購入しようとする個人がいたとする。この個人は、株式を購入するために $\theta S_U = \theta V_U$ だけの資金が必要である。そして、利潤 Π が実現すると、法人税が $\tau_c \Pi$ だけ納税した後、持株比率 θ に応じて利潤が分配され、$\theta(1-\tau_c)\Pi$ だけ配当を受け取る。この配当所得に対して所得税を $\tau_d \theta(1-\tau_c)\Pi$ だけ納税するから、課税後所得は $\theta(1-\tau_d)(1-\tau_c)\Pi$ となる。

　同じ個人が、もう一方の企業 L に対して、同じだけの課税後所得、つまり $\theta(1-\tau_d)(1-\tau_c)\Pi$ を得るように資金を注ぎ込むとすれば、次のような方法が考えられる。個人が企業 L の株式を時価総額のうち θ の割合だけ購入すると同時に、企業 L に負債総額のうち $\dfrac{\theta(1-\tau_d)(1-\tau_c)}{1-\tau_r}$ の割合だけの資金を貸すとする。このときに必要な資金は、株式購入のために θS_L、貸す資金が $\dfrac{\theta(1-\tau_d)(1-\tau_c)}{1-\tau_r} B_L$ で、合計して $\theta S_L + \dfrac{\theta(1-\tau_d)(1-\tau_c)}{1-\tau_r} B_L = \theta\{V_L$

第6章　法人税の意義

$-\frac{\tau_c+(1-\tau_c)\tau_d-\tau_r}{1-\tau_r}B_L\}$ だけ必要となる。これに対して、企業 L で利潤 Π が実現すると、貸した資金に対する利子収入として $r\frac{\theta(1-\tau_d)(1-\tau_c)}{1-\tau_r}B_L$ を受け取り、利払い後の利潤 $\Pi-rB_L$ に対して法人税を $\tau_c(\Pi-rB_L)$ だけ納税した後、持株比率 θ に応じて分配される配当として $\theta(1-\tau_c)(\Pi-rB_L)$ を受け取る。この所得に対して、利子所得税を $\tau_r r\frac{\theta(1-\tau_d)(1-\tau_c)}{1-\tau_r}B_L$、配当所得税を $\tau_d\theta(1-\tau_c)(\Pi-rB_L)$ だけ納税する。したがって、課税後所得は、$(1-\tau_r)r\times\frac{\theta(1-\tau_d)(1-\tau_c)}{1-\tau_r}B_L+\theta(1-\tau_d)(1-\tau_c)(\Pi-rB_L)=\theta(1-\tau_d)(1-\tau_c)\Pi$ となる。これは、前述の企業 U の株主が受け取る所得と同じ額である。ここでの θ は、企業 U の説明で用いた θ と同じ値である。

そこで、この2つの企業に対する資金投入について、個人としてどちらが得であろうか。事後的に受け取る所得は（事前には確定していないものの）同じである。しかし、最初に投入する資金は、企業 U へなら θV_U だけ、企業 L へなら $\theta\{V_L-\frac{\tau_c+(1-\tau_c)\tau_d-\tau_r}{1-\tau_r}B_L\}$ だけ必要である。だから、前述と同じ論理で株価が調整されて、結局 $V_L-\frac{\tau_c+(1-\tau_c)\tau_d-\tau_r}{1-\tau_r}B_L=V_U$ となる状態に収束する。この状況では、個人にとって、企業 U へ資金を投じても企業 L へ資金を投じても無差別である。

しかし、企業の側からみれば、$\tau_c+(1-\tau_c)\tau_d-\tau_r>0$、つまり $\tau_c+(1-\tau_c)\tau_d>\tau_r$ のとき、$V_L>V_U$ を意味する。つまり、利子支払後の利潤に法人税、利子所得税、配当所得税を課税すると、利子所得税率が十分に低ければ、必要な資金を株式で調達するよりも、負債で調達した方が企業総価値（V）が大きくなる。とくに、ここでは配当にも所得税が課税されるから、配当の二重課税が起きている。それは、$\tau_c+(1-\tau_c)\tau_d$ の部分に現れている。まず法人税が税率 τ_c で課税された後、課税されなかった残りの部分 $(1-\tau_c)$ で配当として受け取ると税率 τ_d で所得税が課税されることになる。

さらに、$\tau_d>\tau_r$ ならば、所得税が課税されない（だから配当の二重課税

がない)ときに比べて、企業Uと企業Lの企業総価値の差は大きくなる[19]。これは、利子所得税率が配当所得税率より低い税率で課税されれば、このような所得税・法人税制の下では、企業は負債でより多く資金を調達することで、企業総価値をより大きくできることを意味する。

もちろん、$\tau_c+(1-\tau_c)\tau_d < \tau_r$を満たすほど利子所得税率が高ければ、逆に必要な資金を負債で調達するよりも、株式で調達した方が企業総価値(V)が大きくなる。さらには、$\tau_c+(1-\tau_c)\tau_d = \tau_r$を満たすような利子所得税率ならば、企業は資金調達方法について無差別になる。ただ、第5章第4節でみたように、利子所得税は資源配分に歪みを与え、利子所得税率が高ければ高いほど歪みが大きくなることを考慮すれば、法人税が課税されているときに利子所得税率を高くしてたとえ資金調達方法が無差別になったとしても、貯蓄を抑制する形で資源配分を歪めている。だから、法人税による資金調達方法への歪みを是正するためとはいえ、そのために高い税率の利子所得税を課税するのは望ましくない。それならば、そもそもの歪みの原因である法人税を課税しなければよい。

そうした意味で、法人税は、設備投資に対してだけでなく、企業の資金調達方法に対しても、課税前に比べて歪みを与えることになる。

● 法人税の意義

このようにみれば、法人税は課税前の状態と比べて資源配分に歪みを与えるから、効率性の観点からは望ましくないといえる。このまま結論を導くとすれば、法人税は課税しないほうが望ましい、ということになる。しかし、この章での議論をそのまま現実の法人税のあり方に適用するわけにはいかない部分がある。なぜならば、この章での議論は、完全競争市場を前提として

---

19) 両企業の総価値の差($V_L - V_U$)は、前述の所得税がないときは$\tau_c B_L$、ここでの所得税があるときは$\dfrac{\tau_c+(1-\tau_c)\tau_d-\tau_r}{1-\tau_r}B_L$である。所得税がないときの差に比べて、あるときの差の方が大きくなるのは、$\tau_c < \dfrac{\tau_c+(1-\tau_c)\tau_d-\tau_r}{1-\tau_r}$を満たすときである。これは、$(1-\tau_c)(\tau_r-\tau_d)<0$と同値である。いま、$1-\tau_c>0$だから、$\tau_r<\tau_d$のとき、所得税があるときの差の方が大きくなる。

いたり、金融市場において完全情報であったり、企業の利潤は株主にすべて配当として分配されたりする想定になっているからである。現実の経済は、完全競争市場でないかもしれないし、金融市場において完全情報でないかもしれないし、企業の経営実態は法人擬制説が想定しているものとは異なるかもしれない。

　現実の経済が完全競争市場でなければ、第3章図3-9で示したように、企業には超過利潤（レント）が発生する。図3-9は独占市場の場合だが、それ以外の要因で完全競争市場でなくなっても、超過利潤は生じうる。超過利潤とは、安全資産に運用した場合に得られる収益（別の言い方をすれば、同じ資金を何かに投資したために得る機会を失った収益を意味する**機会費用**）を正常利潤と呼べば、それを上回って得られる利潤を意味する。例えば、天然資源や地理的な集積の便益が得られた企業には立地特殊的な超過利潤が生じる。製品ブランドや経営能力や他社に真似できない特殊技術がある企業には企業特殊的な超過利潤が生じる。

　超過利潤に対して法人税を課しても、資源配分に歪みを（ほぼ）与えない。なぜなら、超過利潤を得る企業は、法人税が課されて課税後の超過利潤が減っても、そうした超過利潤を得る企業行動を（ほぼ）止めないからである。超過利潤を得る企業行動を止めれば超過利潤は得られない。他方、超過利潤に法人税が課されて多少手取りが減っても、そうした行動を止めるよりも手取りは多い。だから、企業は超過利潤を得る行動をやめない。そして、企業が得ていた超過利潤の一部でも、法人税によって徴収し、その税収を使って社会的に便益を還元すれば、資源配分をより効率的にすることができる。したがって、企業の超過利潤に法人税を課すことは、資源配分の効率性の観点から望ましいといえる。

　他方、金融市場では、借り手と貸し手の間に情報の非対称性があり得る。借り手の企業は自らが行う事業について正確な情報を持っていても、自らにとって不利になる情報を隠し、貸し手にとって正確な情報がわからない場合がある。企業が、貸し手にとっても望ましい事業を健全に行っていて不利になる情報がないなら隠そうとはしないが、すべての企業でそうなるとは限らない。その場合、貸し手からみれば、どの企業が健全な企業でどの企業が不

健全な企業かが正確にわからない。だから、貸し手は健全な企業と不健全な企業を完全に区別することができない。そうなると、貸し手としては、健全な企業にだけお金を貸すことを貫徹できない。誤って不健全な企業に貸し、貸し倒れることも想定しなければならない。これに対応するには、貸し手はたとえ健全（に見える）企業に対しても多少高めの金利をつけて貸そうとする。

　健全な企業にとっては、（どの企業かわからないが）不健全な企業が隠す情報のせいで、高めの金利でしかお金が借りられない。実際に健全だった企業は、事業を行って多くの収益を上げるが、その事業のための資金を高い金利の負債でまかなうと、それだけ株主にとっての利潤が減ってしまう。そうなれば、こうした企業はできるだけ負債による資金調達を避け、純資産（株式発行や内部留保）によって調達しようとする。すなわち、法人税がないとして、金融市場における情報の不完全性がない状態に比べて、不完全性がある状態の方が純資産により多く依存した資金調達になる。

　ところが、前に述べたように、法人税には、負債によって調達すればそれだけ税負担を減らせるが、株式によって調達すればその分税負担を強いられるという性質がある。この性質は、金融市場における情報の不完全性が資金調達に与える性質と正反対の方向に機能する。もし、こうした情報の不完全性によって資金調達が過剰に純資産に依存した状態に陥ってしまい、それが元で資源配分に深刻な歪みが生じたならば、法人税を課税することによって、この歪みをいくぶんか是正できるかもしれない。ただし、適切に課税しなければ、法人税の課税がかえって資源配分の歪みを助長しかねない点には注意が必要である。

　別の側面としては、企業が次のような意味で「実体」を持っている場合に、法人税の意義が見いだせるかもしれない。ある個人が、自ら稼いだ労働所得を元手に自宅を購入したとする。もちろん、労働所得には所得税が課税され、課税後所得を蓄えた末に購入したものである。他方、別の個人は、企業の利潤を蓄えて社宅という名目で家を企業が購入し、それを無料同然でその個人が借りるという形で、事実上の「自宅」に住んだとする。もし法人税がなければ、企業の利潤には課税されない。このとき、同じ自宅の購入資金

でありながら、労働所得が元手ならば課税され、企業の利潤が元手ならば課税されないことになる。こうした状況に対しては、法人税を課税することに意義が見いだせよう。

　また、所得税では株式の値上がり益（キャピタル・ゲイン）に対して完全には課税できない場合も、法人税の意義が見いだせるかもしれない。ある企業の株式が値上がりし、その株主が株式を売却すれば、その時点で値上がり益が実現するから、所得税を課税できる。しかし、株式が値上がりしてもまだ売却しないとすれば、時価評価すれば値上がり益があるものの、現金収入としてはまだ実現していない。こうした未実現の値上がり益は、すべての個人について保有する株式の時価を税務当局が把握できない以上、完全には所得税で課税できない。

　未実現の値上がり益を含んだ株式を担保にお金を借りて、消費をすることが可能だから、未実現といえども購買力を持っている。もし未実現の値上がり益に所得税を課税できないならば、株式を担保にお金を借りて遺産を残さずすべて消費したが、未実現のまま（株式を売却しないで）生涯を終えた個人と、生涯を終える直前に値上がりした株式を売却して実現した値上がり益に対する所得税を納税した個人とでは、生涯の消費量に差が出てしまう。値上がり益を未実現にして税負担を将来に延期することができるなら、未実現の値上がり益に課税する代わりに、留保されている企業の利潤に対して法人税を課税する方法が考えられる[20]。ただし、この方法で、未実現の値上がり益に課税するのと完全に同等の課税ができるとは限らない点に注意が必要である。

　後二者の論点は、個人には寿命があるが、企業は通常永続するものとされている差異を利用して、所得税や相続税の負担を繰り延べたり逃れたりする性質によるものである。こうした性質によって、所得税や相続税だけでは同じ経済状態の個人に対して同じように課税ができないならば、法人税にもそ

---

[20] 相続税でも未実現の値上がり益に相続時に課税することも可能である。しかし、未実現の値上がり益を含んだ株式を担保に借りたお金を生前にすべて消費してしまって、租税負担能力（あるいは負債と相殺した残りの資産）がなくなれば、相続税では徴税し損ねる可能性がある。

れなりの意義が見いだせよう。法人税の意義は、公共経済学の観点からは、必ずしも明確に見いだせるわけではないが、ここで述べた論点では、適切に課税すれば、限定的だがしかるべき意義があるといえる。

■ 練習問題

1. 税法で規定する「法人の利益」に課税する法人税で、資本に対する要素費用（減価償却費も含む）を税法上の費用として認めない場合、資本投入量や生産量に歪みを与えているのはなぜか、説明せよ。
2. 所得税がなく、利払い後の利潤に法人税を課税する状況で、負債で資金調達した企業と株式だけで資金調達した企業のどちらの企業総価値が大きくなるか、答えよ。
3. あらゆる所得の源泉に対する所得税と利払い後の利潤に対する法人税が同時に課税されているとき、配当所得と利子所得とではどのような違いが生じるか、説明せよ。

Public Economics

7 補助金の経済効果

1 補助金

●補助金の規模と形態

　この章では、財政支出のなかでも補助金について取り上げる。「補助金」というと、巷間では政治家が地元の選挙区に利益を誘導するべく「補助金」をばらまく、というイメージがある。実際に補助金をどの程度支出しているかを、わが国の予算でみてみよう。2015年度における国の一般会計の当初予算でみると、歳出総額96兆3420億円のうち、補助金の額は30兆1419億円、歳出総額の約31％を占める。

　さらに、国の一般会計だけでなく特別会計でも補助金を支出している。特別会計で支出している補助金は、2015年度の当初予算では、16兆9304億円である[1]。これらすべてを合わせると、補助金額は47兆0722億円である（丸めの誤差あり）。この補助金額には、地方自治体に支出されている地方交付税

---

[1] この中には、地方交付税交付金、地方特例交付金、奨学交付金は含まれていない。

(地方特例交付金も合わせると、19兆2266億円)は含まれていない。これも合わせると、合計で66兆2988億円となる。

実際の予算においては、色々な形で支出される補助金がある。わが国の予算においては、補助金、負担金、交付金、補給金、委託費という5つのタイプがある。これらを総称して、「補助金等」ともいう。「補助金等」には、使途を特定して支出するものが含まれる。

「補助金等」の中で、補助金とは、国が特定の事業等に対して当該事業等を奨励するために支出する給付金を指す。具体的には、公営住宅整備費等補助、下水道事業費補助、私立学校等経常費補助金などがある。負担金とは、国の一定の義務または責任のある事業等について、法令に基づいて義務的に負担するものとして国が支出する給付金を指す。具体的には、義務教育費国庫負担金、生活扶助費等負担金、老人医療給費負担金などがある。交付金とは、国以外の経済主体が実施する特定の事業等に要する費用に対して、その財源に充当する目的で国が支出する給付金を指す。具体的には、政党交付金や原爆被爆者手当交付金などがある。補給金とは、国以外の経済主体が事業等を実施する際に経費に不足(赤字)が生じた場合に、その不足を補うために国が支出する給付金を指す。具体的には、育英資金利子補給金、日本政策金融公庫補給金などがある。委託費とは、国の事業等を国以外の経済主体に委託する場合に国が支出する給付金を指す。具体的には、統計調査地方公共団体委託費、環境保全調査委託費などがある。

このように、(広義の)補助金といっても、支出する名目や事由が異なっている。2015年度当初予算では、一般会計と特別会計を合わせた補助金総額47兆0722億円のうち、交付金として約51%、負担金として約35%、補助金として約13%、委託費として約2%、補給金として約0.2%支出されている(丸めの誤差あり)。

● 補助金の支出先と使途

これらは、どこに支出されているのだろうか。一般会計と特別会計を合わせた補助金総額47兆0722億円のうち、最も多いのが、地方自治体である。なかでも都道府県には10兆5468億円、市町村には15兆1363億円、合わせて25兆

6831億円（補助金総額の約55％）を支出している。それ以外には、特殊法人・独立行政法人・国立大学法人に4兆0729億円、民間団体等（認可法人なども含む）に17兆3163億円を支出している。

　一般会計の補助金総額30兆1419億円のうち、最も多いのが社会保障関係費として支出される補助金で、18兆6861億円（補助金総額の約62％）、次いで文教及び科学振興費として支出される補助金が5兆1230億円（補助金総額の約17％）、公共事業関係費として支出される補助金が3兆0023億円（補助金総額の約10％）となっている。

　本書では、地方自治体に対する補助金がどのような経済効果を持つかについて、第9、10章の地方財政の章で扱うことにして、この章では、民間の経済主体に対する補助金を専ら扱う。民間の経済主体といっても、多くが企業・生産者に対する補助金である。そこで、この章では、主に生産者に対する補助金を扱うこととする。

2　補助金の効果

●生産補助金

　完全競争市場の下で補助金を給付するとどのような経済効果があるかを、これまでに用いてきた枠組みで考えてゆこう。ここでは、企業に対して財1単位当たり t の従量補助金を給付することを考える。この節での議論は、第3章の従量税と同じ部分均衡分析で、従量補助金をマイナスの従量税と考えれば、基本的に考え方は同じである。

　いま、家計と企業はある財についてプライス・テイカーで、政府が生産補助金を給付する前の需要曲線が曲線 D、供給曲線が曲線 S として、図7－1のように表されるとする。このとき、補助金給付前の市場での総余剰は、第3章でも述べたように、$\triangle ade$ で示される。そこで、政府が企業に財1単位当たり t の従量補助金を給付する。これは、市場における企業の供給量に応じて、1単位当たり t の生産補助金を給付するものである。供給量が増えれば補助金給付総額は増えるが、どれだけ供給しても1単位当たり t であることは変わらない。企業は、財の供給1単位当たり t だけ生産費用が削減でき

図7-1 従量補助金

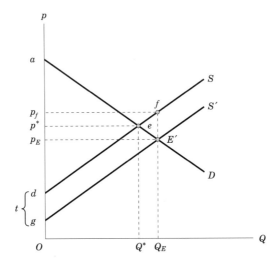

るから、課税前と比べて供給曲線が t だけ下にシフトする。これを図7-1 で表すと、補助金給付後の供給曲線は曲線 S' となる。

補助金給付後の市場均衡はどうなったかを見てみよう。市場均衡は、給付前には曲線 D と曲線 S の交点である点 e であったが、給付後は曲線 D と曲線 S' の交点である点 E' になる。これに伴い、給付後の均衡点 E' での均衡価格は p_E となる。家計が財を購入するときに支払う価格は、給付前は p^* であったが、給付後は p_E に低下する。このため、需要量（＝供給量）は Q^* から Q_E に増加する。

●補助金給付後の余剰

補助金給付後の消費者余剰や生産者余剰はどうなっているだろうか。消費者余剰は、給付前は図7-1の $\triangle aep^*$ であったが、給付後は価格 p_E に直面するから $\triangle aE'p_E$ となり、台形 $p^*p_EE'e$ だけ増加する。また、生産者余剰は、給付前は $\triangle dep^*$ であったが給付後は $\triangle E'gp_E$ となり、増加する。補助金給付後の消費者余剰と生産者余剰は、合わせて $\triangle aE'g$ となる。補助金給付後に消費者余剰も生産者余剰も増加しているから、これだけをみると補助

金は余剰を増やすかのように見える。しかし、補助金は元手がなければ支出できない。補助金の支出額分だけの租税負担が必要であり、これを考慮しなければならない。

いま、図7-1で補助金給付後の均衡価格 p_E に従量補助金額 t を加えた大きさを $p_f(=p_E+t)$ と表すとする。このときの補助金は、1単位当たり t、つまり線分 $E'f$（=線分 $p_E p_f$）だけ支出され、需給量 Q_E 分に補助金が給付される。だから、補助金総額は線分 $E'f$ ×線分 OQ_E ＝ □$E'fp_f p_E$ となる。

この補助金総額□$E'fp_f p_E$ は、財源をどのような形であれ民間から調達しなければならない。たとえ最も効率的な（中立の原則を満たす）租税である一括固定税で財源を調達しても、補助金総額と同じだけの税金を徴収しなければならない（ただし、それ以上の負担は生じない）。まず、補助金給付後の消費者余剰と生産者余剰は、合わせて△$aE'g$ で、給付前の総余剰 △ade と比べて台形 $deE'g$ だけ大きい。しかし、補助金給付には補助金総額□$E'fp_f p_E$ の負担を伴う。図7-1において、□$E'fp_f p_E$ の面積は平行四辺形 $E'fdg$ の面積と等しい。したがって、補助金給付後の総余剰＝消費者余剰＋生産者余剰−補助金総額（相当分の負担）だから、△$aE'g$ から平行四辺形 $E'fdg$ を差し引くと、△ade−△$eE'f$ となる。つまり、補助金給付前の完全競争市場均衡で得られる総余剰 △ade と比べて、補助金給付後には △$eE'f$ だけ総余剰が小さくなっている。この △$eE'f$ が、従量補助金の給付に伴う超過負担（死荷重）である。いうまでもないが、資源配分に歪みを与える租税で補助金の財源を調達すれば、この超過負担よりもさらに大きな超過負担が生じる。

このように、補助金の給付は、給付した財の需給量を増やすため、一見すると消費者余剰や生産者余剰を増やしているかにみえるが、その両余剰が増えた大きさ以上に補助金のための財源負担を強いられ、結果的には補助金を給付する前よりも総余剰が減ってしまうのである。これを理解すると、補助金を給付すれば国民が望む財をより多く需要・供給できて望ましい、と安直にはいえないことがわかる[2]。より具体的にいえば、食糧は国内自給率を高めた方が望ましいからといって、食糧の需要や供給によって顕著な波及効果（厳密には外部経済）がないなら、国内の食糧生産に対して補助金を給付し

て供給量（＝需要量）を増やしても、総余剰はかえって給付前よりも減ってしまうのである。その意味で、生産補助金は効率性（中立の原則）を阻害する可能性がある。

●補助金と価格弾力性

　第3章の従量税の説明でもみたように、従量補助金の超過負担も、価格弾力性の大きさに依存する。第3章の図3-5～8と同じように考えればよい。ここでは、需要の価格弾力性がゼロの場合と無限大の場合のみを取り上げて説明しよう。

　需要の価格弾力性がゼロの場合、需要曲線は図7-2の曲線Dのように垂直になる。図7-2において、補助金給付後の供給曲線が曲線S'と表されると、均衡点は点eから点E'に変化する。その結果、家計が直面する価格はp^*からp_Eに低下する。需要の価格弾力性はゼロだから、価格が変化しても需要量（＝供給量）は変わらない。消費者余剰は、給付前は線分ep^*よりも上側で需要曲線よりも左側の部分だが、給付後は線分$E'p_E$よりも上側となって、□$E'ep^*p_E$分だけ増える。生産者余剰は、給付前は△dep^*で、給付後は△$gE'p_E$で、ともに同じ面積だから変化はない。給付後の補助金総額は□$E'ep^*p_E$である。したがって、給付前の総余剰と給付後の総余剰は同じ大きさになる。だから、このとき超過負担は生じない。

　需要の価格弾力性の絶対値が無限大の場合、需要曲線は図7-3の曲線Dのように水平になる。図7-3において、補助金給付後の供給曲線が曲線S'と表されると、均衡点が点eから点E'に変化する。しかし、家計が直面する価格はp^*のまま変わらない。このとき、消費者余剰は、給付前も給付後もほぼゼロである。生産者余剰は、給付前の△dep^*から給付後の△$E'gp^*$

2）この結論は、補助金を給付した財の需要や供給に伴って外部経済が生じる場合は、その限りではない。具体的にいえば、高等教育を多くの国民に受けさせた方が望ましく、高等教育を受ける国民が増えることによって、受けなかった人の所得をも高めるような（外部）効果がある場合、高等教育には補助金（奨学金や国立学校の学費を低くした分）を給付して需給量を増やした方が、かえって総余剰が大きくなる。外部経済については、第15章を参照されたい。

図7-2 需要の価格弾力性がゼロのときの従量補助金

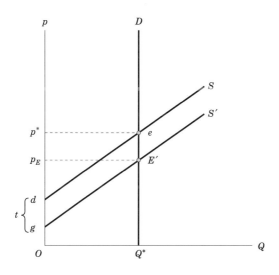

に増え、台形 $E'edg$ 分だけ大きくなっている。給付後の補助金総額は□ $E'fp_fp^*$ である。図7-3において□ $E'fp_fp^*$ は、平行四辺形 $E'fdg$ と面積が同じである。その結果、給付後の総余剰は、△$E'gp^*$ マイナス平行四辺形 $E'fdg$、つまり △dep^* マイナス △efE' となる。これは、給付前の総余剰 △dep^* よりも △efE' 分だけ小さい。だから、超過負担は △efE' となる。

この図7-3の状況を、図7-1と比べてみよう。図7-1では、需要の価格弾力性の絶対値がゼロや無限大ではないがある程度の大きさである。図7-1でも図7-3でも、同じ t の従量補助金を給付しているから、供給曲線 S、S' は同じである。注目したいのは、補助金給付後の均衡需給量である。補助金給付後の均衡需給量を Q_E と表している。しかし、需要曲線の傾きが異なるから、図7-1と図7-3とでは Q_E の位置が異なる。図7-1の需要曲線の方が傾きがきついから、図7-1での補助金給付後の均衡需給量は、図7-3での補助金給付後の均衡需給量よりも小さい。別の言い方をすれば、図7-1における線分 Q^*Q_E の長さは、図7-3における線分 Q^*Q_E の長さよりも短い。したがって、両図とも補助金給付に伴う超過負担の大きさは △efE' と表されるが、図7-1の超過負担の方が、図7-3の超過負担よりも

図7-3 需要の価格弾力性が無限大のときの従量補助金

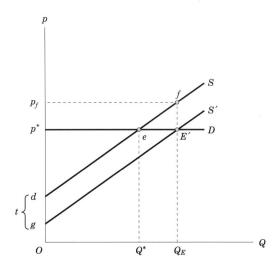

小さい（線分 $E'f$ の長さは1単位当たりの従量補助金 t で、同じだからである）。これを一般化していえば、需要の価格弾力性の絶対値が大きいほど、補助金給付に伴う超過負担は大きくなる、といえる。

　以上より、従量補助金（マイナスの従量税）は、供給も需要も価格弾力性（の絶対値）が大きいほど、超過負担が大きくなる。供給や需要の価格弾力性が小さい財ほど、超過負担が少ないといえる。効率性（中立の原則）の観点からいえば、1単位当たり同じ額だけの従量補助金を給付するにしても、供給や需要の価格弾力性がより小さい財ほど、超過負担が少ないから望ましいといえる。表7-1には、需要の価格弾力性の大小だけでなく、ここでは扱わなかった供給の価格弾力性の大小によっても、超過負担がどのように違うかを示している。

　また、この節では従量補助金を扱ったが、実際には従価補助金（価格に対して給付する補助金：マイナスの従価税）も存在する。ただ、経済効果はマイナスの従価税と捉えれば、第4章でみたものとほぼ同様であるから、本書での解説は割愛する。

表7-1 価格弾力性（の絶対値）と補助金給付に伴う超過負担の関係

需要の価格弾力性	小	大	供給の価格弾力性	小	大
家計が直面する価格	低下	ほぼ不変	家計が直面する価格	ほぼ不変	低下
超過負担	小	大	超過負担	小	大

3 価格支持政策の効果

● 価格支持政策

　補助金の給付は、一見すると家計や企業にとって望ましいようにみえても、補助金の財源負担を考えると、経済全体ではかえって超過負担を生み、効率的ではないことがある。しかし、政府はこれまで、政治的な理由などから超過負担を生むような補助金を多く支出してきた。それだけでなく、一見すると補助金が支出されていないようで、補助金給付に伴う超過負担と同じような経済効果をもたらす政策を実施してきた。その1つの例が、価格支持政策である。

　日本では、戦後、食糧管理制度の下で米の需給を政府が統制してきた。食糧難（米不足）の時期が終わっても、食料を国内で自給する（輸入に頼らない）ことなどを名目に、この制度を存続させてきた。この制度の特徴は、政府が生産者価格と消費者価格を決め、その価格以外では売買できないようにしたことである（もちろん、米などは輸入を事実上禁止していた）。生産者価格や消費者価格は政府が決めることから、価格決定には政治的圧力も働いた。生産者にとっては、高い価格で供給できるにこしたことはない。家計にとっては安い価格で需要できるにこしたことはない。このことから、より高い生産者価格とより安い消費者価格を決定することが恒常化した。一見すると、生産者（企業）や家計にとって望ましいようにみえる。この制度では、補助金を直接的に給付しているわけでもない。この制度は、経済全体でみて、本当に望ましいだろうか。これまでと同じ枠組みで考えてみよう。

図7-4　価格支持政策

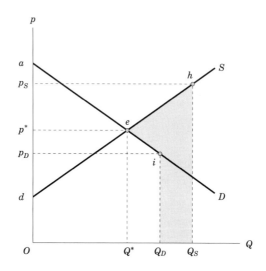

　政府が、ある財に対して生産者価格と消費者価格を政策的に決定する価格支持政策を行うとする。この財は、図7-4において、政策実施前の完全競争市場における需要曲線が曲線 D、供給曲線が曲線 S のように表されたとする。政府が市場に介入しないとき、完全競争市場において総余剰は $\triangle ade$ で表される。

　そこで、政府がこの財の生産者価格を p_S、消費者価格を p_D となるように決めたとする。しかも、政府は $p_S > p_D$ となるように決めたとする。このとき、経済全体の総余剰はどうなるだろうか。政府が生産者（企業）から p_S の価格で財を購入すると、企業は財を Q_S だけ供給する。このときの生産者余剰は、図7-4の $\triangle dhp_S$ で表される。価格支持政策前に比べて、台形 ehp_Sp^* だけ増えている。他方、政府が家計に p_D の価格で財を販売すると、家計は財を Q_D だけ需要する。このときの消費者余剰は $\triangle aip_D$ である。価格支持政策前に比べて、台形 eip_Dp^* だけ増えている。

　しかし、政府は $p_S > p_D$ という価格をつけたため、この財を高く購入し安く販売している。これが何を意味するかを考えよう。政府は生産者から生産者価格 p_S で財を Q_S だけ買い取っている。だから、政府は生産者に

$Op_ShQ_S (= p_S \times Q_S)$ だけ支出している。一方、政府は家計に消費者価格 p_D で財を Q_D だけ売っている。だから、政府は家計から□$Op_DiQ_D (= p_D \times Q_D)$ だけ受け取っている。その差額分は、六角形 $p_Sp_DiQ_DQ_Sh$ の面積に相当する。図 7-4 において、支出額□Op_ShQ_S は受取額□Op_DiQ_D よりも大きいから、この価格支持政策によって、政府は六角形 $p_Sp_DiQ_DQ_Sh$ の面積相当分の財政赤字を出しているといえる。別の言い方をすれば、その差額分だけ政府は民間の経済主体に事実上の補助金を支出したともいえる。

この補助金の分は、政府が民間の経済主体からどのような形であれ財源を調達しなければならない。ここで、その財源を、資源配分を歪めない一括固定税の形で調達したとする。したがって、価格支持政策後の総余剰は、生産者余剰の △dhp_S と消費者余剰の △aip_D の合計（△ade + 五角形 $heip_Dp_S$）から、補助金（六角形 $p_Sp_DiQ_DQ_Sh$）を差し引くことになる。したがって、△ade - 五角形 $heiQ_DQ_S$ となる。この総余剰は、政府が介入しないときの総余剰 △ade よりも減少している。つまり、五角形 $heiQ_DQ_S$ が、この価格支持政策に伴う超過負担（死荷重）ということになる。

このように、高い価格を好む生産者や安い価格を好む家計に望みをかなえるような価格支持政策は、一見すると直接的に補助金を支出していないかのようにみえるが、生産者からの購入総額と家計への売却総額の差額分だけの赤字（事実上の補助金給付）がある。さらに、その影響で生産者や家計が追加的に得た余剰よりも大きい財源負担を強いられ、結果的には価格支持政策を行う前よりも総余剰が減ってしまうのである。この価格支持政策に伴う超過負担は、生産者価格や消費者価格が、政策がないときの均衡価格 p^* から乖離しているために生じるものである。その意味で、価格支持政策は望ましくない。

● 消費者価格引上げの効果

ここで、政府が設定する生産者価格 p_S と消費者価格 p_D を変化させるとどうなるかを考えよう。いま、p_S と p_D の差を縮小するように政策を変更したとする。とくに、生産者価格と消費者価格の差を小さくするほど、超過負担を小さくできるのだろうか。

まず、p_S を変えないで、消費者価格を図7-5のように p'_D に上げたときの効果を考える。消費者価格を p'_D に上げたときの需要量 Q'_D は、上げる前の需要量 Q_D よりも必ず減少する。引上げ後の消費者余剰は △$ai'p'_D$ となり、引上げ前の △aip_D よりも台形 $ii'p'_Dp_D$ 分だけ必ず減っている。生産者余剰は、生産者価格が変わらないから、変化しない。需給差である $Q_S - Q'_D$ は拡大している。したがって、政府が消費者価格を引き上げた後の補助金総額（価格支持政策に伴う赤字）は $p_S \times Q_S - p'_D \times Q'_D$ となり、図7-5では六角形 $p_Sp'_Di'Q'_DQ_Sh$ の面積に相当する。この大きさは、消費者価格引上げ前と比べて増えたか減ったかは不明である。なぜならば、引上げ前の補助金総額（六角形 $p_Sp_DiQ_DQ_Sh$）よりも、引上げ後には台形 $ii'p'_Dp_D$ だけ減る一方で台形 $ii'Q'_DQ_D$ だけ増えており、両台形の大小関係は自明ではないからである。

したがって、消費者価格引上げ後の総余剰は、生産者余剰の △dhp_S と消費者余剰の △$ai'p'_D$ の合計（△ade + 五角形 $hei'p'_Dp_S$）から、補助金（六角形 $p_Sp'_Di'Q'_DQ_Sh$）を差し引いた大きさになる。したがって、△ade - 五角形 $hei'Q'_DQ_S$ となる。つまり、五角形 $hei'Q'_DQ_S$ が、消費者価格引上げ後の超過負担（死荷重）となる。しかし、このときの超過負担（死荷重）は、消費者価格引上げ前の超過負担（五角形 $heiQ_DQ_S$）より必ず増加している[3]。

● 生産者価格引下げの効果

次に、p_D を変えないで、生産者価格を図7-6のように p'_S に下げたとき

---

[3] 消費者価格引上げ後は、引上げ前と比べて生産者余剰は不変で、消費者余剰は必ず減少し、補助金総額（価格支持政策に伴う赤字）の増減が不明なのに、総余剰が必ず減少する（超過負担が必ず増加する）理由が気になる読者のために説明すると、次のようになる。引上げ前と比べて、引上げ後には消費者余剰は台形 $ii'p'_Dp_D$ 分だけ減少する。そして、引上げ後の補助金総額は、台形 $ii'p'_Dp_D$ 分だけ減少するとともに台形 $ii'Q'_DQ_D$ 分だけ増加する。総余剰は、生産者余剰＋消費者余剰－補助金総額である。だから、消費者価格引上げ後に変化した総余剰の大きさは、－台形 $ii'p'_Dp_D$ －（台形 $ii'Q'_DQ_D$ －台形 $ii'p'_Dp_D$）＝－台形 $ii'Q'_DQ_D$ である。要するに、引上げ後に減った消費者余剰は、それだけ補助金総額（の財源負担）を減らす形で、総余剰の変化としては相殺している。だから、補助金総額の大きさは、台形 $ii'p'_Dp_D$ の大きさによって影響を受けるが、総余剰は台形 $ii'p'_Dp_D$ の大きさによって影響を受けない。そうして、総余剰は、台形 $ii'Q'_DQ_D$ 分だけ必ず減少し、超過負担は増えるのである。

図7-5 消費者価格引上げの効果

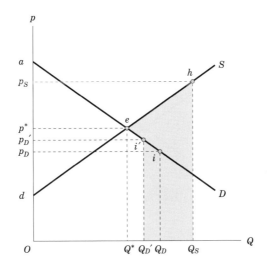

の効果を考える。生産者価格を p'_S に下げたときの供給量 Q'_S は、下げる前の供給量 Q_S よりも必ず減少する。引下げ後の生産者余剰は $\triangle dh'p'_S$ となり、引上げ前の $\triangle dhp_S$ よりも台形 $hh'p'_Sp_S$ 分だけ必ず減っている。消費者余剰は、消費者価格が変わらないから、変化しない。その結果、需給差である $Q'_S - Q_D$ は必ず縮小している。したがって、政府が生産者価格を引き下げた後の補助金総額（価格支持政策に伴う赤字）は $p'_S \times Q'_S - p_D \times Q_D$ となり、図7-6では六角形 $p'_Sp_DiQ_DQ'_Sh'$ の面積に相当する。この大きさは、生産者価格引下げ前と比べて必ず減っている。

生産者価格引下げ後の総余剰は、生産者余剰の $\triangle dh'p'_S$ と消費者余剰の $\triangle aip_D$ の合計（$\triangle ade$ + 五角形 $h'eip_Dp'_S$）から、補助金（六角形 $p'_Sp_DiQ_DQ'_Sh'$）を差し引いた大きさになる。したがって、$\triangle ade$ − 五角形 $h'eiQ_DQ'_S$ となる。つまり、五角形 $h'eiQ_DQ'_S$ が、生産者価格引下げ後の超過負担（死荷重）となる。このときの超過負担（死荷重）は、生産者価格引下げ前の超過負担（五角形 $heiQ_DQ_S$）より必ず減少している。

以上の価格変更の効果をまとめると、表7-2のようになる。図7-5と図7-6からもわかるように、同じ価格差を縮小する政策変更であっても、生

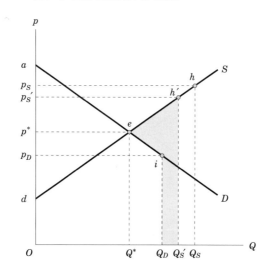

図7-6 生産者価格引下げの効果

産者価格を引き下げる方が、消費者価格を引き上げるよりも、超過負担が減少して望ましい。その理由は、価格変更によって、需給差が縮小するからである。そもそも、価格支持政策を実施している限り、政策を実施しないときの均衡価格と乖離した生産者価格や消費者価格をつけることになるから、それだけ超過負担が生じる。その超過負担の大きさは、生産者価格と消費者価格の差に起因するが、本質的にはその価格差がもたらす需給差に依存している。図7-4での価格支持政策に伴う超過負担が五角形 $heiQ_DQ_S$ と表され、需給差が反映していることからもわかる。

この超過負担を具体的なイメージで捉えれば、次のようにいえる。前述の日本の食糧管理政策が実施されていたとき、政府は消費者に売る量よりも多くの米を農家から買い上げた。そのため、政府の倉庫には余剰米が退蔵されることとなった。米は、消費されてはじめて消費者余剰となる。退蔵されているうちは、誰の余剰ともならず、その財源負担の分だけ超過負担となる。

政府は、こうした(食糧管理制度に内包された)価格支持政策の問題点を解消するべく、1995年の食糧法、1997年の食料・農業・農村基本法の制定を経て、これまでの政策を転換した。米は、農家が市場を通して供給する自主

表7-2 価格差縮小の効果

	需給差	補助金総額	超過負担
P_D の引上げ	拡大（Q_D の増加）	不明	増加
P_S の引下げ	縮小（Q_S の減少）	減少	減少

流通米を基本とし、政府は流通管理をやめて備蓄の管理に限定することとなった。

　ただ、農家に対する補助金政策は、形を変えながらも依然として実質的には残っており、事実上の生産補助金に伴う超過負担が抜本的に解消されるには至っていない。それは、農産物（をはじめとする第１次産業の産品）の価格変動が大きいために、農家（酪農家、漁師）の所得を安定的にするためだと、政府は説明している。こうした所得補償は、事実上の生産補助金であるから、本章で説明したような超過負担が生じて、効率性の観点からは望ましくない。公平性の観点から、そうした所得補償が必要だとしても、問題は残る。政府は、このような所得補償を、第１次産業（と一部の「衰退産業」と称される第２次産業）の従事者にだけ大々的に行っていながら、（為替レートの激しい変動に直面する）他の産業の従事者にはほとんど行っていない。所得再分配政策は、特定の産業にだけ事実上の生産補助金を与える形では、効果的に実施することができない。同じように低い所得でも、第１次産業や一部の第２次産業の従事者だけは措置が講じられ、それ以外は措置が講じられないとなれば、所得格差は不十分にしか解消されない。所得格差を首尾一貫して是正したいなら、特定の産業に対する生産補助金ではなく、第５章で説明したように、個人レベルでの所得税を通じた所得再分配で行うべきである。特定の産業に対する特別な措置（事実上の生産補助金）は、超過負担を生むだけでなく、首尾一貫性を欠くことになる。こうした意味でも、生産補助金は、所得再分配政策としても適切でない手段であるといえる。

■ 練習問題

1．次の文章を読み、文章中にある空欄Ⅰ～Ⅳに、当てはまる語句をそれぞれ答えよ。
　政府がある財を生産する企業に対して従量補助金を給付したとする。この財の需要曲線は通常のものであったとする。もしこの財の供給の価格弾力性がゼロならば、家計が直面する給付後の価格は給付前と比べて［　Ⅰ　］。もしこの財の供給の価格弾力性が無限大ならば、家計が直面する給付後の価格は給付前と比べて［　Ⅱ　］。このとき、超過負担は、供給の価格弾力性がゼロの場合と比べて［　Ⅲ　］。
2．政府が、ある財に対して生産者価格と消費者価格を政策的に決定する価格支持政策を行っているとする。そこで、消費者価格を変えないで生産者価格を引き下げたとき、引下げ前と比べて超過負担の大きさはどうなるか。

Public Economics

8 公共料金の決め方

1 価格規制の必要性

●公共料金

　私たちは、日常生活でものを買うときには売り手に代金を支払っている。しかし、上下水道、公営バス、地下鉄、公営住宅を利用する際に、代金（利用料、運賃、家賃）を支払っている相手は、民間企業ではない。日本では、公的に運営されている機関である。しかし、上下水道や（公営）住宅などは、パンやみかんと同様に、私的財である。第2章では、政府（公的機関）が公共財を供給する話をした。しかし、政府（公的機関）が供給するのは、公共財だけではない。実際には私的財も供給している。

　民間企業が供給しても、公的機関が供給しても、私的財が持つ排除性と競合性に変わりはないが、価格の決まり方が異なる。民間企業が供給する財の価格は、（とくに取引上の規制がない限り）原則として市場での需要と供給によって決まるが、公的機関が供給する価格は政府が決めている。こうした政府が決める価格を、公共料金ともいう。政府が議会の議決を経て決めるも

のもあれば、政府が認可して決まるものもある。そうした広い意味で政府が価格を決める財は、公的機関が供給する私的財だけでなく、タクシー運賃、鉄道運賃、航空運賃、電気料金、たばこ小売定価など、民間企業が供給する私的財まで及んでいる。この章では、これら私的財に関する公共料金について、公共経済学的に考える[1]。

● 自然独占

では、なぜ私的財の価格を政府が決めなければならないのだろうか。第1章で説明した厚生経済学の基本定理によれば、完全情報の状態で、市場が完備で、完全競争市場で私的財が供給されているならば、市場の均衡ではパレート最適が実現するから、価格は市場の均衡で決まったものでよく、政府が価格を決める必要はない。しかし、厚生経済学の基本定理は、独占市場では成り立たない。政府が価格を決められるということは、それだけ政府に価格支配力があるということを意味する。つまり、政府が価格を決められる私的財の市場は、何らかの理由で完全競争市場ではないと考えられる。

問題は、どのような理由で完全競争市場にならないのかである。その理由が、民間企業だけなら完全競争市場が実現するにもかかわらず、政府（公的機関）が民間企業の参入を排除しているために市場を独占・寡占でき、それを背景に価格支配力を持って政府が価格を決めていること、であったらどうだろうか。そうならば、政府自らが資源配分を非効率にしているから、政府の行動を公共経済学の見地から正当化できない。政府（公的機関）の独占・寡占をやめ、民間企業の自由な参入を認めれば完全競争市場が実現し、パレート最適な資源配分が実現できる。

しかし、何らかの理由で民間企業だけの市場では独占・寡占が起こり、市

1）公共料金とは、日常的には、公共的性格の強いサービスの料金を指すようだが、それでは厳密ではない。公共料金の中には、政府が認可するたばこ小売定価も含まれる。しかし、たばこは、通常、公共的性格の強い財とはみなされていない（そもそも「公共的性格」は、本書第2章で説明した公共財の性格と必ずしも一致しない）。そうなれば、この脚注の冒頭の定義と内容が矛盾する。この章では、政府が決定に直接的・間接的に関与している料金を、公共料金と呼ぶ。

場の失敗が起こってしまうから、政府が介入して価格を決めている、ならばどうだろうか。このとき、市場の失敗の是正を目的とする政府の行動は正当化できる。

では、民間企業だけの市場で独占・寡占が起きたとき、どんな理由で政府の介入が正当化できるだろうか。それは、次のような性格を持つ私的財が供給される市場である。いま、ある1つの私的財について、市場全体での供給量がs単位あったとする。仮に、民間企業の数がZ ($Z \geq 2$) で、第i企業がs_i ($i=1, 2, \cdots, Z$) 単位市場で供給したとする。このとき、$s = s_1 + s_2 + \cdots + s_Z$が成り立っている。各企業は、供給量が増えれば総費用が増大する費用構造に直面し、s_i単位供給するときには総費用が$C(s_i)$単位だけかかる。この費用関数$C(s_i)$は、すべての企業で同じであるとする。市場におけるすべての企業が生産したときの総費用の合計は、$C(s_1) + C(s_2) + \cdots + C(s_Z)$として表される。

そこで、もしこの全企業の総費用の合計が、

$$C(s_1 + s_2 + \cdots + s_Z) < C(s_1) + C(s_2) + \cdots + C(s_Z) \tag{1}$$

という性質を持っていたらどうなるだろうか。このとき、各企業が個別に供給したときにかかるすべての費用（(1)式の右辺）よりも、すべての企業が合併して1社になり、その1社だけで供給した（$s = s_1 + s_2 + \cdots + s_Z$）ときの費用（(1)式の左辺）の方が少ない。同じ量の市場全体の（均衡）需要量に直面しているなら、完全競争市場において決まる価格で供給すれば企業の数にかかわらず、全企業の売上の合計は同じである。同じ売上ならば、費用の少ない方が利益が得られる。企業にとって、(1)式が成り立つ状態では、複数の企業で個別に供給するよりも合併して1社だけで供給した方がよい。(1)式のように、1つの企業ですべて供給するときの費用の方が、複数の企業で個別に供給するときの費用の合計よりも少ないという性質を、**劣加法性**（subadditivity）と呼ぶ。劣加法性は、同じ財でも供給量の大きさによってその性質を満たすときと満たさないときがある（説明は後述する）。

劣加法性を満たす状態の市場では、民間企業は利潤最大化をするべく自発的に合併してゆけば、自ずと独占が起こってしまう。このようにして起こる

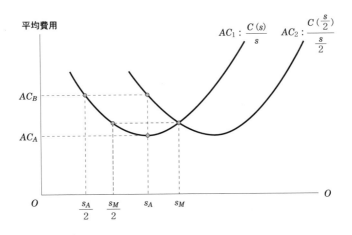

図 8-1 劣化法性

独占を、**自然独占**（natural monopoly）と呼ぶ。劣加法性を満たす状態の市場では、どのような費用構造になっているかを図示してみよう。総費用を供給量で割った平均費用は、1 社だけで供給した場合 $C(s)/s$ となる。この平均費用 $C(s)/s$ の大きさが、図 8-1 の曲線 AC_1 で表せたとする。通常のミクロ経済学では、平均費用曲線は図 8-1 のように U 字型の曲線として表される。いま、この市場全体での供給量 s を 2 社で均等に分割して、それぞれ個別に生産したとしよう。各企業の費用関数は同じだから、このときの各企業の平均費用は $C(s/2)/\{s/2\} = 2C(s/2)/s$ となる。各企業のこの平均費用の大きさを図 8-1 に表すと、AC_2 と表される[2]。劣加法性を満たす状態では、

---

2) なぜ曲線 AC_2 が図 8-1 のように描けるかを説明しよう。そもそも、1 社で供給するにせよ、2 社で供給するにせよ、費用関数は同じである。いま、曲線 AC_1 上で、供給量が s_A 単位のときの平均費用は、$AC_A (= C(s_A)/s_A)$ と表されたとする。さらに、同じ曲線 AC_1 上で、供給量が $s_A/2$ 単位のときの平均費用は、$AC_B (= C(s_A/2)/\{s_A/2\})$ と表されたとする。そこで、曲線 AC_2 がどのように描けるかを考える。2 社で供給するとき、各企業の供給量 s_i が s_A 単位のとき、各企業の平均費用 $(C(s/2)/\{s/2\})$ は $C(s_A/2)/\{s_A/2\}$ となる。この大きさは AC_B と等しい。だから、曲線 AC_2 は供給量が s_A 単位のとき、平均費用は AC_B となるように描ける。したがって、図 8-1 のようになる。

(1)式より $C(s) < 2C(s/2)$ だから、1社だけで供給したときの平均費用の方が2社で供給したときの平均費用よりも少ない。図8-1は2社での例だが、3社以上でも同じことがいえる。

しかし、平均費用曲線がU字型の曲線で表されるとき、同じ財でもどんな供給量であれ劣加法性を満たすわけではない。図8-1でいえば、市場全体の供給量がs_M単位未満であれば、劣加法性を満たしている。しかし、市場全体の供給量がs_M単位以上ならば、劣加法性を満たさない。もしs_M単位の大きさが、市場で通常取引される財の量をはるかに上回るほど大きければ、その私的財は通常の取引においては劣加法性を満たし、その市場では自然独占が起こる。

● 費用逓減産業

例えば、巨額の固定費用が必要な産業では、供給量が増えるほど平均費用は低下し続け、平均費用が逓増する状態（平均費用曲線が右上がりになる部分）がなかなか現れない。このように、通常の取引における量では平均費用が逓減する（供給量が増えると平均費用が低下する）産業を、**費用逓減産業**と呼ぶ。平均費用逓減産業の例としては、電気、上下水道、ガスなどがある。

費用逓減産業では、劣加法性を満たし自然独占が起こる。なぜならば、図8-1のように、曲線AC_1で平均費用が逓減する状態（平均費用曲線が右下がりになる部分）では、劣加法性を満たしているからである[3]。ただし、劣加法性が成り立つときには必ずしも平均費用が逓減しているわけではない。また、固定費用があれどもそれほど大きくない私的財（例えばパン）でも、劣加法性を満たす状態はありうるが、少ない供給量でも平均費用が逓増する状態になるから、劣加法性に伴う自然独占の問題には直面しない。

費用逓減産業では、固定費用が巨額であることも一因となって、平均費用が逓減する。少なくとも固定費用を上回るだけの売上を上げるには、かなり

---

[3] 費用逓減産業では、平均費用曲線は必ずしもU字型とは限らず、右下がりの曲線になっている場合もある。

多くの量を供給しなければならない。企業にとって、供給量の規模を多くできればできるほど、売上が増えてメリットがある。規模が大きくなるほどメリットが大きいことを、**規模の経済**（economies of scale）あるいは規模の利益ともいう。規模の経済は、正確には、前述の費用関数が、ある定数 a が 1 より大きいとして、$a \times C(s) > C(a \times s)$ が成り立つことである。このとき、$C(a \times s)/\{a/s\} < a \times C(s)/\{a \times s\} = C(s)/s$ が成り立つ。このことは、供給量が s 単位のときと、それよりも多い $a \times s$ 単位のときで平均費用を比べると、$a \times s$ 単位のときの平均費用が、s 単位のときの平均費用よりも小さいことを意味する。したがって、規模の経済が成り立つときは、平均費用は逓減しており、劣加法性を満たし自然独占が起こる。

●政府の介入の正当性

　自然独占が起こる場合として、費用逓減産業がある。この費用逓減産業が、私たちの日常生活にとって欠かせない私的財を供給しているがゆえに、この問題は重要な問題となる。例えば、電気、上下水道、ガスなどは、一般にライフラインなどと呼ばれるほどである。これらの私的財を供給するためには、発電設備や配水管やガスパイプなどに巨額の建設費用が必要である。民間企業でも供給できないわけではないが、自然独占が起こってしまう。自然独占が起こると、その市場での独占企業は、本書第3章でも説明した通常の独占市場と同じように、限界収入＝限界費用となる供給量で供給できる価格をつけて自らの利潤を最大化する。そのとき、第3章図3-9でも示したように、超過負担が生じて資源配分を歪める。

　自然独占が起こるときの市場の失敗を是正するために、政府が介入することは正当化できる。では、政府はどのように介入すればよいだろうか。独占は効率的な資源配分を歪めるからといって、企業の統合を認めなかったり、分割を命じたりすればよいのだろうか。劣加法性がなければ、独占禁止や企業分割命令は妥当である。しかし、劣加法性を満たす状態では、独占を認めた方が、総費用が少ない分だけ資源配分の歪みを小さくできる。かといって、独占が認められた企業が自らの利潤を最大化するように決めた価格では、独占に伴う超過負担が生じる。

そこで考えられたのが、自然独占が起こる市場では、供給する企業の独占を認める代わりに、価格を（資源配分の効率化を目指す）政府が決める方法である。政府は、独占を認めるために、新規に参入しようとする企業を排除するべく、参入規制をする必要がある。自然独占が起こる状況では、複数の企業が供給するよりも、1社だけで供給した方が費用が安くなるからである。しかし、それだけでは独占による超過負担が生じる。そこで、政府は、超過負担をできるだけ小さくするように価格を決めて、その価格で独占企業に供給させるのである。

では、政府はどのように価格を設定すればよいだろうか。次の節で詳しくみてみよう。

2　公共料金の決め方

●限界費用価格形成原理

独占市場において、なぜ超過負担が生じるかといえば、第3章でみたように、均衡価格が完全競争市場で決まる価格と乖離するからである。完全競争市場では、価格は限界費用と等しい水準に決まる。政府が、超過負担をなくすように価格を決めるなら、自然独占の状態でも、価格を限界費用と等しい水準に設定すればよいのではないか、という発想が生まれる。そこで考えられたのが、**限界費用価格形成原理**と呼ばれる方法である。

限界費用価格形成原理によって、政府が価格を決めれば、市場においてどのような状態になるかを、具体的にみてみよう。図8-2には、自然独占が起こる状態の市場で、需要曲線が曲線D、独占企業の平均費用曲線が曲線AC、独占企業の限界費用曲線が曲線MCとして表されている[4]。もし、政府が価格を規制せず、独占企業が利潤を最大化するように価格を決めるならば、第3章図3-9で示したように、限界費用＝限界収入となるように決める。本章図8-2で、限界収入曲線が曲線MRのように表されれば、独占企業は価格p_Mを選択することになる。この価格では、超過負担が生じる。ちなみに、この価格の下で独占企業が得る利潤は、収入が□OQ_MFp_M、総費用が□OQ_MGAC_M（＝平均費用×供給量）なので、□p_MFGAC_Mとなる。

図8-2 限界費用価格形成原理

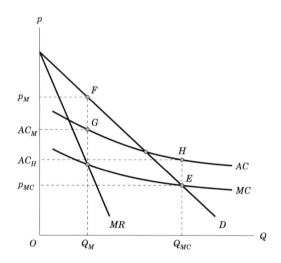

そこで、政府が価格を限界費用と等しい水準に設定したとする。ちょうど均衡で需給が一致するように価格をつけなければならないから、曲線 D と曲線 MC の交点 E における限界費用と等しい価格 p_{MC} と設定すればよい。この水準が、限界費用価格形成原理によって決まる価格水準である。このときの均衡需給量は Q_{MC} である。

この図8-2の状態では何が起こっているだろうか。ここでの独占企業は、価格 p_{MC} で財を供給するから、収入は□$OQ_{MC}Ep_{MC}$ である。総費用は□$OQ_{MC}HAC_H$ となる。このとき、明らかに総費用が収入を上回っているか

---

4) 図8-2は、平均費用曲線も限界費用曲線も右下がりになっている状態を表している。しかし、劣加法性が成り立っていれば、自然独占が起こるから、平均費用曲線は、劣加法性が成り立つ範囲で右上がりになってもよい。限界費用曲線も、それに対応して右上がりになってもよい。ただし、平均費用曲線が右下がりである状態では、平均費用は限界費用よりも必ず大きくなっている（平均費用曲線が限界費用曲線よりも上に位置している）。また、限界費用曲線が右下がりである状態では、平均費用曲線は必ず右下がりになっている。その詳細は、ミクロ経済学の教科書を参照されたい。

ら、この独占企業は、政府が決めたこの価格 p_{MC} で供給すると赤字が発生することになる。その赤字の大きさは、□$EHAC_HP_{MC}$ である。

独占企業は、赤字を発生する状態で供給を続けることはできない。仮に、この赤字を政府が補助金で補填するとしても、その補助金の財源を国民に負担してもらわなければならない。このように、費用逓減産業における限界費用価格形成原理は、価格を完全競争市場と同じように限界費用と等しい水準に設定して、独占利潤に伴う資源配分の歪みをなくすことができる利点があるが、独占企業に赤字が発生してしまうという問題点がある。

●平均費用価格形成原理

自然独占の下で独占企業に赤字が出ないようにするには、少なくとも総費用と等しい収入が得られるようにしなければならない。その方法は、平均費用と同じ水準に価格を決める方法である。この方法を、**平均費用価格形成原理**と呼ぶ。

平均費用価格形成原理によって、政府が価格を決めれば、市場においてどのような状態になるかを、具体的にみてみよう。図8-3には、図8-2と同様に、自然独占が起こる状態の市場で、需要曲線が曲線 D、独占企業の平均費用曲線が曲線 AC、独占企業の限界費用曲線が曲線 MC として表されている。政府が価格を平均費用と等しい水準に設定したとする。ちょうど均衡で需給が一致するように価格をつけなければならないから、曲線 D と曲線 AC の交点 I における平均費用と等しい価格 p_{AC} と設定すればよい。この水準が、平均費用価格形成原理によって決まる価格水準である。このときの均衡需給量は Q_{AC} である。

図8-3の状態では何が起こっているだろうか。ここでの独占企業は、価格 p_{AC} で財を供給するから、収入は□$OQ_{AC}Ip_{AC}$ である。このときの平均費用は p_{AC} だから、総費用は□$OQ_{AC}Ip_{AC}$ となる。だから、この独占企業の利潤は、ちょうどゼロになる。

この状態では、独占企業は、独占利潤を得ず、かつ赤字も発生しない収支均衡の状態である。その意味で、独立採算制で経営できる。しかし、限界費用価格形成原理の下で供給された量 Q_{MC} 以下の Q_{AC} しか供給されない。そ

図8-3 平均費用価格形成原理

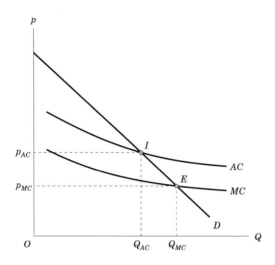

の供給量が少なくなる分だけ、資源配分を歪めている。このように、費用逓減産業における平均費用価格形成原理は、独占企業に利潤も赤字も生じない状態で供給できるという利点があるが、完全競争市場での均衡と同じ水準の供給量に比べて供給量が少なくなって資源配分に歪みが生じるという問題点がある。

●二部料金

　限界費用価格形成原理にせよ、平均費用価格形成原理にせよ、独占企業の収支を均衡させることと、資源配分に歪みを与えないようにすることは、同時に達成できなかった。これらの価格形成原理は、財を消費するすべての家計に対して同じ価格で売買することを前提としていた。もしこの前提を外せば、前述の問題点は解消できるだろうか。その発想で考えられたのが、二部料金である。**二部料金**とは、需要量に依存しない基本料金と需要量に比例して課す従量料金の2つの部分からなる料金のことである。わが国での具体例としては、電話、水道、電力、ガスの料金やタクシー料金がある。いずれも、需要量がどれだけかにかかわらず、消費する最初の段階で基本料金を支

図8-4 二部料金

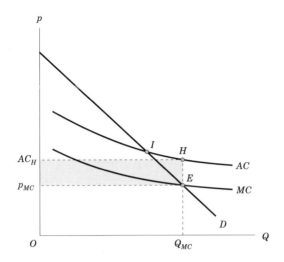

払い、次いで需要量に応じて従量料金を支払うことになる。

　この二部料金を適切に課せば、独占企業の収支を均衡させつつ、資源配分に歪みをできるだけ与えないようにすることができるだろうか。図8-4には、図8-2、8-3と同様に、需要曲線、平均費用曲線、限界費用曲線が描かれている。限界費用価格形成原理では、限界費用と等しくなるように、（財の需要量に応じた）価格を決めていた。この性質を生かせば、従量料金は限界費用と等しくなるように決める方法が考えられる。それは、図8-2で説明したように、需給量が一致するように価格をつける必要があるから、需給量 Q_{MC} に対して、限界費用と等しい水準の従量料金 p_{MC} を設定すればよい。このようにすれば、価格が限界費用と同じになる量に増やすことができ、資源配分の歪みをなくすことができる。

　しかし、限界費用価格形成原理の説明から明らかなように、このままの状態では、独占企業に赤字が生じる。この赤字分相当を、どれだけ消費するかにかかわらず課す基本料金とすればよい。政府は、すべての家計から合計して図8-4の□$EHAC_H p_{MC}$ だけを取れるように基本料金を設定すればよい[5]。このようにすれば、独占企業の赤字をなくすことができる。

このような二部料金を設定することにより、資源配分に歪みを与えないようにしつつ、独占市場の収支を均衡させることができる。独占企業の赤字分を税金でなく基本料金として課す利点は、税金は必ずしもその財を消費しない家計にも課税される可能性があるのに対して、基本料金はその財を消費して便益（効用）を享受する家計のみに負担を負わせることができる点である。

　ここでは、従量料金は1つしかない場合を考えたが、需要量の多寡に応じて従量料金を変える方法も考えられる。その場合、従量料金は複数の部分に分かれるため、基本料金と複数の従量料金を設定している料金を、多部料金ともいう。さらには、複数の部分に分けた従量料金を滑らかにつないで連続した従量料金（関数）にして、料金を課すことも考えられる。このように、二部料金、多部料金、基本料金と連続的な従量料金を持った料金体系を総称して、非線形料金ともいう。

　ただし、こうした基本料金と従量料金からなる非線形料金には、効率性の観点以外では、問題点がある。もしこの二部料金を課せられた財が必需性の高い財でありながら、基本料金が高かった場合に、所得の低い人は基本料金が払えず消費できない、という問題点がある。また、所得が多いほど財を多く消費する傾向が強い場合、低所得の人は需要量が少ない割には、需要量の多い高所得の人と同じ基本料金を払わされるため、逆進的になるともいえる。このように、二部料金には、垂直的公平性の観点から望ましくない性質もある。

● ピーク・ロード料金
　これまでは、1つの私的財について、つねに同じ需要構造（需要曲線）に直面している状況を考えてきた。しかし、費用逓減産業の中には、時期によって異なる需要構造（需要曲線）に直面するものがある。例えば、電力や鉄

---

5) □$EHAC_Hp_{MC}$は、需給量Q_{MC}のときの平均費用と限界費用の差額に需給量をかけた大きさであるから、固定費用の大きさといえる。そう考えれば、基本料金は家計から固定費用を回収するためのものであるともいえる。

道がある。これらは、多くの家計で需要量が多くなる時期（夏場の電力需要やラッシュ時の乗客）と、少ない家計で需要量が少なくなる時期（未明の電力需要や早朝の乗客）とがはっきり分かれている。そのような状況では、どのような価格規制が有効だろうか。

　ピーク時に多大な需要がある半面、オフピーク時にはほとんど需要がないという状況では、オフピーク時に需要がないといえども、供給設備はピーク時の需要に対応できるだけのものを用意しておかなければならない。そうすれば、それだけ固定費用が多く必要となる。その反面、オフピーク時にはこれらの供給設備はほとんどが利用されずに費用を回収していない状態になっている。需要構造は、時期によって異なるが、価格を下げれば需要が増え、価格が上がれば需要が減るのは同じである。この性質を生かした料金設定を考えよう。

　ピーク時の需要が多ければ多いほど、供給設備（に費やす固定費用）を多くしなければならず、ピーク時の需要とオフピーク時の需要との差が大きければ大きいほど、オフピーク時に無駄になる供給設備が多くなる。そう考えれば、ピーク時もオフピーク時も同じ価格を設定するのではなく、ピーク時の需要をより少なくするためにより高い価格を、オフピーク時にはより安い価格を設定するのが望ましいといえる。このような発想で考えられた料金を、**ピーク・ロード料金**という。

　ピーク・ロード料金はどの水準に設定すればよいだろうか。いま、図8－5のように、ピーク時の需要曲線が曲線D_1、オフピーク時の需要曲線が曲線D_2と表されたと仮定する[6]。この財を供給する独占企業は、曲線S_1のように点Tで屈曲した限界費用曲線（供給曲線）に直面していると仮定する。この曲線S_1の意味は、現在持っている供給設備では、最大限の供給量Kまでしか供給することができないが、それ以下の供給量ならば限界費用が一定のcである[7]、ということである。この限界費用cは、後に区別するため限界操業費用と呼ぶこととする。したがって、限界操業費用曲線S_1は、供給

6）ここでは、ピーク時とオフピーク時の需要は互いに独立に決まっているものと仮定する。

図8-5 ピーク・ロード料金

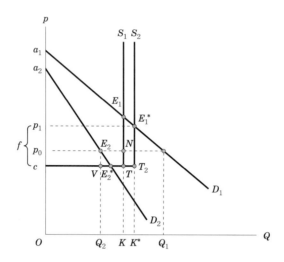

量K未満なら、限界操業費用cで一定の水平な直線で、供給量Kのとき、いくら追加的に操業費用を費やしてもこれ以上供給量は増やせないから、垂直な直線になる。

この企業が、もし最大限の供給量を増やしたければ、供給設備を追加的に1単位増やす際に、追加的な費用が一定のfだけ費やさなければならないと仮定する。つまり、供給設備の増設のための限界費用はfであるとする。この限界費用を、限界設備費用と呼ぶ。限界設備費用は、実際にいくら供給するかにはまったく依存しないとする。だから、供給設備のための総費用は、最大限の供給量のみに依存し、実際の供給量によって変化する費用ではない。その意味で、この供給設備のための総費用を固定費用と呼ぶなら、固定

7）ここでは説明を簡単にするために、限界費用を一定としているが、一定でなくても以下の議論は成り立つ。ただ、平均費用が逓減していて、限界費用曲線が右下がり（限界費用が逓減する）だと、限界費用価格形成での話のように、限界費用と等しい価格をつけても企業に赤字が発生する問題が生じる。だから、ここでこれを考えるのを避けるため、限界費用を一定にしている。

費用は $f \times K$ と表せる。

　仮に、政府が価格を p_0 と決めて、それぞれの時期にこの企業に供給させたとする。このとき、オフピーク時には均衡需給量が図8-5の Q_2 で決まるが、ピーク時には価格が p_0 だと家計は Q_1 だけ消費したいと望むが、企業は最大限 K までしか供給できない。したがって、ピーク時には価格 p_0 で K 単位だけしか消費できない[8]。このときの余剰をみると、オフピーク時には、消費者余剰は△$a_2E_2p_0$ で、生産者余剰は（操業費用でみると）□cVE_2p_0 となり、その合計は台形 a_2E_2Vc となる。ピーク時には、消費者余剰は台形 $a_1E_1Np_0$ で、生産者余剰は（操業費用でみると）□$cTNp_0$ となり、その合計は台形 a_1E_1Tc となる。総余剰は、台形 a_2E_2Vc と台形 a_1E_1Tc の合計から固定費用の $f \times K$ を引いた大きさとなる。

　ここで、最大限の供給量を変えないで、この総余剰を増やすにはどうすればよいだろうか。オフピーク時の価格を p_0 よりも低くすれば、オフピーク時の余剰が増加する。そして、最も余剰が大きくなるのは、オフピーク時の価格を図8-5の c（限界操業費用と等しい価格）とするように設定したときである。このときの余剰は、消費者余剰は△$a_2cE_2^*$ で、生産者余剰は（操業費用でみると）ゼロである。この大きさは、オフピーク時の価格が c より高いとき（例えば、価格が p_0 のときは台形 a_2E_2Vc）に比べて大きくなっている。他方ピーク時は、需要と供給が均衡する価格であれば、余剰が最も大きくなる。

　以上より、最大限の供給量 K を変えないとき、オフピーク時の価格を限界操業費用と等しくし、ピーク時の価格を需要と供給が一致するように設定すれば、総余剰を最大にできて望ましいといえる。もし、図8-5において、家計からの収入でこの企業の固定費用を回収しなければならないなら、ピーク時においては価格を p_1（$=c+f$）と設定すればよい。ピーク時の需要者に、固定費用にかかる負担を強いても、消費者余剰と生産者余剰の合計は変

8）この状態では、需要の数量割当が行われていると解釈できる。例えば、鉄道のラッシュ時なら、改札制限をしてホームに入れる乗客の数を制限することであり、電力なら需要が超過している Q_1-K 分だけ計画停電をすることである。

わらないからである[9]。

　では、最大限の供給量を変えられるとすれば、政府はどれだけの供給設備を企業に投資させ、ピーク時、オフピーク時にどのような価格を設定すればよいだろうか。最大限の供給量が関係するのは、ピーク時のみである。そこで、ピーク時の需要曲線に注目して、最大限の供給量をどこまで増やせばよいかを考えよう。いま、前述のように、供給設備（最大限の供給量）を K から追加的に1単位増やすと、限界設備費用が f だけかかる（これは、ピーク時の供給量を増やすか否かにかかわらずかかる）。さらに、この供給設備を使って供給量を追加的に1単位増やすには、限界操業費用が c だけさらにかかる。これによって、ピーク時に需要が K から追加的に1単位増やせる。この需要の追加的な増加によって、家計は追加的に図8-5の線分 E_1K の大きさだけ便益（効用）が増える[10]。以上より、最大限の供給量を K から追加的に1単位増やしたとき、費用は追加的に $c+f$ だけかかるが、家計の便益は追加的に線分 E_1K だけ増える。いま、$c+f$ の大きさは p_1 であり、図8-5では、線分 Op_1 ＜線分 E_1K だから、供給設備を追加的に1単位増やした方が望ましい。

　こうして考えれば、図8-5では、総余剰を最大にするには、供給設備（最大限の供給量）を K^* となるまで増やすのが望ましい。このとき、限界費用曲線（供給曲線）は、曲線 S_2 のように点 T_2 で屈曲した曲線にシフトする。そして、この供給設備のための固定費用を回収するためには、ピーク時の価格を p_1（＝限界操業費用＋限界設備費用）と設定するのが望ましい。オフピーク時の需要は最大限の供給量とは無関係だから、前述のように、オフピーク時の価格は限界操業費用と等しくなるように設定するのが望まし

9）ただし、この結論は、p_1 の大きさとピーク時の需要曲線の位置とに依存する。さらに、ここでは限界設備費用と平均設備費用が同じであるとする仮定にも依存している。もし平均費用も限界費用も逓減するならば、余剰を損なわずに固定費用をすべて回収することはできず、余剰を損なわないようにすると企業に赤字が生じうる。

10）これを消費者余剰で測れば、家計は追加的に1単位需要を増やすと直面する価格分だけの負担を強いられるから、消費者余剰の追加的な増加は、「線分 E_1K マイナス直面する価格の大きさ」となる。

い。

　このように、ピーク・ロード料金は、オフピーク時には限界操業費用と等しい水準でより安い価格を設定し、ピーク時には固定費用を回収するべくより高い価格を設定するところに特徴がある。

3　ラムゼイ価格

●複数の財を供給する場合

　第2節までは、1つの私的財を供給する企業について考えてきた。この節では、複数の財を供給する独占企業の状況を考えたい。費用逓減産業の中には、いくつかの異なる財を、それぞれの需要構造（需要曲線）に直面して供給するものがある。例えば、航空会社や鉄道会社などでは、さまざまな行き先への旅客サービスを、共通の供給設備を利用して供給している。1つの企業が、東京から福岡に行くサービスや東京から札幌に行くサービスなど、複数のサービスを、同じ供給設備（空港施設、飛行機、駅、列車）を使って供給している。しかし、通常、乗客は目的地と正反対の方向へ行く飛行機・列車には乗らないから、その複数のサービスの需要は互いに独立である傾向がある。そのような状況では、どのような価格規制が有効だろうか。

　まず、ここでも、独占企業の収支を均衡させつつ、資源配分にできるだけ歪みを与えないようにすることを同時に考える。ある1つの財について、図8-6のように、需要曲線が曲線 D、限界費用曲線が曲線 MC として表されるとする。ここでは、限界費用は一定であると仮定する[11]。供給量の制約はないと仮定する。また、この独占企業は複数の財を同時に供給しているから、複数の財を供給するための共通の固定費用が費やされていると仮定する。

　いま、仮に価格が p_X（< p_M）、供給量（＝需要量）が Q_X であったとする[12]。そこで、供給量を追加的に1単位増やしたとしよう。この状態（点

---

11) ここでは、脚注7）と同様の理由で、限界費用を一定としているが、一定でなくても以下の議論は成り立つ。

図8-6 供給量を追加的に1単位増やしたときの変化

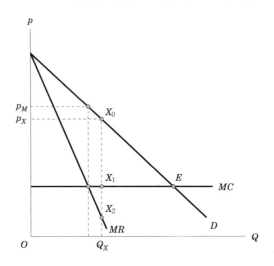

X_0) から、供給量が Q_X から追加的に1単位増えると、消費者余剰と生産者余剰（固定費用分を除く）の合計は、線分 X_0X_1 の長さだけ増える。この線分の長さは、ここでの（価格−限界費用）の大きさを意味する。これに対して、供給量を Q_X から追加的に1単位増やすことによって、独占企業は追加的に利潤が減少する。利潤の変化分は、限界収入−限界費用と定義される。その利潤の減少分の大きさ（絶対値）は、（限界費用−限界収入）である。図8-6でいえば、線分 X_1X_2 の長さに相当する。

以上より、（価格規制のない独占市場での価格 p_M よりも低い価格の下で）供給量を追加的に1単位増やすと、余剰は（価格−限界費用）分だけ追加的

---

12) 政府は、独占企業に限界収入j限界費用となるような価格規制のない独占市場での価格（図8-6の価格 p_M）で供給させたくないと考えている。なぜならば、そのときの超過負担が大きいからである。だから、ここで考える価格 p_X は、p_M よりも低い価格を想定している。独占企業は価格を p_M とするとき、利潤が最大化する。だから、p_M よりも価格を下げれば下げるほど、独占企業の利潤は少なくなる。したがって、後に述べる独占企業の利潤の変化とは、独占企業の利潤の追加的な減少を意味する。

に増加し、独占企業の利潤は（限界費用－限界収入）分だけ追加的に減少する。政府は、独占企業の収支を均衡させつつ、余剰を大きくすることを目的としているから、この両者の増減を考慮して価格を決めなければならない。

● ラムゼイ価格

上記は、複数の財を供給していれば、それぞれについて同様のことがいえる。そこで、各財について、（価格規制のない独占市場での価格 p_M よりも低い価格の下で）供給量を追加的に1単位増やしたときの、余剰の増加分と独占市場の利潤の減少分（絶対値）との比をとって、λ とする。すなわち、

$$\lambda \equiv \frac{価格－限界費用}{限界費用－限界収入}$$

とする[13]。この比 λ は、価格を決める政府が、その財の供給について、分子（余剰の増加分）と分母（独占企業の利潤の減少分）のどちらをどの程度重視するかを意味している。単純化していえば、比 λ の値は、政府が決めた価格で実現する経済的損得の比率ともいえる。（価格規制のない独占市場での価格 p_M よりも低い価格の下で）供給量が増える（図8－6でいえば、供給量が Q_X よりも右にいく）に従って、分子（価格－限界費用）の大きさは小さくなり、分母（限界費用－限界収入）の大きさは大きくなる。だから、供給量が増えるに従って、比 λ は小さくなる。そして、価格が限界費用と等しくなるところ（図8－6の点 E）で、分子がゼロになるから、λ もゼロになる。

この独占企業は複数の財を供給しているから、各財についてこの比（の値）が存在する。そこで、各財の λ をどのように設定すればよいかを考えよう。政府は、独占企業に対して価格規制を行うから、政府が決める価格によってこの λ の値が決まる。より厳密に言えば、限界費用は一定で、政府が決める価格が与えられれば、それと整合的な財の均衡需給量、そして限界収入が同時に決まる。だから、各財の λ をどのように設定するかを考える

---

13) ちなみに、この λ （ラムダ）は、独占企業の収支均衡を制約とした余剰最大化問題について、ラグランジュ乗数法で解いた時の、ラグランジュ乗数でもある。

ことは、政府が各財の価格をどのように設定するかを考えることと同じである[14]。

いま、簡単化のため、独占企業が財 α と財 β という2つの財を供給しているとする。財 α と財 β では、需要の価格弾力性と限界費用の大きさが異なると仮定する。別の言い方をすれば、両財の需要曲線と限界費用曲線は異なるとする。ただし、この両財の需要は互いに独立であると仮定する[15]。さらに、簡単化のため、どちらの財も限界費用曲線は図8-6のように水平に描くことができ、(限界費用がある水準で一定)であると仮定する[16]。財 α の比を λ_α、財 β の比を λ_β と表したとする。

まず注意しなければならないことは、独占企業の収支を均衡させなければならないことである。第2節でも述べたように、固定費用が十分に大きいと、限界費用価格形成原理(図8-6でいえば点 E が実現する状態)では、独占企業に赤字が生じうる。もし独占企業が1種類の財しか供給していなければ、固定費用はこの唯一の財の供給で回収しなければならないから、独占企業の収支を均衡させるためには、前述のように平均費用価格形成原理で価格を決めなければならない。しかし、ここでの独占企業は、2つの財を供給する。だから、そのための共通の固定費用は、2つの財を供給する際に固定費用分を適切に上乗せした価格をつけることによって回収できる。両財とも平均費用価格形成原理を適用する必要はない。より具体的にいえば、2つの財を供給する独占企業の収支が両財とも限界費用価格形成原理を適用すると赤字になる場合、この2つの財の価格は、限界費用よりも高く平均費用よりも低い価格をつければ、独占企業の収支を均衡させることができる。このことから、λ の値は、少なくとも、独占企業の収支が均衡するように設定すれ

---

14) ちなみに、λ の値を説明する際に、「供給が追加的に1単位増えれば」という設定で説明したが、政府が決める価格との対応関係で言い換えれば、「供給が追加的に1単位増えるように価格を追加的に下げれば」といえる。

15) この仮定は、簡単化のためである。両財の需要が独立でなく、一方の財の需要が他の財の価格の変化に依存しても、以下の考え方は基本的に成り立つ。ただし、需要の価格弾力性などの点では異なる。

16) ここでは、脚注7)と同様の理由で、限界費用を一定としているが、一定でなくても以下の議論は成り立つ。

ばよい。独占企業の収支を均衡させられれば、資源配分の歪みを小さくするという残る目標をよりよく達成できるように価格を決めればよい。

説明を簡単にするため、財 β の価格（したがって供給量や λ_β も）を動かさないで、財 α の価格のみを動かす場合で考える。両財の価格が動かせる場合でも、以下で述べる結論は同じである。もし $\lambda_\alpha > \lambda_\beta$ ならば、財 β に比べて、財 α では今設定した価格では得（余剰の増加分）の方が損（独占企業の利潤の減少分）より相対的に大きいといえる。財 β で得られる相対的な得 λ_β（独占企業の利潤の減少分に対する余剰の増加分の大きさ）の水準まで、財 α における余剰の増加と独占企業の利潤の減少を許容できるならば、財 α では価格を下げてよい（供給量を増やしてよい）。逆に、$\lambda_\alpha < \lambda_\beta$ ならば、同様に考えれば、財 α では価格を上げてよい（供給量を減らしてよい）。

こうして、結局、$\lambda_\alpha = \lambda_\beta$ となるように両財に価格をつければよいといえる[17]。この結論は、複数の財がいくつあっても成り立つ。その価格は、具体的にどのような水準になるだろうか。ここで、限界収入（MR）の大きさが、

$$MR = \frac{p \times \Delta Q + Q \times \Delta p}{\Delta Q} \tag{1}$$

とも表されることを利用する。その理由の簡単な説明は、本章補論Aを参照されたい。比 λ は、限界収入が(1)式のように表されることを利用して、変形すると、

$$\lambda = \frac{p - MC}{MC - \frac{p \times \Delta Q + Q \times \Delta p}{\Delta Q}} = \frac{p - MC}{MC - p\left(1 + \frac{Q \times \Delta p}{p \times \Delta Q}\right)}$$
$$= \frac{p - MC}{MC - p\left(1 + \frac{1}{\varepsilon_D}\right)}$$

と表される。p は価格、MC は限界費用を表している。ε_D は、需要の価格弾

---

17) そのように考えれば、固定費用がゼロ以上である限り、λ はゼロ以上の値をとる。

力性 $\left(=\dfrac{\Delta Q/Q}{\Delta p/p}<0\right)$ である[18]。これをさらに変形し、$R\equiv\dfrac{\lambda}{1+\lambda}$ と定義すると、

$$R=-\varepsilon_D\frac{p-MC}{p}=|\varepsilon_D|\frac{p-MC}{p} \tag{2}$$

となる[19]。ここで、R とは、提唱者にちなんで、**ラムゼイ指数**と呼ぶ。前にも述べたように、各財の λ が等しくなることから、各財のラムゼイ指数も同じ値になる。ラムゼイは、第4、5章で説明した最適課税のルールを最初に定式化したラムゼイと同一人物である。

さらに変形すると、価格は、

$$p=\frac{MC}{1-\dfrac{R}{\varepsilon_D}} \tag{3}$$

と表される。(3)式を満たす価格を、**ラムゼイ価格**と呼ぶ。

●ラムゼイ価格の含意

(3)式のラムゼイ価格に従えば、その財の限界費用が高いほど、需要の価格弾力性の絶対値が小さいほど、その財の価格を高くつけてよい、ことを意味する。そこで、前述の2つの財（α、β）で、ラムゼイ価格の含意を考えてみよう。各財の需要曲線と限界費用曲線が、図8-7のように表せたとする。財 α の限界費用は c_α、財 β の限界費用は c_β で一定であると仮定する。そこで、政府が財 α の価格を p_α、財 β の価格を p_β と決めて、この独占企業に各財を供給させたとする。このとき、財 α の供給によって□$O_\alpha p_\alpha E_\alpha Q_\alpha$ だけの収入を得、財 β の供給によって□$Q_\beta p_\beta E_\beta Q_\beta$ だけの収入を得る。このうち、財の供給量×限界費用の大きさは可変費用を意味するから、収入□$O_\alpha p_\alpha E_\alpha Q_\alpha$ のうち□$O_\alpha c_\alpha J_\alpha Q_\alpha$ は可変費用を回収した分となる。残りの□

---

[18] 本書では、需要の価格弾力性の値を、通常マイナスとしていることに注意されたい。需要の価格弾力性の値（絶対値）を通常プラスとして扱う場合は、上式の ε_D の前にマイナスの符号をつければよい。

[19] (2)式の右辺の $|\varepsilon_D|$ は、需要の価格弾力性の絶対値を意味する。

図8-7 ラムゼイ価格

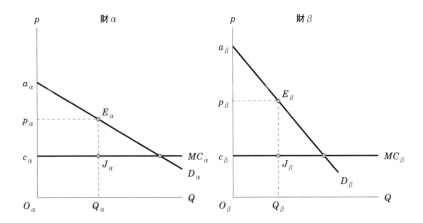

$c_\alpha p_\alpha E_\alpha J_\alpha$ は固定費用の回収にあてられる。同様に、財 β についても、収入 □$Q_\beta p_\beta E_\beta Q_\beta$ のうち □$Q_\beta c_\beta J_\beta Q_\beta$ は可変費用を回収した分となり、□$c_\beta p_\beta E_\beta J_\beta$ は固定費用の回収にあてられる。□$c_\alpha p_\alpha E_\alpha J_\alpha$ と □$c_\beta p_\beta E_\beta J_\beta$ の合計で、固定費用がすべて回収できれば、独占企業の収支は均衡する。

　問題は、各財に対して、どの程度の固定費用分を負担させるかである。直観的に説明すれば、次のようになる。図8-7によると、財 α の方が需要曲線の傾きが緩やかだから、需要の価格弾力性の絶対値は財 α の方が大きい。価格弾力性が大きいと、価格を上げると需要量・供給量が大きく減少する。こうした財に固定費用分の負担を多くするべく価格を上げれば、それだけ需要量・供給量が大きく減ってしまうから、消費者余剰や生産者余剰が大きく減ってしまう。これでは、独占企業の収支を均衡させるにしても、失う余剰が大きくなる。そこで、需要の価格弾力性がより小さい財に固定費用分の負担をより多くすれば、失う余剰を小さくできて望ましいといえる。

　ラムゼイ価格は、そうした考え方に基づいて価格付けされている。この考え方は、第4章で説明した最適課税論でのラムゼイ・ルールと同じ考え方である。これを図8-7で示せば、次のようになる。まず、ラムゼイ指数を表す(2)式に基づいて、各財のラムゼイ指数が図8-7上でどのように表される

第8章　公共料金の決め方　191

かをみよう。財 α では、価格が p_α（線分 $O_\alpha p_\alpha$）のとき、需給量の大きさが線分 $O_\alpha Q_\alpha$、限界費用の大きさが線分 $O_\alpha c_\alpha$、点 E_α での需要の価格弾力性（絶対値）の大きさが $\dfrac{線分\ O_\alpha p_\alpha}{線分\ a_\alpha p_\alpha}$ で表される[20]。したがって、(2)式にこれらを代入すると、財 α のラムゼイ指数 R_α は、

$$R_\alpha = \frac{線分\ O_\alpha p_\alpha}{線分\ a_\alpha p_\alpha} \times \frac{線分\ O_\alpha p_\alpha - 線分\ O_\alpha c_\alpha}{線分\ O_\alpha p_\alpha} = \frac{線分\ c_\alpha p_\alpha}{線分\ a_\alpha p_\alpha}$$

と表される。財 β のラムゼイ指数 R_β も同様に、

$$R_\beta = \frac{線分\ c_\beta p_\beta}{線分\ a_\beta p_\beta}$$

と表される。

2つの財のラムゼイ指数は同じである。したがって、図8-7の2つの財については、R_α と R_β の比率が同じになる状態で価格をつければよい。このとき、各財で□$c_\alpha p_\alpha E_\alpha J_\alpha$ と□$c_\beta p_\beta E_\beta J_\beta$ が固定費用の負担分として表されている。その大きさは、需要の価格弾力性が小さい財 β の方が、相対的に大きくなっている。

● ラムゼイ価格の問題点

ただし、ラムゼイ価格にも、最適課税論のラムゼイ・ルールと同様の問題点がある。すなわち、垂直的公平性の観点からは、ラムゼイ価格は望ましくないという点である。ラムゼイ価格で決まる価格で供給される私的財でも、需要の価格弾力性が低い財である必需財が存在する。ラムゼイ価格に基づいて価格をつければ、必需財には相対的に多く固定費用の負担を強いることになる。他方、奢侈財にかかる固定費用の負担は相対的に少ない。必需財への支出割合が高い低所得者には、固定費用の負担を相対的に多く強いるという問題点がある。

また、ラムゼイ価格を実際に適用しようとする際にも、問題点がある。それは、ラムゼイ価格を厳密に適用するためには、各財について需要の価格弾

---

20) 需要の価格弾力性がこのように表される理由は、本章補論Bを参照されたい。

力性を正確に知らなければならない。さらには、価格を決める政府が、独占企業の限界費用をも正確に知らなければならない。もし政府が正確にこれらの情報を入手できなければ、ラムゼイ価格の利点がうまく発揮されないことになる。こうした点は、すでに述べた他の価格規制でも同様にいえることである。

● 価格規制の問題点

このように、限界費用価格形成原理にせよ、平均費用価格形成原理にせよ、非線形料金にせよ、政府が価格を決めるには、独占企業の平均費用曲線や限界費用曲線を完全に知り尽くしていなければ、正確に価格を決められない。もし政府が独占企業の平均費用曲線や限界費用曲線を正確には把握できなければ、独占企業はこれらを偽って政府に報告するインセンティブが生じる。例えば、平均費用価格形成原理が採用されているとして、真の平均費用曲線や限界費用曲線が図8-8の曲線 AC や曲線 MC のように表されるとする。にもかかわらず、独占企業は、平均費用曲線はそれよりも上の曲線 AC' のように位置していると政府に偽って報告するインセンティブがある。なぜならば、この報告に基づいて政府が価格を決めれば、価格は p'_{AC} と設定され、独占企業は□$I'WYp'_{AC}$ の独占利潤が得られるからである。真の平均費用よりも高い価格が設定されれば、独占企業は利潤を得ることができる。そして、この偽りにより、供給量は Q'_{AC} とさらに少なくなり、資源配分の歪みはさらに大きくなるのである。

だから、こうした価格形成原理を実際に実施しようとするときには、独占企業の平均費用曲線や限界費用曲線を、政府が正確に把握できなければならない。しかし、この章で述べたどの価格規制にも、独占企業がこうした偽りの報告を自発的に止めようとするインセンティブは内在していない。その意味では、政府と独占企業との間に情報の非対称性があると、こうした価格形成原理はうまく機能しない可能性がある。

それだけでなく、自然独占の状態では、参入規制も行っているから、独占企業は競争にまったくさらされていない。競争によって生まれる生産技術の革新や費用削減の努力は、この状態では、ほとんど期待できない。そのた

図 8-8 価格規制の問題点

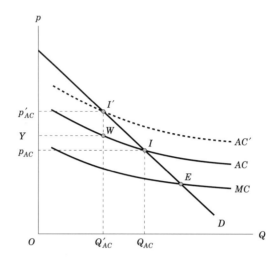

め、独占企業が仮に偽らずに政府に報告したとしても、こうした価格規制に基づいていったん決められた価格（限界費用や平均費用に等しい）を引き下げる努力はなされない可能性が高い。例えば、当初、真の平均費用曲線が図8-8の曲線 AC' のようになっていたとして、独占企業が（費用をほとんどかけずに）新技術を導入すれば（真の）平均費用曲線を図8-8の曲線 AC まで下げられるとしよう。しかし、この章で述べたどの価格規制にも、独占企業がこうした技術革新を自発的に行おうとするインセンティブは内在していない。その意味で、技術革新や費用削減努力の恩恵を受けにくいといえる。

●インセンティブ規制

価格規制が行われる産業・企業では、技術革新や費用削減努力が積極的に行われないという欠点がある。これを補うため、さまざまな工夫が盛り込まれた。企業に技術革新や費用削減努力を行うインセンティブを与えるように行う価格規制を、総称して**インセンティブ規制**とも呼ばれる。

インセンティブ規制の具体例として、**プライス・キャップ規制（価格上限規制）** がある。これは、第3章で触れたような、複数の財を供給する被規制企業に対して、すべての財の平均費用に上限を設け、その上限以下の価格をつけて供給させるものである。上限の改定には、つねに生産性の向上（技術革新や費用削減努力）が求められる設定となっている。平均費用のみに上限があるので、企業は各財に独自に価格をつける自由が与えられる。その上、生産性の向上については、政府が求める水準以上に達成できれば、それだけ企業の利潤が増える仕組みになっている。こうした仕組みが、生産性向上のインセンティブとして働く形になっている。しかし、被規制企業が費用構造などを政府に偽って報告するのを自発的に止めるインセンティブは内在せず、この問題は依然として残されている。

別の方法としては、同じような環境で供給している被規制企業同士を競争させる方法がある。これを**ヤードスティック競争**という。例えば、電力会社やガス会社のように、地域的には独占になっているが、いくつかの地域で同じ財をほぼ同じ費用構造で供給している。だから、他地域の独占企業と費用構造を互いに比較することができる。これらの中で、生産性をより向上させた企業には、生産性向上の報酬として利潤がより多く残る価格を設定し、生産性向上を怠った企業にはより低い価格を設定して生産性向上を促すようにする。このように、他企業の情報を基準（ヤードスティック）に利用して、生産性向上を促すと同時に、被規制企業が政府に情報を偽って報告しないように促すことができる。被規制企業が政府に偽って報告することを完全には防げないものの、より正しく報告させることができる規制方法として、利点が大きいといえる。

日本でも、1985年に電電公社と専売公社が、1987年に国鉄が民営化され、さらには1990年代にかけて費用逓減産業での規制緩和が進んだ。近年では、郵便、電力、都市ガスの自由化も進んでいる。今後の規制緩和が、本章で述べた規制の正当性や各種規制の特質を踏まえ、国民にとってよりよく実行されることが望まれる。

■ 補　論

A．限界収入の大きさ（図解による近似的説明）

　企業の収入（売上）は、価格×供給量である。供給量を追加的に1単位増やしたときの収入の変化分は、図示すると、図8-9のようになる。需要曲線は曲線 D で表されるとする。いま、価格が図8-9の p、供給量が図8-9の Q であったとする。そこで、供給量を追加的に ΔQ 単位増やしたとする。その結果、需要曲線 D に従って、価格は Δp だけ低下する。ここでは Δp はマイナスの値をとるものとする。

　そこで、追加的な収入の変化分の大きさを求めよう。そもそも、供給量増加前の収入は $p \times Q$ で、増加後の収入は $(p+\Delta p)\times(Q+\Delta Q)$ である。だから、その変化分は、

$$(p+\Delta p)\times(Q+\Delta Q) - p\times Q = p\times \Delta Q + \Delta p \times Q + \Delta p \times \Delta Q$$

となる。ここで、$\Delta p \times \Delta Q$ は微小な変化だから無視できる。しかも、上記は供給量を追加的に ΔQ 単位増やしたときの変化分であるから、これを追加的に1単位増えたときの変化分に直せば、上記を ΔQ で割ればよい。したがって、限界収入 MR は、

$$MR = \frac{p\times \Delta Q + Q \times \Delta p}{\Delta Q} \tag{A-1}$$

と表される。

　もちろん、微分を理解していれば、需要曲線を $p=D(Q)$、ただし $\frac{\partial D(Q)}{\partial Q} \leq 0$　とすると、

$$MR = \frac{\partial (pQ)}{\partial Q} = p + Q\frac{\partial D(Q)}{\partial Q}$$

と表され、（A-1）式と同じ意味を持つ。

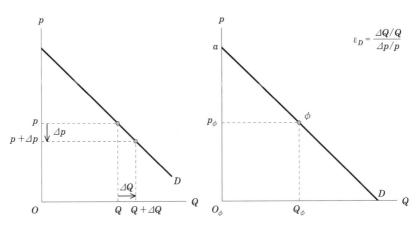

図 8-9 限界収入　　　　図 8-10 需要の価格弾力性

B. 需要の価格弾力性の図解

本書では、需要の価格弾力性を

$$\varepsilon_D = \frac{\Delta Q/Q}{\Delta p/p} = \frac{\Delta Q}{\Delta p} \times \frac{p}{Q} < 0$$

と定義しているが、説明を簡単にするため、ここではこの値の絶対値を用いる。いま、ある財の需要曲線が図 8-10 の曲線 D のように表されたとする。そこで、家計は価格 p_ϕ に直面し、需要量を Q_ϕ としたとする。この状態（点 ϕ）で、直面する需要曲線の傾き（の絶対値）は、$\dfrac{\Delta p}{\Delta Q}$ だから、図 8-10 では $\dfrac{線分\ ap_\phi}{線分\ O_\phi Q_\phi}$ と表される。したがって、需要の価格弾力性の定義にこれらを代入すると、

$$|\varepsilon_D| = \frac{線分\ O_\phi Q_\phi}{線分\ ap_\phi} \times \frac{線分\ O_\phi p_\phi}{線分\ O_\phi Q_\phi} = \frac{線分\ O_\phi p_\phi}{線分\ aQ_\phi}$$

と表される。

第 8 章　公共料金の決め方

■ 練習問題

1．次の専門用語について、それぞれの内容（定義）を説明せよ。
   ① 劣加法性
   ② 費用逓減産業
   ③ 限界費用価格形成原理
2．ピーク・ロード料金について、その内容や特徴を説明せよ。
3．ラムゼイ価格では、限界費用や需要の価格弾力性（絶対値）が異なる財に対して、どのような価格設定をすればよいと示唆しているか、説明せよ。

9 望ましい地方財政の姿

Public Economics

1 地方公共財

●日本の地方財政制度

　この章では、地方財政の問題を公共経済学の見地から議論したい。その前に、日本の地方財政制度がどのようになっているかを簡単に紹介しよう。図9-1に、国と地方の財政関係の概略を示している。

　日本の地方財政は、地方自治体の財政運営に国が強く関与する制度となっている。現行の地方財政制度では、国の法律である地方税法で自治体が課税する税目、税率ともに規定されており、地方税に関する自治体の実質的な裁量の余地は小さい。また、地方交付税や国庫支出金といった国から自治体への補助金が多く分配されている（詳細は後述する）。したがって、自治体は地方税や地方交付税や国庫支出金によってかなりの収入をまかなっているから、自治体の財政運営は国の関与を強く受けざるを得ない状況にある。その意味で、日本の地方財政は中央集権的であるといわれている。

　このような中央集権的な地方財政制度に対して、近年批判が多く出されて

図9-1 日本の地方財政制度（概要）

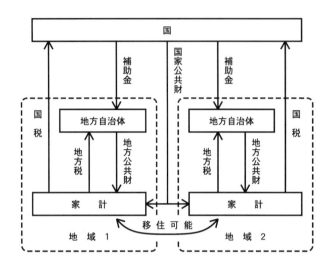

いる。しかし、現行制度がどう望ましくないのかは、公共経済学の見地から、パレート最適な状況が実現できるか否かを基準にきちんと議論する必要がある。

●地方公共財の定義

　地方自治体は、その行政区域に住む住民に公共サービス（公共財）を提供している。具体的に言えば、日本では、消防、警察、生活道路、上下水道、保健所、図書館、プールなどである。第2章での議論を踏まえれば、自治体がこれらの公共財を適切に供給しているか否かは、公共財の供給にかかる費用と住民が享受した便益とを比較しなければならない。この視点が、この章で地方財政を評価する際に重要となる。

　地方自治体が供給する公共財には、**地方公共財**（local public goods）といえるものがある。以下では、地方公共財の定義を説明し、地方公共財供給のパレート最適条件を導き、どのような地方財政運営を行えばこのパレート最適条件が実現するかを検討する。

　まず、地方公共財の定義を説明しよう。地方公共財とは、便益が限られた

ある地域内のみに及ぶが、その地域の中では非排除性と非競合性が成り立つ財である。地方公共財をより一般化すると、先の定義で「地域」を「クラブ（限られた個人の集まり）」と置き換えて、**クラブ財**（club goods）ともいう。地方公共財やクラブ財は、限られた地域やクラブの中に属さない個人には便益が及ばず、非排除性や非競合性が限定的にしか成り立っていない（排除性や競合性が一部成り立つ）ため、**準公共財**（impure public goods）の一種である。前述の自治体が供給する公共サービスの多くは、地方公共財に分類されるものといえる。

●地方公共財と地域経済

次に、地方公共財供給の最適供給条件を検討しよう。第2章と同様、私欲私権を超越した権限をもつ全知全能の社会計画当局が、パレート最適を実現するように各家計の私的財消費量や公共財供給量、さらには各地域の人口までも操作できるとする。実社会には社会計画当局はないが、地方公共財のパレート最適条件を考えるためにここで想定する。

地方公共財の便益は地域的に限定されるため、地域を明示的に考慮する必要がある。そこで、一般性を失うことなく、2つの地域（地域1と地域2）を考える。この両地域は必ずしも対称的である（同じ経済構造をもつ）必要はない。経済全体の人口（家計の数）はNで一定とし、地域1の人口をn_1、地域2の人口をn_2と表すと、人口制約は

$$n_1 + n_2 = N \tag{1}$$

と表せる。また、各地域にはL_i単位（$i=1,2$）の生産に用いられる土地があり、各地域の土地の量はすでに決まっていて変化しないとする。

家計は、私的財と住む地域の地方公共財を消費して効用を得るとする。ここでは全家計が同じ選好（効用関数）を持つという意味で同質であると仮定し、その効用関数は

$$U(x_i, G_i) \tag{2}$$

とする。ここで、x_iを地域iに住む家計の私的財消費量、G_iを地域iの地方

公共財供給量（＝消費量）とする。私的財と地方公共財は上級財であるとする。ここで地域 i の家計について、私的財の限界効用を MU_{xi}、地方公共財の限界効用を MU_{Gi} と表し、両者の限界代替率を $MRS_i (\equiv MU_{Gi}/MU_{xi})$ と表す。地方公共財の便益は住んでいる地域で供給されるものだけ享受できる。別の言い方をすれば、地域 i の地方公共財は、いったん供給されると地域 i の住民は等量消費できる（非競合性が成り立つ）が、他地域の住民はその便益を享受（消費）することができず、便益が地域を越えて及ぶこと（これを便益の**スピルオーバー**という）はないと仮定する[1]。また、経済全体（両地域の住民）に非競合的に便益が及ぶ公共財（**国家公共財**（national public goods）と呼ぶ）は、説明の便宜上捨象する。

地域 i に住む家計（人口 n_i）は、選好がそもそも同じであり、皆同じ量だけ地方公共財を消費するから、私的財消費も皆同じ量だけ消費することで同じ効用水準を得ている。その結果、地域 i に住む n_i 人の家計は皆同じ行動をとるから、今後の議論では、そのうちの1人を代表させて議論する。その代表させた家計を**代表的家計**と呼ぶ[2]。代表的家計の効用が最大になれば、その地域の全家計の効用も最大になる。

各家計は、住む地域で1単位の労働を非弾力的に供給するものとする。各地域では、その地域の労働者 n_i 人と土地 L_i 単位を要素として1種類の私的財（価格は両地域で1とする[3]）を生産し、生産関数が（地域によって生産関数（生産構造）が異なりうる）

$$F_i(n_i, L_i) \tag{3}$$

で表せるとする[4]。ただし、生産関数(3)は全要素について規模に関して収穫

---

[1] 後にこの仮定を緩めた場合も議論する。
[2] ここでの同質的な家計の仮定は、説明の便宜上のものであり、仮定を緩めてもここでの結論は基本的に同じである。
[3] 価格を1と基準化する財をニューメレール（numeraire）と呼ぶ。
[4] 土地を誰が所有するかは、全知全能の社会計画当局が資源配分を司っている以上、ここでは重要でない。なぜならば、たとえ生産の前にある家計が土地を持っていても、土地を生産要素として投入した結果生産された財を、社会計画当局は土地の所有者とは必ずしも関係なくパレート最適が実現するように配分できるからである。

一定とする[5]。土地の量は変化しないが、労働投入量は人口によって変わる。地域 i の労働の限界生産性を MP_i と表し、限界生産性は逓減すると仮定する。

また、両地域とも、地方公共財は私的財 P 単位を投入することによって地方公共財が 1 単位生産されるとする。つまり、私的財と地方公共財の限界変形率は P であると仮定する[6]。したがって、経済全体での財の生産と消費の関係は、各地域での労働力と土地を用いて私的財が $F_i(n_i, L_i)$ 単位（$i = 1, 2$）生産され、それを各地域の同質的な住民が私的財を 1 人当たり x_i 単位ずつ消費するだけでなく、限界変形率 P で各地域の地方公共財を G_i 単位供給するために用いられる。この経済全体の生産と支出の関係（実行可能性制約）を表すと、次のようになる。

$$F_1(n_1, L_1) + F_2(n_2, L_2) = n_1 x_1 + n_2 x_2 + PG_1 + PG_2 \tag{4}$$

これは、マクロ経済学での支出面からみた GDP と同じである。つまり、左辺は各地域の生産量の合計だから GDP で、右辺の前 2 項は民間消費、後 2 項は政府支出である[7]。

社会計画当局は、各地域の家計の効用を考慮して人口を決めなければならない。もし一方の地域に住む家計の効用が他方の地域に住む家計の効用よりも低ければ、効用が高い地域に家計を移住させることによってパレート改善できる。だから、社会計画当局は、両地域での効用水準が等しくなる状況

$$U(x_1, G_1) = U(x_2, G_2) \tag{5}$$

を実現しなければならない。

---

[5] 全要素について規模に関して収穫一定のとき、私的財市場と要素市場が完全競争市場であれば、生産による利潤はすべて要素に対する支払にあてられ、企業の手元に残る利潤はゼロとなる。
[6] この限界変形率は、P で一定でなくとも以下の結論は変わらない。
[7] ちなみに、ここでは生産要素に資本が入っていないので民間投資は行われない。また、外国との取引はないので輸出入もない。だから、(4)式は支出面からみた GDP を意味する。

図9-2 経済全体の生産量

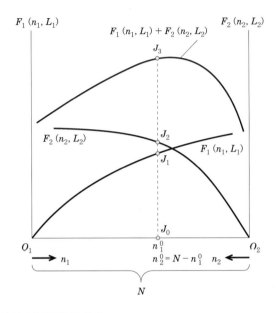

● 地方公共財の最適供給条件

　上記の経済で、パレート最適を実現するべく、社会計画当局は各地域の人口、私的財消費量、地方公共財供給量を、次のように決める。まず、私的財の生産量が各地域の人口によって決まることを考慮する必要がある。各地域の人口に対する各地域の生産量および経済全体の生産量を示したのが、図9-2である。例えば、地域1の人口を n_1^0、地域2の人口を $n_2^0 (= N - n_1^0)$ としたとき、地域1の生産量は線分 J_0J_1、地域2の生産量は線分 J_0J_2、経済全体の生産量は線分 $J_0J_3 (= J_0J_1 + J_0J_2)$ となる。こうして生産された私的財を、社会計画当局は、各地域の住民に適切に配分し、各地域の住民の効用をよりよく高められるように私的財と地方公共財を供給する必要がある。そこで例えば、今生産された $F_1(n_1^0, L_1) + F_2(n_2^0, L_2)$ 単位（＝線分 J_0J_3）の私的財を、社会計画当局が1人当たりで、地域1に y_1' 単位（合計 $n_1^0 y_1'$ 単位）、地域2に y_2' 単位（合計 $n_2^0 y_2'$ 単位）配分したとする。これを示したのが図9-3左上である。さらに、各地域で配分された私的財を地方公共財供給のために費やすか私的財としてそのまま消費するか、地域ごとに決める。そのとき

図9-3 地方公共財におけるサミュエルソンの公式

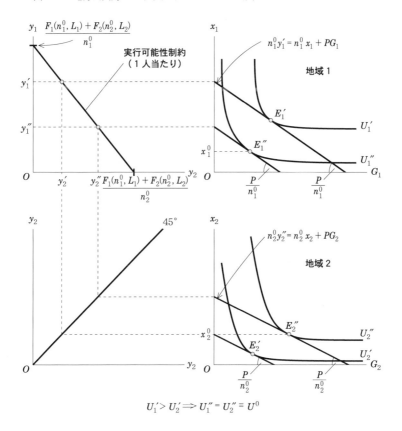

地域 i は $n_i^0 y_i' = n_i^0 x_i + PG_i$ という制約に直面する。これを、第2章と同様に、縦軸に x_i、横軸に G_i をとって描いたのが、図9-3右上（地域1）と右下（地域2）である。その制約下で代表的住民の効用を最大にする x_i と G_i の組み合わせが、点 E_1'、点 E_2' である。このときの最大化された効用水準を U_1'、U_2' と表せるとする。

ここで、社会計画当局は、前述のように(5)式を満たさなければならない。例えば、$U_1' > U_2'$ であれば、人口分布 n_1^0, n_2^0 とその生産量を所与として、当初の配分 y_1', y_2' から地域1への配分を減らし地域2への配分を増やすことで、両地域の効用水準を等しくすることができる。そこで、配分を y_1''

第9章 望ましい地方財政の姿 | 205

($< y_1'$)、$y_2''(> y_2')$として、かつ$n_i^0 y_i'' = n_i^0 x_i + PG_i$の制約下で代表的住民の効用を最大にするよう私的財と地方公共財の量を決める。その結果、効用水準が$U_1'' = U_2'' \equiv U^0$となれば、(5)式を満たし、かつ地域ごとにパレート最適（地域内で他の住民の効用を下げずにある家計の効用をもはや上げることができない状態）が実現する。これが図9-3では点E_1''、点E_2''で表され、各地域で$MRS_i = P/n_i$となっている。つまり、地方公共財の便益が地域を越えてスピルオーバーしないとき、第2章で議論した**サミュエルソンの公式**

$$n_1 MRS_1 = P \tag{6-1}$$
$$n_2 MRS_2 = P \tag{6-2}$$

（限界代替率の和＝限界変形率）が地域ごとに成り立つ。ここで、家計が同質と仮定したから左辺が全住民の限界代替率の和になっている点に注意されたい。また、地方公共財の便益はその地域に限定されているから、(6)式は地域ごとに成り立っている。

しかし、地方公共財のパレート最適条件は、サミュエルソンの公式(6)を満たすだけでは不十分である。なぜならば、サミュエルソンの公式は、人口を所与として、あくまでも地域内住民にとってパレート最適になっているに過ぎず、地域を越えて経済全体でパレート最適（他地域の効用を下げずにある地域の効用をもはや上げることができない）となる保証はないからである。より具体的にいえば、もし地域1の人口を増やして地域2の人口を減らすことで、両地域の住民の効用がともに上がるならば、人口分布を変えることでパレート改善できるから、経済全体（地域間）でのパレート最適を考えるなら、適切な人口分布（各地域の人口）を吟味しなければならない。

そこで、各地域の人口が変化したときを考えよう。例えば、各地域の人口がn_1^0、n_2^0であるときに、地域2から地域1へ1人だけ追加的に移住したとしよう。このとき、人口（労働者数）が増えた地域1では私的財生産量が労働の限界生産性MP_1分だけ追加的に増加するが、私的財消費量もx_1分（1人分の消費量）だけ追加的に増加する。人口が減少した地域2では私的財生産量がMP_2分だけ追加的に減少するが、私的財消費量もx_2分だけ追加的に減少する[8]。ここで、私的財の追加的な生産量増加（減少）と消費量増加

図9-4 最適人口分布の条件

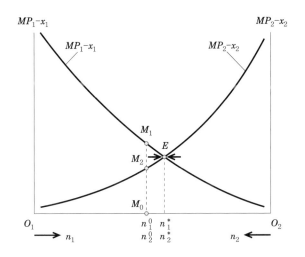

（減少）の差（$MP_i - x_i$）を労働の社会的限界純生産性と呼び、地域ごとに人口規模に対応したその大きさが図9-4のように示せるとする。例えば、各地域の人口がn_1^0、n_2^0のとき、地域1の社会的限界純生産性は線分M_0M_1、地域2の社会的限界純生産性は線分M_0M_2である。

いま、地域2から地域1へ1人だけ追加的に移住すると、人口が増えた地域1では線分M_0M_1だけ（純）生産量が追加的に増え、人口が減った地域2では線分M_0M_2だけ（純）生産量が追加的に減り、経済全体で線分M_1M_2だけ私的財の（純）生産量が増える。この増えた私的財を両地域の家計に追加的に配分すれば、両地域の家計とも消費量を増やせるから、効用が上がりパレート改善できる。だから、両地域の労働の社会的限界純生産性が等しくなる状態、つまり

---

8) このとき、MP_1の大きさは図9-2における点J_1での$F_1(n_1, L_1)$の傾きの大きさ、MP_2は図9-2の点J_2での$F_2(n_2, L_2)$の傾きの大きさで、x_1の大きさは図9-3においてサミュエルソンの公式と(5)式を満たすx_1^0、x_2は図9-3におけるx_2^0である。さらに、人口分布がn_1^0、n_2^0のときとして描かれた図9-3は人口が変化するとともに変化し、各人口規模に対応した私的財消費量は図9-3と同様の論理で導かれる。

$$MP_1 - x_1 = MP_2 - x_2 \tag{7}$$

が成り立つまで、地域1の人口を増やせばよい。そして点 E、つまり各地域の人口が n_1^*, n_2^* となる状態が、経済全体でパレート最適となる[9]。このことから、(7)式を**最適人口分布の条件**といい、経済全体でみて各地域の人口が効率性の観点から望ましい規模になっている状態を意味する。別の言い方をすれば、最適人口分布の条件は、どの地域に何人住めば経済全体でみてパレート最適になるかを示している。この結論は、地域がいくつあっても同様に成り立つ。

以上より、両地域でサミュエルソンの公式と最適人口分布の条件が成り立つとき、経済全体でみて各地域の地方公共財供給と人口がパレート最適になる。パレート最適な状態では、経済全体の生産量（いわば GDP）が最大になる（最適人口分布の条件）ように各地域に家計が住んで労働を供給し、その最大限に増えた生産量を私的財（民間消費）と地方公共財（政府支出）とに家計の効用が最大になるように配分する状態（サミュエルソンの公式）が実現している。

2　地方政府の分権的な政策決定

●分権的な地方政府

次に、このパレート最適の状況が、どのような地方財政制度によって実現できるだろうか。地方財政制度には、極論すれば、地方政府（自治体）が中央政府（国）の関与を受けない分権的な制度から、地方政府が単なる中央政府の出先機関となる集権的な制度まである。先進各国をみると、日本、イギリスなど単一国家（unitary state）はより中央集権的な地方財政制度をとっており、アメリカ、ドイツ、カナダなど連邦国家（federal state）はより地方分権的な制度をとっている。

そこで、わが国の地方財政制度の長所短所を比較検討するべく、まず連邦

9）点 E の右側では、同様の理由で地域2の人口を増やせばパレート改善する。

国家のような分権的な地方政府を取り上げてみよう。わが国と異なり、国からの関与を受けない地方政府の分権的な政策決定によって、各地域でサミュエルソンの公式を満たすように地方公共財が最適に供給されると同時に、最適人口分布の条件を満たすように各地域の人口が決まるか否かを考察する。ここでの分権的な地方政府は、地方公共財供給量やその財源として課税する税目や税率を独自に決定できる。また、中央政府の関与はまったくないと仮定する。

いま、各地方政府は自地域の住民の効用を最大化するように政策を決定すると考える。このような地方政府を慈善的な（benevolent）地方政府と呼ぶ[10]。社会計画当局がいないこの分権的な経済においては、前節の設定に加えていくつかの仮定をおく。土地の所有について、家計は居住地域の土地を全住民で均等に所有し、所有権は家計間で売買できないと仮定する。つまり、地域 i の各家計は地域 i の土地を L_i/n_i $(i=1,2)$ だけ所有し、他地域の土地は所有しない[11]。

また、私的財市場や生産要素市場は完全競争市場であるとし、企業は労働と土地を使って利潤を最大化するように私的財を生産する[12]。生産関数(3)のもとでは、地域 i の 1 人当たり賃金 w_i（= 労働の限界生産性 MP_i）が家計に支払われ、生産に伴う土地の収益である地域 i の地代総額 R_i は、$R_i \equiv F_i(n_i, L_i) - w_i n_i$ で、土地の所有者に所有量に応じて配分される。つまり、企業は労働者に賃金を支払って残った分を土地所有者に地代として支払う。家計は地域間を完全自由に移住でき、すべての価格に対し価格受容者（プライス・テイカー）として行動する。

---

10) 実社会で地方政府は慈善的でないかもしれないが、慈善的でなければそもそも効率的な政策決定をする動機付けはないから、パレート最適が実現しないのはもはや自明であろう。
11) この仮定は、簡単化のためである。後にこの仮定を緩めた場合を議論する。
12) 私的財はどの地域で購入してもよいが、同じ 1 種類の私的財なので家計は価格が低い地域で購入しようとする。私的財市場は完全競争市場で財の地域間移動が完全自由としているから、結局各地域で価格は均等化されることになる（ここでの均等化された価格は 1 とする）。したがって、私的財は他地域で購入したものも自地域で購入したものも区別する必要はない。

●一括固定税による地方公共財供給

いま、地方公共財を供給する地方政府が各住民に対して一括固定税で課税する。わが国における現行の地方税では、一括固定税はすでに住民税の均等割として存在する。また、労働供給が賃金に対して弾力的でないとき、労働所得に対する住民税（所得割）も一括固定税と同様の経済的効果を持つ。地域 i の地方政府（$i=1,2$）は独自に、一括固定税を住民に1人当たり t_i^N だけ課税する。このとき、地域 i の（代表的）住民の予算制約式は、

$$x_i = w_i + R_i/n_i - t_i^N = F_i(n_i, L_i)/n_i - t_i^N \tag{8}$$

となる。また、前節と同様に限界変形率は P とすると、地域 i の地方政府の予算制約式は

$$PG_i = t_i^N n_i \tag{9}$$

となる。

その制約下で、地方政府による地域 i の代表的住民の効用を最大化する政策を考える。地方政府の分権的な政策決定を所与とした家計が自由な地域間移住をすることで到達する均衡を、**移住均衡**（migration equilibrium）という。政策決定に際して、地方政府は家計の地域間移住を直接操作できないから、現時点での自地域の人口を所与とせざるを得ない。そのため、地方政府は、短期的には現時点での自地域の人口を所与として現住民の効用を最大化するように政策決定せざるを得ない。このとき、地方政府は地域間の効用均等化条件(5)を考慮しないが、家計は地域間移住が完全自由なので、短期での移住均衡では家計の移住を通じて地域間で効用水準が均等化する[13]。

しかし、ある政策を採用したことによって、追加的に住民の移住が起こりうるから、地方政府が短期的に意図していなかった住民の移住に直面する。だから、地方政府は長期的には、このような移住を織り込んで政策を決定す

---

[13] この状況は、地方政府の自地域の人口に対する影響力が十分に小さく、地方政府は政策決定の際には自地域の人口を所与として行動しているとも解釈できる。その意味で、この地方政府の政策決定は「近視眼的（myopic）」であるともいう。

図9-5 地域 i の地方公共財供給

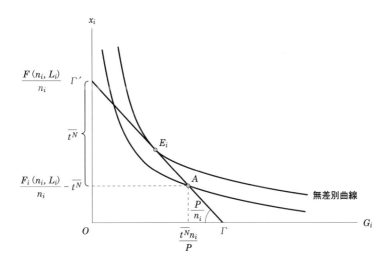

る必要がある。つまり、地方政府は(5)式を考慮して政策決定する[14]。まとめると、ここでは、現時点での自地域の人口を所与として政策決定をする状況を「短期」と呼び、住民の地域間移住が起こることを考慮して政策決定する状況を「長期」と呼ぶ[15]。

短期における分権的な地方政府は、自地域の人口を所与とし、地域 i の代表的住民の効用を最大化するように一括固定税額ひいては地方公共財供給量を決める。そのとき、代表的住民の予算制約式(8)と地方政府の予算制約式(9)を統合した予算制約式

$$x_i = F_i(n_i, L_i)/n_i - PG_i/n_i \tag{10}$$

---

14) 例えば、地方政府が短期的には今の人口を所与として、住民の効用を最大化すべく保育所を2つ建てたが、この行政に好感を持った人が他地域から引っ越してきて人口が増えたとする。この増えた人口の下では、住民の効用を最大化するには保育所を4つ建てなければならないとすると、地方政府は、長期的には保育所を4つ建てる、という具合である。

15) 理論について厳密なことが気になる読者のために記せば、この章でのモデルは静学モデルであるが、ここでの「長期」は長期的な定常状態を意図している。当然のことながら、移行過程は分析の対象外である。

図 9-6　人口と効用水準の関係

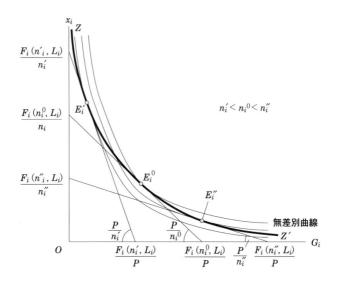

に直面する。(10)式が図 9-5 の直線 $\Gamma\Gamma'$ で示されるとき、点 E_i で効用が最大になる[16]。点 E_i では、

$$n_i MRS_i = P \qquad i = 1, 2$$

が成り立っている。これは、サミュエルソンの公式(6)と一致する。つまり、短期において慈善的で分権的な地方政府による政策決定は、各地域でサミュエルソンの公式を満たす[17]。

● 移住均衡における人口分布

では、最適人口分布の条件(7)は成立するだろうか。それを確かめるためには、その地域の人口と最大化された効用水準の関係（間接効用関数）を導く必要がある。それを、図 9-6 で検討しよう。いま、地域 i の人口が n_i^0 のと

[16) 図 9-5 において、Γ はギリシャ文字のガンマ（大文字）である。
[17) これは、土地の量、地方公共財生産の費用構造、生産関数が両地域で同じ（対称的）でなくても、地域ごとに成立する。

き、効用最大化点が点 E_i^0 であったとする。地域 i の人口が n_i'（$< n_i^0$）と少ないとき、n_i^0 のときよりも、統合された予算制約式(10)の傾きはきつくなり（$P/n_i' > P/n_i^0$）、地域 i の私的財生産量は少なくなる（$F_i(n_i', L_i) < F_i(n_i^0, L_i)$）から横軸との交点（$x_i = 0$ のときの G_i）は左に移動する。そして、効用最大化点は点 E_i' となる。さらに、地域 i の人口が n_i''（$> n_i^0$）と多いとき、n_i^0 のときよりも、予算制約式(10)の傾きは緩やかになり、地域 i の私的財生産量は多くなるから横軸との交点は右に移動する。そして、効用最大化点は点 E_i'' となる。こうして、人口が変化したときの効用最大化点の軌跡は、太い曲線 ZZ' のようになる。

　曲線 ZZ' によると、交わる無差別曲線から判断して、人口が少ないときから増加するにつれて最大化された効用水準が上昇するが、人口がある程度以上を超えると人口が増加するにつれて最大化された効用水準が低下している。この人口 n_i と最大化された効用水準 U_i の関係（間接効用関数）を $U_i = V_i(n_i)$ と表す[18]。間接効用関数 $V_i(n_i)$ が、図9-7のように図示できたとする[19]。例えば、図9-7において地域1の住民の間接効用関数 $V_1(n_1)$ は、左の縦軸から始まり、人口 n_1 が増える（右方向に進む）に従って効用水準が上昇する右上がりの曲線になるが、途中から人口 n_1 が増えるに従って効用水準が低下する右下がりの曲線として表されている。$V_i(n_i)$ は、地域 i に n_i 人だけ住んだときに、前述の地方政府の政策（税、公共財供給）を所与として、地域 i の住民はどれだけの（最大化された）効用水準が得られるかを示したものである。各家計は、目下の人口の状態で今住む地域の効用水準よりも高い効用が他の地域で得られるとわかれば、すぐに他の地域に移住する。もちろん、これに伴い各地域の人口は変化するから、変化後に地域間で

[18) 間接効用関数の定義を知らなくても、以下の内容は理解できる。図9-7の曲線は、図9-6で示した曲線 ZZ' を別の形で描き換えただけのものである。ただ、間接効用関数の詳細を知っているとより深く理解できる。間接効用関数の定義・詳細については、ミクロ経済学の教科書を参照されたい。

19) しかし、間接効用関数 $V_i(n_i)$ の形状について一般的なことは何もいえず、移住均衡が複数になることもありうる（だから必ずしも図9-7のように描けるとは限らない）。ここでは、図9-7に対応して $V_i(n_i)$ が単峰形（極大点が1つある曲線）であると仮定して議論を続ける。

図9-7 移住均衡

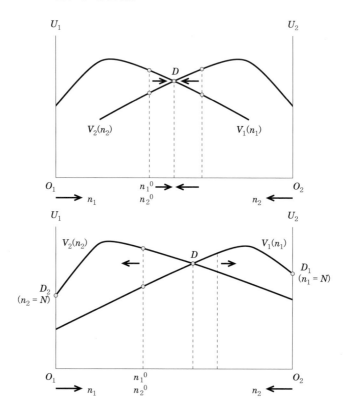

効用水準に格差があればさらに同様の家計の移住が起こる。結局、各地域の効用が均等化するまで移住が続く。

例えば、図9-7の上図の場合、各地域の人口が n_1^0, n_2^0 のとき地域1に住む方が地域2に住むよりも効用が高い（$V_1(n_1^0) > V_2(n_2^0)$）から、家計が高い効用を求めて地域2から地域1に移住する。こうして、両地域の効用が均等化する状態である移住均衡点 D に至る。点 D の右側でも同様に移住均衡点 D に収束するような移住が起こる。このときの移住均衡は、安定的であるという[20]。

---

20) 移住均衡が安定的であるための条件は、補論Bを参照されたい。

ところが、もし地域1と地域2の間接効用関数が図9-7の下図のようになっていれば、両地域の効用が均等化する移住均衡は安定的ではない。例えば、各地域の人口が n_1^0、n_2^0（移住均衡点 D より少し左）のとき、地域2に住む方が地域1に住むよりも効用が高い（$V_1(n_1^0) < V_2(n_2^0)$）から、家計が高い効用を求めて地域1から地域2に移住する。しかし、これによってさらに両地域の効用差は拡大するから、結局地域2に人口が集中（地域1の人口がゼロとなる点 D_2 に到達）し、移住均衡点 D には収束しない。逆に、移住均衡よりも右側では、結局地域1に人口が集中（地域2の人口がゼロとなる点 D_1 に到達）する。これらの場合、最適人口分布の条件(7)が満たされる保証がない。

そこで、図9-7の上図のように安定的である移住均衡で、最適人口分布の条件(7)を満たすか否かを検討しよう。追加的な移住が以前より住んでいた住民の効用水準に及ぼす影響について、不必要な複雑な説明を避けるべく多少の厳密さを犠牲にするが簡潔に説明しよう[21]。人口が追加的に1人だけ増えた地域では、私的財生産量が労働の限界生産性 MP_i 分だけ追加的に増加するから、移住前から住んでいた住民の1人当たり所得（賃金＋地代）は追加的に MP_i/n_i だけ増加し、その分だけ私的財消費量を増やせる。他方、私的財には競合性があるため、追加的に増えた1人が私的財を x_i 単位だけ追加的に消費するから、以前から住んでいた住民はその分だけ私的財消費ができなくなる。その減少分が、以前から住んでいた住民1人当たりにして、x_i/n_i 単位となる。以上より、人口が1人だけ追加的に増えるに伴って、以前から住んでいた住民1人当たりの私的財消費量は合計して $(MP_i - x_i)/n_i$ 単位変化するから、1人当たりの効用水準は $\{(MP_i - x_i)/n_i\}MU_{xi}$ だけ変化する。つまり、この大きさは n_i が追加的に増えたときの図9-7における $V_i(n_i)$ の傾きを意味する。逆に、人口が追加的に減少する地域では、この符号の正負が逆になる。また、ここで $MP_i - x_i$ が、前述の労働の社会的限界純生産性であることに注意されたい。

図9-7のように、移住均衡における各地域の $V_i(n_i)$ の傾きについて、両

21）厳密な説明は、補論Bを参照されたい。

地域の傾きの大きさの間に明確な関係や規則性はとくにない。だから、移住均衡において(7)式を満たす必然性はまったくない。つまり、この移住均衡は、一般的には人口分布がパレート最適になるとは限らないのである。ただし例外的に、両地域の経済構造がまったく同じである（対称的である）場合、両地域の人口は $N/2$ と同じになり、私的財消費量やその限界効用などすべてが同じ大きさとなり、移住均衡における両地域の $V_i(n_i)$ の傾きが同じとなり、移住均衡は安定的でかつ(7)式を満たす。しかし、通常、地方政府が一括固定税を課税したときの移住均衡における人口分布は非効率になる[22]。

このような地方政府の分権的な政策決定による人口分布の非効率性を、**財政的外部性**（fiscal externality）という。広義の財政的外部性とは、民間の経済主体の行動を完全には考慮しない（できない）地方政府の分権的な政策決定によって、市場を通さずに（市場の外部で）起こる経済効果である。ここでの狭義の財政的外部性は、短期での地方政府は家計の地域間移住を考慮せずに政策決定するため、家計の移住に伴う地方公共財の租税価格（公共財供給を1単位増やす際に必要な租税負担：ここでは P/n_i）の変化を考慮しないことが原因で、経済全体での人口分布が非効率になることである。実際は移住によって、住民が転出する地域では租税価格が上昇し、転入する地域では租税価格が下落する。しかし、この租税価格の変化は政策決定に反映されていないため、非効率な人口分布を導くような家計の地域間移住が起こり、財政的外部性が生じてしまうのである。

このような、地方政府の分権的な政策決定で生じる非効率性は、中央政府による人口過多地域から人口過少地域への財政移転を行うことで解消できる。すなわち、中央政府が、人口過多地域に国税を一括固定税で1人当たり τ だけ課税し、これを財源にして人口過少地域へ一般定額補助金（使途を予め定めずに定額で配る補助金）を分配することである[23]。この財政移転によ

---

[22] ただし、地方税が一括固定税だけでなく土地に対する固定資産税もあれば、長期における分権的な地方政府の政策決定によって、経済全体で地方公共財供給も人口分布もパレート最適が実現できる。この詳細は第10章で述べる。

[23] 一括固定税でなく、代替効果が生じる国税を課税すれば効率性を阻害するから、非効率性を解消する目的ではふさわしくない。

図 9-8 中央政府からの財政移転

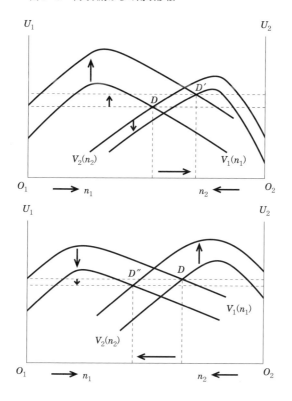

り、一括固定税を課税された地域の統合された予算制約式は、次のようになる。

$$x_i = F_i(n_i, L_i)/n_i - PG_i/n_i - \tau \tag{10}'$$

これは、図 9-6 で表されている各人口に応じた予算制約式(10)がそれぞれ τ だけ下へシフトしたものである。これに伴い、ある人口に応じた効用水準も所得効果の分だけ低下する。つまり、国税が課税された地域では、その分だけ可処分所得が減少し、その地域に住むことによる効用 U_i が低下する。これを表したのが図 9-8 の上図である。例えば、地域 2 に国税を課税すれば、課税前の $V_2(n_2)$ が課税後には下にシフトする。逆に、定額の補助金が分配

第 9 章 望ましい地方財政の姿 | 217

された地域では、その分だけ可処分所得が増加し、その地域に住むことによる効用が高まる。図9-8の上図では地域1に補助金を分配し、課税前の$V_1(n_1)$が課税後には上にシフトする。この変化に伴い、移住均衡は点Dから点D'に移動し、均等化する両地域の効用は財政移転後に上昇している。

これによって非効率性が解消される理由は、次の通りである。人口過多地域に国税を課税すればその分だけその地域に住むことによる効用が低下する。これに対して人口過少地域に定額の補助金を分配すればその地域に住むことによる効用が高まる。この変化が、両地域の効用が均等化する（(5)式が成り立つ）まで人口の移動を促し、人口の過多や過少が解消できるのである。

ここで注意したいことは、人口が相対的に多い地域が人口過多地域で、人口が相対的に少ない地域が人口過少地域とは限らないということである。あくまでも、最適人口分布の条件(7)を満たす最適人口規模よりも人口が多い地域が人口過多地域で、少ない地域が人口過少地域である。だから、いわゆる「過疎」や「過密」とは、必ずしも一致しない。例えば、図9-8の下図のように、そもそも人口が相対的に多い「過密」地域1と少ない「過疎」地域2があって、中央政府が誤って、最適人口分布の条件(7)を満たす最適人口規模よりも人口が過多な地域2に補助金を分配し、人口が過少の地域1に課税したとする。このとき、移住均衡は点D''に移り、均等化する両地域の効用は財政移転後に低下してしまう。

3 現行の地方財政制度の問題点

●中央集権的な地方税制

前節の分析では、分権的な地方政府の政策決定ではパレート最適が実現せず、中央政府による財政移転が正当化できる状況が認められた。他方、日本では目下、地方財政制度を分権化しようとする動きがある。この地方分権の動きは、中央集権的な現行制度にさまざまな問題点があるという認識が前提となっている。そこで、現行制度の問題点を公共経済学的に検討してみよう。

わが国の現行制度では、国の法律である地方税法で税目、税率ともに規定されており、地方税に関する地方自治体の実質的な裁量（課税自主権）の余地は小さいとされている。そこで、前節の枠組みを利用して現行制度の性質を考えよう。いま、地方政府は地方税法で規定された税率・税額で課税しなければならず、例えば、地方税として一括固定税を全地域で住民1人当たり同額の $\overline{t^N}$（国が決めた額）だけ課税したとする。このとき、地域 i の（代表的）住民の予算制約式は、(8)式に比して、

$$x_i = F_i(n_i, L_i)/n_i - \overline{t^N}$$

となる。また、地域 i の地方政府の予算制約式は、(9)式に比して、

$$PG_i = \overline{t^N} n_i$$

となる。現時点での自地域の人口 n_i を所与として政策決定をする短期において、この状態では、地方政府は中央政府が決めた税額 $\overline{t^N}$ に拘束されて、その額だけの地方公共財供給しかできず、地方政府が自由に供給量を操作することができない。そして、家計の私的財消費量もこれに拘束されて決まる。一例として、これを示したのが図9-5の点 A である。もし中央政府による税額の規定がなければ、前節のような分権的な政策決定で地方政府・代表的家計は点 E_i の効用水準を得られたはずである。しかし、中央政府が中央集権的に税額を規定したため、同額の収入がありながら点 A でのより低い効用水準しか得られなくなってしまったのである。その理由は、地方政府が代表的家計の効用を最大化するべく独自に一括固定税額を決めることができないからである。このように、中央政府が全地域に対し画一的に税額を決めることにより、地方公共財供給がサミュエルソンの公式を満たすことができず、パレート最適にできない状況となっている[24]。

ここから得られる政策的含意は、中央政府が全地域に対し画一的に税額・税率を決めて地方政府の地方公共財供給がこれに拘束される制度は、直ちに

---

24) 仮にある地域で中央政府が規定した税額でサミュエルソンの公式が実現できたとしても、それは偶然であり、他の地域でもそうなる必然性はまったくない。

廃止すべきであり、地方政府に課税自主権を与える必要がある、ということである。

●地方交付税の非効率性

中央政府が全地域に対し画一的に税額・税率を決めて地方政府の地方公共財供給が拘束される制度の下では、前節のように地方政府の分権的な政策決定に伴う非効率性を解消する予定で中央政府が支出する財政移転が、より非効率を助長してしまう恐れがある。

そもそも、中央政府から地方政府への政府間補助金には、使途を特定しない定額の補助金である一般定額補助金（unconditional lump-sum grants）と、使途を特定して地方の歳出の一定割合を支出する補助金である特定定率補助金（conditional matching grants）がある[25]。わが国の地方財政制度では、前者として地方交付税、後者として国庫支出金が主だったものである。

そこで、中央政府が全地域に対し画一的に税額・税率を決める状況で、一般定額補助金である地方交付税が各地域に分配される場合を考えよう。地方税として一括固定税を全地域で住民1人当たり同額の $\overline{t^N}$ だけ課税し、国税として一括固定税を全地域で住民1人当たり同額の τ だけ課税したとする。このとき、地域 i の（代表的）住民の予算制約式は、

$$x_i = F_i(n_i, L_i)/n_i - \overline{t^N} - \tau$$

となる。この国税を財源に地方交付税が地域 i に $\overline{H_i}$ だけ分配されると、地域 i の地方政府の予算制約式は

$$PG_i = \overline{t^N} n_i + \overline{H_i}$$

となる。前述と同様に、現時点での自地域の人口 n_i を所与として政策決定をする短期において、この状態では、地方政府は中央政府が決めた税額 $\overline{t^N}$

---

[25] 語句の定義は、次の通りである。補助金の支出対象となる歳出に対して一定割合を支出する補助金を定率補助金、支出対象となる歳出の額の多少に関わらず一定額を支出する補助金を定額補助金という。また、使途を特定せずに支出する補助金を一般補助金、使途を特定して支出する補助金を特定補助金という。

図9-9 地方交付税の効果(フライペーパー効果)

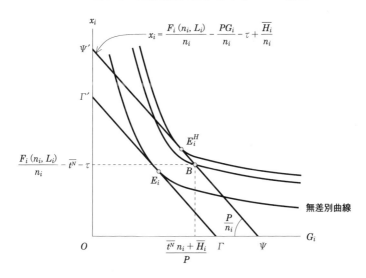

や地方交付税額 $\overline{H_i}$ に拘束されて、それに見合うだけの地方公共財供給しかできず、地方政府が供給量を操作できない。そして、家計の私的財消費量もこれに拘束されて決まる。

　この状況を示したのが図9-9の点 B である[26]。もし中央政府による税額の規定がなく、前節のように地方税額 t_i^N が自由に決められる分権的な地方政府ならば、図9-9の直線 $\Psi\Psi'$ として表される地域 i の統合された予算制約式

$$x_i = F_i(n_i, L_i)/n_i - PG_i/n_i - \tau + \overline{H_i}/n_i$$

に直面する。ここで地方政府は点 E_i^H で効用を最大化でき、サミュエルソンの公式が成立していたはずである。しかし、中央政府が中央集権的に税額を規定したため、同額の収入がありながら点 B でのより低い効用水準しか得られなくなってしまったのである。その理由は、中央政府から交付された補助金は地方公共財供給に支出しなければならず、そのため供給量が最適水準

---

26) 図9-9において、Ψ はギリシャ文字のプサイ(大文字)である。

よりも多くなっても、地方政府が自由に地方税額を決められないためそれを減らすことができないからである[27]。

このように、中央政府から地方政府に使途を定めずに分配されたはずの一般定額補助金が、地方公共財供給のための支出に貼り付いて公共財供給量を過大にしてしまい、効用水準を下げる効果を、**フライペーパー効果**と呼ぶ。図9-9でいえば、効率性の観点からは点 E_i から点 E^H へ動かすのが望ましいが、地方交付税が地方歳出に不必要に貼り付いて点 E_i から点 B へ動いてしまう効果が、フライペーパー効果である。日本の地方交付税でもフライペーパー効果が観察されており、地方交付税は（サミュエルソンの公式を満たす）最適な量を超えて過大な地方公共財供給を助長している。こうした地方交付税の非効率性は、制度的に内包している性質であるから、こうした現行制度自体を抜本的に改革する必要がある。

● 国庫支出金の非効率性

ただ、地方税制がより分権的となり地方政府に課税自主権があっても、中央政府が政府間補助金として特定定率補助金を分配することは、（租税価格が歪んで）代替効果が生じて非効率的であることが知られている。いま、地方政府が G_i 単位だけ地方公共財を供給し、限界変形率が P ならそのために私的財が PG_i 単位だけ必要で、これに対して m（×100％）だけ補助する形で国庫支出金（特定定率補助金）を分配するとしよう。その財源は、国税として全地域で住民1人当たり同額の τ だけ課税した一括固定税とする。地方政府は、地方税として一括固定税を全地域で住民1人当たり t_i^N だけ自由に課税できるとする。このとき、地域 i の代表的家計の予算制約式は

$$x_i = F_i(n_i, L_i)/n_i - t_i^N - \tau$$

となる。地方政府の予算制約式（地方交付税は割愛）は

---

27) 前述と同様、仮にある地域で中央政府が規定した税額・補助金額でサミュエルソンの公式が実現できたとしても、それは偶然であり、他の地域でもそうなる必然性はまったくない。

図9-10　一般定額補助金と特定定率補助金

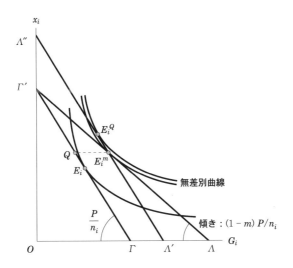

$$PG_i = t_i^N n_i + mPG_i$$

となる。また、上2式より、特定定率補助金分配後の地域 i の統合された予算制約式は、

$$x_i = F_i(n_i, L_i)/n_i - (1-m)PG_i/n_i - \tau$$

となる。

　前述と同様、国庫支出金分配前（$m=0$）の予算制約式は図9-10の直線 $\Gamma\Gamma'$ で、効用最大化点は点 E_i である[28]。国庫支出金分配後の予算制約式（傾きの絶対値 $(1-m)P/n_i$）は直線 $\Lambda\Gamma'$ となり、効用最大化点は点 E_i^m となる。いま、点 E_i^m から横軸と平行に点線を引いた直線 $\Gamma\Gamma'$ との交点を点 Q とすると、ここでの定率補助金の分配額は線分 QE_i^m 相当分である。このとき、定率補助金によって予算制約式の傾き（私的財と地方公共財の価格比）が変化しているから、代替効果が生じており、第4、5章で述べたように、超過負担が生じて効率性の観点から望ましくない。

28）図9-10において、Λ はギリシャ文字のラムダ（大文字）である。

さらに、線分 QE_i^m 相当分と同額の一般定額補助金を交付したときを考える。線分 QE_i^m 相当分と同額の一般定額補助金を交付したあとの予算制約式は、図9-10の $\varLambda'\varLambda''$ となる。このときの効用最大化点は、点 E_i^p となり、この効用水準は通常点 E_i^m の効用水準よりも高くなる。このように、同額の政府間補助金を分配するとき、一般定額補助金の方が定率補助金よりも高い効用水準が得られる。その理由は、一般定額補助金は地方歳出（地方公共財供給量）に依存しない形で分配され、租税価格が変化せず代替効果が生じないためである。このことから、わが国における地方分権に際して、効率性の観点から、地方公共財の便益がスピルオーバーしないならば、特定定率補助金である国庫支出金を廃止（その支出の財源になる国税を地方財政に税源移譲して地方税にするか、国直轄の公共財供給のための支出に替えるか）することが望ましい[29]。

●**地方分権定理**
　前述の状況だけでなく、住民の行政ニーズなどの情報に関して国の持つ情報と地方の持つ情報とで格差があり、各地方で住民の行政ニーズが異なる場合も、中央政府の画一的な関与が効率性（パレート最適）を妨げる。例えば、児童数が急増している地域では学校を建てる必要があるが、高齢化が深刻な地域では老人ホームを建てる必要があるし、豪雪地帯では除雪車が必要だが南の地域では要らない。ある地域で必要な地方公共財が、別の地域と著しく異なる場合、中央政府が画一的な行政をすれば、どの地域でもそのような行政に対する不満が生じる。すなわち、選好が地方間あるいは住民間で大きく異なる場合や、住民の公共サービスの選好に関する情報の非対称性が中央と地方とで大きい場合には、中央政府による画一的な供給より、地方政府ごとの独自の決定による供給の方が、一般的には望ましい。これを、オーツの**地方分権定理**（分権化定理）と呼ぶ。

---

[29] 地方公共財の便益が地域を越えてスピルオーバーする場合は、その限りではない。なぜならば、特定定率補助金によってスピルオーバーに伴う外部性（非効率性）を解消することができるからである。

地方分権定理は、地方公共財を中央政府が供給しても地方政府が供給しても限界費用が同じであるとき、地方政府が各地域で地方公共財を最適に供給できるならば、中央政府が地方公共財を各地域に一括して同じ供給量だけ供給するよりも、各地域で地方政府が供給した方が経済全体では効率的である、というものである。この定理から、前述のように分権的な地方政府の政策決定では非効率が生じうるものの、中央集権的な地方財政制度では根本的に解消しえない非効率が生じるから、分権的な地方財政制度を選択すべきである、といえる。それでいて、分権的な地方政府の政策決定に伴う非効率に対しては、解消する制度を別途検討する必要がある。地方財政制度をどう分権化すればよいかについては、次の章で詳述しよう。

■ 補　論[30]

A．地方公共財供給のパレート最適条件の導出
　社会計画当局によるパレート最適を導く最適化問題は

$$\max_{\{x_1, x_2, G_1, G_2, n_1\}} U(x_i, G_i)$$

s.t. (1), (4), (5)

となる。社会計画当局は、(5)式を考慮することで両地域の代表的住民の効用を同時に最大化していることになる。この最適化問題の1階条件より、(6-1)、(6-2)、(7)式が導かれる。

B．短期における分権的な地方政府と移住均衡
　短期における地方政府による地域 i ($i = 1, 2$) の代表的住民の効用最大化問題は、

---

30) 本章の補論について、詳細は土居丈朗『地方財政の政治経済学』東洋経済新報社、を参照されたい。

$$\max_{(x_i, G_i)} U(x_i, G_i)$$

s.t. (10)

である。この最大化問題の 1 階条件より

$$n_i MRS_i = P \quad i = 1, 2$$

を得る。

　予算制約式(10)とサミュエルソンの公式(6)より、各地域の最適な私的財消費量と最適な地方公共財供給量がその地域の人口の関数として表せる（これは図 9-6 に対応している）。つまり、

$$x_i^* = x_i^*(n_i)$$
$$G_i^* = G_i^*(n_i) \quad i = 1, 2 \tag{A-1}$$

のように表せる。これらの式と(8)式を効用関数(2)に代入すると、

$$U_i = U(x_i^*(n_i), G_i^*(n_i)) \equiv V_i(n_i)$$

となり、n_i のみの関数である間接効用関数 $V_i(n_i)$ が求まる。

　移住均衡は、図 9-7 のように、間接効用関数の傾きによって、均衡が安定的であったり、不安定であったりする。移住均衡が不安定であるときは、一方の地域に人口が集中し、他方の地域の人口がなくなってしまう可能性がある。移住均衡が安定的であるためには、移住均衡点から地域 1 の人口が追加的に増えた（地域 2 の人口が追加的に減った）ときに、地域 1 の効用水準の変化分が地域 2 の効用水準の変化分よりも小さい、つまり

$$\frac{dV_1(n_1)}{dn_1} < \frac{dV_2(N-n_1)}{dn_1} = -\frac{dV_2(n_2)}{dn_2}$$

でなければならない。

　この間接効用関数に関して、人口の変化に伴う効用水準の変化は、厳密には次のようになる。(2)式に（A-1）式を代入し、サミュエルソンの公式(6)と(10)式を念頭におくと、

$$\frac{dV_i(n_i)}{dn_i} = -\frac{dU(x_i^*(n_i), G_i^*(n_i))}{dn_i}$$

$$= MU_{xi}\left(\frac{\left(MP_i - P\frac{dG_i^*}{dn_i}\right)n_i - F_i(n_i, L_i) + PG_i}{(n_i)^2}\right) + MU_{Gi}\frac{dG_i^*}{dn_i}$$

$$= MU_{xi}\left(\frac{MP_i - X_i}{n_i}\right) - \left(\frac{MU_{xi}P}{n_i} - MU_{Gi}\right)\frac{dG_i^*}{dn_i}$$

$$= MU_{xi}\left(\frac{MP_i - x_i}{n_i}\right)$$

となる。

■ 練習問題

1. 地方公共財供給のパレート最適条件について、その内容と意味を数式を用いずに説明せよ。
2. **ティブーの足による投票**とは、人々が地域間を自由に移住することで、各地方政府が地方公共財供給をめぐり競争することを通じて、パレート最適な資源配分が実現できるメカニズムを意味する。この状況では、所得や公共財に対する選好が異なる家計は、どのような地域に居住することを選択するか、検討せよ。
3. 次の文章について、正しいものに○、誤っているものに×、どちらとも言えないものに △ を付けなさい。
   ① 中央政府から地方政府への補助金は、使途を定めて一定の率で配分する特定定率補助金の方が、使途を定めずに配分する一般定額補助金よりも、超過負担が生じない点で効率的である。
   ② 一般定額補助金は、地方政府が地方税の税額・税率を自由に設定できない場合でも、私的財と地方公共財の配分が効率的になる。
   ③ 地方分権定理は、地方公共財を中央政府が供給しても地方政府が供給しても限界費用が同じであるとき、地方政府が各地域で地方公共財を最適に供給できるならば、中央政府が地方公共財を各地域に一括して同じ

供給量だけ供給するよりも、各地域で地方政府が供給した方が経済全体では効率的である、というものである。

Public Economics

10 地方財政の分権化

1　望ましい地方税制

●固定資産税

　この章では、日本の地方財政制度をどのように分権化してゆけばよいかを、公共経済学の見地から議論したい。前章でみたように、日本の中央集権的な現行制度にはさまざまな問題点があり、これを改める必要性を確認した。とくに、地方分権を究極的に進めるには、地方税制が重要なカギとなる。つまり、分権的に税率や税目を決められる地方政府に、どのように課税自主権を与えるのが、経済全体でみて望ましいかを考える。ここでは、公共経済学の見地から望ましい地方税制を検討し、固定資産税が各地域の地方公共財供給と人口分布をパレート最適な状態に導くことを示す。

　前章と同様、2つの地域（地域1と地域2）からなる経済を考える。前章に引き続いて議論するため、前章の記号や式番号はそのまま用い、この章での式番号は前章からの継続とする。

　いま、地方政府が家計の所有する土地に対して固定資産税（土地保有税）

を課税し、地方公共財供給の財源をまかなう場合を考える[1]。ただし、前章と異なり、各家計が各地域の土地を均等に所有（各地域の土地を L_i/N（$i=1,2$）ずつ所有）すると仮定する[2]。固定資産税課税前には、両地域の家計はともに、自分が持つ地域1の土地から地代を R_1/N だけ、地域2の土地から地代を R_2/N だけ得る。地方政府 i は、その地域の土地に対して、所有者が居住者・非居住者を問わず税率 t_i^L（×100％）で土地に対する固定資産税を課税する。

　地域 i の住民は、自地域で労働を1単位供給して賃金 w_i を得て、両地域の土地から地代を得て、その土地に課税される固定資産税を払い、残りで私的財を消費する。地域 i の代表的住民の予算制約式（$j \neq i$）は、

$$x_i = w_i + \frac{R_i}{L_i}\frac{L_i}{N} - t_i^L\frac{L_i}{N} + \frac{R_j}{L_j}\frac{L_j}{N} - t_j^L\frac{L_j}{N} \qquad j \neq i$$

すなわち、

$$x_i = w_i + (R_i - t_i^L L_i)/N + (R_j - t_j^L L_j)/N \tag{11}$$

となる。また、地域 i の地方政府の予算制約式は次のようになる。

$$PG_i = t_i^L L_i \tag{12}$$

　現時点での自地域の人口を所与として政策決定をする短期において、政策を自由に決められる分権的な地方政府は、他の地域の固定資産税率や地代は所与とし、地域 i の代表的住民の効用を最大化するように固定資産税率 t_i^L および地方公共財供給量 G_i を決める。このとき、代表的住民の予算制約式(11)と地方政府の予算制約式(12)を合わせた予算制約式

$$x_i = w_i + R_i/N - PG_i/N + (R_j - t_j^L L_j)/N \tag{13}$$

---

[1] わが国の現行地方税制度における「固定資産税」は、土地のみならず、家屋や機械類等の資本も課税対象となっている。しかし、この章での「固定資産税」は土地に対する固定資産税を意味し、以下ではこれを簡潔に「固定資産税」と表現することとする。
[2] ここでは、説明を簡単にするため、土地の売買はできないとする。したがって、地価は陽表的に出てこない。

図10-1 短期における固定資産税

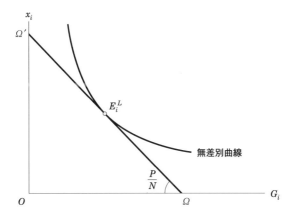

に直面する。前章と同様に、縦軸にx_i、横軸にG_iをとって描いた図10-1に、(13)式は直線$\Omega\Omega'$で示され、点E_i^Lで効用が最大になる。点E_i^Lでは、

$$N \times MRS_i = P$$

つまり、

$$n_i MRS_i = P - (N - n_i) MRS_i < P \tag{14}$$

となっている。これは、サミュエルソンの公式(6)：$n_i MRS_i = P$ と異なり、短期における分権的な地方政府では、固定資産税を用いた地方公共財供給は最適水準よりも過大となることを意味する[3]。したがって、短期における分権的な地方政府が、固定資産税のみを用いた場合の移住均衡は、パレート最適にならない（この数学的な導出は、本章補論Aを参照されたい）。

その理由は、以下の通りである。そもそも土地の量は不変だから、いったん税率が決まれば土地に対する固定資産税は住民の地域間移住があっても税収は変化しない。地域iの地方政府は固定資産税を課税することによって、地域iの土地を所有する自地域の住民だけでなく、地域iの土地を所有する他地域jの住民からも徴税し、これを地方公共財供給にあてることとなる。その一方で自地域の地方公共財の便益は自地域の住民だけが享受する。したがって、地域iの住民（地方政府）は他地域の住民に負担を転嫁して地方公

共財の便益を享受するため、供給量が過大になるのである。

　このように、租税負担を他地域の住民に転嫁することを、**租税輸出**（tax exporting）と呼ぶ。租税輸出が起こる場合は、通常、地方公共財供給はパレート最適にならない。わが国では2000年度から、地方税法で定めている税目以外で課税する法定外普通税（使途を定めない税目）が総務大臣の許可制から事前協議制となり、法定外目的税（使途を定めた税目）が新設された。これを受けて、地方自治体で独自課税の動きが活発になってきた。そうした中で検討されている税目の多くは、租税輸出を暗に意図している。例えば、他地域の住民であっても、釣り客に課税する遊漁税や、ホテルの宿泊客に課税する宿泊税（通称ホテル税）である。その税収は、課税した自治体の住民への行政サービスにあてられ、その便益は主にその自治体住民が享受する。これらは、行政サービスの税負担を他地域の住民に転嫁する租税輸出の性質を帯びており、効率性を阻害して望ましくない。

●地方政府の戦略的行動と固定資産税

　しかし、住民の地域間移住が起こることを考慮して政策決定する長期においては、分権的な地方政府が固定資産税率を戦略的に決定すると、地方公共財供給のみならず人口分布も最適となるのである。ここでの「戦略的」行動とは、第２章で述べた意味で、地方政府が住民の地域間移住を考慮しつつ、他地域の地方政府の政策を所与として自らが最適な選択を独立して決定する

3）この結論は、家計の土地所有の状況に影響を受けない。いま、地域 i の土地を自地域の住民が所有する割合を δ_i とすると、(11)式は

$$x_i = w_i + \delta_i(R_i - t_i^L L_i)/n_i + (1-\delta_i)(R_j - t_j^L L_j)/n_i \quad i=1,2, \ j \neq i$$

と書き換えられる。固定資産税を課税したとき、地方政府 i の代表的家計の効用を最大化する政策決定により、

$$n_i MRS_i = \delta_i P$$

となる。各家計が各地域の土地を均等に所有する（$\delta_i = n_i/N \ \forall i$）と仮定する場合は、上記のひとつのケースといえる。ただし、土地を自地域の住民で所有する（$\delta_i = 1 \ \forall i$）ときだけは、サミュエルソンの公式(6)が成り立つ。

行動である。つまり、他地域のある政策を予想した下で行った自らの政策決定によって住民が移住したとき、これに他地域の地方政府の政策が反応してさらに住民が移住すれば、この移住を受けて自らの政策決定が対応するという行動である。

この状況で、サミュエルソンの公式(6)、最適人口分布の条件(7)を同時に満たすか否かを検討しよう。長期において、分権的な地方政府が先と同様に所有する土地に対して固定資産税（税率 t_i^L）を課税するとともに、その地域住民に一括固定税を1人当たり t_i^N だけ課税し、地方公共財供給の財源をまかなう場合を考える。家計の土地所有は先と同じ（各地域の土地を L_i/N（$i=1,2$）ずつ所有）とする。

このとき、地域 i の住民の予算制約は、

$$x_i = w_i + (R_i - t_i^L L_i)/N + (R_j - t_j^L L_j)/N - t_i^N \tag{11}'$$

となる。また、地域 i の地方政府の予算制約式は

$$PG_i = t_i^N n_i + t_i^L L_i \tag{12}'$$

となる。そこで、(11)′式の両辺を n_i 倍し、(12)′式と $R_i = F_i(n_i, L_i) - w_i n_i$ より、地域 i の地方政府と全住民を統合した予算制約式は

$$n_i x_i + PG_i = F_i(n_i, L_i) - (R_i - t_i^L L_i) n_j/N + (R_j - t_j^L L_j) n_i/N \tag{13}'$$

となる。左辺は地域 i の民間消費と政府支出で、右辺は GNP（＝GDP＋要素所得の純受取）を表している。ここで、

$$S_{ij} \equiv (R_i - t_i^L L_i) n_j/N$$

と定義すると、(13)′式は

$$n_i x_i = F_i(n_i, L_i) - PG_i - S_{ij} + S_{ji} \tag{13}''$$

と書き直せる。S_{ij} は、地域 i から他地域 j の住民（地主）に支払った課税後地代であり、(13)′式の中で地域 i から地域 j への（課税後）財政移転を意味する[4]。

第10章　地方財政の分権化

S_{ij} の大きさは、地方政府が税率 t_i^L を変えることで操作できる。また、地方政府は固定資産税率 t_i^L と一括固定税 t_i^N を変えることで地方公共財供給量 G_i を操作できる。これ以降、固定資産税率 t_i^L と一括固定税 t_i^N の代わりに、財政移転 S_{ij} と地方公共財供給量 G_i を政策手段として扱う。

　住民の地域間移住が起こることを考慮して政策決定する長期において、他地域の政策決定を所与とする地方政府は、自地域の代表的住民の効用を最大にするように S_{ij} と G_i を戦略的に決める。ここでは、S_{ij} や G_i を動かすと住民の効用だけでなく、人口も変化することを陽表的に考慮して政策決定しなければならない。つまり、住民の効用が地域間で均等化する効果(5)式を考慮して政策を決定する。

　そこで、まず地方政府 i が S_{ij} を追加的に1単位増やしたときの効果を検討しよう。S_{ij} を追加的に1単位増やすと、その分だけこの地域で使える資源（可処分所得）が減るため、予算制約式(13)″から、（他の条件が一定ならば）1人当たり私的財消費量 x_i が $1/n_i$ 単位だけ減らなければ予算制約式で等号が成り立たない。したがって、私的財1単位につき限界効用 MU_{x_i} だけ効用が低下するから、x_i が $1/n_i$ 単位減ることで、MU_{x_i}/n_i だけ地域 i の住民の効用が低下する。

　そして、S_{ij} を追加的に1単位増やしたときに人口 n_i が変化する効果が加わる。この効果の大きさは先験的にはわからないから、ここでは S_{ij} を追加的に1単位増やすと人口が Δn_S 人増えると表せたとする[5]。このとき、前章第1節と同様、人口（労働者数）が増えた地域 i では、私的財生産量が移住する人口1人当たり労働の限界生産性 MP_i 分だけ追加的に増加するが、私的財消費量も1人当たり x_i だけ追加的に増加する。したがって、この両者の差である労働の社会的限界純生産性（$MP_i - x_i$）だけ私的財消費量が増加し、地域全体では $(MP_i - x_i)\Delta n_S$ 単位増加する。これを地域 i の住民1人当

4）「財政移転」とは、ある政府が他の政府に対価なく一方的に財政支出をするものである。現実の具体例としては、先進国政府が途上国政府に対価なく一方的に行う無償援助がある。

5）厳密に言えば、$\Delta n_S \equiv \partial n_i / \partial S_{ij}$ である。増えるか減るかわからないため、増える場合は正の値、減る場合は負の値として表される。

たりの効果に直せば、$(MP_i-x_i)\Delta n_S/n_i$ 単位私的財消費量が増える。これに伴い地域 i の住民の効用は $MU_{xi}(MP_i-x_i)\Delta n_S/n_i$ だけ上昇する。

　したがって、S_{ij} を追加的に 1 単位増やしたとき地域 i の住民の効用 U_i は、上記を合計して、$-MU_{xi}/n_i+MU_{xi}(MP_i-x_i)\Delta n_S/n_i$ だけ追加的に変化する。しかし、この段階では Δn_S の大きさがまだわからない。この大きさがわからないと、地方政府 i は S_{ij} をどれだけ供給すればよいかが決められない。Δn_S の大きさは、住民の地域間移住にかかわることだから、地域間の効用均等化(5)式から導かれる。

　S_{ij} を追加的に 1 単位増やした効果は、人口の変化を通じて他地域 j の住民の効用 U_j にも影響を与える。地域 i で人口が Δn_S 人増えることは、地域 j で人口が Δn_S 人減ることを意味する。これによって、上記と同様の論理で、移住する人口 1 人につき労働の社会的限界純生産性 (MP_j-x_j) だけ私的財消費量が減って、地域全体では $(MP_j-x_j)\Delta n_S$ 単位だけ減少する。これを地域 j 住民 1 人当たりの効果に直せば $MU_{xj}(MP_j-x_j)\Delta n_S/n_j$ だけ地域 j の住民の効用が低下する。さらに、S_{ij} が追加的に 1 単位増えることで地域 j の住民の可処分所得が増えるから、地域 j の地方政府と全住民を統合した予算制約式から、追加的に私的財消費量 x_j が 1 人当たりで $1/n_j$ 単位増える。これに伴い、MU_{xj}/n_j だけ地域 j の住民の効用が上昇する。

　以上が、地方政府 i が S_{ij} を追加的に 1 単位増やしたときの効果である。これらをまとめたのが図10-2である。住民の追加的な移住は、地域間の効用均等化(5)式が成り立つように行われる。S_{ij} を変化させると各地域の住民の効用が変化して、最終的に両地域の効用が均等化するところで移住が止まる。だから、先験的にはわからなかった Δn_S の大きさは、S_{ij} を追加的に 1 単位増やしたときの地域 i の効用の変化分＝地域 j の効用の変化分、すなわち、

$$-MU_{xi}/n_i+MU_{xi}(MP_i-x_i)\Delta n_S/n_i$$
$$=-MU_{xj}(MP_j-x_j)\Delta n_S/n_j+MU_{xj}/n_j$$

を満たす大きさとなる。この関係より、

$$\Delta n_S=\frac{MU_{xi}/n_i+MU_{xj}/n_j}{MU_{xi}(MP_i-x_i)/n_i+MU_{xj}(MP_j-x_j)/n_j}$$

図10-2 S_{ij} を増やした効果

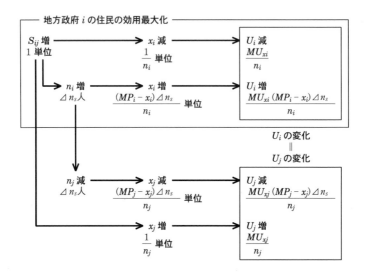

が成り立たなければならない（数式による導出は補論Bを参照されたい）。

そこで、S_{ij} を追加的に1単位増やしたとき地域 i の住民の効用 U_i の変化分を改めて表すと、

地域 i の住民の効用の変化分

$$= -MU_{xi}/n_i + MU_{xi}(MP_i - x_i)\Delta n_S/n_i$$

$$= \frac{MU_{xi}}{n_i}\left((MP_i - x_i)\frac{MU_{xi}/n_i + MU_{xi}/n_j}{MU_{xi}(MP_i - x_i)/n_i + MU_{xj}(MP_j - x_j)/n_j} - 1\right)$$

$$= \frac{MU_{xi}}{n_i}\frac{MU_{xj}}{n_j}\frac{(MP_i - x_i) - (MP_j - x_j)}{MU_{xi}(MP_i - x_i)/n_i + MU_{xj}(MP_j - x_j)/n_j} \tag{15}$$

となる。そこで、S_{ij} を増やしたとき U_i の大きさを示したのが、図10-3である。図10-3のように表されたとき、U_i を最も大きくする S_{ij} は、(15)式の値が0となるときである。すなわち、

$$MP_1 - x_1 = MP_2 - x_2 \tag{7}$$

が成り立つ状況である。これは、最適人口分布の条件(7)そのものを満たしている。

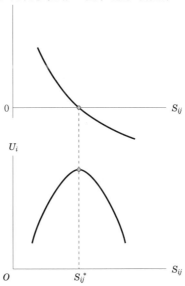

図10-3 S_{ij} の最適水準

　次に、地方政府 i が G_i を追加的に1単位増やしたときの効果を検討しよう。G_i を追加的に1単位増やすと、地域 i の住民の効用が地方公共財の限界効用 MU_{Gi} だけ上昇する。しかし、その分だけ追加的に増税しなければならず、予算制約式(13)″ から、（他の条件が一定なら）P/n_i 単位だけ1人当たり私的財消費量 x_i を減らす必要がある。よって、私的財1単位につき限界効用 MU_{xi} だけ効用が低下するから、x_i が P/n_i 単位減ることで、$MU_{xi}P/n_i$ だけ住民の効用が低下する。

　そして、G_i を追加的に1単位増やしたときに人口 n_i が変化する効果が加わる。この効果の大きさは先験的にはわからないから、ここでは G_i を追加的に1単位増やすと人口が Δn_G 人増えると表せたとする[6]。このとき、前章第1節と同様、人口（労働者数）が増えた地域 i では、移住する人口1人に

---

[6] 厳密に言えば、$\Delta n_G = \partial n_i / \partial G_i$ である。ただし、後に示されるように、人口が減少する場合（Δn_G が負の値）もありうるが、ここでの議論は影響を受けない。

つき労働の社会的限界純生産性（MP_i-x_i）だけ私的財消費量が増加し、地域全体では$(MP_i-x_i)\Delta n_G$単位だけ増加する。これを地域iの住民1人当たりの効果に直せば、$(MP_i-x_i)\Delta n_G/n_i$単位私的財消費量が増える。これに伴い地域iの各住民の効用は、$MU_{xi}(MP_i-x_i)\Delta n_G/n_i$だけ上昇する。

したがって、G_iを追加的に1単位増やしたとき地域iの住民の効用U_iは、上記を合計して、$MU_{Gi}-MU_{xi}P/n_i+MU_{xi}(MP_i-x_i)\Delta n_G/n_i$だけ追加的に変化する。しかし、この段階では$\Delta n_G$の大きさがまだわからないから、地方政府$i$は$G_i$をどれだけ供給すればよいかが決められない。$\Delta n_G$の大きさは、$\Delta n_S$と同様、地域間の効用均等化(5)式から導かれる。

G_iを追加的に1単位増やした効果は、人口の変化を通じて他地域jの住民の効用U_jにも影響を与える。地域iで人口がΔn_G人増えると、地域jで人口がΔn_G人減る。これにより、上記と同様の論理で、移住する人口1人につき労働の社会的限界純生産性（MP_j-x_j）だけ私的財消費量が減り、地域全体では$(MP_j-x_j)\Delta n_G$単位だけ減少する。これを地域jの住民1人当たりの効果に直せば$MU_{xj}(MP_j-x_j)\Delta n_G/n_j$だけ地域$j$の住民の効用が低下する。

以上が、地方政府iがG_iを追加的に1単位増やしたときの効果である。これらをまとめたのが図10-4である。住民の追加的な移住は、地域間の効用均等化(5)式が成り立つように行われる。だから、先験的にはわからなかったΔn_Gの大きさは、G_iを追加的に1単位増やしたときの地域iの効用の変化分＝地域jの効用の変化分、すなわち、

$$MU_{Gi}-MU_{xi}P/n_i+MU_{xi}(MP_i-x_i)\Delta n_G/n_i$$
$$=-MU_{xj}(MP_j-x_j)\Delta n_G/n_j$$

を満たす大きさとなる。この関係より、

$$\Delta n_G = \frac{MU_{xi}P/n_i - MU_{Gi}}{MU_{xi}(MP_i-x_i)/n_i + MU_{xj}(MP_j-x_j)/n_j}$$

が成り立たなければならない（数式による導出は補論Bを参照されたい）。

そこで、G_iを追加的に1単位増やしたとき地域iの住民の効用U_iの変化分を改めて表すと、

　　　地域iの住民の効用の変化分

図10-4 G_i を増やした効果

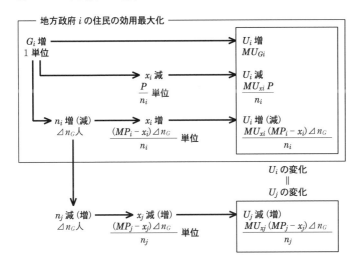

$$= MU_{Gi} - MU_{xi}P/n_i + MU_{xi}(MP_i - x_i)\Delta n_G/n_i$$

$$= \left(1 - \frac{MU_{xi}(MP_i - x_i)/n_i}{MU_{xi}(MP_i - x_i)/n_i + MU_{xj}(MP_j - x_j)/n_j}\right)\left(MU_{Gi} - \frac{MU_{xi}P}{n_i}\right)$$

$$= \frac{MU_{xj}(MP_j - x_j)/n_j}{MU_{xi}(MP_i - x_i)/n_i + MU_{xj}(MP_j - x_j)/n_j}\left(MU_{Gi} - \frac{MU_{xi}P}{n_i}\right)$$

となる。前述の議論で、地方政府が住民の効用を最大化する政策決定より、最適人口分布の条件(7)が成り立つことから、この値は

$$\frac{MU_{xj}/n_j}{MU_{xi}/n_i + MU_{xj}/n_j}\left(MU_{Gi} - \frac{MU_{xi}P}{n_i}\right) \tag{16}$$

となる。この値を基に、G_i を増やしたとき U_i の大きさを示したのが、図10-5である。図10-5のように表されたとき、U_i を最も大きくする G_i は、(16)式の値が0となるときである。すなわち、

$$n_i MRS_i = P$$

を得る。なぜならば、通常、私的財の限界効用や人口の値は正だからである。これは、サミュエルソンの公式(6)と一致する。地方政府 j も同様に自地

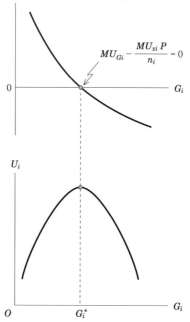

図10-5 G_iの最適水準

(16)式の値（地域iの住民の効用の変化分）

$MU_{Gi} - \dfrac{MU_{xi} P}{n_i} = 0$

域の住民の効用を最大化するように戦略的に政策決定するから、地域jでもサミュエルソンの公式(6)を満たす。

以上より、地方政府が戦略的に他地域への移転を操作することによって、地方政府の分権的な政策決定による移住均衡では、サミュエルソンの公式(6)と最適人口分布の条件(7)をともに満たしパレート最適となる。地方政府が住民の地域間移住の効果を考慮して分権的な政策決定を行うとき、土地に対する固定資産税を用いれば移住均衡がパレート最適になる理由について、ここで言及しよう。そもそも、短期において地方政府が他地域の住民の効用を考慮せずに固定資産税率を決めると、自地域の土地を所有している他地域の住民からも固定資産税を徴収し、これを地方公共財供給にあてるため過大に供給される結果となった。

しかし、地方政府が住民に地域間移住を考慮して税率を決める長期では、

地域間の効用均等化(5)式を考慮することを通じて、地方政府は地方公共財供給量（税率）を変えたときの（自地域の土地を所有している）他地域の住民の効用の変化を考慮することになる。前述のように、他地域からの人口が流入しても、土地の量が変わらないから税率が不変なら固定資産税収は変化しない。しかし、地方公共財供給量が多いほど、その便益がそれだけ大きいからその地域に人口が流入する。地方公共財供給の財源として固定資産税しかないと、住民の地域間移住を考慮しない短期の結果と同様に、その供給は過大となり、かえって自地域の住民のためにならない（固定資産税率を引き下げて私的財消費を増やした方が自地域の住民の効用がもっと上がる）。そこで、これを改善するべく、その地域の固定資産税率を下げて（他地域への移転 S を増やし）地方公共財供給量を減らし、人口の流入を少なくすれば（ないしは流出させれば）よい。引き下げた固定資産税では地方公共財供給の財源が不足するなら、一括固定税を増税すればよい。こうして、住民の効用を最大化するべくサミュエルソンの公式を満たすように地方公共財供給量を決めればよい。他地域への移転を増やす行動は、一見すると自地域の住民のためにならないようである。しかし、過大な公共財供給を抑制することで自地域の住民の効用を高めることができるから、移転をあえて増やすことが自地域の住民のためになっているのである。

次に、人口分布について言及しよう。前章の最適人口分布の条件を説明したときにも述べたように、両地域の労働の社会的純限界生産性（$MP_i - x_i$）が等しくなる状態(7)式が、各地域にとって最適な人口規模ということになる。もし自地域の人口規模が過多ならば、他地域への移転をあえて自発的に増やすことによって、他地域の可処分所得を増やし、それだけ他地域の住民の効用が上がるから、自地域への人口の流入を少なくする（ないしは他地域への人口流出を増やす）ことができる。人口規模が過少なら、逆に他地域への移転を自発的に減らせばよい。この財政移転は、最適人口分布の条件(7)が成り立つまで増減を行えば、自地域が適切な人口規模となり、自地域の住民の効用を最大限高めることができる。このように、自地域の土地を所有する他地域の住民に対する固定資産税という政策手段によって、自地域の住民の効用最大化と人口規模の最適化を実現するために、中央政府の介入がなくて

も地方政府が自発的に地域間の財政移転を行うインセンティブを内包しているのである。

　住民の地域間移住が起こることを考慮して政策決定する長期において、地方政府の戦略的な政策決定によって、各地域の地方公共財供給も経済全体の人口分布もパレート最適となることが確認された。これを導く重要な政策手段は、一括固定税と固定資産税という2つの政策手段である。最適な地方公共財供給と最適な人口規模という2つの政策目標を実現するには、一括固定税という1つの政策手段だけでは足らず、固定資産税という他地域への財政移転を自発的に可能にする2つ目の政策手段が必要なのである。また、土地に対する固定資産税が望ましい理由は、課税対象である土地が地域間で不動（immobile）であり、住民の地域間移住と無関係だからである。この論理は、第3、4章で議論した最適課税論における、需要や供給が価格に対して非弾力的な（動かない）ものに課税すると超過負担が小さく効率性の観点から望ましい、という論理と共通している。

　ただし、上記の分析では、課税対象資産の評価が適切に行われることを前提としており、その下での結論であるということを限定しておかなければならない。土地に対する固定資産税に関しては、課税対象資産の評価に関して、現行制度の下では地域間格差や地方自治体の（恣意的な）裁量、そして実勢価格との乖離などが重大な問題となっており、その解決も簡単なことではない。しかし、長期においては、課税対象資産の評価は適正化されることが期待できるし、適正化しなければならないといえる。

2　スピルオーバー効果

●地方公共財のスピルオーバー効果

　日本の地方分権を考える上で、自治体の規模も重要な論点の1つである。例えば、現在の市町村では規模が小さいから市町村合併や広域行政体が検討されたり、都道府県よりも大きい「道州制」が議論されたりしている。地方政府の規模のあり方も、公共経済学の見地から示唆を導くことができる。とくに、ある自治体が供給する地方公共財がその行政区域を越えて便益が及ぶ

スピルオーバー効果がある場合、行政区域を見直す必要があるという結論が導かれる。スピルオーバー効果があると、地方公共財供給のための費用負担をしない他地域の住民が地方公共財の便益を受けることができるから、便益を受けたすべての人に受益に応じた費用を負担させることができないという問題が生じる。

地方公共財の便益が地域を越えてスピルオーバー（波及）する場合について考える。地域 $i(i=1,2)$ の地方公共財は、いったん供給されると地域 i の住民だけでなく他地域 $j(j=1,2)$ の住民も等量消費できるとする。全家計が同じ選好（効用関数）を持つという意味で同質であることはこれまでの議論と変わらないが、地域 i に住む家計の効用関数は、

$$U(x_i, G_i, G_j) \qquad j \neq i \tag{2}'$$

と表されると仮定する。G_j は他地域 j の地方政府が供給した地方公共財供給量（＝消費量）で、上級財であるとする。ここで、地域 i の家計について、私的財の限界効用を MU_{xi}、地域 i で供給される地方公共財の限界効用を MU_{Gi}、地域 j で供給される地方公共財の限界効用を MU_{Gji} と表す。そして、私的財と地域 i で供給される地方公共財の限界代替率を $MRS_i (\equiv MU_{Gi}/MU_{xi})$、私的財と地域 j で供給される地方公共財の限界代替率を MRS_{ji} $(\equiv MU_{Gji}/MU_{xi})$ と表す。

この場合でも、家計の地域間移住が完全に自由であることから、

$$U(x_1, G_1, G_2) = U(x_2, G_2, G_1) \tag{5}'$$

が成立する。上記以外については、これまでとまったく同じ設定で議論する。

そこで、地方公共財の便益がスピルオーバーする際のパレート最適の状況を明らかにしよう。そのために、前章と同様、私欲私権を超越した権限をもつ全知全能の社会計画当局を想定する[7]。社会計画当局は、前章と同じ経済

---

[7] 第9章の脚注4）と同様に、ここでも社会計画当局がパレート最適な資源配分を考える状況においては、土地を誰がどれだけ所有しているかは重要でない。

全体での生産と支出の関係、つまり同じ実行可能性制約(4)に直面している。

いま、社会計画当局が G_i を追加的に1単位増やしたときの効果を考えよう。まず、G_i を追加的に1単位増やすと、経済全体の実行可能性制約(4)から、私的財の供給を限界変形率 P 単位だけ減らさなければならない。他方、G_i を追加的に1単位増やすと、地域 i の住民の効用が地方公共財の限界効用 MU_{Gi} だけ上昇する。そして、スピルオーバー効果により、地域 j の住民の効用が地方公共財の限界効用 MU_{Gij} だけ上昇する。

しかし、私的財供給量は経済全体で P 単位だけ減っているので、各地域の私的財消費量も減らさざるを得ない。そこで、私的財消費量が、地域 i の住民は1人当たり Δx_i 単位だけ、地域 j の住民は1人当たり Δx_j 単位だけ減ると表せたとする。これにより、

$$n_i \Delta x_i + n_j \Delta x_j = P$$

という関係が成り立つ。これにより、地域 i の住民は、1人当たり Δx_i 単位だけ私的財消費量が減ると、$MU_{xi}\Delta x_i$ だけ効用が低下する。もしこの私的財消費量減少による効用の低下分が、地方公共財供給の増加による効用の上昇分と同じ、$MU_{xi}\Delta x_i = MU_{Gi}$ すなわち $\Delta x_i = MRS_i (= MU_{Gi}/MU_{xi})$ ならば、地域 i の住民の効用水準は維持できる。もし $MU_{xi}\Delta x_i < MU_{Gi}$ すなわち $\Delta x_i < MRS_i$ ならば、G_i を追加的に1単位増やすと効用水準が上昇する。$\Delta x_i > MRS_i$ ならば、G_i を追加的に1単位増やすと効用水準が逆に低下する。

同様に、地域 j の住民にとって、私的財消費量減少による効用の低下分が地方公共財供給の増加による効用の上昇分と同じ、$MU_{xj}\Delta x_j = MU_{Gij}$ すなわち $\Delta x_j = MRS_{ij}(= MU_{Gij}/MU_{xj})$ ならば、地域 j の住民の効用水準は維持できる。$\Delta x_j < MRS_{ij}$ ならば、G_i の追加供給で効用水準が上昇し、$\Delta x_j > MRS_{ij}$ ならば、効用水準が低下する。

もし G_i を追加的に1単位増やすことによって両地域の効用が上がる状態、すなわち

$$n_i MRS_i + n_j MRS_{ij} > n_i \Delta x_i + n_j \Delta x_j = P$$

ならば、パレート改善できるので G_i を追加的に1単位増やすのが望ましい。

言い換えれば、地方公共財供給 G_i が過小な状態である。逆に、G_i を追加的に1単位増やすことによって両地域の効用が下がる状態、すなわち

$$n_i MRS_i + n_j MRS_{ij} < P$$

ならば、G_i を追加的に1単位減らすことによってパレート改善でき、G_i が過大な状態である。以上より、

$$n_i MRS_i + n_j MRS_{ij} = P \qquad i \neq j \tag{6)'}$$

となるとき、G_i が最適な規模で供給される状態となり、便益がスピルオーバーするときにおける地域 i の地方公共財供給のサミュエルソンの公式となる。前章の(6)式と(6)'式を比較すると、スピルオーバーがあるときは、他地域の住民の限界代替率が加わる。なぜならば、便益がスピルオーバーする場合、経済全体でみたこの地方公共財の便益は、自地域の住民だけでなく、他地域の住民も受ける便益が加わらなければ正しい便益の評価にならないからである。したがって、この場合の地方公共財の最適供給量は、自地域における住民の限界便益の総和と波及する他地域における住民の限界便益との総和の合計が、その地方公共財の限界費用と等しくなる水準になる。これが、便益がスピルオーバーするときのサミュエルソンの公式(6)'である（数式による導出は補論Cを参照されたい)[8]。

また、このときの最適人口分布の条件は、前章での議論と同じ論理で、(7)式と同じとなる。したがって、地方公共財の便益がスピルオーバーするときのパレート最適条件は、(6)'式と(7)式の両方である。

● 分権的な地方政府の政策決定

そこで、地方公共財のスピルオーバー効果があるときに、短期における地方政府による分権的な政策決定でパレート最適が実現するかを考える。すなわち、他の地方政府の地方公共財供給を所与として、分権的な政策決定で(6)'式と(7)式が同時に満たされるか否かを検討する。地方政府は一括固定税

---

[8] この状況を強いて図示するならば、第2章図2-4と同様になる。

のみ課税できるとすると、このときの地域 i の住民の予算制約式は前章の(8)式、地方政府の予算制約式は前章の(9)式となり、地方政府と代表的家計の統合された予算制約式は(10)式 $x_i = F_i(n_i, L_i)/n_i - PG_i/n_i$ となり、前章図9-5の直線 $\Gamma\Gamma'$ で表される。

現時点での自地域の人口を所与として政策決定をする短期において、他の地方政府の地方公共財供給を所与として、分権的な地方政府が代表的住民の効用を最大化するとき、図9-5の効用最大化点 E_i が実現し、ここでは

$$n_i MRS_i = P > P - n_j MRS_{ij}$$

が成り立つ。しかし、これはスピルオーバー効果があるときのサミュエルソンの公式(6)′とは一致しない。上の式を見ると、地方公共財の便益が他地域へスピルオーバーするとき、短期における地方政府の分権的な政策決定によっては、地方公共財供給量は過少となる。その理由は、政策決定の際に他地域の住民の（限界）便益を考慮しておらず、経済全体でみたこの地方公共財の便益を過小評価してしまうからである。地方政府としては、行政区域外の他地域の住民の選好をも把握する責任も義務も権限もないわけだから、他地域の住民の便益を考慮しないのは、むしろ当然であろう。

短期における分権的な地方政府が、固定資産税を課税してスピルオーバー効果のある地方公共財を供給する場合、地方政府が直面する統合された予算制約式は前述の(13)式である。だから、このとき、スピルオーバー効果があっても図10-1のようになり、効用最大化の結果は(14)式となる。このときも、地方公共財供給は最適にならない。

そこで、中央政府が地方政府に補助金を分配してこの非効率性を解消できるかを考える。いま、中央政府が各地域の家計に国税を一括固定税で1人当たり τ だけ課税し、これを財源にして特定定率補助金を分配したとする。この特定定率補助金は、地域 i の地方公共財供給 PG_i に対してその m_i（×100%）を補助する形で分配されるものとする。地方政府は一括固定税のみ課税する場合を考える。これにより、地域 i の代表的家計の予算制約式は、

$$x_i = F_i(n_i, L_i)/n_i - t_i^N - \tau$$

図10-6 スピルオーバー効果

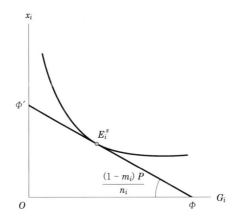

となる。また、地域 i の地方政府の予算制約式は

$$PG_i = t_i^N n_i + m_i PG_i$$

となる。そして、これらから、地域の統合された予算制約式は、次のようになる。

$$x_i = F_i(n_i, L_i)/n_i - (1-m_i)PG_i/n_i - \tau \tag{10}''$$

いま、(10)″式が図10-6の直線 $\Phi\Phi'$ のように表せたとする。このとき、効用最大化点 E_i^s が実現し、ここでは、

$$n_i MRS_i = (1-m_i)P$$

となる。もし中央政府が地域 i に対する特定定率補助金を

$$m_i = n_j MRS_{ij}/P$$

となるように分配すれば、各地域でサミュエルソンの公式(6)′が成り立つ。ここでは、特定定率補助金によって租税価格を変えることで、地方政府がスピルオーバー効果を考慮しないことに伴う非効率性を解消したのである。だから、特定定率補助金でなければならず、一般定額補助金では租税価格が変

第10章 地方財政の分権化 | 247

わらないからこの非効率性を解消できない。

さらに、前章第2節での議論と同様に、中央政府が、人口過多地域に国税として一括固定税をより多く課税し、これを財源にして人口過少地域へ一般定額補助金を分配することで、最適人口分布の条件(7)を満たすことができる。こうして、短期において、地方公共財供給の便益がスピルオーバーする場合、中央政府が地方政府に上記のような補助金を分配することによって、経済全体でみてパレート最適となる状態を実現できる。

しかし、実際に中央政府が各地域に異なる補助率 $m_i = n_j MRS_{ij}/P$ で適切に特定定率補助金を分配できるかは、中央政府が地方公共財の便益のスピルオーバー効果（すなわち MRS_{ij}）を適切に認識できるかに依存する。もし、前章第3節の地方分権定理のところで議論したように、中央政府が地方公共財についての住民のニーズを適切に把握できなければ、上記のようにうまくサミュエルソンの公式(6)′ を満たすことはできなくなる。ひいては、経済全体でのパレート最適も実現できなくなる。

ここでパレート最適が実現できない非効率性の元凶は、便益のスピルオーバー効果である。だから、このスピルオーバー効果がなくなるよう、地方政府の行政区域を便益が及ぶ範囲と合致するように決めれば、そもそもの非効率性を根絶することができる。この章前節までの議論で明らかになったように、地方公共財を供給する際には、その便益が及ぶ範囲を行政区域内にとどまるならばパレート最適が実現する。したがって、中央政府が補助金を分配することでこの非効率性を解消するよりも、地方公共財の便益がその地域内のみに及ぶように行政区画を再検討して、分権的に地方政府が供給した方がパレート最適を実現するには早道である。

ちなみに、住民の地域間移住が起こることを考慮して政策決定する長期において、分権的な地方政府が一括固定税と固定資産税を用いてスピルオーバー効果のある地方公共財を供給するとき、サミュエルソンの公式(6)′ と最適人口分布の条件(7)式が同時に成立し、パレート最適な状況が実現する（厳密には補論Dを参照されたい）。しかし、家計の地域間移住が何らかの形で不完全となった場合、地方公共財の便益がスピルオーバーするとこの最適性は覆る。移住の不完全性は、例えば各家計が効用(2)′ 式に加えて、属地的な郷

土愛(attachment to home)として非金銭的な便益をもつ場合に起こる[9]。この場合、長期における分権的な地方政府の政策決定では、地方公共財の便益がスピルオーバーするとパレート最適が実現しない。この非効率性を解消するには中央政府の介入を必要とする。

しかし、各家計が効用(2)′式に加えて、属地的な郷土愛によっても効用を得て、家計の地域間移住が不完全になった場合、地方公共財の便益がスピルオーバーしなければ、前節と同様に地方政府の分権的な政策決定でパレート最適な状態が実現できる。だから、住民の地域間移住が起こることを考慮して政策決定する長期においても、前述のように、スピルオーバー効果がなくなるよう、地方政府の行政区域を便益が及ぶ範囲と合致するように決めれば、これに伴う非効率性を根絶することができ、分権的な地方政府によってパレート最適が実現できる。

3 　地方分権の進め方

● 便益のスピルオーバーをなくす行政区域

最後に、これまでの議論をまとめ、今後のわが国の地方分権の進め方を考えよう。そもそも、地方分権定理から、地方公共財の便益を受ける住民により近い行政体が供給する方が、地方公共財を中央政府が供給するよりも効率性の観点から望ましい、という政策的含意が得られる。その上で、地方公共財のスピルオーバー効果を考慮すると、その地方公共財を供給する際には、便益が及ぶ範囲を行政区域内にとどめるようにするのが効率的である。したがって、地方公共財の便益が地域内のみにとどまるような地方分権が可能ならば、地方公共財の便益がその地域内のみに及ぶような行政区画を再検討する必要がある。

そこで、まず各種地方公共財の便益が及ぶ範囲を綿密に調査して、その範囲を確定しなければならない。その上で、現行の行政区域でもスピルオーバ

---

[9] 厳密な議論はここでの説明のレベルを超えるから、ここでは割愛する。興味がある方は土居丈朗『地方財政の政治経済学』東洋経済新報社の第7章を参照されたい。

ーしない地方公共財については現行の行政区域を維持し、現行の行政区域ではスピルオーバーする地方公共財については現行の行政体の統合や「道州」の導入を図るべきである。消防、社会福祉、保健行政、図書館など便益が狭い地域に限定できる地方公共財については、市町村のような行政体に権限を移譲し、その行政体が住民の要求に合わせて自由に政策決定をできるようにするのが望ましい。交通網の整備、治山治水、広域大規模プロジェクトなどある程度広い地域に便益が及ぶ地方公共財は、都道府県や「道州」のような広域の行政体に権限を移譲するのが望ましい。そして、司法、外交、国防など全国規模で便益が及び、全国民がおしなべてその便益を享受できる公共財は、中央政府がその財源を得て供給すべきである。中央政府と地方政府の行政分担（公共財供給の分担）のイメージは、図10-7のように示すことができる。

●ナショナル・ミニマム

その際、ナショナル・ミニマムをどの行政体がどのように保障するかを明確にすべきだろう。他の経済学や財政学の教科書等で、ナショナル・ミニマムを厳密に定義していないため、ここで経済理論に即して定義したい。

ナショナル・ミニマムとは、純粋公共財か外部性が全国に及ぶほど広域である財で、国民全体でみて現在の所得・資産水準にふさわしい租税負担でまかなえる水準（量）のことを指す、と考えられる。まず、「ナショナル」、つまり国家的規模である必要性があるから、全国規模で必要最低限供給されなければならない公共財が該当する。例えば警察のように、非排除性と非競合性を持つため、便益が全国規模で及びながら、地方自治体が供給しているから行政区域を越えて課税できず、その費用負担を故意に逃れることができる公共財である。だから、国がそれらを地方自治体で供給できる保障をする必要がある。

また、義務教育や公衆衛生など、その公共財が全国規模に外部性が及ぶものもナショナル・ミニマムに含まれる。もしある地域で経済的理由から日本語を教えない地域があれば、日本が国家単位で統一した言語を使う便益が目減りする。あるいは、ある地域で経済的理由から病原菌の駆除ができず、衛

図10-7 国と地方の財源配分

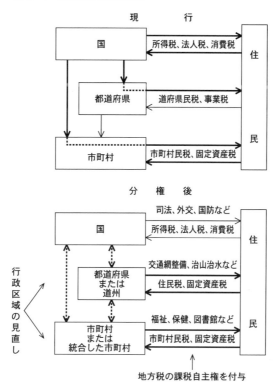

生状態の悪化が他地域にも及べば、それだけ便益が減る。したがって、これらは国がその保障をする必要がある。

では、「ミニマム」とはどの程度を指すか。例えば、教育でも高校や大学の教育、公衆衛生でも高度な特殊医療などは、地方自治体でも実際に行っているが、ナショナル・ミニマムといえるだろうか。ミニマムに含むか、それを超えるかは、その公共財の性質として、私的財の性質を帯びているかが目安になる。高等教育は、その専門性から教育を受けた人がとくに多く便益を受け、他の人はそれほど直接的には恩恵を受けない。感染性がない慢性病の治療は、その病原菌を駆除しなくても多くの人が病気にかかるわけではない。したがって、これらはその財やサービスを消費した人にだけ排他的に便

第10章 地方財政の分権化

益が及ぶ私的財の性質をもっているから、ナショナル・ミニマムとはいえない。

以上から、ミニマムの水準は、全国規模で便益を受ける上記の公共財を、国民全体でその時点での所得・資産水準で負担できる租税でまかなえる程度の量とするのが妥当である。上記の公共財は、とくに供給した現時点で生きている国民に便益が及ぶ。将来にまで時間を超えて便益が及ぶという性質はあまりないから、公債で将来世代に租税負担を残す必要はない。したがって、現時点の国民が租税負担に十分耐えうる程度の供給水準が妥当である。

● 特定定率補助金の廃止

地方公共財の便益のスピルオーバー効果がなくなれば、地方政府に対して特定定率補助金（国庫支出金）を分配する正当性はなくなる。それでいて、特定定率補助金は、前章第3節で見たように、租税価格を変えて代替効果が生じるから、一般定額補助金よりも望ましくない。したがって、地方政府に対する特定定率補助金（国庫支出金）は、基本的に廃止すべきである。

● 一般定額補助金の廃止と課税自主権の移譲

そして、最後に一般定額補助金（地方交付税）を長期的には廃止して、地方政府が分権的に税目・税率を自由に決定できるように、課税自主権を与えるべきである。それは、この章での議論で明らかにされたように、長期的には、一括固定税（住民税の均等割）と土地に対する固定資産税を分権的に決定できる地方政府が、中央政府の介入なしに経済全体で見てパレート最適を実現できるからである。ただし、第1節で見たように、租税輸出が生じる税目で税収をまかなうことは、必ずしも望ましくない。その意味では、地方公共財の便益を受ける住民がその費用を負担（納税）する原則（応益課税原則）が徹底されなければならない。そのためには、租税輸出が起こる税目など、地方政府が課税してはならない税目に関するネガティブ・リストのみを、場合によっては国の法律で規定する必要があろう。

このような課税自主権があれば、長期において、中央政府の一般定額補助金は必要ない。とくに、現行の地方交付税は、前章の議論で明らかにされた

ように、中央集権的な地方税制と相まってフライペーパー効果を引き起こし、非効率を助長している。したがって、このような地方交付税制度は廃止すべきである。

　地方交付税を廃止するからといって、一般定額補助金の長所（代替効果が生じない）を否定するわけではない。また、前述のナショナル・ミニマムを実現できないほど財源が乏しい地方自治体があれば、それを保障するための定額補助金を残しておく必要がある。ナショナル・ミニマムとして全国一律の公共財供給にあてるべく、国税を財源として人口に比例した配分金を配分するのが望ましい。この配分金制度の運用に際しては、ナショナル・ミニマムの定義を広げる形での恣意的な配分金の増額は認めず、職員の人件費等の動向に連動して配分金を増減させるルールを定め、それらを事後的に容易には覆せない形で法律に明文化する必要がある。

　この章の分析からいえることは、次の通りである。便益が及ぶ範囲をできる限り行政区域内に対応させるように、各行政体の機能分担を行った上で、その地方公共財供給のための支出負担に応じて地方税の税源を配分するのが望ましく、その地方税の税目は、課税対象資産の評価が適切に行われることを前提に、地域間移動がない土地に対する固定資産税と一括固定税（住民税の均等割）にするのが効率性の観点から望ましい。

●地方財政における垂直的公平性

　家計の地域間移住によって効用水準が等しくなり、かつ地方自治体に課税自主権が与えられれば、「財源が豊かな自治体」や「財源が乏しい自治体」といった概念は無意味になる。家計の地域間移住が完全に自由ならば、各地域の効用水準が等しくなるから、垂直的公平性はむしろ家計の地域間移住によって達成されており、中央政府が地方政府に対して追加的に所得再分配政策を補助金によって行う必要は（ナショナル・ミニマムを維持するため以外には）まったくない[10]。垂直的公平性の観点から地方政府の財源を必要以上

---

10) 第5章で議論したように、所得税等による個人レベルでの所得再分配政策を否定するものではない。

に地域間で均等化することは、前章図9-8の下図で見たように、最適人口分布の条件を覆すなど非効率な資源配分をもたらし、むしろ望ましくない。

　さらに、地域間の垂直的公平性を考える上で、所得格差だけを捉えて不公平というのは不完全である。なぜならば、住民の効用が、私的財消費と公共財消費という金銭的なものと、郷土愛という非金銭的なものから得られるならば、所得格差は金銭的な部分のみを指しており、非金銭的な効用である郷土愛を含んでいないからである。郷土愛による効用を加味する住民にとって、他地域への移住によって効用が下がるならば、低所得を甘受してでもその地域にとどまろうとする。そのとき、地域間で所得格差は顕在化するが、家計の地域間移住によってどの地域に住んでも同じ効用水準になり、各地域の住民の間で垂直的公平性が保たれる。地域間の垂直的公平性は、財政的措置でなく、家計の自発的な移住によって実現するのである。

　このように、地域間の垂直的公平性について、(ナショナル・ミニマムを維持する目的以外には) 中央政府が懸念する必要はまったくないのである。分権的な地方財政制度に移行したときには、地方政府の政策決定では、経済全体でみて地方公共財供給と人口分布がパレート最適になること（効率性）を重視して運用されるべきである。

■補　論

A．短期における分権的な地方政府による固定資産税

　短期において地方政府が分権的な政策決定を行うとき、地域 i の代表的住民の効用最大化問題は、t_i^L を所与として、

$$\max_{\{x_i, G_i\}} U(x_i, G_i)$$

$$\text{s.t. (11), (12)}$$

となる。このときの1階条件より、

$$N \times MRS_i = P$$

つまり、

$$n_i MRS_i = P - (N - n_i) MRS_i < P$$

となる。

B. 長期における分権的な地方政府の戦略的行動

住民の地域間移住が起こることを考慮して政策決定する長期において、一括固定税と固定資産税を課税して地方公共財を供給する分権的な地方政府の代表的住民の効用最大化行動は、(13)″式を考慮し、G_j, S_{ji} を所与として、

$$\max_{(G_i, S_{ij})} U\left(\frac{F_i(n_i, L_i)}{n_i} - \frac{PG_i}{n_i} - \frac{S_{ij}}{n_i} + \frac{S_{ji}}{n_i}, G_i \right)$$

s.t. (1), (5), $S_{ij} \geq 0$

となる。このとき、(5)式と両地域の(13)′式より、人口 n_i は G_i, G_j, S_{ij}, S_{ji} の関数として、

$$n_i = n_i(G_i, G_j, S_{ij}, S_{ji}) \tag{A-1}$$

と表せる。(A-1)式に留意して、この効用最大化問題の1階条件より、

$$\frac{\partial U_i}{\partial G_i} = -\frac{MU_{xi}P}{n_i} + MU_{Gi} + \frac{MU_{xi}(MP_i - x_i)}{n_i} \frac{\partial n_i}{\partial G_i} = 0 \tag{A-2}$$

$$\frac{\partial U_i}{\partial S_{ij}} = -\frac{MU_{xi}P}{n_i} + \frac{MU_{xi}(MP_i - x_i)}{n_i} \frac{\partial n_i}{\partial G_{ij}} = 0 \tag{A-3}$$

を得る。(A-1)式に留意して、(5)式 $U(x_1, G_1) = U(x_2, G_2)$ を G_i で偏微分すると、

$$MU_{Gi} + MU_{xi} \frac{\partial x_i}{\partial G_i} + MU_{xi} \frac{\partial x_i}{\partial n_i} \frac{\partial n_i}{\partial G_i} = MU_{xj} \frac{\partial x_j}{\partial n_j} \frac{\partial n_j}{\partial n_i} \frac{\partial n_i}{\partial G_i}$$

となる。この式を変形すると、

$$\frac{\partial n_i}{\partial G_i} = \frac{MU_{xi}P/n_i - MU_{Gi}}{MU_{xi}(MP_i - x_i)/n_i + MU_{xj}(MP_j - x_j)/n_j} \tag{A-4}$$

が導かれる。ただし、(13)″式を $x_i = \{F_i(n_i, L_i) - PG_i - S_{ij} + S_{ji}\}/n_i$ と書き直して、G_i や n_i で偏微分すると、

$$\frac{\partial x_i}{\partial G_i} = -\frac{P}{n_i}$$

$$\frac{\partial x_i}{\partial n_i} = \frac{MP_i - x_i}{n_i}$$

となることを利用している。同様に(5)式を S_{ij} で偏微分すると、

$$MU_{xi}\frac{\partial x_i}{\partial S_{ij}} + MU_{xi}\frac{\partial x_i}{\partial n_i}\frac{\partial n_i}{\partial S_{ij}} = MU_{xj}\frac{\partial x_j}{\partial S_{ij}} + MU_{xj}\frac{\partial x_j}{\partial n_j}\frac{\partial n_j}{\partial n_i}\frac{\partial n_i}{\partial S_{ij}}$$

となる。この式を変形すると、

$$\frac{\partial n_i}{\partial S_{ij}} = \frac{MU_{xi}/n_i + MU_{xj}/n_j}{MU_{xi}(MP_i - x_i)/n_i + MU_{xj}(MP_j - x_j)/n_j} \quad (A-5)$$

を得る。ただし、先と同様に(13)″式を S_{ij} で偏微分すると、

$$\frac{\partial x_i}{\partial S_{ij}} = -\frac{1}{n_i}$$

$$\frac{\partial x_j}{\partial S_{ij}} = \frac{1}{n_j}$$

となることを利用している。

　そこで、(A-5)式を(A-3)式へ代入すると、$\partial U_i/\partial S_{ij} = -\partial U_j/\partial S_{ji}$ となる。移住均衡においては、両地域で(A-3)式を満たすから、$\partial U_i/\partial S_{ij} = -\partial U_j/\partial S_{ji} = 0$、すなわち、

$$MP_1 - x_1 = MP_2 - x_2$$

が導かれる。この式は、最適人口分布の条件(7)と一致する。また、(A-4)式を(A-2)式へ代入すると、

$$\frac{\partial U_i}{\partial G_i} = \left(MU_{Gi} - \frac{MU_{xi}P}{n_i}\right)\left(1 - \frac{MU_{xi}(MP_i - x_i)/n_i}{MU_{xi}(MP_i - x_i)/n_i + MU_{xj}(MP_j - x_j)/n_j}\right) = 0$$

を得る。この式で、(7)式と私的財の限界効用や人口の値が正であることから、この式の後ろのかっこ内は通常正である。したがって、前のかっこ内＝0となり、このときサミュエルソンの公式(6)が成り立つ。

C．地方公共財の便益がスピルオーバーする際のパレート最適条件

社会計画当局の最適化問題は、効用関数が(2)′式となるだけで、実行可能性制約(4)はスピルオーバー効果がない前章と同じである。したがって、

$$\max_{\{x_1, x_2, G_1, G_2, n_1\}} U(x_1, G_1, G_2)$$

s.t. (1), (4), (5)′

となる。この最適化問題の1階条件（ラグランジュ関数を x_1, x_2, G_1, G_2 で偏微分）より、スピルオーバーがあるときのサミュエルソンの公式は、

$$n_1 MRS_1 + n_2 MRS_{12} = P \tag{6-1}′$$
$$n_1 MRS_{21} + n_2 MRS_2 = P \tag{6-2}′$$

となる。(6)′式には、スピルオーバーがあるときは、他地域の住民の限界代替率が加わっている。

同様に、この最適化問題の1階条件（ラグランジュ関数を n_1 で偏微分）より、前章と同じ(7)式が導かれ、これが最適人口分布の条件となる。

D．地方公共財の便益がスピルオーバーする際の分権的な地方政府の政策決定

住民の地域間移住が起こることを考慮して政策決定する長期において、分権的な地方政府が一括固定税と固定資産税を課税してスピルオーバー効果のある地方公共財を供給するとき、代表的住民の効用最大化問題は、(13)″式を考慮し、G_j, S_{ji} を所与として、

$$\max_{\{x_i, G_i\}} U\Big(\frac{F_i(n_i, L_i)}{n_i} - \frac{PG_i}{n_i} - \frac{S_{ij}}{n_i} + \frac{S_{ji}}{n_i}, G_i, G_j\Big)$$

s.t. (1), (5)′, $S_{ij} \geq 0$

となる。ここで、家計の移住による地域間の効用均等化(5)′式と両地域の(13)″式より、人口 n_i は G_i, G_j, S_{ij}, S_{ji} の関数として、

$$n_i = \hat{n}_i(G_i, G_j, S_{ij}, S_{ji}) \tag{A-1}′$$

と表せるとする[11]。(A-1)′式に留意して、効用最大化問題の1階条件より、

$$\frac{\partial U_i}{\partial G_i} = -\frac{MU_{xi}P}{n_i} + MU_{Gi} + \frac{MU_{xi}(MP_i - x_i)}{n_i}\frac{\partial n_i}{\partial G_i} = 0 \qquad \text{(A-6)}$$

$$\frac{\partial U_i}{\partial S_{ij}} = -\frac{MU_{xi}P}{n_i} + \frac{MU_{xi}(MP_i - x_i)}{n_i}\frac{\partial n_i}{\partial S_{ij}} = 0 \qquad \text{(A-3)}$$

を得る。(A-1)′式に留意して、(5)′式を G_i で偏微分すると、

$$MU_{Gi} + MU_{xi}\frac{\partial x_i}{\partial G_i} + MU_{xi}\frac{\partial x_i}{\partial n_i}\frac{\partial n_i}{\partial G_i} = MU_{xj}\frac{\partial x_j}{\partial n_j}\frac{\partial n_j}{\partial n_i}\frac{\partial n_i}{\partial G_i} + MU_{Gij}$$

となる。この式を変形すると、

$$\frac{\partial n_i}{\partial G_i} = \frac{MU_{xi}P/n_i - MU_{Gi} + MU_{Gij}}{MU_{xi}(MP_i - x_i)/n_i + MU_{xj}(MP_j - x_j)/n_j} \qquad \text{(A-7)}$$

が導かれる。ただし、(13)″式を $x_i = \{F_i(n_i, L_i) - PG_i - S_{ij} + S_{ji}\}/n_i$ と書き直して、G_i や n_i で偏微分すると、

$$\frac{\partial x_i}{\partial G_i} = -\frac{P}{n_i}$$

$$\frac{\partial x_i}{\partial n_i} = \frac{MP_i - x_i}{n_i}$$

となることを利用している。同様に(5)′式を S_{ij} で偏微分すると、

$$MU_{xi}\frac{\partial x_i}{\partial S_{ij}} + MU_{xi}\frac{\partial x_i}{\partial n_i}\frac{\partial n_i}{\partial S_{ij}} = MU_{xj}\frac{\partial x_j}{\partial S_{ij}} + MU_{xj}\frac{\partial x_j}{\partial n_j}\frac{\partial n_j}{\partial n_i}\frac{\partial n_i}{\partial S_{ij}}$$

となる。先と同様に(13)″式を S_{ij} で偏微分した結果を利用してこの式を変形すると、前述と同様に(A-5)式を得る。

そこで、(A-5)式を(A-3)式へ代入すると、$\partial U_i/\partial S_{ij} = \partial U_j/\partial S_{ji}$ となる。移住均衡においては、両地域で(A-3)式を満たすから、$\partial U_i/\partial S_{ij} = -\partial U_j/\partial S_{ji} = 0$、すなわち、

$$MP_1 - x_1 = MP_2 - x_2$$

が導かれる。この式は、最適人口分布の条件(7)と一致する。また、(A-7)式

---

11) 厳密に言えば、この式は(5)′式を基に導出されているから、(5)式と(13)″式から得られた補論Bの(A-1)式とは異なる。

を (A-6) 式へ代入すると、

$$\frac{\partial U_i}{\partial G_i} = \frac{\frac{MU_{xj}(MP_j-x_j)}{n_j}\left(MU_{Gi}-\frac{MU_{xi}P}{n_i}\right)+\frac{MU_{xi}(MP_i-x_i)}{n_i}MU_{Gij}}{MU_{xi}(MP_i-x_i)/n_i+MU_{xj}(MP_j-x_j)/n_j} = 0$$

を得る。この式の分子＝0の関係を利用して、変形すると、

$$n_i MRS_i + n_j MRS_{ij}\frac{MP_i-x_i}{MP_j-x_j} = P$$

を得る。いま(7)式が成り立つことから、この式よりサミュエルソンの公式 (6)′ が成り立つ。

■ 練習問題

1. 地方税の租税輸出がパレート最適な資源配分を阻害するのは、どういう状況であるかを示せ。
2. 本章では、長期において、地方政府の戦略的な政策決定によって、一括固定税と土地に対する固定資産税を適切に課税すれば、各地域の地方公共財供給も経済全体の人口分布もパレート最適となることを示した。それは、これらの租税がどのような性質を持つからか、説明せよ。
3. 地方財政において、垂直的公平性はどのように考えればよいか、検討せよ。

Public Economics
11 公債の有効活用

1 公債の経済効果

●日本の公債

　この章では、公債について公共経済学の見地から議論したい。公債は、今年度の財政支出を税収でまかなえなかった分だけ発行されるもので、財政赤字と同じ意味を持つ。

　図11-1は、国と地方の借金である長期債務残高の推移を示している。2017年度末で1087兆円に達する見込みの債務残高の内訳は、国の一般会計における国債残高が864兆円、一般会計以外での国の特別会計等における債務残高が61兆円（交付税及び譲与税配付金特別会計における借入金の地方負担分32兆円を含む）、地方自治体の地方債残高が143兆円、地方公営企業債（普通会計負担分）借入金残高20兆円となっている。財政赤字は、国債や地方債だけではないことがわかる。ちなみに、公債とは、狭義では債券の形で発行される国債や地方債を指すが、広義では国債や地方債だけでなく、借入金などあらゆる財政の債務を含む。

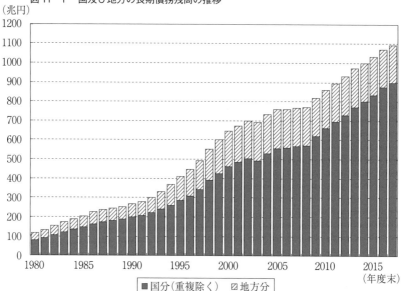

図11-1 国及び地方の長期債務残高の推移

資料：参議院予算委員会調査室編『財政関係資料集』

　これほど巨額の債務残高は、一朝一夕で生み出されたわけではない。図11-1からわかるように、1992年度末では約300兆円だったのが、1999年度末には約600兆円となったから、たった7年で倍増した。それには、1997年度に財政赤字の削減を目指して行われた財政構造改革が頓挫したことが背景にある。1997年度は「財政構造改革元年」と称して、消費税率を3％から5％に引き上げたり、1994～1996年に行った所得税の特別減税を停止したり、年金保険料を引き上げたりして、国債発行額を抑制した。さらに、①2005年度までに、国と地方の財政赤字を対GDP比で3％以下にする、②2005年度までに、赤字国債の発行をゼロにして国債依存度を引き下げる、③この数値目標を達成するために、公共事業関係費を前年度比7％削減するなど、主要経費に関して具体的な量的縮減計画を定めること、などを具体的に定めた財政構造改革法を成立させ、1998年度から着手する予定だった。
　しかし、1997年度は、消費税や所得税の負担増などから民間消費が減退した上に、大手金融機関の破綻に端を発した金融危機により、深刻な不況に見

舞われた。そして、1998年には、財政構造改革法を停止して政策を転換し、公債の大量発行を伴った財政支出による景気対策を行った。これは、第1章で述べた政府の経済安定機能を重視する政策方針であった。その結果、図11－1に見るような債務残高の急増となったのである。

その後、2007年夏以降アメリカのサブプライムローン（低所得者向け住宅融資）問題に端を発した世界金融危機に伴う不況や、2011年に起きた東日本大震災の復興に対応のための財政支出などで、公債を大量に増発したことから、公債残高の累増は続いており、2017年度末には国と地方合わせて約1087兆円にも達し、GDP比で約200％と先進国の中でも際立って巨額になっている[1]。

●公債の意味

公債は、現在の財政支出のために必要な財源負担の一部を将来に繰り延べ、公債の満期（償還時期）に税収によって元本と利子を返済する形をとる。だから、公債は課税のタイミングをずらす役割を果たす政策手段である。例えば、現在は景気が悪く所得や消費が低迷しているために現在の財政支出の財源を現在の税収ですべてまかなうのが困難だが、将来は景気が回復して課税に耐えられるだけの経済状況になることが予想される場合を考えよう。財政政策の選択肢として、現在増税して財源をすべてまかない、将来は追加的に増税しない財政政策と、現在課税せず公債発行でまかなう代わりに、将来の公債償還期に元本と利子の返済のために追加的に増税する財政政

---

1) 図11－1は、国とすべての地方自治体が、税金を財源として返済する必要がある債務残高の合計額を示したものである。他方、国際比較の際にしばしば用いられる政府債務残高は、一般政府という定義で捉えた債務残高である。一般政府とは、国（中央政府）と地方政府に加えて、国と地方自治体の中にある社会保障を担う部局・会計だけを別にした社会保障基金（社会保障の保険料を受け取り、給付を支払い、年金の積立金などを扱う機関）の3部門を合計したものである。政府が担う行政サービスは、国によって異なるため、統計の上で共通の定義として、中央政府、地方政府、社会保障基金を合わせた一般政府という定義を設けて、国際比較をしやすくした。近年では、わが国の一般政府の債務残高は、対GDP比で200％を超えており、世界各国の中でも最高水準となっている。

策が考えられる。公共経済学の見地からどちらの政策が望ましいかは、どちらの政策によって家計の効用がより高くなるかを検討すればよい。実際、1990年代に日本では後者の政策が採択されたのだが、後者の方が家計の効用が高いと認められれば、公共経済学の見地からこれを正当化できる。

● 租税による財源調達

そこで、どちらの政策が望ましいかを検討するべく、第5章第4節の利子所得税のように、現在（第1期）と将来（第2期）の2期間で考えよう。下記の結論は、2期間でなくても、多期間であれば一般性を失うことなく成り立つ。いま、経済全体にN人（人口は増加しないとする）の同質的な家計がいて、現在のみ働いてWだけ所得を得て（ここでは労働時間が非弾力的でWは一定であるとする）、将来は引退して働かないため労働による所得はないものとする[2]。そして、家計は現在と将来のそれぞれの時期に私的財を消費して効用を得るとする。家計の効用は現在消費量x_1、将来消費量x_2が多いほど高くなるとする。ただし、現在消費、将来消費とも上級財であるとする。このとき、効用関数は一般的に

$$U = U(x_1, x_2)$$

となる。この効用関数から導き出される無差別曲線が図11-2のように表せたとする。

家計は、現在Wの所得を得て、それを現在消費にx_1だけあて、残りは貯蓄して将来消費にあてることとなる。また、財政支出（公共財供給）の私的財との限界変形率を、これまでの章と同様、Pとする。第1期において政府が所定の財政支出$P\overline{G_1}$の財源を調達するべく、一括固定税を1人当たりτ_1だけ課税した（公債をまったく発行しない）とする[3]。貯蓄量をsと表して第1期の代表的家計の予算制約式を表すと、

---

[2] この仮定は、説明を簡単にするためのものであり、将来に所得があっても以下の結論は変わらない。

図11-2 公債の中立命題

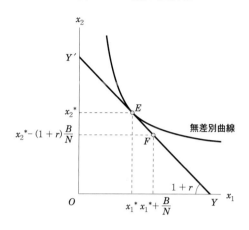

$$x_1 + s = W - \tau_1 \tag{1}$$

となる。将来（第2期）において、労働による所得はないが s だけの貯蓄がある。しかも、その貯蓄には利子率 r （×100％）で利子所得が生じるとすると、将来時点では貯蓄と利子所得を合わせて $(1+r)s$ だけの収入があり、これをすべて将来消費にあてて、遺産を残さないとする[4]。また、第2期において政府が所定の財政支出 $P\overline{G_2}$ の財源を調達するべく、一括固定税を1人当たり τ_2 だけ課税したとする。このとき、第2期の代表的家計の予算制約式は

$$x_2 = (1+r)s - \tau_2 \tag{2}$$

3）ここでは、この財政支出は家計の効用を最大化するようなある一定の量とすることを予定している。本書第2、9、10章と同様に、家計の効用を最大化する（サミュエルソンの公式を満たす）ように政府が財政支出を操作すると考えても、基本的に以下の結論は変わらない。

4）利子率について、家計は価格受容者であるとする。また、利子率は家計の貯蓄の大きさに関係なく r で一定であると仮定する。別の言い方をすれば、貯蓄という資本の供給に対して、資本需要の利子弾力性が無限大であることを仮定している。

となる。(1)式と(2)式を合わせて、代表的家計の生涯を通じた予算制約式は、

$$x_1 + \frac{x_2}{1+r} = W - \tau_1 - \frac{\tau_2}{1+r} \tag{3}$$

となる。

また、政府の予算制約式は、現在と将来において、それぞれ

$$\tau_1 N = P\overline{G_1} \tag{4}$$
$$\tau_2 N = P\overline{G_2} \tag{5}$$

となる。これらと(3)式を合わせて、代表的家計の生涯を通じた予算制約式は、

$$x_1 + \frac{x_2}{1+r} = W - \frac{P\overline{G_1}}{N} - \frac{P\overline{G_2}/N}{1+r} \tag{6}$$

となる。この式は図11-2の直線YY'として表される。この直線の傾きの絶対値は$1+r$である。このとき、点Eが効用最大化点となり、各期の消費量をそれぞれx_1^*、x_2^*と表す。

●公債の中立命題

次に、上記と同じ額の財政支出の財源の一部を、公債発行によってまかなうことを考える。公債は、発行量をBとし、現在（第1期）に発行して将来（第2期）には元本とともに利子率rで利払いをする[5]。そして、公債を発行した分だけ上記と比べて、第1期の一括固定税を$\tau_1'(=\tau_1-B/N)$に減税し、第2期の一括固定税を$\tau_2'(=\tau_2+(1+r)B/N)$に増税する。このとき、第1期の代表的家計の予算制約式は

$$x_1 + s = W - \tau_1'$$

---

5) 政府の公債発行は利子率を動かさないほど影響力が小さいとする。この仮定を、小国の仮定と呼ぶ。さらに、ここでは、家計の貯蓄は国内の公債だけでなく海外の投資先にも自由に運用されるとともに、公債は国内の家計（の貯蓄）のみならず、海外の家計も自由に購入（貸すことが）できるとする。この2つの仮定を合わせて、小国開放経済の仮定と呼ぶ。そして、このときのrを世界利子率とも呼ぶ。

となり、第2期の代表的家計の予算制約式は

$$x_2 = (1+r)s - \tau_2'$$

となる。このとき、政府の予算制約式は、現在と将来において、それぞれ

$$\tau_1'N + B = P\overline{G_1}$$
$$\tau_2'N = P\overline{G_2} + (1+r)B$$

となる。上2式より、

$$\tau_1' + \frac{\tau_2'}{1+r} = \frac{P\overline{G_1}}{N} + \frac{P\overline{G_2}/N}{1+r}$$

となる。以上より、代表的家計の生涯を通じた予算制約式は、

$$x_1 + \frac{x_2}{1+r} = W - \tau_1' - \frac{\tau_2'}{1+r}$$
$$= W - \frac{P\overline{G_1}}{N} - \frac{P\overline{G_2}/N}{1+r}$$

となり、租税だけで財源調達したときの(6)式と一致する。代表的家計が直面する予算制約式が同じだから、効用最大化点も同じ図12-2の点 E で、各期の消費量は公債を発行してもしなくても同じ x_1^*、x_2^* である。この結果は、公債発行量 B をいくらにしたとしても成り立つ。このことから、次の命題が導かれる。

公債の中立命題（等価定理）

財政支出を公債でまかなっても租税でまかなっても、各期における消費量は変化せず、家計の効用は影響を受けない。

公債の中立命題は、提唱者の名をとって、リカード＝バローの中立命題とも呼ばれる。

同じ額の財政支出に対して、租税だけで財源をまかなったときに効用最大化する各期の消費量は、x_1^*、x_2^* である。そこで、仮に第1期に公債を B だけ発行して B/N 分だけ1人当たりで減税されたときに、家計が自発的に、

B/N だけ現在消費を $x_1^* + B/N$ に増やしたとしよう。このとき、貯蓄額は減税前と変わらないことになる。その後、第2期に公債の償還に伴い $(1+r)B/N$ 分だけ増税される。これにより、$(1+r)B/N$ 分だけ将来消費を $x_2^* - (1+r)B/N$ に減らさざるをえない。以上より、もし公債が発行されたときに減税分だけ消費を減らして貯蓄を増やさなければ、図11-2の点Fが実現してしまい、点Eよりも効用が下がってしまう。このような行動は家計が損をする。前述のように、家計の生涯を通じた予算制約式は租税でまかなっても公債でまかなっても同じ(6)式だから、家計が点Fよりももっと効用を上げたければ、現在消費を減らして将来消費を増やせばよく、そのためには貯蓄を増やす必要がある。そうして、点$E(x_1^*, x_2^*)$が実現するまで貯蓄を増やす。つまり、公債が発行されて第1期に減税されるとき、租税だけで財源をまかなったときに比べて貯蓄をB/N分（＝減税分）だけ増やす。これはあたかも、将来の増税に備えてあらかじめその分だけ貯蓄しているともいえる。

● 世代を超える場合の公債の中立命題

中立命題が同じ世代内で成り立つ場合と、世代を超えて成り立つ場合とがある。

公債の償還が同じ世代内で行われる（つまり、公債を発行するときと償還するときの世代が同じ）場合、すでに説明した通りの論理で中立命題が成り立つ。

公債の償還が世代を超える（つまり、公債を償還するときは、発行したときの世代の次の世代である）場合、親の世代のときに公債を発行する（とともに減税する）が償還するのは子の世代であると、子の世代は償還のための増税の負担を負うことになる。このとき親が償還時の増税に備えて子に遺産を残すとする。これに伴って、公債を発行したときの親の消費は租税でまかなったときの親の消費と同じ量となり、減税されても消費は増えも減りもしない。したがって、公債の償還が世代を超えても公債と租税は同じ経済効果を持つ、ということになる。

●公債の中立命題の含意

　公債の中立命題が成立するとき、公債でまかなうときと租税でまかなうときを区別するような政策や概念はマクロ経済では意味を失う。公債の中立命題が成立するときにマクロ経済で意味を失う政策や概念としては、公債残高、将来世代の公債の負担、減税政策、内国債と外国債の区別、財政（公債）の持続可能性（財政の破綻）、公債管理政策などが挙げられる[6]。

　公債の中立命題が成り立つ状況では、前述のように減税して公債を発行しても、それと同額分だけ民間貯蓄が増えるから、いくら公債残高があってもその分の民間貯蓄があってマクロ経済全体での貯蓄額に影響を与えない。各時点での公債残高は単に将来へ繰り延べた租税負担を表しているに過ぎず、かつ家計はその租税負担に備えて貯蓄しており、いつ償還、増税されて公債の負担が及んでも、家計は各期の消費量を変えない。財政支出を一定として、公債発行を伴う減税政策を行っても、家計は各期の消費量を変えないから、マクロ経済に影響を与えない。内国債（国内で発行する債券）であっても外国債（外国で発行する債券）であっても、それらの償還時には増税されることには変わらず、その租税負担に備えて国内で貯蓄するから、両者に差異はない。

　財政の持続可能性とは、財政が破綻することなく公債を発行し続けられるかということであり、政府保有財産の売却収入を用いず、租税を公債の利払い・償還の財源として、今後も従来の財政運営のままで公債を発行し続けたとしても、無限先の将来において公債残高が発散（無限に膨張）しないとき、財政は持続可能であるという。もし将来において公債残高が発散する状況ならば、将来のいずれかの時点で財政が破綻し、財政は持続可能でなくなる。公債の中立命題が成り立てば、公債残高がどれほど巨額であっても、家計はその償還時の租税負担に備えてその分だけ貯蓄しているから、いざとなれば増税すればよく、財政（公債）は持続可能となる。公債の中立命題が成り立つと想定するなら、論理的には政府の財政は破綻しない点に注意された

---

[6] ただし、前述のように、財政支出を一定とすることを前提とする。なぜならば、一定でなければ、家計の効用は変わりうるからである。

い。

　公債の中立命題は、つねに成り立つわけではない。ここでこの命題が成り立つ上で、次のことが強く作用している。まず、資源配分に歪み（超過負担）が生じない一括固定税で財源調達をすることである。また、政府が現在と将来の（異時点間の）ことを考えて公債を発行しても、家計も同様に考えて公債の償還のために将来の増税が行われると予想できる点もある。

　わが国でも、公債の中立命題が成り立つかを計量経済学的に分析した研究がある。これによると、わが国では公債の中立命題は成立しないという実証結果を得ている。ただ、近年の日本経済は公債の中立命題が成り立ちやすい方向にあるとする結果もある。

　公債の中立命題は、①経済主体の時間的視野が無限である、②資本市場が完全である、③異質な経済主体間の再分配効果がない、④民間の経済活動に対して歪みのない租税体系である、という条件を満たす経済で成立すると考えられる。逆にいえば、これらが満たされない経済は、公債の中立命題は成立しない可能性がある。そこで、以下ではそうした状況を検討してみよう。

● 租税に歪みがある場合

　租税に歪みがある場合として、利子所得税を取り上げる。利子所得税は貯蓄に対する利子所得に課税される租税である。第5章第4節でみたように、利子所得税は現在消費と将来消費の間の価格比（課税後利子率）を変え、代替効果を生じさせるから、歪みのある租税であるといえる。

　政府が、各期に上記と同じ額の財政支出 $\overline{G_1}$、$\overline{G_2}$ を、第1期は一括固定税、第2期に利子所得税のみを課税して財源調達する状況を考える。利子所得税率を $t'(\times 100\%)$ とする。このとき、利子所得に対する課税額 T は、

$$T = t'rs$$

である。労働による所得 W には課税しない。したがって、現在（第1期）における代表的家計の予算制約式は、前述と同じ

$$x_1 + s = W - \tau_1 \tag{1}$$

図11-3 租税に歪みがある場合

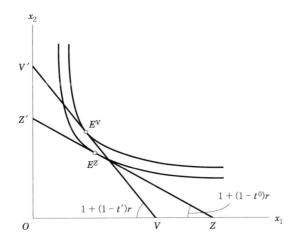

となる。しかし、将来（第2期）における代表的家計の予算制約式は、

$$x_2 = (1+r)s - T = \{1+(1-t')r\}s \tag{2}'$$

となる。(1)式と(2)'式を合わせて、代表的家計の生涯を通じた予算制約式は、

$$x_1 + \frac{x_2}{1+(1-t')r} = W - \tau_1 \tag{3}'$$

となる。この式は図11-3の直線 VV' として表される。線分 OV の大きさは $W-\tau_1$ である。このときの効用最大化点は点 E^V で、直線の傾きの絶対値は $1+(1-t')r$ である。そのため、利子所得税課税前と比べて傾きの絶対値（価格比）が変化し、代替効果が生じ、超過負担が生じる意味で歪みのある租税であることがわかる。ちなみに、このときの現在と将来における政府の予算制約式は次のようになっている。

$$\tau_1 N = P\overline{G_1}$$
$$TN = t'Nrs = P\overline{G_2}$$

そこで、政府の公債発行を考える。各期に上記と同じ額の財政支出 $\overline{G_1}$、$\overline{G_2}$ を、第1期は公債だけ、第2期に（元利償還分も含めて）利子所得税の

みを課税して財源調達する状況を考える。このとき、現在と将来における政府の予算制約式は

$$B = P\overline{G_1}$$
$$t^0 Nrs = P\overline{G_2} + (1+r)B$$

となる。だから、このときの利子所得税率 t^0 は、貯蓄があまり変化しなければ、元利償還分 $(1+r)B$ だけ t' よりも高くなっていると考えられる。この公債発行と税率 $t^0 (> t')$ が実行されたとき、現在（第1期）における代表的家計の予算制約式は、

$$x_1 + s = W$$

となる。また、将来（第2期）における代表的家計の予算制約式は、

$$x_2 = \{1 + (1-t^0)r\}s$$

となる。上2式を合わせた代表的家計の生涯を通じた予算制約式は、

$$x_1 + \frac{x_2}{1+(1-t^0)r} = W$$

となる。この式は図11-3の直線 ZZ' として表される。線分 OZ の大きさは W である。このときの効用最大化点は点 E^Z で、直線の傾きの絶対値は $1+(1-t^0)r$ で、(3)′式のそれよりも小さい[7]。

このことからいえることは、利子所得税のように価格比を変える租税を課税している場合は、公債の発行額によって（歪みがある租税の）税率が変わり課税後の価格比が変わるから、財源調達手段として公債と租税は中立ではなくなり、公債の中立命題が成り立たない、ということである。より具体的にいえば、利子所得税のように歪みのある租税では、公債をまったく発行せず租税のみで財源調達したときの予算制約式（直線 VV'）と、第1期の財源調達をすべて公債でまかなったときの予算制約式（直線 ZZ'）とは異なる

---

7) 図11-3では、点 E^Z における効用水準が点 E^V における効用水準よりも低くなるように描かれているが、つねにそうなるとは限らない。

から、それぞれのときの効用最大化点が異なり、財源調達手段として公債と租税は家計の消費行動に対して中立的ではなく、公債の中立命題が成り立たない。

● 流動性制約がある場合

これまで想定してきた家計は、貯蓄量（あるいは借入量）を自由に決めることができる状況にあった。しかし、実際の家計は、貯蓄量は自由に決められても、借入量には制約があり、自らが欲するだけ自由に借りられない状況におかれている場合がある。このように資金の貸借に制約があることを、流動性制約と呼ぶ。何らかの理由で流動性制約がある場合、資本市場は完全ではない状況であるといえる。

流動性制約を扱うべく、上記の設定を少し変更する。上記では、所得が現在（第1期）にWだけ得られるとしたが、以下では所得が現在はなく、将来（第2期）に$(1+r)W$だけ得られるとする。このとき、所得がない第1期に消費をするためには、家計は第1期にMだけ利子率r（×100％）で借金し、第2期に利子をつけて返済する。

いま、政府は各期に上記と同じ額の財政支出$\overline{G_1}$、$\overline{G_2}$を、第1期も第2期も一括固定税で課税して財源調達するとしよう。この政策の下では、前述のように、家計に流動性制約さえなければ公債の中立命題が成り立つ状況である。これを確かめてみよう。第1期の代表的家計の予算制約式を表すと、

$$x_1 = M - \tau_1$$

となる。ここでは、流動性制約がない場合を想定しているので、Mは家計が欲する量だけ借りられる。また、第2期の代表的家計の予算制約式は

$$x_2 + (1+r)M = (1+r)W - \tau_2$$

となる。この2つの式を合わせると代表的家計の生涯を通じた予算制約式は、

$$x_1 + \frac{x_2}{1+r} = W - \tau_1 - \frac{\tau_2}{1+r}$$

となり、(3)式と一致する。つまり、第1期に所得がなくても好きなだけ借金できれば、(現在価値で同じ額の)所得を第2期で得た場合と、前述の第1期に所得がある場合はまったく同じである。言い換えれば、流動性制約さえなければ、いつの時点で(現在価値で同じ額の)所得を稼いでも家計の消費行動は変わらない。

また、政府の予算制約式は、現在と将来において、それぞれ(4)式、(5)式だから、これらと(3)式を合わせると、代表的家計の生涯を通じた予算制約式は、

$$x_1 + \frac{x_2}{1+r} = W - \frac{P\overline{G_1}}{N} - \frac{P\overline{G_2}/N}{1+r} \tag{6}$$

となる。この式は図11-2の直線 YY' と同じで、図11-4にも同様に表している。効用最大化点は点 E で、このときの消費量は x_1^*、x_2^* である。このとき、前述の通り、公債の中立命題が成り立つことは明らかである。

そこで、流動性制約がある場合を考える。例えば、第1期の借金 M が x_1^* より少ない $\overline{M}$ だけしかできないような流動性制約に直面したとする。このとき、第1期の代表的家計の予算制約式を表すと、

$$x_1 = \overline{M} - \tau_1 = \overline{M} - P\overline{G_1}/N$$

となる。また、第2期の代表的家計の予算制約式は

$$x_2 + (1+r)\overline{M} = (1+r)W - \tau_2$$

すなわち、

$$x_2 = (1+r)W - (1+r)\overline{M} - \tau_2 = (1+r)W - (1+r)\overline{M} - P\overline{G_2}/N$$

となる。このとき、この家計は流動性制約に直面しているため、$\overline{M}$ を増やそうにも増やせないから、$\overline{M}$ が決まれば消費量 x_1、x_2 が決まってしまう。だから、このときの消費量は図11-4の点 R（直線 YY' 上）のように表され、点 E よりも低い効用となる。

次に、(流動性制約に直面していない)政府が上記の財政支出を、第1期は公債だけ、第2期は(元利償還費分も含めて)一括固定税 τ_2^0 だけで財源

図11-4 流動性制約がある場合

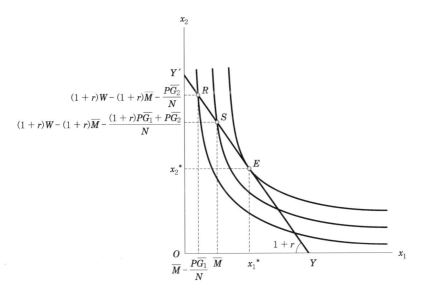

調達するとしよう。このとき、政府の予算制約式は、

$$B = P\overline{G_1}$$

$$\tau_2^0 N = P\overline{G_2} + (1+r)B$$

となる。このときの第2期の一括固定税 τ_2^0 は

$$\tau_2^0 = \frac{(1+r)P\overline{G_1} + P\overline{G_2}}{N}$$

である。この政策が実行されたとき、現在（第1期）における流動性制約に直面する代表的家計の予算制約式は、

$$x_1 = \overline{M}$$

となる。また、将来（第2期）における代表的家計の予算制約式は、

$$x_2 = (1+r)W - (1+r)\overline{M} - \tau_2^0$$
$$= (1+r)W - (1+r)\overline{M} - \{(1+r)P\overline{G_1} + P\overline{G_2}\}/N$$

となる。だから、このときの消費量は図11-4の点S（直線YY'上）のように、点Rよりも右下側になる。点Sの位置は、公債発行量を変えれば変えられる。いま第1期の一括固定税は0と想定したが、第1期に公債発行量をもう少し減らして一括固定税を徴収すれば、点Sは直線YY'上でもう少し左上側にずれる。このように、家計が流動性制約に直面するとき、公債発行量によって家計が直面する消費量を変えることができるから、財源調達手段として公債と租税は中立ではなくなり、公債の中立命題が成り立たない。

●子想いの親でない場合

世代を超える場合の公債の中立命題に関して、親が償還時の増税に備えて子に遺産を残さなければ、中立命題が成立しない。財政支出が一定ならば、親の世代では公債発行量の分だけ減税が行われ、可処分所得が増えてその分だけ私的財消費が増えて効用が高まる。これに対して、遺産が不十分ならば、子の世代では公債発行に伴う恩恵を受けることなく公債償還分だけ増税が行われ、可処分所得が減ってその分だけ私的財消費が減って効用が下がる。

2　課税平準化の理論

●現在と将来の税率

前節後半で見たように、公債の中立命題が必ずしも成り立たない状況は、容易に想定できる。公債の中立命題が成り立たないとき、いつどれだけ公債を発行すればよいか。このとき、適切に公債発行量を選択すれば、家計の効用をより大きくすることができる。この問題について、効率性の観点から提起されたのが、**課税平準化（tax smoothing）の理論**である。つまり、第4、5章で議論した最適課税論の論理を応用し、財政支出の財源として超過負担が生じないように課税し、それでも不足する分には公債を発行するのが

図11-5 課税平準化の理論

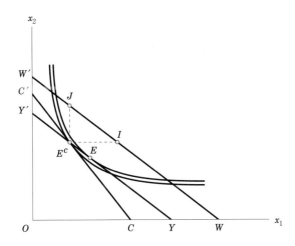

望ましいという考え方である。

 とくに、第3章で議論したように、超過負担は税率の2乗に比例して大きくなるから、ある時期に極端に税率を高くすると、その時期の超過負担が過度に大きくなり、現在から将来にかけての通時的な効用(あるいは生涯効用)がそれだけ低くなる恐れがある。このことから推論できることは、公債の中立命題が成り立たない状況で、ある一定水準の政府支出の財源を調達するときには、ある一時期に集中して租税負担を課すのではなく、通時的に租税負担をならすように課すのが、超過負担をより小さくできて効率性の観点から望ましい、といえる。

 課税平準化の理論を説明するべく、租税に歪みがあり、公債の中立命題が成り立たない状況を想定する。例えば、政府は各期に上記と同じ額の財政支出 $\overline{G_1}$、$\overline{G_2}$ を、公債を発行せずに第1期も第2期も消費税で課税して財源調達するとしよう[8]。その税率を t_{x1}、t_{x2} としよう。このとき、政府の予算制約式は、現在と将来において、それぞれ

---

8) 課税平準化の理論は、必ずしも消費税でなくても議論できる。

$$t_{x1}Nx_1 = P\overline{G_1} \tag{4}'$$
$$t_{x2}Nx_2 = P\overline{G_2} \tag{5}'$$

となる(家計は同質的であるとする)。いま、財政支出の額が第1期の方が多く、$t_{x1} > t_{x2}$ であると仮定する[9]。各期の税率が異なる消費税は、現在消費と将来消費の価格比を変えるから、代替効果が生じ歪みのある租税である(第4章第3節の個別消費税での結果を思い出されたい)。

　家計は、前述のように2期間生き、現在においてのみ W の所得を得て、流動性制約に直面せず、それを現在消費に x_1 だけあて、残りは貯蓄して将来消費にあてることとする。このとき、第1期の代表的家計の予算制約式は、

$$(1+t_{x1})x_1 + s = W$$

となる。また、第2期の代表的家計の予算制約式は

$$(1+t_{x2})x_2 = (1+r)s$$

となる。上2式を合わせると、代表的家計の生涯を通じた予算制約式は、

$$(1+t_{x1})x_1 + \frac{(1+t_{x2})x_2}{1+r} = W$$

となる。この式を表したのが、図11-5の直線 CC' である。直線 CC' の傾きの絶対値(x_1 と x_2 の価格比)は、$(1+r)(1+t_{x1})/(1+t_{x2}) > 1+r$ である。このとき、効用最大化点は点 E^c となる。ここでは、x_1 と x_2 の価格比が消費税率によって $1+r$(歪みがない租税を課税したときの価格比)と異なる状況になっている。したがって、この状況は代替効果が生じて超過負担が生じているから、効率性の観点から望ましくない状況であるといえる。別の言い方をすれば、この場合では、公債をまったく発行せず各期に均衡予算で課税すると、超過負担が生じて効率性の観点から望ましくない、といえる[10]。

　課税前の代表的家計の生涯を通じた予算制約式

---

[9] $t_{x1} < t_{x2}$ のときは、結果が逆になるだけで、課税平準化の理論の趣旨は変わらない。

$$x_1 + \frac{x_2}{1+r} = W$$

を図11-5に表すと、直線 WW' となる。いま、この税率で点 E^c における家計1人当たり税額を表すと、第1期の消費税は線分 E^cI、第2期の消費税は線分 E^cJ となる。この税額は、(4)′式、(5)′式から、それぞれ次のようになる。

$$t_{x1}x_1 = P\overline{G_1}/N$$
$$t_{x2}x_2 = P\overline{G_2}/N$$

ここで同じ税額を各期の一括固定税（代替効果が生じない歪みのない租税）で徴税してみよう。つまり、各期の税額を

$$\tau_1 = P\overline{G_1}/N$$
$$\tau_2 = P\overline{G_2}/N$$

とする。この場合の代表的家計の生涯を通じた予算制約式は、本章第1節で述べたように、

$$x_1 + \frac{x_2}{1+r} = W - \frac{P\overline{G_1}}{N} - \frac{P\overline{G_2}/N}{1+r} \tag{6}$$

である。この式は図11-5の直線 YY' として表される。点 E^c はこの直線上にあり、この傾きの絶対値は $1+r$ である。このとき、点 E が効用最大化点で、点 E^c の効用水準よりも高い効用水準であることがわかる。このことから、$t_{x1} > t_{x2}$、すなわち異なる消費税率を各期の消費に課税することは、現在と将来の通時的な資源配分（消費量の決定）に歪みをもたらし、超過負担が生じる意味で効率性の観点から望ましくない。

そこで、消費税を課税する政府が第1期に公債を発行できるとし、第2期

---

10) 均衡予算だとつねに超過負担が生じるというわけではないことに、注意されたい。厳密に言えば、ある時期の財政支出が他の時期よりも顕著に多い場合、均衡予算でその財源調達を行うと、財政支出が顕著に多い時期の税率が顕著に高くなるため、通時的な消費の価格比を大きく変え、代替効果を大きくして超過負担が生じる、ということである。

に元利償還するとしよう。これにより、各期の消費税率を t_x' と同じとするように設定したとする。政府の予算制約式は現在と将来において、それぞれ

$$t_x' N x_1 + B = P\overline{G_1}$$
$$t_x' N x_2 = P\overline{G_2} + (1+r)B$$

となる。ここで、公債発行によって、前述の各期で異なる消費税率に比べて、第1期の税率が下げられ、第2期の税率が上げられて、$t_{x1} > t_x' > t_{x2}$ となる。上2式を合わせると、代表的家計の生涯を通じた予算制約式は、

$$(1+t_x')x_1 + \frac{(1+t_x')x_2}{1+r} = W$$

となる。この式を図11-5上で表すなら、直線の傾きの絶対値（x_1 と x_2 の価格比）は、$(1+r)(1+t_x')/(1+t_x')$ だから $1+r$ と等しい。だから、この式は直線 YY' として表される。このとき、効用最大化点は点 E となり、各期の消費量は前述と同様、x_1^*、x_2^* となる。

　以上より、課税平準化の理論から得られる含意は、公債の中立命題が成り立たない状況で、ある一定水準の政府支出の財源を調達するときには、ある一時期に集中した租税負担を課すのではなく、通時的に租税負担をならすように課すのが、超過負担をより小さくできて効率性の観点から望ましい、ということである。この節での説明は消費税を用いたが、他の税目でも結論は基本的に同じである。

●90年代の日本の財政政策の評価

　最後に、課税平準化の理論から、1990年代の日本の財政政策について評価してみたい。1994年に村山内閣は、1994～1996年の所得減税と1997年度からの消費税率引上げを決定した。消費税廃止を公約していた社会党（当時）が、消費税率引上げを容認したことは、きわめて政治的な決断であった。この税制改正とともに政府支出（とくに公共投資）を増加させる経済対策も打ち出した。この政策はどのように評価できるだろうか。

　課税平準化の理論の観点から評価すれば、1990年代中葉の税制改正は望ましくなかったといえる。なぜなら、1994～1996年の間だけ所得減税を行いい

ったん（限界）税率を引き下げた後、1997年には所得減税をやめ、かつ消費税の（限界）税率を5％に引き上げたからである。税率を引き下げて時間を通じて一定に維持したならば超過負担は小さくなるが、その後で税率を一気に引き上げたためその時点で超過負担は以前に増して大きくなる。そして、超過負担の分だけ、マクロ経済の効率性が損なわれた（具体的にいえば、この税率変更を行わなければ超過負担相当分だけ GDP がもっと多くなっていたはずなのに、超過負担相当分だけ GDP が小さくなってしまった）ことになる[11]。

このように、景気対策が有効に機能しなかった要因は、他の財政政策の失敗と並んで、課税平準化の理論から見て税率を一定に保たなかったことによる資源配分の損失（超過負担）が経済全体で生じたことにもある、とも評価できる。

■ 練習問題

1．公債の中立命題が成り立つためには、どのような条件（経済状態）を満たす必要があると考えられるか。その条件を挙げよ。
2．公債の中立命題が成立するときに、マクロ経済で意味を失う政策や概念を挙げよ。
3．課税平準化の理論から得られる政策的含意を説明せよ。

---

[11] いうまでもなく、これは効率性の観点からの評価であるから、垂直的公平性の観点からの評価はこれと異なりうる。

12 年金制度の課題

Public Economics

1 年金の経済効果

●日本の公的年金制度

　今後、日本は少子・高齢化が進み、数が少なくなる若い人が、数が多くなる高齢者を公的年金で支えてゆかなければならない、と一般的に言われている。それとともに、今の若い人が将来受け取るであろう額よりも多く年金の給付を今の高齢者が受けていて、世代間に不公平があるという指摘もある。さらには、こうした状況の下で、今のように多い年金（保険金）給付と少ない年金保険料支払いでは、早晩、日本の年金財政が破綻してしまうのではないかと懸念されている。

　この章では、現在の年金制度がもつ性質と今後のあり方について、公共経済学の立場から検討したい。経済理論に基づいて議論する前に、まず現在の日本の公的年金制度について、簡単に紹介しよう。

　日本の公的年金制度は、国民年金、厚生年金、共済年金からなっている。現在、国民年金は20歳以上60歳未満のすべての国民が加入して「基礎年金」

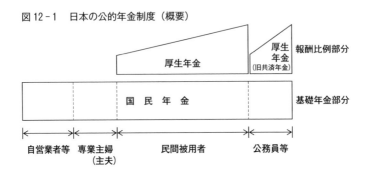

図12-1　日本の公的年金制度（概要）

を支給するための年金制度である。厚生年金は被用者（いわゆるサラリーマン）を対象とした年金制度である。自営業者や非正規雇用者などは、国民年金のみに加入している。

　わが国の公的年金制度は、「国民皆年金」を目指した1959年の国民年金法が成立して以降本格化した。この年、年金保険料を支払わなくても全額国庫が負担して年金保険金を給付する福祉年金が発足した。これにより、1961年には国民皆年金が実現した。1973年には、「福祉元年」と称して、年金で生活ができる水準を実現すべく給付水準の大幅な引上げ、物価スライド制の導入などの改正が行われた。

　1985年には、将来の高齢化に備えるべく公的年金制度の抜本改正が行われた。現行制度は、基本的にこのときに構築された。その現行制度を図示したのが、図12-1である。1985年以前の旧制度では、国民年金、厚生年金、共済年金の各年金は制度的に独立していた。厚生年金には民間企業の従業員が加入し、共済年金には国家公務員、地方公務員、私立学校教職員、旧3公社（現NTT、JT、JR）、農協職員が加入していた。そのために転職して職場での年金制度が変わると受け取れる年金給付の額が著しく減ることや、制度間の負担と給付に関する格差があることや、被用者の無業の妻（専業主婦）の年金が任意であることなどが問題となっていた。この年金制度改正によって、1986年度から全国民に共通の基礎年金を給付する新たな国民年金制度が確立し、被用者の無業の妻も国民年金が適用されることとなり婦人年金権が確立した。1991年には学生の国民年金への強制加入も始まった。その後、

2015年10月には、共済年金が厚生年金に統合され、被用者年金は厚生年金に統一された。

現行の公的年金制度は、基礎年金の国民年金に上乗せする部分として、報酬比例（給料が多い人は多く年金保険料を払い、多く年金保険金を受け取る）の年金として、厚生年金が組み合わさるという、二階建ての制度となっている。

現在、わが国における公的年金制度の最大の問題点は、受給と負担の世代間格差である。公的年金制度では、現在の高齢世代は人口が相対的に多いことから、より少ない保険料負担で給付を受けることができたのに対して、現在の若年世代は、より少ない人口でより多い保険料負担を強いられる上に、現在の高齢世代が受けている給付額より少ない給付しか受けられないことが予想されている。それは、わが国で予想以上に出生率が下がり、当初の年金財政で予定していたよりも、若年世代の人口が少なく保険料収入も少なくなることが明らかとなったからである。

このように、年金制度の是非を公共経済学的に考えるには、世代ごとの保険料支払、保険金給付を明示的に考慮して検討しなければならない。

●世代重複モデル

世代ごとの経済行動を明示的に分析する経済理論として、**世代重複モデル**がある。前章と同様に、各家計は若年期と高齢期の2期間生きるとする。下記の結論は、2期間でなく多期間でも、一般性を失うことなく成り立つ。いま、t期に生まれた世代を世代 t と呼び、世代 t は N_t 人の同質的な家計がいて、若年期（t 期）のみ働いて W（各世代で同額と仮定）だけ所得を得て（ここでは労働供給が非弾力的であるとする）、高齢期（$t+1$ 期）は引退して働かないため労働による所得はないものとする[1]。また、各世代の人口は、人口成長率 γ_t（×100％）で増加すると仮定する[2]。つまり、

---

1) この仮定は、説明を簡単にするためのものであり、高齢期に所得があっても以下の結論は変わらない。
2) この人口増加率は、世代ごとに異なりうる。また、場合によってはマイナスになる（人口が減少する）。

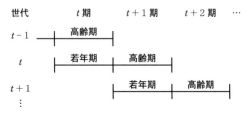

図12-2 世代重複モデル

$$\gamma_t \equiv \frac{N_t - N_{t-1}}{N_{t-1}} = \frac{N_t}{N_{t-1}} - 1$$

と表される。t期には、t期に生まれた若年期の世代tと$t-1$期に生まれた高齢期の世代$t-1$が生活している。$t+1$期には、$t+1$期に生まれた若年期の世代$t+1$とt期に生まれた高齢期の世代tが生活している。このように、各期において若年期の世代と高齢期の世代が重複して生活しており、図12-2に示される状態である。

そして、家計は若年期と高齢期のそれぞれの時期に私的財を消費して効用を得るとする。世代tの家計の効用は若年期消費量x_{1t}、高齢期消費量x_{2t}が多いほど高くなるとする。ただし、若年期消費、高齢期消費とも上級財であるとする。このとき、世代tの効用関数は

$$U_t = U(x_{1t}, x_{2t})$$

となる。この効用関数から導き出される無差別曲線が図12-3のように表せたとする。

世代tの家計は、若年期にWの所得を得て、それを若年期消費にx_{1t}だけあて、残りは貯蓄して高齢期消費にあてることとなる。簡単化のためWは各世代で同じと仮定する。貯蓄量をs_tと表して若年期の予算制約式を表すと、

$$x_{1t} + s_t = W \tag{1}$$

となる。高齢期において、労働による所得はないがs_tだけの貯蓄がある。しかも、その貯蓄には毎期一定の利子率r（×100%）で利子所得が生じる

図12-3 賦課方式と積立方式

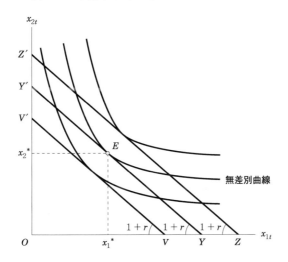

とすると、高齢期時点では貯蓄と利子所得を合わせて $(1+r)s_t$ だけの収入があり、これをすべて高齢期消費にあてて、遺産を残さないとする[3]。このとき、高齢期の家計の予算制約式は

$$x_{2t} = (1+r)s_t \tag{2}$$

となる。(1)式と(2)式を合わせると、世代 t の家計の生涯を通じた予算制約式は、

$$x_{1t} + \frac{x_{2t}}{1+r} = W \tag{3}$$

となる。この(3)式は、図12-3の直線 YY' として表され、世代ごとに成り立つ。この直線の傾きの絶対値は $1+r$ である。このとき、点 E が効用最大化点となり、各期の消費量をそれぞれ x_1^*, x_2^* と表す。

次に、この経済に年金制度を導入する。年金制度は、基本的に若年期に年金保険料を支払い、高齢期に年金保険金を受け取る。そこで、若年期の1人

---

[3] 利子率について、家計は価格受容者（プライス・テイカー）であるとする。また、利子率は家計の貯蓄の大きさに関係なく r で一定であると仮定する。

当たり年金保険料を p_t、高齢期の1人当たり年金保険金を b_t と表す。年金保険金の財源は、後述するように工面する方法がいくつかあり、保険料と保険金の関係は後で明示するとして、予算制約の変化を表現すると、次のようになる。まず、世代 t の若年期の予算制約式は、

$$x_{1t} + s_t = W - p_t$$

となり、高齢期の予算制約式は、

$$x_{2t} = (1+r)s_t + b_t$$

となる。したがって、世代 t の家計の生涯を通じた予算制約式は、次のようになる。

$$x_{1t} + \frac{x_{2t}}{1+r} = W - p_t + \frac{b_t}{1+r} \tag{4}$$

右辺の $b_t/(1+r)$ は、世代 t の年金保険金の割引現在価値を表し、p_t は世代 t の年金保険料を表す。だから、この両者の差である $b_t/(1+r) - p_t$ は、世代 t における年金純給付（＝保険金－保険料）の割引現在価値を意味する。

また、年金保険料は、いろいろな形で課することが可能だが、ここでは世代 t の若年期の所得 W に保険料率 θ_t（×100％）の割合で課すとする。つまり、

$$p_t = \theta_t W$$

とする。θ_t は世代によって変わり得る。

●確定給付型と確定拠出型

年金の保険料負担と保険金給付の関係には、主に確定給付型と確定拠出型と呼ばれるものがある。**確定給付型年金**とは、高齢期の1人当たり年金保険金をあらかじめ定める形で保険料負担を求める年金である。

確定拠出型年金とは、若年期の1人当たり年金保険料をあらかじめ定める形で保険金給付を行う年金である。

この節での以下の説明は、簡単化のため、確定給付型年金で説明する。こ

こでは、確定された年金保険金が各世代で同額であると仮定し、b と表す[4]。

● 賦課方式

年金保険金を高齢者に給付するには、どこからか財源を調達しなければならない。通常、将来の年金給付者に対して年金保険料を支払ってもらい、これを財源としている。その年金保険金のまかない方（年金の財政方式）として、主に2つある。それは、賦課方式と積立方式である。

賦課方式とは、高齢世代への年金給付の財源を、その時の若年世代から保険料として徴収する方式である。つまり、同じ期の若年世代から保険料を徴収して、その資金をその期の高齢世代に年金として給付する方式である。そのため、年金財政のための積立金は原則として生じない。

賦課方式の年金を、世代重複モデルに基づいて、公共経済学の見地からその性質を考えてみよう。賦課方式における保険料と保険金の関係は、次のようになる。例えば、t 期において、若年期である世代 t の家計 N_t 人から1人当たり p_t だけ保険料を徴収し、高齢期である世代 t の家計 N_{t-1} 人に1人当たり b だけ保険金を給付したとする。この方式の下で、毎期保険料徴収と保険金給付が行われるとき、保険料と保険金の関係は、

$$N_t p_t = N_{t-1} b$$

となる。このことから、

$$p_t = \frac{N_{t-1}}{N_t} b = \frac{b}{1+\gamma_t} \tag{5}$$

が成り立つ。

このとき、世代 t の家計の生涯を通じた予算制約式は、(4)式と(5)式より

$$x_{1t} + \frac{x_{2t}}{1+r} = W + \left(\frac{1}{1+r} - \frac{1}{1+\gamma_t}\right) b \tag{3}'$$

となる。ここで、

---

4) ただし、実際には各世代で同じ額である必要はない。この仮定は簡単化のためである。

$$\frac{1}{1+r} - \frac{1}{1+\gamma_t} = \frac{1+\gamma_t-(1+r)}{(1+r)(1+\gamma_t)}$$
$$= \frac{\gamma_t-r}{(1+r)(1+\gamma_t)}$$

である。だから、$\gamma_t-r>0$（人口成長率が利子率より高い）ならば、(3)′式は図12-3で直線 ZZ' のように表され、その世代ではこの賦課方式の年金によって（年金がないときよりも）効用が上がる。しかし、$\gamma_t-r<0$（人口成長率が利子率より低い）ならば、(3)′式は図12-3で直線 VV' のように表され、その世代ではこの賦課方式の年金によって（年金がないときよりも）効用が下がる。

このように、賦課方式の年金では、人口成長率が世代によって異なると、効用水準も世代によって異なる。とくに、(3)′式右辺第2項が前述した年金純給付の割引現在価値を意味し、この年金純給付の世代間格差が効用水準の世代間格差をもたらす。

賦課方式での年金保険料の水準は、(5)式からわかるように、若年世代（保険料負担者）人口に対する高齢世代（保険金受給者）人口の比率が多いほど、つまり人口成長率が低いほど、多くなる。したがって、人口成長率が上昇する状況では、賦課方式の年金は保険料負担が軽くなって後生の世代ほど効用が上昇する。しかし、人口成長率（出生率）が低下して人口の高齢化が進む状況では、賦課方式の年金は保険料負担が重くなって後生の世代ほど効用が低下して、維持しにくくなる。このように、賦課方式では、人口成長率の変動によって、世代間で年金純給付に格差が生じ得る。

その反面、賦課方式による保険料はその時々に徴収されるから、経済でインフレが起こった場合、インフレによる年金給付の実質価値の目減りを回避しやすい。

●積立方式

積立方式は、若年期に保険料を支払い、将来（高齢期）の自らの年金受給のために積み立てておく方式である。つまり、その世代の保険料は自らの年金受給のためにのみ用いられる。その保険料を積み立てた資金は、さまざま

な形で運用収益をあげ、元金とその利子を含めて将来の年金給付にあてられる。

積立方式の年金の性質について、世代重複モデルに基づいて、公共経済学の見地から考えてみよう。積立方式における保険料と保険金の関係は、次のようになる。例えば、世代 t の家計 N_t 人から若年期に 1 人当たり p_t だけ保険料を徴収し、利子率 r で運用収益を上げ、元金と利子を財源に同じ世代の高齢期に 1 人当たり b だけ保険金を給付したとする。この方式の下で、毎期保険料徴収と保険金給付が行われるとき、保険料と保険金の関係は、

$$(1+r)N_t p_t = N_t b$$

となる。このことから、

$$(1+r)p_t = b \tag{6}$$

が成り立つ。このとき、世代 t の家計の生涯を通じた予算制約式は、(4)式と(6)式より

$$x_{1t} + \frac{x_{2t}}{1+r} = W$$

となり、(3)式と同じとなる。この式は、いずれの世代でも図12-3の直線 YY' として表され、どの世代でも効用は同じである。またこの場合、個人で行った貯蓄の利子率と積立方式の年金の運用利子率とが同じであるから、積立方式の年金は、年金をかけないときと同じ経済効果をもつ。別の言い方をすれば、積立方式の年金は、個人貯蓄の利子率と同じ運用利子率ならば、個人貯蓄 s と完全代替となっている。

このように、積立方式の年金では、効用水準の世代間格差が生じない。それは、(6)式をもとに考えれば、年金純給付の割引現在価値はどの世代でもゼロで、世代間格差が生じないからである。

積立方式では、年金財政が各世代で完結しているため、人口構成や他の世代の年金給付額とは原則として独立である。これに対し、個人の年金給付額は利子率が高いほど多くなるが、低くなると少なくなる。

● わが国の公的年金の財政方式

わが国の財政方式は、これまで「修正積立方式」と呼ばれていた。徴収した保険料の一部は賦課方式的にその時点の高齢者の年金給付にあてるが、残りは将来の年金給付に備え積立金として蓄える、積立方式の性質を持っていた。

2004年の年金制度の改正では、年金の負担と給付について、2017年以降の保険料水準を固定した上で保険料収入の範囲内で給付水準を自動的に調整するという保険料水準固定方式を導入した。そして、社会全体の保険料負担能力の伸びを反映させることで給付水準を自動的に調整するというマクロ経済スライドを導入した。年金積立金の保有を前提とした財政運営を改め、積立金を取り崩して年金給付にあて、約100年後には積立金水準が給付費の1年分程度になるまで減らしてゆく有限均衡方式に移行した。これにより、わが国の財政方式の現状は、賦課方式の性格が強くなっている。

次の節では、年金の財政方式に関する改革を、公共経済学的に検討する。

2 将来の年金改革

● 賦課方式の問題点

上記のように、賦課方式で始まったわが国の国民皆年金の制度は、人口成長率の低下に直面して、このままでは年金純給付の世代間格差が顕在化すると懸念されている。具体的には、次のような想定で説明できる。

まず各世代の人口構成が、第Ⅰ世代、第Ⅱ世代、第Ⅳ世代、第Ⅴ世代と同じ人口で、$N_I = N_{II} = N_{IV} = N_V = N$ で、第Ⅲ世代だけ人口が多く $N_{III} = 2N$（他の世代より人口が倍）であると仮定する。ここでの想定は、第Ⅲ世代が日本の「団塊の世代」に相当する。したがって、人口成長率は、$\gamma_{II} = \gamma_V = 0$、$\gamma_{III} = 1$ で、$\gamma_{IV} = -1/2$ となる。第Ⅰ世代は、若年期には年金制度がなく保険料を支払わなかったが、高齢期に（確定給付型）賦課方式の年金制度が導入されて、賦課方式で徴収された年金保険料により年金給付を受ける世代である。第Ⅱ世代以降は、賦課方式で年金保険料を負担して、年金保険金が給付される世代である。

表12-1 賦課方式の年金純給付					表12-2 賦課方式から積立方式への移行				
世代	人口	給付	負担	純給付	世代	人口	給付	負担	純給付
I	N	b ←	0	b	I	N	b ←	0	b
II	N	b ←	b	0	II	N	b ←	b	0
III	$2N$	b ←	$b/2$	$b/2$	III	$2N$	b ←	$3b/2$	$-b/2$
IV	N	b	$2b$	$-b$	IV	N	b ←	b	0
V	N	b	b	0	V	N	b ←	b	0

　いま、簡単化のため、利子率が0％であるとする。そこで、各世代における年金純給付の割引現在価値をみたのが、表12-1である。まず、第I世代は、保険料負担がゼロで保険金給付が1人当たりbだから、年金純給付の割引現在価値はbである。第II世代は、保険料負担も保険金給付も1人当たりbだから、年金純給付の割引現在価値はゼロである。ところが、第III世代では、第II世代よりも人口が多いから、1人当たり保険料負担が、$b/(1+\gamma_{III})$ = $b/2$と軽くなる。そして、保険金給付は1人当たりbだから、年金純給付の割引現在価値は$b/2$となる。しかし、第IV世代は、第III世代よりも人口が少ないから、1人当たり保険料負担が$b/(1+\gamma_{IV})$ = $2b$と重くなる。そして、保険金給付は1人当たりbだから、年金純給付の割引現在価値は$-b$となる。第V世代は、第IV世代と同じ人口だから、保険料負担も保険金給付も1人当たりbとなるので、年金純給付の割引現在価値はゼロである。
　このように、このまま賦課方式を続けていると、第III世代から第V世代までの間で年金純給付の世代間格差が顕在化することとなる。

● 賦課方式から積立方式への移行

　世代間格差を生じさせないようにするためには、賦課方式から積立方式へ移行することが考えられる。そこで、とくに人口が多い第III世代の賦課方式によるプラスの年金純給付を抑制しつつ、それ以降の世代に世代間格差を生じさせないようにするべく、第III世代の年金給付以降は、年金を（確定給付型）積立方式に移行する改革を行ったとしよう[5]。
　第II世代までは前述の賦課方式のままだから、年金純給付は表12-1と変わらない。しかし、この改革が行われたときの第III世代は、第II世代の年金給付の財源となる保険料負担とともに、自らの高齢期における積立方式の

年金給付のためにも保険料を負担しなければならない。したがって、第III世代は、第II世代の年金給付の財源分の負担として、前述と同様 $b/(1+\gamma_{III})=b/2$ と、自らの高齢期における1人当たり年金給付 b の財源となる分の負担として、(6)式より、(利子率がゼロだから) b とを合わせた $3b/2$ を負担しなければならない。このとき、表12-2に示されているように、第III世代の年金純給付は $-b/2$ となる。第IV世代以降は、完全に積立方式に移行したので、前節でも示されたように、自らの高齢期において1人当たり年金給付 b を得るべく、若年期に1人当たり保険料を b だけ負担すればよいから、年金純給付はゼロとなる。

このように、賦課方式から積立方式へ移行すると、移行後の世代には年金純給付の世代間格差はまったく生じないが、移行する世代がそれ以前の世代に対する賦課方式の年金給付のための負担と自らの高齢期における積立方式の年金給付のための負担という「二重の負担」を強いられることとなる。そのため、賦課方式から積立方式への移行は、いかに「二重の負担」を軽減するかがカギとなる。

表12-2のような場合、このままでは第III世代にだけ移行に伴う負担を強いることになるから、第III世代の負担を第IV世代以降にも均して負担させることで、積立方式への移行をより容易にすることは可能である。この負担を均す方法としては、第III世代に課されるはずだった負担の一部について、国債を発行して財源を確保し、その後の世代に利払償還の負担を課す形で負担させる方法が考えられる。

●年金積立金の運用

公的年金を積立方式に移行するなら、その積立金の運用が問われる。これまでのわが国の公的年金は、国民皆年金以降完全な積立方式にはなっていないものの、賦課方式的な仕組みで運営される中で積立金が積み上がってき

---

5) この年金改革は、八田達夫・小口登良「年金改革－市場収益率年金への移行」現代経済研究グループ編『日本の政治経済システム』日本経済新聞社で提示されたものである。

図12-4 わが国の財政制度(概略)

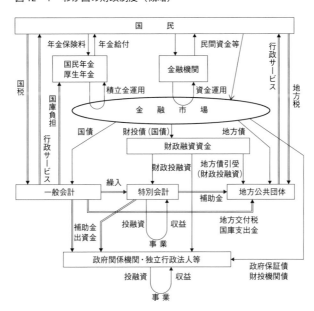

た[6]。その年金積立金がどのように運用されてきたかを振り返ろう。国民が支払った公的年金保険料は、2000年度まで、社会保険庁(当時:現在、日本年金機構)が徴収していったん国民年金特別会計や厚生保険特別会計(当時:現在、年金特別会計)に納められるが、全額を大蔵省の資金運用部(当時:現在、財務省の財政融資資金)に預けることが義務付けられていた。資金運用部はその資金を、財政投融資計画に基づいて、地方自治体や特殊法人等に貸付・運用していた。

しかし、2001年度から、年金積立金の新規運用は財政融資資金(旧・資金運用部)を経ずに、年金資金運用基金(旧・年金福祉事業団)という特殊法人が年金積立金の自主運用に当たることとなった。旧・年金福祉事業団の運

---

6) 完全な積立方式でないながらも、積立金が積み上がった背景には、若年世代の人口が多く年金保険料収入が多く入ってくるのに対して、高齢世代の人口が少なく年金給付の支払いが少なかったことで、単年度において収入が超過した分を積立金として積み立てたからである。これは、賦課方式的な仕組みでも起こりうることである。

用は極めて非効率で、巨額の運用損失を出していた。

　今日における公的年金積立金と財政投融資の関係は、図12－4に示されている。まず、財政融資資金が発行する財投債（という国債）を購入する形で運用する。その他、一般会計、地方公共団体などが発行する公債を購入する形で貸して運用する。特殊法人や独立行政法人（厳密には財政投融資対象機関）が発行する財投機関債も購入している。さらに、民間の投資信託会社などに運用を委託する（それ以外に、年金の加入者に対する貸付もある）。年金資金運用基金は、2006年度からは年金積立金管理運用独立行政法人に移行した。なお、国民年金特別会計と厚生保険特別会計は、2008年度に統合し年金特別会計となった。

　2004年の年金制度改正以降、保険料収入の範囲内で年金給付を行うこととしたため、年金積立金の運用収入がより注目されるようになった。なぜなら、年金積立金の運用収入が多いほど、より少ない年金保険料でより多い年金給付が出せるからである。今日、年金積立金の運用を委ねられている年金積立金管理運用独立行政法人は、その運用方針を国内債券重視から国内株式も重視する資産構成へと、2014年に転換した。金融緩和政策の影響を受けて国債金利が低下したため国内債券の収益率は低下していることから、より高い収益率を期待して国内株式への運用を増やすこととした。ただ、国内株式は、株価変動により、運用収入が多く入ったり、逆に運用損失が多く出たりする場合がある点には注意が必要である。年金積立金の運用は、年金保険料の拠出と年金保険金の給付まで長期的な視野で行うものなので、１年ごとなど短期間での運用成績だけで良し悪しを判断すべきではないが、過度に高い収益率を追求すべく収益率は高いがリスクの高い株式に多く運用を行うことは、制度の持続可能性や年金給付の予見可能性の観点から、慎まなければならない。

●公的年金の民営化・報酬比例部分の位置づけ

　もし公的年金を積立方式に移行するなら、どこまで公的に行う必要があるかが問われることとなる。前節でみたように、積立方式の公的年金は、個人貯蓄と利子率が同じなら、個人貯蓄と完全代替であるから、政府が年金制度

を行う必然性がなくなる。

　公的年金と私的年金（民間で運営する年金）の根本的な違いは、年金保険への加入が公的年金は強制であるが、私的年金は任意である点にある。強制加入であることの長所は、**アドバース・セレクション（逆選択）**が回避されることである。年金は保険である以上、長生きすれば保険金が給付されるが、短命であれば保険料を支払っても保険金が受け取れない。もし年金保険が任意加入ならば、短命ではないかと予想する個人は加入せず、長生きするのではないかと予想する個人が加入する。これが、アドバース・セレクションである。長生きする個人だけが加入すれば、保険金を払わなければならない人だけが加入することとなり、保険金支払がかさむ分、年金財政の運営は苦しくなる。したがって、短命な人が加入する状態に比べて、より高い保険料を課すかより少ない保険金を給付するかをしなければならなくなる。強制加入ならば、不幸にも短命な人の負担した保険料を長生きした人の保険金給付にあてられるから、それだけ低い保険料を課すか、より多い保険金を給付することができる。

　公的年金の場合、政府が政策的意図をもって制度を設計することができるから、年金に所得再分配機能を持たせることができる。これは、（垂直的）公平性を実現するには望ましいが、これに伴い年金の規模は必ずしも家計が望む規模と一致しない可能性がある。わが国における公的年金で、公平性を重視して設けられているのは基礎年金部分である。これに対して、私的年金では、保険料や保険金の規模は家計が自由に選択できる。

　その上、現在のわが国の報酬比例部分は、2004年の年金制度改正で有限均衡方式が採用され積立金を取り崩すこととなった。そのため、現状から完全な積立方式への移行は、社会経済的な情勢から見れば望ましいといえども、大幅な制度変更や「二重の負担」が避けられず、容易なことではない。

　以上の観点を踏まえて、公共経済学の立場からわが国の公的年金制度のあり方を述べれば、基礎年金部分については公的年金として残すのが望ましいが、報酬比例部分については、人口減少が顕著であることから、賦課方式の性質が強いままその規模を大きくするのは望ましくない。

　基礎年金部分は、所得再分配機能を果たすことが一つの目的であるから、

公的に運営する必要があり、かつその規模も政府が決めなければならない。年金給付は、若年期に拠出した年金保険料に応じて高齢期に受け取るのが基本だが、年金保険料の拠出が少ないからといって、直ちに年金給付を少なくすると、少ない給付しか受け取れない高齢者は低所得のままとなる。そうだと、所得再分配機能がよりよく果たせない。だから、所得再分配機能を適度に果たすべく、年金保険料の拠出が少ないけれども年金給付をある程度多く出すことはありうる。それを実現するための財源は、他の被保険者が払った年金保険料でまかなうこともありうるが、税をその財源にあてることが考えられる[7]。

　その際、社会保険料として徴収する必然性はなく、税金として（日本年金機構でなく）国税庁に徴収してもらい、それを国の一般会計での政策的経費として基礎年金のために支出する（繰り入れる）という方法のほうが、年金制度運営にかかる経費が少なくてすむ。基礎年金部分の公的年金の財源を目的税として徴収する方法もありうる（積極的に望ましいというわけではなく、政治的にその方が国民の合意が得やすいならば、目的税でも支障はないという意味）。現に、年金保険料は使途を年金給付に限定して所得額に比例して徴収しており、使途を定めずに課す所得税もそうである。ならば、所得額に比例する形で課す所得税の一部を、使途を年金に限定して目的税として徴収しても、所得額に比例する形で年金の財源を調達するという意味では本質的な差異はない。

　さらにいえば、基礎年金の財源とする税目の課税標準は、若年期に多く老年期に少ない個人所得ばかりである必要はなく、老年期も高齢期も行う消費にも求めることが十分にありえる。つまり、消費税でその財源をまかなうということである。

　最後に、報酬比例部分は、今後の日本の人口動態に鑑みれば、世代間格差を顕在化させないようにできる積立方式の方が優れているから、（完全な）積立方式へ移行するのが性質的には望ましい。そして、積立方式の年金であ

---

7) 現に、わが国の基礎年金は、2009年度から、その財源の2分の1は税財源となっている。

るならば、公的年金で行う必然性はなく、報酬比例部分の公的年金を民営化することも考えられる。2004年の年金制度改正以前では、公的年金は「修正積立方式」を標榜しており、その時期には、本節で述べたような積立方式の移行と合わせて公的年金の民営化も提唱されたことがある。

しかし、2004年の年金制度改革以降の現状では、報酬比例部分も含めて公的年金制度は賦課方式の性質が相当強まった状態であるため、完全な積立方式への移行は容易ではない。そう考えると、報酬比例部分の公的年金として年金給付で老後の所得保障を行う部分は、賦課方式の不利性が支障をきたさない程度にその規模をとどめ、さらに老後の備えとして必要な年金は、積立方式が採用できる企業年金や個人年金などの私的年金で、公的年金を補完することが望ましい。今後の公的年金改革は、公的年金として基礎年金で老後の最低限の所得保障ができるようにしつつ、報酬比例部分の公的年金は賦課方式の性質が災いしない程度に規模をとどめ、残る老後の所得保障を私的年金で補うという方向性に沿った形で行われることが望まれる。

■練習問題

1. 次の専門用語について、それぞれの内容（定義）を説明せよ。
   ① 賦課方式年金
   ② 積立方式年金
   ③ 確定給付型年金
   ④ 確定拠出型年金
2. 人口増加率や利子率の水準によって、賦課方式年金と積立方式年金のどちらの収益率がより高くなるか、述べよ。

Public Economics

13 効率的な公共投資のために

1 公共投資の経済効果

●日本の公共投資

　この章では、公共投資について取り上げる。そもそも公共投資とは、政府などの公的機関が、長期にわたって公共サービスを提供する施設等を建設することである。公共投資によって建設された施設等は、直接的に行政サービスを提供する官庁の建物もあれば、民間企業の生産活動に役立つ道路や工業用水や灌漑施設もあれば、家計の日常生活に役立つ公営住宅や上下水道もある。国の一般会計における公共事業関係費は、こうした公共投資のためにあてられる経費だが、その内訳をみたのが図13-1である。これによると、2015年度決算で最も多く投じられたのは、社会資本総合整備事業費（道路、港湾、治水、下水道、海岸、都市公園、市街地整備、住宅及び住環境整備等といった政策目的を実現するため、地方自治体が作成した社会資本総合整備計画に基づき、個別補助金等を1つの交付金として原則一括して地方自治体に配分する）で、全体の約3分の1を占めている。次いで、道路建設のため

図13-1 国（一般会計）の公共事業関係費の内訳（2015年度決算）

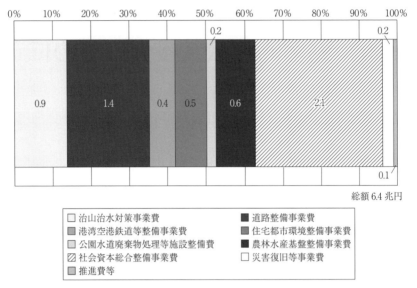

総額 6.4 兆円

□ 治山治水対策事業費　　　　　　　　■ 道路整備事業費
■ 港湾空港鉄道等整備事業費　　　　　■ 住宅都市環境整備事業費
□ 公園水道廃棄物処理等施設整備費　　■ 農林水産基盤整備事業費
◿ 社会資本総合整備事業費　　　　　　□ 災害復旧等事業費
▨ 推進費等

単位：兆円
資料：財務省『決算の説明』

にあてられる道路整備事業費、治山治水対策事業費の順に多くなっている。公共投資は、これだけではなく、地方自治体が単独で行う公共事業や、独立行政法人等が財政投融資資金を借りて行う公共事業もある。しかしながら、国が日本全体の公共施設の整備計画を策定する権限を持っているため、全国津々浦々にある公共施設の建設には国の関与が大きいことが、わが国の公共投資の1つの特徴となっている。

　こうした公共投資によって建設された施設等は、民間企業の生産や家計の効用を高めるのに役立っている。ただ、例えば沖縄県に公共事業で作られた下水道が、沖縄県に行かない東京都に住む人にとってはほとんど役に立たないように（逆も同様）、公共投資の便益は、地域的に限定されているものも多い。それは、第9章の定義でいえば、地方公共財の性質が強いものといえる。他方、前述のように日本の公共投資は国の関与が大きい。これらを合わせて考えれば、国が日本全体でみて適切な地域に適切な規模の公共投資を行

図13-2　1人当たり実質公共投資

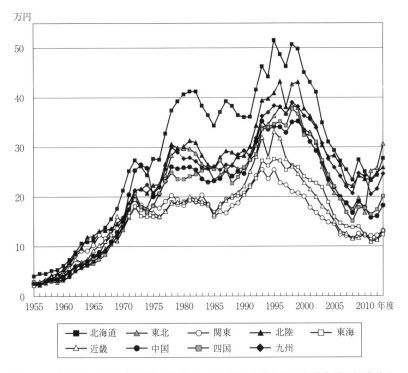

注：1979年度までは県民経済計算年報ベース、1980年度以降は都道府県別経済財政モデルベース。以下同様。
資料：総務省『住民基本台帳人口要覧』、内閣府『県民経済計算年報』、「都道府県別経済財政モデル」

っているか否かは、重要な論点であるといえる。

　そこで、次に1人当たりでみた公共投資が各地域でどの程度行われていたかをみてみよう。図13-2には、物価変動の影響を除去した実質ベースでの、1人当たりの公共投資額（内閣府『県民経済計算年報』にある「公的固定資本形成」）を地域ごとに示している。地域は、北海道、東北（青森、岩手、宮城、秋田、山形、福島）、関東（茨城、栃木、群馬、山梨、長野、埼玉、千葉、東京、神奈川）、北陸（新潟、富山、石川、福井）、東海（岐阜、静岡、愛知、三重）、近畿（滋賀、京都、大阪、兵庫、奈良、和歌山）、中国

図13-3 公共投資の域内総生産に占める割合

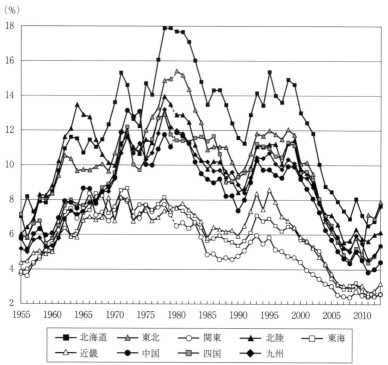

資料：内閣府『県民経済計算年報』、「都道府県別経済財政モデル」

（鳥取、島根、岡山、広島、山口）、四国（徳島、香川、愛媛、高知）、九州（福岡、佐賀、長崎、大分、熊本、宮崎、鹿児島）と9つに分けている[1]。図13-2によると、次のようなことがわかる。1960年代の高度成長期には、若干の地域差はあれ、ほぼ同程度の1人当たり公共投資額が各地域で行われていた。しかし、石油ショック後の安定成長期には関東、東海、近畿の都市部では、1人当たり公共投資額がほとんど増えなかったのに、それ以外の地方部では1970年代後半に急増したまま高止まりして、2極分化した。この傾

---

1) この地域分けは、本章第2節の図13-12での地域分けに合わせたものである。

向は、1990年代前半に一時弱まるものの、公債の大量発行を伴う景気対策が行われた1990年代末には再び両者の格差が拡大した。

　1970年代後半以降、人口規模も経済規模も大きい都市部の地域には、1人当たりでみて相対的に少ない公共投資しか行われず、人口規模も経済規模も小さい地方部の地域には相対的に多くの公共投資が行われた。こうした長年にわたる公共投資の地域配分は、地域経済の構造にも少なからず影響を与えたと考えられる。図13－3には、各地域のGDP（域内総生産）に占める公共投資（公的固定資本形成）の割合を示している。この割合が高いほど、その地域経済は公共投資に依存している度合いが強いことを意味する。図13－3によると、1970年代後半以降、地方部でのこの比率が、都市部に比べて顕著に高くなっていることがわかる。公共投資が、何らかの理由でその地域に多く配分されたからこの比率が高くなっているのか、公共投資がなければ地域経済が有効需要不足で低迷するから公共投資の配分を多くするよう政府に働きかけたのか、どちらの要因も考えられるが、図13－2と図13－3が示す顕著な傾向は事実である。

　こうした事実をどのように評価すればよいだろうか。この章では、公共投資政策の評価を与える1つの基準を説明してゆこう。

●公共投資のとらえ方

　前述のような傾向を受けてか、最近わが国では公共投資のあり方を見直す動きが高まっている。公共投資のあり方を見直すということは、これまでの公共投資政策のどこかが悪かったと認識しているからに他ならない。一般的に言われていることは、利用する人が少ないのに必要以上の公共投資を行ってそれが無駄になっているとか、逆に多くの人が利用すると期待できる公共施設の建設のために公共投資の予算が配分されない、といったことである。

　たしかに、この章で後に議論するが、公共経済学の見地から見て、日本の公共投資には無駄＝非効率的なところがある。しかし、経済学の理論では、公共投資のすべてを否定するわけではない。そのため、1990年代の景気低迷に際して、公共投資をどのように行うべきかについて、経済学者の意見は必ずしも一致していなかった。つまり、景気対策のために公共投資を積極的に

行うべきだという意見から、公共投資はすでに十分行われているからこれ以上不必要に増やすべきではないという意見まであった。経済学者の意見がこのように異なっていることは、経済学における公共投資の位置付けと密接にかかわりがある。まず、経済学における公共投資の位置付けについて整理しよう。

本書では詳しく述べないが、マクロ経済学において、ケインズ経済学の立場から公共投資がもたらす効果として、**乗数効果**がある。これは、公共投資を行うとその年の有効需要が増えるから、国民所得（支出面から見たGDP）が増え、それに伴い家計の可処分所得が増えて民間消費が増え、それがさらなる有効需要を生み出して国民所得が増え、最終的には公共投資を行った額の「政府支出乗数」倍だけその年の国民所得（GDP）が増える、というものである。もちろん、それ以外にクラウディング・アウト効果などが伴えば、公共投資の額の乗数倍以下しか実際には国民所得が増えないことになる。しかし、公共投資の有効需要に与える効果として乗数効果があるのは、効果の程度は議論が分かれるにせよ、理論的には正しい。景気対策のために公共投資を積極的に行うべきだという意見の背景には、基本的に乗数効果が大きいという認識がある。

公共投資がその年の有効需要を増やす効果だけで終わってしまうなら、これだけで話は終わる。しかし、実際の経済ではそうではない。公共投資を行えば、その後ストックとして社会資本（インフラストラクチャー）が残る。道路建設のために公共投資を行えば道路という社会資本が残り、空港を作る公共投資を行えば空港という社会資本が残り、それらが日常生活や生産活動のために貢献する。つまり、公共投資は、行った年の有効需要だけを増やして終わるわけではなく、その後社会資本として蓄積され、それが日常生活に役立てば家計の効用を高めたり、生産活動に貢献すれば生産量を増やしたりすることになる。また、社会資本は、非排除性と非競合性を持っていることが多く、公共財の性質を帯びていることも特徴の一つである。

そこで、公共投資を社会資本として蓄積されるものとし、生産活動に貢献するその経済効果を捉える経済理論がある[2]。それは、社会資本を生産要素としてみなし、社会資本が増えると生産量（生産面から見たGDP）が増え

図13-4 社会資本対域内総生産比

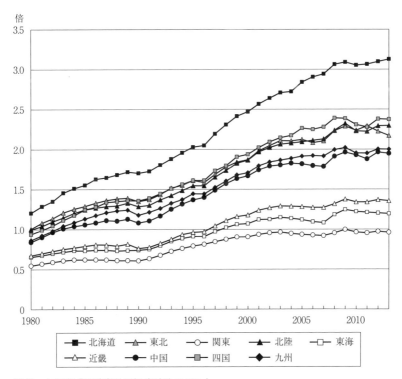

資料：内閣府「都道府県別経済財政モデル」

るというミクロ経済学（新古典派経済学）的な考え方である。とくに、社会資本が増えることで生産量が増える効果を、**社会資本の生産力効果**ともいう。

社会資本は、どのように蓄積されてゆくか。具体的なイメージでいえば、道路建設が毎年のように行われて、それが積み重なって利用できる道路の延

2）もちろん、社会資本が増えると家計の効用が高まるという経済効果も考えられる。公共投資の意義について議論する際には、この経済効果も考慮に入れなければならない。ただし、公共経済学の理論としては、家計の効用を高める社会資本は、第2章で述べた公共財の議論と同様に考えることができる。こうした社会資本をどのように供給すべきかについては、第2章を参照されたい。したがって、この章では生産要素としての社会資本についての議論に集中する。

長距離がどんどん伸びていくようなものである。これを経済的にとらえれば、今年初までに備え付けられた社会資本に、今年の公共投資が加えられ、それが来年初（今年末）の社会資本となる。しかし、道路を利用すると舗装が擦り減るのと同様に、社会資本を今年利用することで資本減耗（減価償却）が生じて、その分だけ社会資本は減ることになる。これは、第6章で取り上げた民間資本の資本減耗と同様である。したがって、

$$来年初社会資本＝今年初社会資本＋今年の公共投資－今年の資本減耗$$

が成り立つ。こうして蓄積された社会資本を、その地域のGDP（域内総生産）に比した大きさとして、地域別にみたのが図13-4である。フローとして公共投資が、対域内総生産比で図13-3のように行われ、資本減耗がありながらも年を追うごとに蓄積されてゆき、図13-4のようなストックとしての社会資本の水準となった。図13-3で示したように、安定成長期以降、関東、東海、近畿の都市部では、それ以外の地方部よりも、域内総生産に比して公共投資が少なかったことから、図13-4のように域内総生産に比した社会資本も少なくなっている。それだけ、都市部では、生産要素として社会資本には依存しない生産活動が営まれているともいえる。

社会資本の生産力効果は、企業の生産活動における生産要素として、通常のミクロ経済学で想定されている労働や民間資本[3]だけでなく社会資本も含めて考え、社会資本が政府によって供給されると、どの程度生産量が増えたかを捉えたものである。社会資本の生産力効果を計る指標としては、**社会資本の限界生産性**（社会資本を追加的に1単位増やしたときに生産量が追加的に増えた大きさ）がある。社会資本の限界生産性が大きいほど、社会資本の生産力効果が大きいと捉える。

公共投資はすでに十分行われているからこれ以上不必要に増やすべきではないという意見の背景には、今の日本では社会資本の生産力効果が小さくなっているという認識がある（つねに、どの社会資本でも、生産力効果が小さ

---

[3] ここでは、社会資本と区別するために、民間の経済主体が私的所有権を持って所有する資本を「民間資本」と呼ぶ。民間資本の具体的なイメージは、企業が所有する生産設備・機械類などである。

図 13-5 公共投資のとらえ方

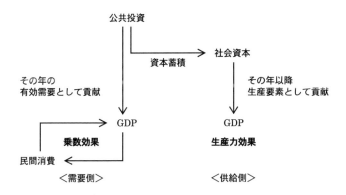

いといっているわけではない点に注意されたい)。民間の経済主体が持っている財（資源）を税金などで徴収して政府が公共投資をして社会資本として生産に貢献したとしても、社会資本の限界生産性が小さければ、生産量（GDP）はあまり増えないことになる。もし社会資本の限界生産性が小さく民間資本の限界生産性が大きければ、民間の経済主体から税金で徴収するのをやめ（それだけ政府が公共投資をして社会資本を供給するのをやめ）、民間の経済主体が民間資本として生産に貢献すれば、生産量（GDP）がより多く増えるからその方が望ましいという可能性がある。

このように、公共投資に対する経済学者の考え方には、公共投資を有効需要として需要面で重視するか、生産要素として供給面で重視するか、という違いが背景にある。これらの考え方を図式化すると、図13-5のようになる。乗数効果については、マクロ経済学の教科書に委ね、ここでは詳述しない。

2 社会資本の最適供給

●社会資本と民間資本の代替・補完関係

社会資本を供給面から見た場合、社会資本をどれだけ供給するのが望ましいかを考えたい。社会資本 g が生産要素として私的財生産に寄与するとと

もに、ここでは民間資本 k も生産要素となるとする[4]。このとき、生産関数は、

$$F(k, g) \tag{1}$$

として表される。ここで、民間資本の限界生産性を MP_k、社会資本の限界生産性を MP_g と表し、両資本の限界生産性はともに正であるが逓減すると仮定する。また、どちらかの資本がまったくないと、まったく生産できない（生産量がゼロ）とする。

この生産関数において、社会資本が追加的に 1 単位増えたときの民間資本の限界生産性の変化は、民間資本と社会資本の代替・補完関係と呼ばれる。社会資本が追加的に 1 単位増えたときに民間資本の限界生産性が上昇する（$\frac{\partial MP_k}{\partial g} = \frac{\partial^2 F}{\partial k \partial g} > 0$）場合、社会資本と民間資本は補完的であるという。逆に、低下する場合は代替的であるという。

その所以を簡単に説明すれば、次のようになる。まず、社会資本投入量は、企業でなく政府が決めるもので、民間資本は企業が決めるものである。民間資本市場が完全競争市場であれば、企業の利潤最大化行動から、民間資本の限界生産性（収益率）は限界生産性条件を満たすように民間資本投入量が決まる。これは、第 6 章で示した通りである。民間資本は限界生産性が逓減する（と仮定した）から、民間資本投入量が多いほど限界生産性が低下する。これを踏まえると、民間資本の限界生産性が、限界生産性条件を満たす水準よりも高ければ、民間資本投入量を増やした方が利潤をより大きくできる。他方、民間資本の限界生産性が、限界生産性条件を満たす水準よりも低ければ、民間資本投入量を減らした方が利潤をより大きくできる。

そこでいま、社会資本を追加投入する前の民間資本投入量が限界生産性条件を満たす水準だったとして、社会資本が追加的に 1 単位増えると民間資本の限界生産性が上昇する場合を考える。民間資本投入量を変えないと、社会

---

[4] 本書でこれまでに登場したように、生産要素として労働や土地が含まれることはありえる。ただ、この章では議論を簡単化するため、労働と土地は含めない。それは、ここでは民間資本と社会資本の関係に焦点を絞りたいからである。

図13-6 民間資本と社会資本の補完性

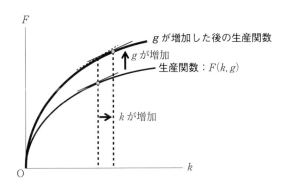

資本が追加的に1単位増えたことで民間資本の限界生産性が上昇するから、MP_k は限界生産性条件を満たす水準より高くなる。MP_k が限界生産性条件を満たす水準よりも高ければ、民間資本投入量を増やした方が利潤をより大きくできる。だから企業は、社会資本の追加投入前における民間資本の限界生産性と同水準になるまで、民間資本投入量を増やす。その様子は、図13-6に示されている。このように、社会資本の追加投入が民間資本の追加投入を促す意味で、両資本は補完的であるという。この現象は、一般には「呼び水効果」と呼ばれることもある。つまり、社会資本の追加投入が、民間資本の追加投入の呼び水となったということである。

　他方、社会資本が追加的に1単位増えると民間資本の限界生産性が低下する場合を考える。民間資本投入量を変えないと、社会資本が追加的に1単位増えたことで民間資本の限界生産性が低下するから、MP_k は限界生産性条件を満たす水準より低くなる。このとき、企業は民間資本投入量を減らした方が利潤をより大きくできるから、社会資本の追加投入前における民間資本の限界生産性と同水準になるまで、民間資本投入量を減らす。その様子は、図13-7に示されている。このように、社会資本の追加的な増加が民間資本を追加的な減少を促す意味で、両資本は代替的であるという。この現象は、社会資本を増やして首都圏とのアクセスをよくしたが、それが元で民間企業の営業拠点を置かなくて済むなどかえって民間資本を減らす契機となる形で現れることから、一般には「ストロー効果」と呼ばれることもある。つま

図13-7 民間資本と社会資本の代替性

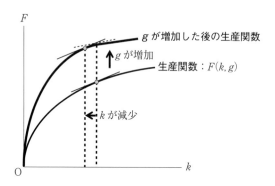

り、社会資本の追加投入で、首都圏に吸い取られるように民間資本がさらに減ってしまうということである。

●社会資本の最適供給条件

社会資本を生産要素として捉えたとき、パレート最適を実現する社会資本供給量はどのようにして実現できるだろうか。第2章、第9章と同様、私欲私権を超越した権限をもつ全知全能の社会計画当局が、パレート最適を実現するように家計の私的財消費量や社会資本供給量などをコントロールできるとする。実社会には社会計画当局はないが、社会資本供給のパレート最適条件を考えるためにここで想定する。

社会資本は、毎年の公共投資が蓄積されたストックである。社会資本の経済効果を考えるには、公共投資を行う現在と、それが社会資本となり生産要素として生産に貢献する将来とを考えなければならない。そこで、一般性を失うことなく、現在と将来の2期間を考える。

家計は、現在の私的財と将来の私的財を消費して効用を得るとする。現在消費量を x_1、将来消費量を x_2 とする。ここでは代表的家計のみを考え、その効用関数は

$$U(x_1, x_2)$$

とする。現在消費と将来消費は上級財であるとする。ここで、現在消費の限

界効用をMU_1、将来消費の限界効用をMU_2と表し、両者の限界代替率をMRS（$=MU_1/MU_2$）と表す。ここでは、家計が消費する公共財は、簡単化のため考えない。

現在、経済には私的財としてY単位（1人当たり）だけの資源があり、これを現在消費するか、将来のために蓄えるかを選択する。ただし、将来消費をするためには、将来時点で私的財を生産しなければならず、その私的財生産には民間資本と社会資本が生産要素として必要であるとする。つまり、将来消費をしたければ、現在、民間資本や社会資本のために投資をしなければならない。そこで、将来における私的財生産のために、民間資本にするべく現在投資（民間設備投資）をする量をk、社会資本にするべく現在公共投資をする量をgと表すと、

$$Y = x_1 + k + g \tag{2}$$

となる[5]。そして、これらの投資が将来時点にはそれぞれ同じ量だけの資本となり、生産要素として民間資本がk、社会資本がgだけ投入（供給）され、将来時点で私的財を生産する。ただし、いったん供給されると生産後にすべて資本減耗（減価償却）してなくなってしまう（資本減耗率100％）と仮定する。その生産関数は(1)式で表され、私的財の価格は1と仮定する。こうして生産された私的財はすべて、代表的家計の将来消費にあてられる。したがって、

$$x_2 = F(k, g) \tag{3}$$

となる。

そこで、社会資本の最適供給条件を考えるべく、生産関数(1)式を図示すると、図13-8のようになる。ここでは、社会資本と民間資本は補完的である（社会資本が追加的に1単位増えたときに民間資本の限界生産性が上昇する）と仮定する。各資本の供給量（投入量）が増えれば生産量が増えるが、その

---

[5] このYは、過去に投資して蓄積し現在すでに存在している民間資本や社会資本によって生み出されたものだとみなしてもかまわない。

図 13-8　生産関数

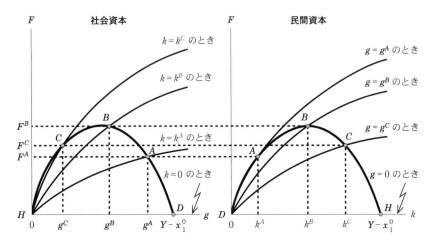

増え方は資本投入量が増えるにつれて小さくなる（限界生産性が逓減する）と仮定する。そして、同じ社会資本供給量でも民間資本供給量 k が増えれば（$0 < k^A < k^B < k^C$）生産量が増えるものとして表されている。同様に、同じ民間資本供給量でも社会資本供給量 g が増えれば（$0 < g^C < g^B < g^A$）生産量が増える。こうして、図 13-8 の左右に右上がりの曲線として描かれているのがそれぞれの状況に対応した生産関数である。

いま、例えば現在消費の量が x_1^0 だけ消費されたとする[6]。このとき、(2)式から、両資本のために投資できる量は $Y - x_1^0$ となる。図 13-8 では、各資本はどんなに投入できても最大限 $Y - x_1^0$ までしか投入できないことを示している。そこで例えば、公共投資として社会資本 g に $Y - x_1^0$ すべてを投入すると、民間資本 k はゼロとなる。このとき、仮定より生産量はゼロとなるから、左右両図の点 D が実現する。もし社会資本供給量を g^A とすると、民間資本供給量は $k^A = Y - x_1^0 - g^A$ となる。このとき、左右両図の点 A が実現し、生産量は F^A となる。同様にして、もし社会資本供給量を g^C とすると、民間資本は $k^C = Y - x_1^0 - g^C$ となる。このとき、点 C が実現し、

6）この x_1^0 が最適な消費量であるか否かは問わない。

図 13 - 9　限界生産性

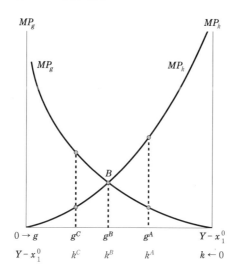

生産量は F^C となる。また、民間資本に $Y-x_1^0$ すべてを投入すると、社会資本はゼロとなる。このとき、仮定より生産量はゼロとなるから、点 H が実現する。このように、限られた資源を両資本に振り分ければ、しかるべき生産量が実現し、その軌跡が太い曲線 DH として表される。ただし、この曲線 DH は、現在消費量 x_1 の大きさによって位置がずれる（上に凸の形状は変わらない）。

そこで、曲線 DH の線上で、生産量が最も大きくなるところを点 B とする。このときの社会資本供給量を g^B、民間資本供給量を $k^B = Y-x_1^0-g^B$ とする。この供給量は、限られた資源 $Y-x_1^0$ を所与としたときに私的財生産量が最も大きくなり、(3)式から将来消費量がそれだけ大きくなって効用が最大限高まるという意味で、最も効率的に各資本に資源を配分したことになる。この点 B で、限界生産性がどのようになっているかを確認しよう。

図13-8と関連付けて、曲線 DH 上の点で社会資本の限界生産性 MP_g の大きさと民間資本の限界生産性 MP_k の大きさを図示すると、図13-9のようになる。横軸には各資本の供給量、縦軸には各資本の限界生産性をとっている。例えば、図13-8の点 A の状況 (g^A, k^A) を図13-9に示そう。図13

−8の点Aでは、社会資本の限界生産性（図13−8左の点Aにおける生産関数の傾き）は小さく、民間資本の限界生産性（図13−8右の点Aにおける生産関数の傾き）は大きい。このことは、もし追加的に1単位社会資本を減らして民間資本を増やせば、私的財の生産量が増えることを意味する。同様に、図13−8の点Cにおける限界生産性を考えると、社会資本の限界生産性（図13−8左の点Cにおける生産関数の傾き）は大きく、民間資本の限界生産性（図13−8右の点Cにおける生産関数の傾き）は小さい。このことは、もし追加的に1単位民間資本を減らして社会資本を増やせば、私的財の生産量が増えることを意味する。したがって、定義より、生産量が最も大きくなる点Bでは、どちらかの資本を追加的に1単位増やしたり減らしたりしてもこれ以上生産量が増えない。このことは、社会資本の限界生産性と民間資本の限界生産性は等しいことを意味する。これが、図13−9の点Bで示されている。

ちなみに、図13−9での議論を敷衍すると、社会資本の限界生産性が民間資本のそれよりも小さい（$MP_g < MP_k$）とき、社会資本を減らして民間資本を増やした方が生産量が増えるから、社会資本供給量は過大であるといえる。逆に$MP_g > MP_k$のとき、社会資本供給量は過小であるといえる。

以上より、社会資本の最適供給条件の1つとして、社会資本の限界生産性と民間資本の限界生産性が等しいことが成り立つ必要があるといえる。ここでは、社会計画当局が家計の効用を最大にするべく資本の供給量をコントロールするから、社会計画当局は、この条件を満たすように各資本を供給する。

● 社会資本と消費の関係

次に、現在消費量と各資本への投資の関係について考えよう。そもそも、経済全体では(2)式の制約に直面している。図13−8では、現在消費としてその量がx_1^0だけ消費されたとして、私的財生産量（将来消費量）を最大にするように各資本の供給量を決めると、点Bとなることが示された。しかし、現在消費量をx_1^0以外の量にしたときにどうなるかについては、まだ言及していない。ただ、考え方は図13−8や図13−9と同じである。

図13-10　生産可能曲線

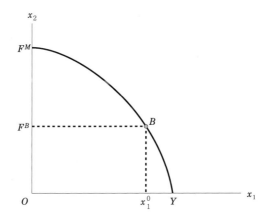

この関係を、横軸に現在消費量 x_1、縦軸に将来消費量 x_2 をとって、図13-10に図示しよう。そもそも、現在ある資源 Y をすべて現在消費にあてれば、将来消費量はゼロとなる。図13-8のように、現在消費量を x_1^0 とすると、各資本に適切に投資すれば、私的財生産量が最大で F^B となり、それが将来消費にあてられる。以下同様に、現在消費量を減らせばそれだけ各資本により多く投資ができ、生産関数の性質から将来時点の私的財生産量が多くなって将来消費が多くなる。しかし、その増え方は、資本の限界生産性が逓減するから、小さくなる。そして、現在消費量をゼロとしてすべてを将来消費のために各資本の投資にあてれば、私的財生産量が最大で F^M となるとする。こうして、図13-10のような曲線が示される。この曲線は、これまで本書の中で用いた言葉で言えば、生産可能曲線である。この生産可能曲線の傾きは、限界変形率（MRT）である。この生産可能曲線は、ある量だけ現在消費をしたときに、各資本の供給量を前述のように適切に行えば、将来消費が最大限どれだけできるかを表している。したがって、パレート最適を実現させたい社会計画当局としては、生産可能曲線の線上の点が実現できるようにするのが望ましい。

図13-10における限界変形率が何を意味するかを考えよう。例えば、現在消費量を x_1^0 とし、私的財生産量が F^B となった点 B を見よう。いま、現在

図13-11 社会資本の最適供給

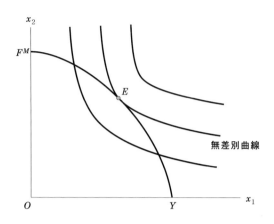

消費を追加的に1単位減らしたとする。このとき、(2)式の関係から、この減らした1単位分だけ、民間資本への投資か公共投資を増やすことができる。そこで仮に公共投資を追加的に1単位増やしたとしよう。すると、前にも述べたように、生産量（将来消費量）が追加的に増えることになる。その大きさは、社会資本の限界生産性の大きさである。以上より、図13-10における限界変形率は、社会資本の限界生産性と同じであるといえる。このことは、民間資本についても同様である。ところで、図13-10の点Bは、図13-9の点Bと同じ状況として対応している。図13-9の点Bでは、社会資本の限界生産性と民間資本の限界生産性が等しい。また、これは図13-10の点Bだけでなく、この生産可能性曲線の線上の点であればどこでも同じことがいえる。したがって、図13-10の生産可能曲線における限界変形率は、社会資本の限界生産性、そして民間資本の限界生産性に等しい（$MRT = MP_g = MP_k$）[7]。

そこで最後に、家計の効用最大化について考えよう。先に述べた効用関数

---

[7] ちなみに、第1章で限界変形率について説明したとき、限界変形率は限界生産性の比として表された。これとの対応関係を述べれば、現在ある資源Yから現在消費のために私的財を生産すれば、その限界生産性はつねに1であるとここでは仮定している。したがって、ここでの限界変形率は$MP_g/1$あるいは$MP_K/1$と表されているといえる。

より、無差別曲線が図13－11のように表せたとする。そこに、図13－10と同じ生産可能曲線を図13－11の中に書き入れる。このとき社会計画当局は、生産可能曲線の線上の点のうち、最も効用水準が高い点を選ぶと、パレート最適が実現する。その点は図13－11の点 E である。この点 E では、第１章でも見たように、限界代替率と限界変形率が等しくなっている。

以上より、**社会資本の最適供給条件**（パレート最適条件）をまとめると、

$$MP_g = MP_k = MRS \tag{4}$$

となる。この条件を満たすように社会資本が供給されていれば、公共投資は効率的に行われているといえる。

● 日本の公共投資は効率的か

そこで、わが国で社会資本の最適供給条件(4)式が満たされているか、実際のデータで検証しよう。これまでの研究の中で、著者が行った研究では、次のような結果が出されている[8]。図13－２と図13－３で用いた９つの地域：北海道、東北、関東、北陸、東海、近畿、中国、四国、九州に分け、1965～1993年度までのデータを用いて(1)式のような生産関数を計量経済学の手法を用いて推定した（ただし、生産要素には労働も含まれる）。その結果から、各地域ごとに生産要素の限界生産性の大きさが求められる。1993年度における各地域の社会資本の限界生産性と民間資本の限界生産性を示したのが、図13－12である。

図13－12によると、北海道、東北、中国、四国、九州では社会資本の限界生産性が民間資本の限界生産性を下回っているため、これらの地域では社会資本がパレート最適な状態に比べて過大であるといえる。逆に、関東、北陸、東海、近畿では、社会資本の限界生産性が民間資本の限界生産性を上回っているため、これらの地域では社会資本はパレート最適な状態に比べて過少であるといえる。このことから、1990年代の景気対策で実行された公共投

---

[8] 詳細は、土居丈朗『地域から見た日本経済と財政政策』三菱経済研究所を参照されたい。また、この本で用いたデータは、著者のウェブサイトでダウンロード可能である。

図13-12 限界生産性の比較（1993年度）

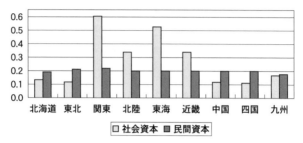

出典：土居丈朗『地域から見た日本経済と財政政策』三菱経済研究所

資の多くは、北海道、東北、中国、四国、九州に分配されており、この公共投資は上記の意味で非効率であったといえる。図13-12は、もし北海道、東北、中国、四国、九州で行われる公共投資を減らして、関東、北陸、東海、近畿にその分追加的に増やしていれば、限界生産性が高い分だけ生産量が増え、日本経済全体のGDPも増えて、経済成長率が改善できた可能性を示唆している。

　このように、実際の政策当局は、社会計画当局のように全知全能でパレート最適を追求するわけではないから、社会資本の最適供給条件(4)式は必ずしも実現できない。また、公共経済学の理論的研究から、政策当局が家計の効用を最大化するように公共投資を行おうとしても、その財源として歪みのある租税を用いたり、資本市場に何らかの不完全性があったりすれば、(4)式は達成されないことが明らかにされている。したがって、このように政策当局にとってどうすることもできない経済における歪みがあれば、適切に公共投資を行ったとしても(4)式が実現しないのを政策当局の責任とするのは酷である。そのため、理論的には、最善の状態である(4)式ではなく、政策当局にとって動かしがたい制約が他にも課されている状況で最も望ましい社会資本の供給を行う次善の状態に関する分析も試みられている。そこでは、必ずしも(4)式が成り立たなくても、異なる次善の状態が実現できるとされている。この議論は、本書のレベルを超えるので割愛する。

3　公共投資の費用便益分析

●費用便益分析の考え方

　現実の政策立案の場では、第2節のような最善の状態は実現できないし、社会資本の限界生産性をこれから行おうとしている公共投資について調べることはできない（社会資本の限界生産性が調べられるのは、すでに社会資本が供給されている場合である）。しかし、第2節で議論した考え方は重要である。これを、政策現場では**費用便益分析**としてより実践的に応用している。

　最近、日本でも公共投資を行うか否かを決める上で、あるいは予算上の優先順位をつける上で、この費用便益分析が用いられつつある。基本的な考え方は、公共投資を行って社会資本を建設したり維持したりするのにどれだけ費用がかかるかと、公共投資を行った後にできる社会資本がどれだけの便益をもたらすかを比較し、費用の方が大きければその公共投資を中止すべきで、便益が大きければその公共投資を行ってもよい、と判断するものである。別の言い方をすれば、純便益（＝便益－費用）がプラスならば、その公共投資を行ってもよいということである。

　いま、これから行うか否かを検討している公共投資のプロジェクトがあったとする。この公共投資は、今年に C_0 だけ費用がかかるが、B_0 だけの（金銭換算した）便益があるとする。先に述べたように、公共投資は社会資本として蓄積されるから、長期にわたって便益をもたらす可能性がある。他方、長期にわたって社会資本を利用できるように維持するには、維持補修費がかかる。したがって、1年後以降も、毎年費用と便益が発生する。t 年後に C_t だけ費用がかかり、B_t だけの便益があるとする。そして、T 年後まで利用できるとする。もちろん、これらの費用と便益はまだ行われていない公共投資によるものだから、実際の政策現場では、これらをさまざまな仮定を置いて推計する。

　このとき、この公共投資の費用と便益は、次のように計算する。注意することは、1年目の1円と2年目の1円は同じ価値ではないということであ

る。本書でもすでに用いているように、割引現在価値で計らなければならない。割引率をrと表すと、この公共投資の純便益の割引現在価値（PV）は、

$$PV = (B_0 - C_0) + \frac{B_1 - C_1}{(1+r)} + \frac{B_2 - C_2}{(1+r)^2}$$
$$+ \frac{B_3 - C_3}{(1+r)^3} + \cdots + \frac{B_T - C_T}{(1+r)^T} \quad (5)$$

と表される。もしPVの値がプラスであれば、その公共投資を行ってもよいといえる。

ただし、この方法には1つの難点がある。それは、割引率をいくつにするかである。ここで、議論を簡単にするため、今年この公共投資による便益がない（$B_0 = 0$）とする。すると、(5)式より、(5)式第2項以下（1年後以降の純便益の割引現在価値）が絶対値でC_0を上回らなければ、公共投資の純便益の割引現在価値PVはプラスにならない。もし毎年便益が費用を少ししか上回っていないとすると、割引率rが大きい値だと(5)式第2項以下の値が小さくなるから、公共投資の純便益の割引現在価値PVはマイナスと評価され、公共投資は実行すべきでないということになる。逆に、割引率を小さい値にすると、(5)式第2項以下の値が大きくなるから、純便益の割引現在価値PVはプラスと評価され、公共投資を実行してもよいということになりうる。このように、割引率の値によって、公共投資の諾否が分かれるため、公共投資を実行したい当事者が、恣意的に割引率を小さくする恐れがある。

●内部収益率法

割引率の問題を避けつつ、純便益の割引現在価値を計算する方法を援用して、公共投資の優先順位をつける方法がある。それは、**内部収益率法**と呼ばれる。(5)式において、この公共投資の純便益の割引現在価値PVがちょうどゼロになる割引率を、**内部収益率**と呼ぶ。内部収益率法は、複数の公共投資のプロジェクトについてこの内部収益率を計算し、内部収益率がより高い公共投資から優先的に実行するのが望ましいと判断する方法である。

いま、先と同様、今年この公共投資による便益がない（$B_0 = 0$）とする。このとき、(5)式において、(5)式第2項以下（1年後以降の純便益の割引現在価値）が絶対値でちょうどC_0と等しくなるようなrが内部収益率となる。C_0は初年度に支出する公共投資額を意味する。そこで、例えば、4つの公共投資のプロジェクトがあり、市場利子率が2％でこれを割引率として純便益の割引現在価値を計算するとする。プロジェクト1はC_0が40億円で純便益の割引現在価値が2で内部収益率が5％、プロジェクト2はC_0が160億円で純便益の割引現在価値が4で内部収益率が4％、プロジェクト3はC_0が120億円で純便益の割引現在価値が3で内部収益率が3％、プロジェクト4はC_0が80億円で純便益の割引現在価値が−0.1で内部収益率が1％であったとする。市場利子率が2％だから、もし公共投資を一切せず、そのお金をそのまま金融資産に投じれば、2％の収益率が上がる状況である。純便益の割引現在価値が最も高いのはプロジェクト2で、次にプロジェクト3である。予算の制約がなく、社会全体でみて純便益をより大きくしたいなら、純便益の割引現在価値が大きい順にプロジェクトを実行すればよい[9]。

しかし、公共投資には予算制約がある。その場合、内部収益率が高い順にプロジェクトを実行すれば、より少ない予算でより高い純便益が得られる。内部収益率法によれば、プロジェクト1、プロジェクト2、プロジェクト3の順に実行すればよい。しかも、これらは、同じ金額を利子率2％の金融資産に投じるよりも純便益の金銭価値が大きい。しかし、プロジェクト4は、内部収益率が1％だから、割引率を2％として純便益の割引現在価値はマイナスだから、プロジェクト4は行うべきではない。

ただ、もし予算が200億円しかなければ、プロジェクト1と2だけ実行する。プロジェクト3は、予算不足で実行しない。このように、政策立案の場で、実践的な応用が期待できる。

日本の公共投資は、先に見たように非効率なところが多いため、より効率化することが今後求められる。そのためには、この章で紹介した考え方が政

---

[9] この方法は、純現在価値（NPV）法とも呼ばれる。企業金融では、企業価値を最大化する目的からこの方法が採用される。

策現場で実践されることが望まれる。

■ 練習問題

1．社会資本の生産力効果の意味を説明せよ。
2．本章第2節のような経済における社会資本の最適供給条件（パレート最適条件）を示せ。
3．下記の2つの公共事業プロジェクトがあったとする。このとき、内部収益率法で評価すると、どちらのプロジェクトを優先的に行うのがよいか、答えよ。

　プロジェクトA：当初100億円の費用がかかり、1年目、2年目の純便益はゼロだが、3年目の純便益が133億1000万円となる事業
　プロジェクトB：当初200億円の費用がかかり、1年目の純便益はゼロだが、2年目の純便益が237億6200万円となる事業

Public Economics
14

国際課税をどう行うか

1　国際的な取引と租税

●国際課税問題

　この章と次章では、公共経済学の理論を国際的な問題に応用した議論を紹介したい。まずこの章では、国際課税の問題を取り上げる。今日、経済が国際化して、国境を越えた貿易や金融取引が盛んに行われるようになっている。日本でも、これまでも盛んに行われていた輸出入だけでなく、自ら海外に赴いて所得を稼いだり、自らの財産を海外で運用して収益を稼いだりすることが珍しくなくなった。インターネットの普及もこの動きに拍車をかけている。

　こうした国境を越える取引に対して、政府が持つ徴税権は、あくまでもその領土内にしか及ばない。そのため、税務上税率の低い外国で所得を稼いだことにして、国内での租税負担を意図的に逃れたり、ある国での税率が高いために（税引後）利益が上がらないことを理由に国境を越えた取引を断念したりする、といった出来事がしばしば起きている。経済の国際化が進むにつ

れ、国境を越えた取引にからむ課税は取引の繁閑に与える影響が大きくなるから、国際的な課税をどのように行うべきかがより重要な問題になってきている。

この章では、その中でも資本課税（主に利子所得税）について取り上げる。利子所得税は、貯蓄に対する利子所得に課税される租税である。ある国の貯蓄が国際的な資本移動を通じて外国に貸し出され、そこで利子所得を生み出した場合、どのように課税され、それがどのような経済効果をもたらすかを明らかにする。ちなみに、国際的な課税の中でも、関税については、国際経済学・国際貿易の教科書を参照されたい。

● 国際的な資本取引

ここでの議論を簡単にするため、世界のある2つの国、A国とB国があって、その両国に（代表的）家計と企業がいる状況を考える。各国の家計は、それぞれ人口が同じで、その国で労働力を非弾力的に1単位供給して労働所得（賃金）を得て、それぞれが独自に貯蓄をしている[1]。各国の企業は、その国の労働と、その貯蓄を必要に応じて借りて資本（機械類）を投入して財を生産する。企業は、生産した財の売上から、労働者＝家計には賃金を、資本の貸し手＝家計には利子を支払う。ここでは、各国の企業が生産する財は同じ財であるとし、その財を家計が消費して、効用を得るものとする。ここでは簡単化のため、公共財や外部性のある財はないとする。

各国の家計は、その国の企業だけでなく外国の企業にも自らの貯蓄を自由に貸すことができ、各国の企業はその国の家計の貯蓄だけでなく、外国の家計の貯蓄からも自由に借りられるが、両国の家計と企業は、その貸借の利子率を所与（プライス・テイカー）とする。つまり、国際的な資本市場（貸借の市場）は、国際的な資本移動が完全に自由で、完全競争市場であると仮定する。両国間の為替レートは固定され、財の価格は同じと仮定する。

このとき、各国の企業は、自らの利潤を最大化にするべく投資する（資本を投入する）ので、第1章でも述べたように、利子率（資本の要素価格）が

---

[1] ここでは、一般性を失うことなく、各国の人口をそれぞれ1と仮定する。

資本の限界生産性と等しくなるように投資量（資本投入量）を決める。だから、税金がなければ、A国の企業が支払う利子率（r_A（×100%））はA国の企業の資本の限界生産性（MPK_A）に等しく、B国の企業が支払う利子率（r_B（×100%））はB国の企業の資本の限界生産性（MPK_B）に等しい。

そこで、各国の家計がどちらの国の企業に自らの貯蓄を貸すかを考えよう。貯蓄自体は効用を高めないが、貯蓄から得る利子所得が多いほど後に財を消費できる量が増えて、効用が高くなるので、家計は利子所得ができるだけ多くなるように自らの貯蓄を貸そうとする。いま、A国の（代表的）家計の1人当たり貯蓄がs_Aで、それをA国の企業にs_{AA}、B国の企業にs_{AB}だけ貸すとする（$s_A = s_{AA} + s_{AB}$）。その後、各国企業から元本とともに利子をつけて返済されると、A国の企業からは$(1+r_A)s_{AA}$、B国の企業からは$(1+r_B)s_{AB}$だけ受け取る。したがって、受取総額は$(1+r_A)s_{AA}+(1+r_B)s_{AB}$で、それを財の消費にあてることができる。

同様に、B国の（代表的）家計の1人当たり貯蓄をs_Bとすると、それをA国の企業にs_{BA}、B国の企業にs_{BB}だけ貸すとする（$s_B = s_{BA} + s_{BB}$）。その後、各国企業から元本とともに利子をつけて返済されると、A国の企業からは$(1+r_A)s_{BA}$、B国の企業からは$(1+r_B)s_{BB}$だけ受け取る。したがって、受取総額は$(1+r_A)s_{BA}+(1+r_B)s_{BB}$となる。

他方、企業の側からみれば、両国の家計から、A国の企業は$s_{AA}+s_{BA}$だけ借りて資本として投入し、B国の企業は$s_{AB}+s_{BB}$だけ借りて資本として投入することになる。そこで、その（人口1人当たり）資本投入量を、A国の企業は$k_A \equiv s_{AA}+s_{BA}$、B国の企業は$k_B \equiv s_{AB}+s_{BB}$と表す。以上の家計と企業の間の取引をまとめると、図14-1のように表される。

このとき、A国の企業は労働（＝人口）をl_A単位投入し、資本を$k_A \times l_A$単位投入して財を生産するから、A国の企業の生産関数を$F_A(k_A \times l_A, l_A)$と表せるとする。B国の企業も同様に、その生産関数を$F_B(k_B \times l_B, l_B)$と表せるとする[2]。両国の企業とも、労働か資本かのどちらかをまったく投入しなければ生産量がゼロとなるとし、労働や資本の限界生産性は逓減すると仮定

2）ここでは、各国の生産関数（生産技術）が異なっていても構わない。

図14-1 国際的な資本取引

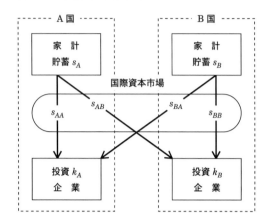

する。ここで、各国とも生産関数が規模に関して収穫一定であると仮定すると、生産関数は簡略化して、$f_A(k_A)$、$f_B(k_B)$ と表すことができる[3]。そこで、A国企業の資本の限界生産性を MPK_A、B国企業の資本の限界生産性を MPK_B と表すと、図13-6と同様に、図14-2として表される[4]。

利子所得について両国政府とも課税しない状態で、各国の家計はどちらの国の企業に自らの貯蓄を貸すのが得策だろうか。もし、$r_A > r_B$ ならば、両国の家計とも、A国の企業にできるだけ多く貸した方が利子所得が多く、ひいては効用も高くなる。A国の企業が両国の家計から多く借りれば、それだけ資本投入量が多くなり、前述のように資本の限界生産性は逓減するから、A国が支払う利子率は下がることになる。両国の家計がA国の企業に多く貸し過ぎて $r_A < r_B$ になれば、両国の家計とも、逆にB国の企業に貸す量を増やした方が利子所得が多く、ひいては効用も高くなる。しかし、B国の企業

---

3) 先に各国の人口を1とし労働力を非弾力的に1単位供給すると仮定したので、$l_A = 1$、$l_B = 1$ である。だから、各国の企業の生産関数はそれぞれ $F_A(k_A \times 1, 1)$、$F_B(k_B \times 1, 1)$ とも表現できる。それらを簡略化すると、ここで述べた通りとなる。

4) ちなみに、生産関数に基づいて各国企業の資本の限界生産性を表すと、$MPK_A = \dfrac{d\{f_A(k_A)\}}{dk_A} > 0$、$MPK_B = \dfrac{d\{f_B(k_B)\}}{dk_B} > 0$ と表現できる。

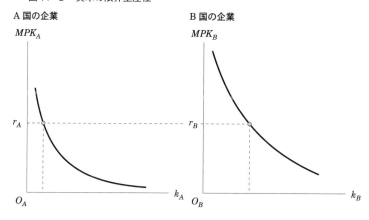

図14-2 資本の限界生産性

も同様に、両国の家計から多く借りれば、それだけ資本投入量が多くなって資本の限界生産性は逓減するから、B国が支払う利子率は下がることになる。結局、国際的な資本移動が完全に自由で、国際資本市場が完全競争的であれば、利子所得に課税されない限り、$r_A = r_B$ となる状態で家計の貯蓄と企業の投資が均衡する。この $r_A = r_B$ は、この状態での裁定条件とも呼ばれる。

2　国際課税の原則

●国際資本課税の原則

そこで、各国政府が家計の利子所得について課税する場合を考えよう。あくまでも、各国政府の徴税権の及ぶ範囲は領土内である。だから、その国と無関係な取引に対しては課税できない。例えば、B国の家計がB国の企業から得た利子所得について、A国政府が課税をすることはできない。しかし、A国に住んでいないB国の家計でも、A国の企業からの利子所得については、A国においてA国政府が課税することはできる。このように、各国政府がどの利子所得について課税するかが重要なポイントである。

国際課税においては、課税の仕方に2通りの原則がある。まず、政府がそ

の国に住んでいる人が得た所得に対してどの国で生じた所得であっても課税し、住んでいない人が得た所得はその国で生じた所得であっても課税しない、という課税原則を、**居住地主義**という。逆に、政府がどこの国に住んでいる人が得た所得であってもその国で生じた所得であれば課税し、その国に住んでいる人が得た外国で生じた所得には課税しない、という課税原則を、**源泉地主義**という。

これらの課税方法には、公共経済学の見地から見て、企業の限界生産性や家計の効用などに与える影響が異なっている。以下では、これらが持つそれぞれの性質を検討しよう。この章では、法人税はないと想定する。

● 居住地主義課税

まず、両国政府が居住地主義を採用して利子所得に課税する場合を考えよう。例えば、A国政府はA国の家計が得た所得に対して課税し、B国の家計が得た所得はたとえA国の企業から得た利子所得であっても課税しない。だから、A国政府が、利子所得に対して税率 t_A(×100％) で課税すると、A国の家計はA国の企業から得た利子所得に対して $t_A r_A s_{AA}$、B国の企業から得た利子所得に対して $t_A r_B s_{AB}$ だけ利子所得税を支払わなければならない。このときB国の家計がA国政府に支払う利子所得税はゼロである。

同様に、B国政府が、利子所得に対して税率 t_B(×100％) で課税すると、B国の家計はA国の企業から得た利子所得に対して $t_B r_A s_{BA}$、B国の企業から得た利子所得に対して $t_B r_B s_{BB}$ だけ利子所得税を支払わなければならない。もちろん、このときA国の家計がB国政府に支払う利子所得税はゼロである。

以上より、A国の家計1人当たりの税引後の受取総額は $\{1+(1-t_A)r_A\}s_{AA}+\{1+(1-t_A)r_B\}s_{AB}$ で、B国の家計1人当たりの税引後の受取総額は $\{1+(1-t_B)r_A\}s_{BA}+\{1+(1-t_B)r_B\}s_{BB}$ となる。そこで、各国の家計はどちらの国の企業に自らの貯蓄を貸すのが得策だろうか。

A国の家計にとっては、A国の企業に自らの貯蓄を1単位貸せば $\{1+(1-t_A)r_A\}$ 単位だけ税引後に受け取ることができ、B国の企業に自らの貯蓄を1単位貸せば $\{1+(1-t_A)r_B\}$ 単位だけ税引後に受け取ることができる。も

し $(1-t_A)r_A > (1-t_A)r_B$ ならば、A国の家計は、A国の企業により多く貸した方が利子所得が多く、ひいては効用も高くなる。$(1-t_A)r_A > (1-t_A)r_B$ は、$r_A > r_B$ と同値である。逆に $(1-t_A)r_A < (1-t_A)r_B$、すなわち $r_A < r_B$ ならば、利子所得課税がなかった前述の議論と同様に、B国の企業に貸す量を増やした方が利子所得が多く、ひいては効用も高くなる。したがって、国際的な資本移動が完全に自由で、国際資本市場が完全競争的であれば、$r_A = r_B$ となる状態は、どちらの国の企業に貸しても同じ課税後利子率が得られるので、A国の家計にとってどちらに貸しても無差別となる。

B国の家計についても同様に考えることができる。A国の家計での議論と同様に考えれば、$(1-t_B)r_A = (1-t_B)r_B$、すなわち $r_A = r_B$ となる状態は、どちらの国の企業に貸しても同じ課税後利子率が得られるので、B国の家計にとってどちらに貸しても無差別となる。

この $r_A = r_B$ の状態は、各国の家計や企業にとって、もはやこれ以上貯蓄量、投資量を変える必要のない無差別な状態（均衡）になる。したがって、両国政府が居住地主義で利子所得税を課税する場合、課税前と同じ $r_A = r_B$ が裁定条件となる。居住地主義課税の特徴は、利子所得税がつねに、この国際資本市場における裁定条件に影響（歪み）を与えないということである。

別の言い方をすれば、居住地主義課税は、資本を投入する生産側で効率的な資源配分を実現している。したがって、居住地主義課税の下で実現する条件、$r_A = r_B$ を**生産における効率性の条件**ともいう。

● 源泉地主義課税

次に、両国政府が源泉地主義を採用して利子所得に課税する場合を考えよう。例えばA国政府は、A国の企業が支払った利子所得はどの国の家計が得たとしても課税し、A国の家計が得た所得でもB国の企業から得た利子所得については課税しない。だから、A国政府が、利子所得に対して税率 τ_A（×100％）で課税すると、A国の家計がA国の企業から得た利子所得に対して $\tau_A r_A s_{AA}$、B国の家計がA国の企業から得た利子所得に対して、$\tau_A r_A s_{BA}$ だけA国政府に利子所得税を支払わなければならない。

同様に、B国政府が、利子所得に対して税率 τ_B（×100％）で課税すると、

A国の家計はB国の企業から得た利子所得に対して $\tau_B r_B s_{AB}$、B国の家計がB国の企業から得た利子所得に対して $\tau_B r_B s_{BB}$ だけB国政府に利子所得税を支払わなければならない。

以上より、A国の家計1人当たりの税引後の受取総額は $\{1+(1-\tau_A)r_A\}s_{AA}+\{1+(1-\tau_B)r_B\}s_{AB}$ で、B国の家計1人当たりの税引後の受取総額は $\{1+(1-\tau_A)r_A\}s_{BA}+\{1+(1-\tau_B)r_B\}s_{BB}$ となる。このとき、各国の家計はどちらの国の企業に自らの貯蓄を貸すのが得策だろうか。

A国の家計にとっては、A国の企業に自らの貯蓄を1単位貸せば $\{1+(1-\tau_A)r_A\}$ 単位だけ税引後に受け取ることができ、B国の企業に自らの貯蓄を1単位貸せば $\{1+(1-\tau_B)r_B\}$ 単位だけ税引後に受け取ることができる。もし $(1-\tau_A)r_A > (1-\tau_B)r_B$ ならば、A国の家計は、A国の企業により多く貸した方が利子所得が多く、ひいては効用も高くなる。逆に $(1-\tau_A)r_A < (1-\tau_B)r_B$ ならば、利子所得課税がなかった前述の議論と同様に、B国の企業に貸す量を増やした方が利子所得が多く、ひいては効用も高くなる。したがって、国際的な資本移動が完全に自由で、国際資本市場が完全競争的であれば、$(1-\tau_A)r_A = (1-\tau_B)r_B$ となる状態は、どちらの国の企業に貸しても同じ課税後利子率が得られるので、A国の家計にとってどちらに貸しても無差別となる。

B国の家計についても同様に考えることができる。A国の家計での議論と同様に考えれば、$(1-\tau_A)r_A = (1-\tau_B)r_B$ となる状態は、どちらの国の企業に貸しても同じ課税後利子率が得られるので、B国の家計にとってどちらに貸しても無差別となる。

以上より、この $(1-\tau_A)r_A = (1-\tau_B)r_B$ の状態は、各国の家計や企業にとって、もはやこれ以上貯蓄量、投資量を変える必要のない無差別な状態（均衡）になる。したがって、両国政府が源泉地主義で利子所得税を課税する場合、$(1-\tau_A)r_A = (1-\tau_B)r_B$ が裁定条件となる。

源泉地主義課税の特徴は、利子所得税が、この国際資本市場における裁定条件に影響（歪み）を与える（生産における効率性の条件を満たさない）ということである。つまり、裁定条件が課税前の $r_A = r_B$ ではなく、$(1-\tau_A)r_A = (1-\tau_B)r_B$ と変化している[5]。この歪みがどのようになっているかを、

次に分析しよう。

● 源泉地主義課税の歪み

両国政府が源泉地主義の利子所得税を課税する場合、国際資本市場では $(1-\tau_A)r_A = (1-\tau_B)r_B$ となる。つまり、$r_A = (1-\tau_B)r_B/(1-\tau_A)$ である。そこで、例えば税率が $\tau_A > \tau_B$ となっているとしよう[6]。このとき、各国の企業は、支払う利子率が資本の限界生産性に等しくなるように資本投入量を決めるから、$MPK_A = r_A > r_B = MPK_B$ となる。この状態を、各国の資本の限界生産性を表した図14-2をもとに示したのが、図14-3である。A国の企業の資本投入量 k_A を左側から右へ、B国の企業の資本投入量 k_B を右側から左へ表している。いま、$MPK_A > MPK_B$ だから、A国の企業は限界生産性がB国のそれより高い状態、すなわち少ない資本投入量 k_A^0 で均衡し、B国の企業は限界生産性がA国のそれより低い状態、すなわち多い資本投入量 k_B^0 で均衡する[7]。この均衡点を図14-3で点 E と表そう。

しかし、この点 E の状態は国際的にパレート最適な状態ではない。いま両国が投入している資本の合計 $k_A^0 + k_B^0$ を所与として、B国の企業の資本投入量を追加的に1単位減らしてA国の企業の資本投入量を追加的に1単位増やしたとしよう。すると、B国の企業の生産量は資本の限界生産性分 MPK_B 単位だけ減り、A国の企業の生産量は資本の限界生産性分 MPK_A 単位だけ増やすことができる。点 E では $MPK_A > MPK_B$ だから、両国が投入する資本の合計量を増やすことなく、B国の企業の資本投入量を追加的に1単位減らしてA国の企業の資本投入量を追加的に1単位増やすだけで、両国企業の生産量の合計は $MPK_A - MPK_B$ 単位増やすことができる。

このように考えると、点 E' で両国が投入する資本の合計量を増やすこと

---

[5] $\tau_A = \tau_B$ となるとき、源泉地主義の利子所得税は国際資本市場の裁定条件に影響を与えないが、各国政府が独自に課税している状況では $\tau_A = \tau_B$ となる保証はない。
[6] ここでは言及しないが、$\tau_A < \tau_B$ の場合も同様に考えられる。
[7] もちろん、この背後に各国家計が効用を最大化するように消費量・貯蓄量を決定していて、その貯蓄量と各国企業の投資量が、国際資本市場で均衡するように利子率が決まる。

図14-3 源泉地主義課税の歪み

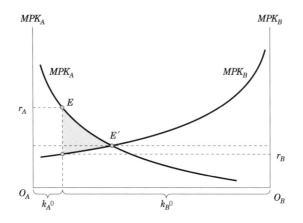

なく両国企業の生産量を最大限増やすことができる。この点 E' の状態は、図14-3に示されているように、$MPK_A = MPK_B$ となっていて、アミかけ部分の面積相当分の生産量を追加的に増やすことができ、図14-3の状況下では資本の国際的な配分についてパレート最適な状態になっている。点 E' の状態は、国際的な資本移動が完全に自由で、国際資本市場が完全競争的であれば、利子所得税課税前や居住地主義の利子所得税で実現できる $r_A = r_B$ の裁定条件を満たす状態である。

以上より、源泉地主義の利子所得税は、各国企業の資本投入量の配分に歪みを与え、資本や生産の国際的な配分をパレート最適でない状態に導くことが示された。ただし、後述するが、源泉地主義の利子所得税は、消費における効率性の条件を満たすという利点がある。

3 　国際資本課税のあり方

●利子所得税と消費の関係

源泉地主義の利子所得税の歪みについて述べたが、居住地主義の利子所得税にも歪みがある。これについて言及するべく、前節までの議論をさらに拡張して分析しよう。

利子所得税の課税の効果を考えるには貯蓄を考慮しなければならず、貯蓄は将来消費するためにあてられるから、現在の消費と将来の消費を考えなければならない。そこで、第5章第4節での議論と同様に、現在と将来の2期間の消費を考える。いま、この節での議論を簡単化するため、第5章第4節での設定を少し変更する。

　現在時点において、各国の家計はある一定の量 y_i（$i=A,B$）だけの財産を持っていると仮定する。この y_i の量は家計にとって操作できず所与とする。現在時点では労働所得はないとし、財産 y_i を現在消費に x_{i1}（価格は1とする）だけあて、残りは貯蓄して将来消費にあてることとなる。貯蓄を s_i （$i=A,B$）と表してこの関係を表すと、

$$y_i = x_{i1} + s_i \quad i = A, B \tag{1}$$

となる。第1節で述べたように、この貯蓄は両国の企業に貸すことができる。だから、

$$s_i = s_{iA} + s_{iB} \quad i = A, B \tag{2}$$

となる。

　将来時点において、各国の家計は自国で労働力を（非弾力的に）1単位供給して、（労働の限界生産性と等しい）賃金 w_i を得て、貯蓄については前述のように元本とともに利子所得を得て、これを将来消費 x_{i2} 単位にあてる[8]。各国の家計は現在消費と将来消費から効用を得て、現在や将来の消費量が多いほど効用が高くなるとする。このとき、効用関数は

$$U_i = U_i(x_{i1}, x_{i2})$$

と表す。ただし、現在消費、将来消費とも上級財であるとし、この効用関数から通常の無差別曲線が導き出せるとする[9]。いま、利子所得税、法人税が

---

8) 生涯で得た所得はすべて消費し、遺産を残さないとする。また、第5章第4節のように、現在時点において労働供給して労働所得を稼ぐと仮定しても、以下での結論は本質的に変わらない。

まったく課税されないとすると、国際資本市場の裁定条件が $r_A = r_B$ だから、各国の家計の将来時点における予算制約式は次のようになる。

$$w_i + (1+r_i)s_i = x_{i2} \quad i = A, B \tag{3}$$

ここで、利子所得税が課税される状況を考えよう。各国政府が、これまでに述べた居住地主義課税と源泉地主義課税の両方を同時に行ったとすると、貯蓄に関する各国家計の（1人当たり）税引後の受取総額は $\{1+(1-t_i-\tau_A)r_A\}s_{iA} + \{1+(1-t_i-\tau_B)r_B\}s_{iB}$ $(i=A,B)$ と表せる。したがって、このとき(3)式は次のようになる。

$$w_i + \{1+(1-t_i-\tau_A)r_A\}s_{iA} + \{1+(1-t_i-\tau_B)r_B\}s_{iB} = x_{i2} \tag{3}'$$

各国の家計がどちらの国の企業に貯蓄を貸すのが得策かを、第2節と同様に考えれば、居住地主義と源泉地主義の両方とも利子所得税が課税されている状況では、各国 $(i=A,B)$ で

$$(1-t_i-\tau_A)r_A = (1-t_i-\tau_B)r_B$$

が裁定条件として成り立つ。

各国政府は、将来時点において、利子所得税のみを財源としてすでに定まった額の（1人当たり）政府支出 $\overline{g_i}$ にあてるとする。このとき、公債は発行しないとすると、政府支出 $\overline{g_i}$ は利子所得税が徴収される将来時点にのみ行われ、その政府の予算制約式は、次のようになる[10]。

$$t_i(r_A s_{iA} + r_B s_{iB}) + \tau_i r_i (s_{Ai} + s_{Bi}) = \overline{g_i} \quad i = A, B \tag{4}$$

各国の企業は、第1節で述べたように、規模に関する収穫一定の生産関数で、利潤を最大化するように労働と資本を投入して、限界生産性に見合う要

9）各国の家計の効用関数は異なっているとする。もし両国の家計が同質的であれば、異時点間の国際的な資本取引を行う動機がなく、国際的な分析が必要なくなる。つまり、効用最大化行動として、現在時点で家計の貯蓄が企業の投資よりも多く、ネットで外国に貸す国がある一方で、逆に現在時点でそれを借りる（方が多い）国がなければ、国際的な分析は意味をなさない。

素所得を支払うとすると、ミクロ経済学の教科書で示されているように、

$$f_i(k_i) = w_i + r_i k_i \quad i = A, B \tag{5}$$

という関係を満たす。

　以上より、この国際経済における利子所得税の効果が分析できる。ただし、このままでは分析が複雑になるので、次のような仮定を設ける。まず、分析の焦点をA国に絞り、A国が小国（A国の家計の貯蓄、投資、利子所得税が他国や国際的な資源配分、利子率等に影響を与えないほど小さい国）であると仮定する。B国は陽表的に分析せず、A国以外の外国全体を示すものとする。したがって、r_B は国際資本市場で決まる世界利子率とみなすことができ、r_B はA国の行動に影響を受けず一定（$\overline{r_B}$）であると仮定する。また、B国（A国以外の外国）は利子所得税を課税しないとする（$t_B = \tau_B = 0$）。さらに、A国が資本輸出国（$s_{AB} > 0$）であると仮定する。つまり、A国の家計は外国に自らの貯蓄を貸す一方、A国の企業はA国の家計の貯蓄だけで必要な資本をまかなうことができ、外国の貯蓄を借りない（$s_{BA} = 0$、$k_A = s_{AA} > 0$）と仮定する。これらは、簡単化の仮定である。

　この状況の下で、居住地主義課税の歪みを検討しよう。

● 居住地主義課税の歪み

　いま、A国政府が居住地主義の利子所得税 t_A のみを課税したとする（$\tau_A = 0$）。このとき、課税後におけるA国の家計の生涯を通じた予算制約式は、(1)～(3)′式より、

$$y_A + \frac{w_A}{1+(1-t_A)\overline{r_B}} = x_{A1} + \frac{x_{A2}}{1+(1-t_A)\overline{r_B}} \tag{6}$$

10）公債を発行して2期間とも政府支出を行うとしてもよいが、そうしてもここでの結論は基本的に変わらない。また、この政府支出を公共財供給と見立てて、家計の効用を高めるものと想定するなら、政府支出の量が私的財消費（現在消費、将来消費）の限界効用に影響をまったく与えない場合ならば、ここでの結論は基本的に変わらない。ちなみに、この場合の効用関数を、（私的財による効用と公共財による効用の）加法分離型ともいう。

となる。この制約下で効用を最大化すると、A国の家計の現在消費と将来消費の限界代替率を MRS_A（$= MU_{xA1}/MU_{xA2}$：ただし、MU_{xA1} は現在消費の限界効用、MU_{xA2} は将来消費の限界効用）とすると、

$$MRS_A = 1+(1-t_A)\overline{r_B}$$

を満たすように消費量を決める。これが、効用最大化条件である。

ここで明らかなことは、この現在消費と将来消費の価格比 $(1+(1-t_A)\overline{r_B})$ が、居住地主義の利子所得税によって課税後に変化していることである。価格比が変化すれば、両消費の間に代替効果が生じるから、第5章でも述べたように、課税によって資源配分に歪み（超過負担）が生じる。これが、居住地主義課税に伴う歪みである。このように、居住地主義課税では、貯蓄の配分に歪みを与え、家計の異時点間の消費の選択をパレート最適でない状態に導く。別の言い方をすれば、居住地主義の利子所得税は、**消費における効率性の条件**（ここでは $MRS_A = 1+\overline{r_B}$）を満たさない。消費における効率性の条件をより一般的にいえば、現在消費と将来消費の限界代替率＝１＋（課税前）利子率である。

● どちらの課税原則が望ましいか

利子所得税は、どちらの課税原則であっても、資源配分に何らかの歪みを与えるため、中立的な租税ではない。しかし、現実には、利子所得税を始めとして国際的な資本移動に伴う課税が各国政府によって行われている。国際資本課税をいますぐにはやめられないとすれば、次善の策として、居住地主義と源泉地主義のどちらの課税原則がより望ましいかを考えよう。別の言い方をすれば、居住地主義課税に伴う消費に対する歪みと、源泉地主義課税に伴う生産に対する歪みのどちらがより軽微なものか、という議論である。

前の居住地主義課税の続きとして、A国政府が居住地主義の利子所得税を課税するとき、(1)～(5)式を合わせると、A国全体の資源制約（現在と将来を通じた生産と消費・投資・政府支出の関係）は、

$$y_A - k_A + \frac{f_A(k_A)+k_A}{1+\overline{r_B}} = x_{A1} + \frac{x_{A2}}{1+\overline{r_B}} + \frac{\overline{g_A}}{1+\overline{r_B}} \tag{7}$$

図14-4 生産関数

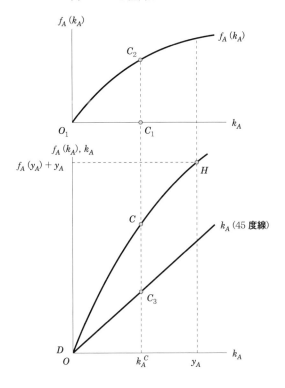

となる。この式を、横軸に x_{A1}、縦軸に x_{A2} をとった図に示したい。そこで、(7)式を同値変形すると、

$$x_{A2} + \overline{g_A} = (1+\overline{r_B})(y_A - x_{A1} - k_A) + f_A(k_A) + k_A \tag{7}'$$

となる。ここで、生産関数 $f_A(k_A)$ が第13章図13-6と同様に、図14-4の上図で示したような形で表されるとする。このとき $f_A(k_A) + k_A$ は、図14-4の下図のようになる。例えば、A国の企業がまったく資本を投入しなければ（$k_A = 0$）、$f_A(k_A) + k_A = 0$ となって点 D を意味する。もし k_A^C 単位の資本を投入すれば、$f_A(k_A^C)$ の大きさは上図の線分 C_1C_2 として表される。この線分 C_1C_2 と同じ長さを下図の線分 C_3C として表せば、$f_A(k_A^C) + k_A^C$ の大きさは下図の線分 Ck_A^C として表される。A国は資本輸出国で借金をしない設定（337

図14-5 居住地主義課税

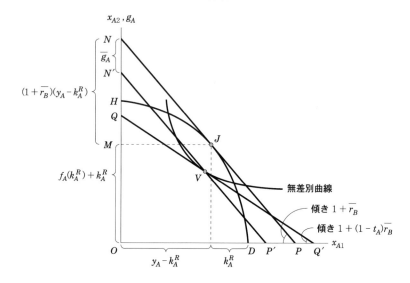

ページ）と、現在消費は負にならないことから、$y_A \geq s_A > k_A$ となる。だから、A国の企業の資本投入量 k_A は y_A 未満となる。したがって、$f_A(k_A) + k_A$ は図14-4の曲線 HD として表される。

この曲線 HD を、横軸に x_{A1}、縦軸に x_{A2} をとった図14-5に移すと曲線 HJD として表される。いま、A国の企業が k_A^R 単位の資本を投入したとすると、点 J が実現する。点 J の生産状態で、もし現在消費をまったくしなければ（$x_{A1} = 0$）、(7)′式から、将来消費と政府支出（$x_{A2} + \overline{g_A}$）に $(1+\overline{r_B})(y_A - k_A^R) + f_A(k_A^R) + k_A^R$ 単位の資源をあてることができる。ここで、点 J において $k_A = k_A^R$ だから、線分 JM の長さは $y_A - k_A^R$ となる。点 J から傾きの絶対値が $1+\overline{r_B}$ である直線を引き、直線 NJP と呼ぼう。すると、線分 MN の長さは $(1+\overline{r_B})(y_A - k_A^R)$ となる。そして、線分 OM の長さは $f_A(k_A^R) + k_A^R$ だから、直線 NJP は $k_A = k_A^R$ を代入した(7)式を意味している。すなわち、

$$x_{A2} + \overline{g_A} = (1+\overline{r_B})(y_A - x_{A1} - k_A^R) + f_A(k_A^R) + k_A^R \tag{7}''$$

である。ここで、点 J において、直線 NJP が曲線 HJD に接していると仮

定する。したがって、結果的に点 J では A 国の企業で最も効率的に生産が行われている状態となる[11]。

さらに、(7)′ 式には政府支出が含まれている。家計にとって、政府支出の分は家計の現在消費や将来消費にあてることができないから、これを除くと、A 国の家計にとって現在消費と将来消費に最大限あてることができる資源制約となる。その資源制約は、直線 NJP が縦軸方向に $\overline{g_A}$ 働単位だけ真下に下がった直線 $N'P'$、すなわち、

$$x_{A2} + \overline{g_A} = (1+\overline{r_B})(y_A - x_{A1} - k_A^R) + f_A(k_A^R) + k_A^R - \overline{g_A} \tag{8}$$

として表せる。

しかし、A 国の家計は(6)式の予算制約に直面している。(6)式を図 14-5 に示せば、直線 QQ' となる[12]。したがって、直線 QQ' と直線 $N'P'$ の交点 V が、A 国の家計が資源制約の下で最大限効用を高めることができる消費の組み合わせとなる。点 V では、無差別曲線が、前述のように(6)式直線 QQ'（傾きの絶対値が $1+(1-t_A)\overline{r_B}$）と接する。

次に、A 国政府が源泉地主義の利子所得税 τ_A を課税する場合を検討しよう（$t_A = 0$）。このとき、課税後における A 国の家計の生涯を通じた予算制約式は、(1)～(3)′ 式より、

$$y_A + \frac{w_A}{1+\overline{r_B}} = x_{A1} + \frac{x_{A2}}{1+\overline{r_B}} \tag{9}$$

となる。この制約下で効用を最大化すると、

$$MRS_A = 1+\overline{r_B}$$

を満たすように消費量を決める。これが、このときの効用最大化条件であ

---

11) なぜならば、曲線 $HJD: f_A(k_A) + k_A$ の横軸方向の傾きの絶対値は、これを k_A で微分すれば、$d\{f_A(k_A)\}/dk_A + 1 = 1 + MPK_A = 1+\overline{r_B}$ で、直線 NJP の傾きの絶対値と同じだからである（居住地主義の利子所得税の下では、企業の利潤最大化行動より $MPK_A = r_A = \overline{r_B}$ である）。
12) 居住地主義の利子所得税の下では、点 Q' は点 P' よりも必ず右側になる。その理由は、補論 A を参照されたい。

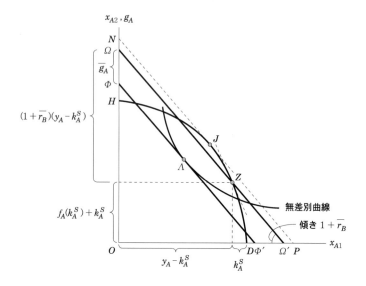

図14-6 源泉地主義課税

る。このように、源泉地主義課税の下では、課税によって価格比が変化しないから、消費の異時点間の選択に歪みを与えない。別の言い方をすれば、源泉地主義の利子所得税は、消費における効率性の条件を満たしている。

また、源泉地主義課税の下で前述と同様に(1)～(5)式を合わせると、A国全体の資源制約は(7)式で表される。だから、源泉地主義課税の下でも、曲線 HJD は図14-5と同じである。しかし、点 J は実現できない。その理由は次の通りである。図14-3でも示したように、源泉地主義課税の下（$(1-\tau_A)r_A = \overline{r_B}$）での企業の利潤最大化行動より、$MPK_A = r_A = \dfrac{\overline{r_B}}{1-\tau_A} > \overline{r_B}$ となる。だから、曲線 HJD の傾きの絶対値 $1+MPK_A$ が $1+\overline{r_B}$ よりも大きい点（資本投入量）を、A国企業が選択する。いま、曲線 HJD 上で、傾きの絶対値が $1+MPK_A = 1+\dfrac{\overline{r_B}}{1-\tau_A}$ となる点を、図14-6で点 Z と表せるとすると、源泉地主義課税の下では利潤最大化行動によって、A国の企業は k_A^S 単位の資本投入量を選択する。資本の限界生産性は逓減するから、k_A^S は点 J

での k_A^R よりも小さく、生産量も $f_A(k_A^S)$ は $f_A(k_A^R)$ よりも小さい。

ここで、点 $Z((x_{A1}, x_{A2}) = (y_A - k_A^S, f_A(k_A^S) + k_A^S))$ を通り、傾きの絶対値が $1 + \overline{r_B}$ となる直線を図14-6に表すと、直線 $\Omega Z \Omega'$ と表される。この直線は、

$$x_{A2} = (1 + \overline{r_B})(y_A - x_{A1} - k_A^S) + f_A(k_A^S) + k_A^S \tag{7}'''$$

と表せる。また、源泉地主義課税の下でのA国の家計にとって、現在消費と将来消費に最大限あてることができる資源制約は、前述と同様に、(7)‴式から政府支出の分を除けばよい。その資源制約は、直線 $\Omega Z \Omega'$ を縦軸方向に $\overline{g_A}$ 単位だけ真下に下げた直線 $\Phi \Phi'$、すなわち

$$x_{A2} = (1 + \overline{r_B})(y_A - x_{A1} - k_A^S) + f_A(k_A^S) + k_A^S - \overline{g_A} \tag{8}'$$

として表せる。この(8)′式は、源泉地主義課税の下では家計の予算制約(9)式と同じになる[13]。つまり、直線 $\Phi \Phi'$ はA国の家計の予算制約式を表す。したがって、直線 $\Phi \Phi'$ が無差別曲線と接する点 Λ が、A国の家計が資源制約の下で最大限効用を高めることができる消費の組み合わせとなる。

居住地主義課税の図14-5と源泉地主義課税の図14-6を比較することで、どちらの課税原則が次善の意味で望ましいかを議論できる。居住地主義課税では、消費の異時点間の選択に歪みを与えているが、生産については最大限に効率的な点 J を実現できる。最大限効率的な生産量が確保されているから、同じ量の政府支出 $\overline{g_A}$ をまかなうための居住地主義課税の下では、税率がどうなろうと、家計の現在消費と将来消費の組み合わせはつねに直線 $N'P'$ 上にある[14]。

しかし、源泉地主義課税に伴う歪みは無視できない。なぜならば、源泉地主義課税をやめない限り、図14-6において、最大限効率的な生産量を実現

---

13) その理由は、補論Bを参照されたい。
14) さらに言えば、現在消費と将来消費の価格比を別の方法で変えられれば、居住地主義課税で損なわれた効用を取り戻すことができる。例えば、現在消費と将来消費に異なる税率の消費税を課税すると、現在消費と将来消費の価格比をより中立的な状態にすることができる。その意味で、居住地主義課税に伴う歪みは回復可能なほど軽微であるといえる。

する点 J を選択できない。源泉地主義課税の下では、点 J よりも少ない生産量しか選択できない（例えば点 Z）から、家計は居住地主義課税下の直線 $N'P'$ よりも少ない総消費量しか得られない。源泉地主義課税下での現在消費と将来消費の組み合わせは直線 $\Phi\Phi'$ 上でしか選択できない。別の言い方をすれば、図14-5と図14-6を比較すると、源泉地主義課税下の直線 $\Phi\Phi'$ は、居住地主義課税下の直線 $N'P'$ よりも左下に位置している。したがって、点 J と異なる非効率的な（歪みのある）投資量・生産量を選択せざるを得ず、その歪みは、他の方法によって補正することができない。

以上の状況では、国際資本課税について、次善の意味で、利子所得税は居住地主義で課税するのが望ましいといえる。ここでの結論を敷衍していえば、国際的な課税は、国際的な消費・貯蓄の配分の効率性を重視するよりも、国際的な生産・投資の配分の効率性を重視した方が、次善の意味で望ましい。

世界各国での資本課税は、どちらかの主義を貫徹した状態ではなく、同じ国の税制でも源泉地主義と居住地主義が入り混じった状態で課税されている。また、各国間での税制の調整もまだ不完全である。そうしたなか、国際的な租税回避（課税逃れ）を防ぐ方向で、現在協議が続いている。

4　総生産効率性定理

●総生産効率性定理

第3節では、居住地主義課税と源泉地主義課税を比較して、居住地主義課税が次善の意味で望ましいことを示した。これをより一般化して言えば、次のようになる。居住地主義課税では、生産における効率性の条件を満たすが消費における効率性の条件を満たさない。源泉地主義課税では、消費における効率性の条件を満たすが生産における効率性の条件を満たさない。これらの効率性の条件のうち、生産における効率性の条件を満たす居住地主義課税の方が、歪みが小さく次善の意味で望ましい。

居住地主義課税と源泉地主義課税の比較のみならず、最適課税論の文脈では、生産における効率性の条件を満たす租税と消費における効率性の条件を

満たす租税のどちらが望ましいかについて、より一般的に議論された。国際課税の話からは逸れるが、公共経済学の議論としては重要なので、ここで取り上げよう。ダイアモンドとマーリースは、次の定理を導いた。

> **総生産効率性定理（aggregate production efficiency theorem）**
> 生産における効率性の条件を満たす租税が次善の意味で望ましく、消費における効率性の条件を満たす租税は生産における効率性の条件を満たす租税よりも非効率な租税である。

この定理が成り立つ理由についての直観的な説明は、多少厳密さを犠牲にするが、前述した第３節の図14－５と図14－６の比較で示した[15]。生産における効率性の条件を満たす居住地主義の利子所得税は、消費における効率性の条件を満たさない分だけ資源配分に歪みがあるが、最大限に効率的な生産量で生産しているため、家計の総消費量（現在消費と将来消費）が最大限確保されている。これに対して、消費における効率性の条件を満たす源泉地主義の利子所得税は、生産における効率性の条件を満たさないため、最大限に効率的な生産量を確保できず、家計の総消費量がその分だけ少なくなり、効用が低下して非効率になっている。

この定理は、居住地主義の利子所得税と源泉地主義の利子所得税だけでなく、生産における効率性の条件を満たすが消費における効率性の条件を満たさない消費税などと、消費における効率性の条件を満たすが生産における効率性の条件を満たさない法人税などとを比較する際にも重要な含意を与える。この定理は、同じだけの政府支出の財源をまかなう租税としては、法人税よりも消費税の方が次善の意味で望ましいことを示唆している。

● 定理の応用

この定理の含意は、生産活動と消費行動のどちらを重視して政策を決める

---

15) 総生産効率性定理の詳細は、Diamond, P. A. and J. Mirrlees,（1971）"Optimal Taxation and Public Production I: Production Efficiency," *American Economic Review* vol. 61, pp.8-27. を参照されたい。

かを考える際にも応用できる。多くの経済主体がいる経済において、生産における効率性の条件を、所得再分配前の経済活動（主に生産活動）における効率性と解し、消費における効率性の条件を所得再分配後の消費（ないしは可処分所得）の効率性と解することができよう[16]。

　消費段階での事後的な資源配分を優先するか、生産段階での事前の効率性を優先するか、という争点は、日本の経済政策を決める上で、目下最大の争点となっている。これまでは、さまざまな所得再分配政策を行って消費段階での資源配分を重視して、生産段階での効率化を後回しにする政策をとってきた。この定理が示唆することは、消費段階での事後的な資源配分を優先して生産段階での効率性を後回しにするのではなく、むしろ生産における効率性を優先して追求した後、消費段階での資源配分をできるだけ考慮しつつその成果を分配するのが望ましい、ということである。

　別の言い方をすれば、先に生産を効率化して経済成長を促して経済のパイを大きくしてから、後でパイを人々が望む（パレート最適になる）ように分ける方法が望ましい、と示唆している。パイを増やすインセンティブのある人にパイを増やしてもらい、その後で増えたパイを人々が望むように分けられた方が、その分け前が大きくなるのである。先にパイを人々が望むように分ける分け方を決めてから、後で生産を効率化する方法では、パイ自体が大きくならなければ消費段階での分け前が少なくなってしまう。だから、まず生産段階での効率性を追求してパイをできる限り大きくしてこそ、それをよりよく配分して消費できるのである。

　最近の日本政府は、企業の設備投資や研究開発を促して生産活動を活性化する政策を志向している。この定理に則して、この政策をさらに進めることが望まれる。

---

[16] 第3節で現在消費、将来消費を呼んでいたものを、家計Aの消費量、家計Bの消費量と読み替えてもよい。

■ 補　論

A．図14-5の点 P' と点 Q' の位置関係

図14-5の直線 QQ' は，(6)式で表せる。そして，居住地主義課税の下では，$r_A = \overline{r_B}$ が成り立つ。以上より，$k_A = k_A^R$ のときの賃金 w_A を $w_A^R \equiv f_A(k_A^R) - \overline{r_B} k_A^R$ と表せば，直線 QQ' は

$$x_{A1} = y_A + \frac{w_A^R}{1+(1-t_A)\overline{r_B}} - \frac{x_{A2}}{1+(1-t_A)\overline{r_B}}$$

と表せる。点 Q' は直線 QQ' 上での $x_{A2} = 0$ となる点だから，点 Q' での x_{A1} の値は，

$$x_{A1} = y_A + \frac{w_A^R}{1+(1-t_A)\overline{r_B}}$$

である。

図14-5の直線 $N'P'$ は，(8)式で表せるから，$k_A = k_A^R$ のとき，

$$x_{A1} = y_A - k_A^R - \frac{x_{A2}}{1+\overline{r_B}} + \frac{f_A(k_A^R) + k_A^R}{1+\overline{r_B}} - \frac{2\overline{g_A}}{1+\overline{r_B}}$$

$$= y_A - \frac{x_{A2}}{1+\overline{r_B}} + \frac{f_A(k_A^R) - \overline{r_B} k_A^R}{1+\overline{r_B}} - \frac{2\overline{g_A}}{1+\overline{r_B}}$$

となる。点 P' は直線 $N'P'$ 上での $x_{A2} = 0$ となる点だから，点 P' での x_{A1} の値は，

$$x_{A1} = y_A + \frac{f_A(k_A^R) - \overline{r_B} k_A^R}{1+\overline{r_B}} - \frac{2\overline{g_A}}{1+\overline{r_B}}$$

である。

この両者の値の大小を比較する。いま，$1+(1-t_A)\overline{r_B} < 1+\overline{r_B}$ だから，

$$\frac{w_A^R}{1+(1-t_A)\overline{r_B}} - \frac{f_A(k_A^R)-\overline{r_B}k_A^R}{1+\overline{r_B}} + \frac{2\overline{g_A}}{1+\overline{r_B}}$$

$$= \frac{w_A^R}{1+(1-t_A)\overline{r_B}} - \frac{w_A^R}{1+\overline{r_B}} + \frac{2\overline{g_A}}{1+\overline{r_B}} > 0$$

である。したがって、点 Q' での x_{A1} の値の方が、点 P' での値よりも大きい。よって、図14-5では、点 Q' は点 P' よりも右側にある。

B. 源泉地主義課税下での(8)′式と(9)式の関係

$k_A = k_A^S$ のときの賃金 w_A を $w_A^S \equiv f_A(k_A^S) - r_A^S k_A^S$ と表せば（ただし、r_A^S は源泉地主義課税下で $k_A = k_A^S$ のときの MPK_A）、$k_A = k_A^S$ を代入した(9)式を同値変形すると、

$$\begin{aligned}
x_{A2} &= (1+\overline{r_B})(y_A - x_{A1}) + w_A^S \\
&= (1+\overline{r_B})(y_A - x_{A1}) + f_A(k_A^S) - r_A^S k_A^S \\
&= (1+\overline{r_B})(y_A - x_{A1} - k_A^S) + f_A(k_A^S) - r_A^S k_A^S + (1+\overline{r_B})k_A^S \\
&= (1+\overline{r_B})(y_A - x_{A1} - k_A^S) + f_A(k_A^S) - r_A^S k_A^S + \{1+(1-\tau_A)r_A^S\}k_A^S \\
&= (1+\overline{r_B})(y_A - x_{A1} - k_A^S) + f_A(k_A^S) + k_A^S - \tau_A r_A^S k_A^S
\end{aligned}$$

となる。ここで、A国は資本輸出国だから、源泉地主義の利子所得税を課税をするA国政府の予算制約式は、

$$\overline{g_A} = \tau_A r_A^S k_A^S$$

である。したがって、(9)式は

$$x_{A2} = (1+\overline{r_B})(y_A - x_{A1} - k_A^S) + f_A(k_A^S) + k_A^S - \overline{g_A}$$

と表せる。これは、(8)′式と同じである。

■練習問題

1. 2つの国（AとB）があって、両国民が両国間で互いに資本移動を行っ

ているとする。両国で生じる下記の４種類の利子所得のうち、居住地主義課税と源泉地主義課税のそれぞれのもとで、どれをどちらの国の政府が課税するか、答えよ。

　　Ａ国で発生したＡ国の家計の利子所得
　　Ｂ国で発生したＡ国の家計の利子所得
　　Ａ国で発生したＢ国の家計の利子所得
　　Ｂ国で発生したＢ国の家計の利子所得

2．世界の資本市場が完全競争市場であるとする。世界各国が居住地主義の利子所得税を課税したときに実現する生産における効率性の条件は、どのような状態か。また、世界各国が源泉地主義の利子所得税を課税したときに実現する消費における効率性の条件は、どのような状態か、答えよ。

3．総生産効率性定理の内容を説明せよ。

Public Economics

15 地球環境問題

1 外部性と地球環境問題

● 地球環境問題

　この章では、地球環境問題を取り上げる。地球環境問題は、地球温暖化、オゾン層破壊、酸性雨、海洋汚染など、国境を越えた環境破壊の問題を指す。これまで環境問題といえば、大気汚染、水質汚濁、騒音、地盤沈下などが地域的に起こって、近隣住民の健康や生活環境に重大な被害をもたらす「公害」が国内問題としてあった。国内問題である限り、同じ国内の当事者の間で問題解決のためにしかるべき取り組みをすればよかった。問題解決に消極的な当事者に対しては、司法などが強制的な手段によってその取り組みに従わせることが可能である。しかし、地球環境問題は、地球規模で前述のような環境破壊が起こるため、互いに主権を持った国家間で問題解決のための取り組みを協力して行わなければならない。国内問題のように強制的な手段で取り組みに従わせることはかなり難しい。地球環境問題は、国際的な問題であるがゆえに、環境破壊の被害が広範であると同時に、利害対立を越え

図15-1 各国の二酸化炭素排出量（上位15カ国、2014年）

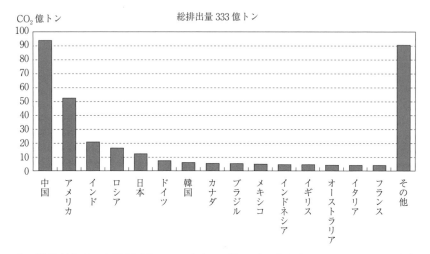

注：排出割合は、中国28.3%、アメリカ15.8%、インド6.2%、ロシア4.8%、日本3.6%、ドイツ2.1%、韓国1.8%、カナダ1.6%、ブラジル1.5%、メキシコ1.4%、インドネシア1.3%、イギリス1.3%、オーストラリア1.1%、イタリア0.9%、フランス0.9%、その他27.4%
資料：日本エネルギー研究所『エネルギー・経済統計要覧』

て問題解決のための協力が得られにくいという難しさがある。

　地球温暖化の防止は、地球環境問題の中でも、問題解決のための具体的な国際的協力が進んでいるものの1つである。この地球温暖化を例として、この章での地球環境問題を考えてみよう。地球温暖化は、大気中に二酸化炭素、メタン、フロンなどの温室効果ガス（温暖化ガス）が増えることによって、地球の平均気温が上昇する現象である。地球温暖化により、地球規模での大きな気候変化が起こって生活環境や農林水産業に被害をもたらしたり、海面が上昇して現在の沿岸部の土地が侵食する被害をもたらしたりすることが懸念されている。

　地球温暖化の原因とされている温室効果ガスの中で、最も多いのが二酸化炭素である。工業の発展や森林部の開発の結果、二酸化炭素排出量が増加した。二酸化炭素をはじめとする温室効果ガスを削減することにより、地球温暖化を防止することが重要な取り組みとして挙げられるようになった。そこ

図15-2 二酸化炭素排出量上位15カ国における1人当たりの排出量（2014年）

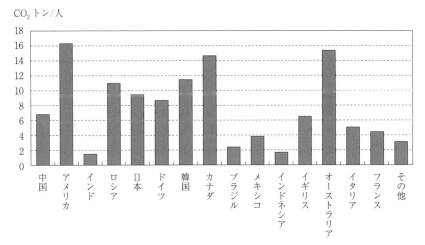

資料：日本エネルギー研究所『エネルギー・経済統計要覧』

で、各国で二酸化炭素をどの程度排出しているかが推計されている。図15-1によると、世界各国の中で、中国、アメリカ、インド、ロシア、日本の順に二酸化炭素排出量が多くなっている。国の数や人口が多い発展途上国（大半が図中のその他に含まれる）は、国ごとの排出量は少ないものの合計すると多くの二酸化炭素を排出している。全世界での総排出量は、1990年代の10年間で微増傾向だったが、2000年代には増加のペースが高まった。各国の排出量は、経済規模が大きいほど多くなる性質もあるが、人口規模が多いほど多くなる性質もある。この排出量を、1人当たりに直したものが、図15-2である。1人当たりで見ると、日本は排出量上位15カ国の中では6番目に多くなっている。

ただ、温暖化問題の解決には、これらの図でみて単に排出量が多い国だけに排出量の削減を求めればよいといえるほど単純ではない。排出量上位15カ国の中でも、アメリカや日本はすでに経済発展が進んだ先進国だが、中国やインドはこれから経済発展を進めようとしている国である。経済発展が進めば二酸化炭素排出量も増加すると予想される。経済発展を進めようとする国は、二酸化炭素排出量の削減を強要されることを嫌う。こうしたことから、

図 15-3　日本における温室効果ガス排出量の推移

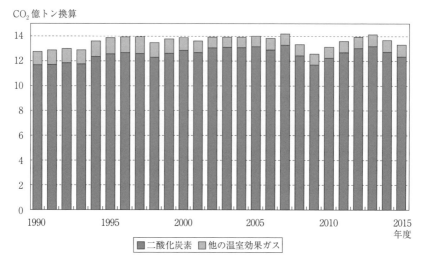

資料：環境省・国立環境研究所「温室効果ガス排出量（確報値）」

　温暖化防止のための国際的協力は、温暖化防止を重視する先進国と経済発展を重視する発展途上国との間にある深刻な利害対立によって、困難に直面した。

　そうしたなか、温暖化防止のために国際的な具体的取り組みを決めるべく、1997年12月に第3回気候変動枠組条約締約国会議（COP3）が京都で開かれ、気候変動枠組条約・京都議定書が採択された。京都議定書では、2008～2012年に各国が温室効果ガスを削減する目標を明記し、基準年（1990年）比で日本は6％、アメリカは7％、EUは8％削減するとし、先進諸国全体で最低5％削減すると設定した。しかし、発展途上国については、温暖化対策を進めるものの温室効果ガス排出抑制目標は設定しないこととなった。会議後、欧州連合（EU）や途上国の多くは批准したが、アメリカは議定書の枠組みから離脱すると表明した。日本は、当初議定書を批准せずにアメリカの説得を続けたが同意は得られず、結局2002年5月に議定書が発効した後2002年6月に議定書を批准した。

　しかし、京都議定書は、当時最大排出国だったアメリカが離脱し、中国や

インドなどの大量排出国には排出削減義務がないなど、その問題の克服が求められるようになった。そこで、京都議定書に代わる新たな枠組みとして、条約の下にすべての加盟国に2020年から実施させる、法的効力をもつ合意を結ぶべく国際交渉が行われた。

その結果、京都議定書から18年たって、2015年12月に開催された第21回気候変動枠組条約締約国会議（COP21）でパリ協定が採択された。パリ協定は、産業革命前からの世界の平均気温上昇を2度未満に抑えることを目的に、世界の温室効果ガス排出量を、できるだけ早い時期に頭打ちにして21世紀後半には実質ゼロにするとの長期目標を掲げた。先進国のみならず途上国を含む気候変動枠組条約に加盟する196カ国すべてが参加する世界初の枠組みである。パリ協定は、2016年11月に発効し、日本も批准した。

パリ協定では、加盟各国に対して温室効果ガス排出量の自主的な削減目標を国際連合の条約事務局に提出して維持することと、その削減目標の達成のために国内対策をとることを義務づけている。そして、削減目標は5年ごとに更新することを求めた。日本は、2030年度における温室効果ガス排出量を2013年度比で26.0％減（2005年度比で25.4％減）の水準とする目標を提出している。その上で、「地球温暖化対策計画」において、地球温暖化対策と経済成長を両立させながら、長期的目標として2050年までに2013年度比で80％の温室効果ガスの排出削減を目指すことを、閣議決定した。その後、2021年4月に政府は、2030年度の削減目標として対2013年度比で46％減を目指すことを宣言した。

今後は、各国での目標達成に向けた政策の成果が問われることとなる。わが国の温室効果ガス排出量の状況はどうなっているか。図15-3には、1990年以降の日本における温室効果ガス排出量の推移を示している。1990年代の日本経済は低成長であったにもかかわらず、温室効果ガス排出量は増えこすれ減っていなかった。しかし、2007年夏以降のアメリカのサブプライムローン問題に端を発した世界金融危機の影響で景気が大きく落ち込んだことにより排出量は減少したが、2011年の東日本大震災後に稼働を停止した原子力発電所の代替として火力発電量が増えたことで排出量が増えた。図15-3に示した日本の温室効果ガス排出量は、パリ協定に即して提出した基準量

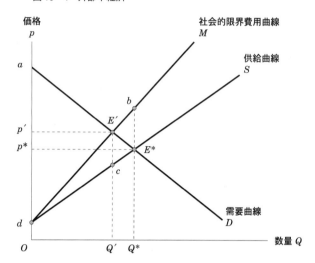

図15-4 外部不経済

(2013年度の排出量)に比べて、2019年度時点で約14.0％下回っている(つまり、2013年度の約86％)。しかし、目標達成のためには、2030年度に2013年度比で46％削減(つまり、2013年度の54％)する必要があるから、残り11年で2019年度比約37.2％（＝(0.86－0.54)/0.86）削減する必要があることを意味する。そのためには、どのような政策が考えられるだろうか。この章で公共経済学の見地から考えたい。

地球環境問題を公共経済学的に考えると、外部性の問題として捉えることができる。**外部性**（externality）とは、ある経済主体から別の経済主体へ市場取引を通じないで便益や損害を及ぼす現象である。市場を通さずに便益を与える現象を**外部経済**（external economy）といい、市場を通さずに損害を与える現象を**外部不経済**（external diseconomy）という。地球環境では、企業が生産過程で汚染物質を放出して地球環境を悪化させれば、市場を経ることなく、消費者に損害を与えるということがある。その意味で、地球温暖化は外部不経済の典型例である。

このように、市場を通じない外部性がある場合、価格メカニズムで調整することができず、市場の失敗が起こる。そのありさまを、図15-4に示して

いる。例えば、製品を売りたい企業とそれを買いたい家計とがいて、その市場が完全競争市場であったとしよう。家計の需要曲線は曲線 D で表され、企業の供給曲線（＝限界費用曲線）は曲線 S で表されるとする。ただ、企業が製品を生産するときに、温室効果ガス（二酸化炭素など）や有害物質が発生して、地球が温暖化して地球上の生物が生存しにくい気候になったり直接的に人間の健康を害したりする形で、市場を通さずに家計に損害（の金銭的評価）をもたらすとする（この損害は、企業にはまったく及ばないとする）。市場を通さずに生じる損害（の金銭的評価）を外部費用（社会的費用）という。ここでは、製品 1 単位当たりの外部費用が製品の供給量が増えるにつれて増大する（外部費用が逓増する）とする。そのありさまは、曲線 M で表されている。曲線 M は、（外部費用を考慮していない状態での）企業の限界費用と限界外部費用（追加的に 1 単位供給量が増えたときに増える外部費用の大きさ）を足し合わせたもので、横軸から曲線 S の間の長さが（外部費用を考慮していない状態での）企業の限界費用、曲線 S と曲線 M の間の長さが限界外部費用を表す。図15－4 では、例えば供給量が Q^* のとき、限界外部費用の大きさは線分 bE^* で、外部費用の大きさは $\triangle dbE^*$ で表される。企業の限界費用と限界外部費用の合計は、社会的限界費用とも呼ばれ、曲線 M は**社会的限界費用曲線**とも呼ぶ。

ここで注意したいのは、企業は利潤を最大化するように生産活動を行う際に、外部費用を意識せずに生産することである。なぜならば、企業が生産活動の際に温室効果ガスや有害物質を発生させても、それに伴う損害を企業はまったく受けないからである。したがって、企業が自発的に利潤最大化するように生産すると、供給曲線 S に従って（外部費用を考慮しない状態の限界費用だけを考慮して）供給する。

そこで、完全競争市場で企業と家計が自由な経済活動を行うと、需要曲線 D と供給曲線 S の交点である点 E^* で市場が均衡し、均衡需給量が Q^*、均衡価格が p^* と決まる。このときの消費者余剰は $\triangle aE^*p^*$、生産者余剰は $\triangle dE^*p^*$ である。しかし、供給量 Q^* だけ生産しているから、それに伴って外部費用が発生している。その大きさは、前述の通り $\triangle dbE^*$ である。したがって、市場均衡点 E^* における総余剰は、消費者余剰＋生産者余剰－外

第15章　地球環境問題

部費用で、図15-4では $\triangle adE' - \triangle bE^*E'$ として表される。

実は、この状態は総余剰が最も大きくなる状態ではない。本来、外部性がなければ、市場均衡において総余剰が最も大きくなる。しかし、ここでは外部性（外部不経済）があって、それを考慮せずに生産され、それだけ外部費用が過大に生じて総余剰が少なくなっているのである。これを確かめるべく、再び図15-4で検討しよう。企業は外部費用をきちんと考慮しないから、私欲私権を超越した全知全能の社会計画当局が外部費用を的確に考慮して、企業に供給量を指令して生産させたとしよう。このとき、社会計画当局は社会的限界費用曲線 M に従って、需要曲線 D との交点である点 E' における供給量を企業に命じ、需給量が Q'、消費者が直面する価格が p' となる。このときの消費者余剰は $\triangle aE'p'$、生産者余剰は台形 $dcE'p'$、外部費用は $\triangle dcE'$ となる。だから、このときの総余剰は $\triangle adE'$ となり、市場均衡点 E^* における総余剰よりも大きい。点 E' での総余剰は、他の需給量での総余剰よりも大きく、図15-4の状況では総余剰が最も大きくなっている。

このように、企業が外部費用を考慮しなかったら、完全競争市場での総余剰は外部費用が過大になる分だけ小さくなり、市場の失敗が生じる。これが、外部不経済に伴う超過負担である。ちなみに、外部不経済は、地球環境問題のように国際的な問題でも生じるが、大気汚染や水質汚濁のような国内の公害問題でも生じる。それを是正するとしても、実社会には社会計画当局は存在しないし、企業に外部費用を考慮することを強制しても、企業は直接的に被害を受けていないからその大きさを認識できず、考慮するにも限界がある。そこで、この市場の失敗を是正する別の方法を検討しよう。

●ピグー税

この市場の失敗を是正する1つの方法として、政府が徴税権を行使して外部性を解消する方法がある。外部性を市場を通じて解消する（**内部化**する、という）ことができる租税を、提唱者にちなんで**ピグー税**という。ピグー税を用いれば、環境問題を改善することができる。

例えば、政府がこの製品の生産に対して供給量1単位当たり t だけの従量税を企業に課税したとする。この1単位当たり t とする従量税の大きさは、

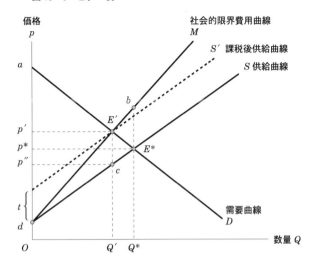

図15-5 ピグー税

先の図15-4で点 E' における限界外部費用の大きさ cE' と同じ大きさにすることがカギである。企業は従量税が課税されることはきちんと認識できるから、企業が完全競争市場で利潤を最大化するように生産するとき、課税前の限界費用だけでなく、1単位当たり t の従量税をも考慮して生産する。したがって、第3章で説明したように、従量税課税後の供給曲線は図15-5の曲線 S' として表される。ここで、企業は依然として外部費用を直接的に認識してはいないことに注意されたい。

そこで、完全競争市場で企業と家計が自由に取引を行うと、図15-5の需要曲線 D と供給曲線 S' の交点である点 E' で市場が均衡し、均衡需給量が Q'、均衡課税後価格が p' と決まる。企業は1単位当たり価格 p' で消費者に売り、さらに従量税を納税するため、実際の手取りは1単位当たり p''（$= p'-t$）である。このときの消費者余剰は $\triangle aE'p'$、生産者余剰は $\triangle dcp''$、政府の税収は $\square cE'p'p''$、外部費用は $\triangle dcE'$ である。したがって、課税後の市場均衡点 E' における総余剰は、消費者余剰＋生産者余剰＋税収−外部費用で、図15-5では $\triangle adE'$ として表される。これは、前述の総余剰が最大となる状況と同じである。異なるのは、社会計画当局が私欲私権を超越して

第15章 地球環境問題 | 359

指令したわけではなく、政府が従量税を課税しただけである。このように、外部性による総余剰の損失を解消することが、租税によってできるのである。

ピグー税が環境問題を改善できる理由は、次の通りである。先の例を用いれば、環境を悪化させている企業は、市場における価格に基づいて生産を行っているから、そのときの取引価格には環境悪化に伴う家計の損失＝外部費用（の金銭的評価）は加味されていない。そのために、価格メカニズムで調整することができない外部不経済が生じる。そこで、政府が企業に対して、生産に伴う環境悪化に応じた適切な租税を課税したとする。すると、企業が認識する課税後の費用が租税分だけ高くなり、生産量を抑制させる。これにより、環境を悪化させる温室効果ガスや有害物質は減少し、環境悪化という外部不経済を是正できる。このピグー税は、外部不経済を及ぼしている経済主体に対して、外部不経済に伴う損害を課税の形で認識させることによって、外部性を内部化しているのである。

このように、ピグー税は環境問題だけでなく、あらゆる外部不経済を内部化することのできる税である。

● 二重配当

外部不経済を内部化する税の発想を、地球環境を保全するための具体的政策に応用したものとして、**環境税**が挙げられる。環境税のうち、温室効果ガスに含まれる炭素（あるいは二酸化炭素）の量に応じて課税するものを、**炭素税**という。炭素税は、欧州諸国を中心に、導入する国が広がっている。ただし、環境税や炭素税は、外部不経済を内部化することが目的であって、その税収の使途はあらかじめ特定するものではない。税収を地球環境保全や温暖化防止のための財政支出に使うことを意図して、環境税とか炭素税と呼んでいるわけではない点に注意すべきである。

とはいえ、環境税や炭素税を新税として導入するには、その税負担を懸念して政治的抵抗が強い。実際、わが国では、石油石炭税に上乗せする形で地球温暖化対策のための税が、二酸化炭素排出量に比して2012年から課税されており、これが炭素税に該当するが、炭素税を導入した国の税率と比べると

規模は小さい。

　そこで、炭素税拡大に対する政治的抵抗を和らげるために、既存の税目を利用して、それらの税率を変更するだけで環境改善と同時に経済厚生も向上できるならば、そうした税制改革を行うことが望ましいといえる。つまり、既存の税目の税制改革によって、環境が改善すると同時に経済厚生が向上するという**二重配当**が実現するならば、多くの経済主体にその税制改正が受け入れられ、租税による環境問題の改善が期待できる。

　この二重配当が実現する状況は、実際の具体例として次のような状況が考えられる。いま、第5章で述べたように、所得税が労働所得や利子所得で歪みが大きく経済厚生を大きく損なっている状況で、家計の消費が温室効果ガスを多く排出している状況だとする。そこで、所得税を減税して（一般）消費税を増税すると、所得税の減税は労働所得や利子所得に与えていた歪みを小さくすることができて効用を高めると同時に、（一般）消費税（これは、この状況でのピグー税である）の増税は家計の消費を抑制して温室効果ガスの排出を抑制でき地球環境を改善する。このような状況では、経済厚生が向上し、かつ環境が改善するという二重配当が実現するのである。

　もし二重配当が得られるように適切に課税できるならば、租税による歪みを是正することができると同時に、課税によって外部不経済が内部化し、地球環境問題は解決できる。その意味で、ピグー税の考え方は環境問題を解決する上で重要である。しかし、問題はそれほど単純なものではないのが実情である。

2　ボーモル＝オーツ税

●ピグー税の難点

　外部不経済を及ぼしているすべての経済主体に対して適切に課税するには、どの経済主体がどの程度の外部不経済を及ぼしているかを政府が的確に把握しなければならない。図15-5で具体的にいえば、その市場における外部費用の構造（ある供給量のときに限界外部費用がどれぐらいか）、ひいては社会的限界費用曲線の形状を政府が把握していなければならない。もし把

握できていなければ、政府はピグー税として1単位当たりいくらの従量税を課税すればよいかを適切に決めることができない。

政府が外部費用の構造を把握できていない場合でも、試行錯誤でピグー税を課税して、何度か税額（税率）を改正した後に正確な税額（例えば、図15－5の税額 t）にたどり着ければ、結果的にはピグー税でうまく内部化できるともいえる。しかし、誤った税額で課税したときの総余剰の損失や税額の改正の（政治的）困難さを考慮すると、その試行錯誤は決して望ましいものではない。こうしてみれば、ピグー税で外部性をうまく内部化するには、政府が外部費用の構造を的確に把握していることが必要であるが、実際には的確に把握できない恐れが十分にあるといわざるを得ない。

また、実際の地球環境問題では、二酸化炭素など汚染物質が何であるかはわかっていても、その物質が1単位当たりでどの程度の外部費用という金銭的価値をもたらすかはきちんと把握できていない。すると、課税するにも、ピグー税のように限界外部費用に相当する額の税を課税するのはかなり困難である。実際に提案されたり実施されたりしている環境税は、限界外部費用に相当する課税ではなく、汚染物質に対する課税になっており、厳密にはピグー税とは異なっている。

● ボーモル＝オーツ税

そこで、地球環境を守るためには少なくとも温室効果ガスや有害物質の排出を阻止する必要がある点に着目し、総余剰の最大化は二の次として、外部不経済をもたらす要因を目標の水準まで抑制するために課税する方法が提唱された。これを提唱者にちなんで**ボーモル＝オーツ税**という。

そもそも、温室効果ガスや有害物質を排出する企業は、財をいくら生産すればどの程度の温室効果ガスや有害物質を排出するかは把握できるとしても、それに伴いどの程度の外部費用が発生するかは把握できない。そこで、企業が把握している温室効果ガスや有害物質の排出量の水準に応じて、ある目標値を設けてそれを実現するべく課税するのがより現実的である。

例えば、今2つの企業AとBがあり、それぞれ温室効果ガスを排出していて、その排出量を削減するのに図15－6のような限界費用（限界排出削減費

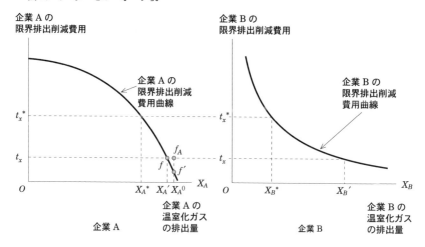

図15-6 ボーモル＝オーツ税

用）がかかるとしよう。例えば、企業Aでは排出量 X'_A 単位から追加的に1単位排出量を減らそうとすると、排出量削減のための限界費用（限界排出削減費用）が線分 fX'_A だけかかることを意味している。

このとき、政府が両企業合わせて温室効果ガスの排出量を X^* に抑制する目標を設けたとする。この目標を達成するため、例えば、両企業に温室効果ガス排出量1単位当たり t_x だけ従量税を課税したとする。そこで、企業Aはもし温室効果ガスを X^0_A 単位だけ排出すると、□$Ot_x f_A X^0_A$（＝$t_x \times X^0_A$）だけ税金を払わなければならない。しかし、そこから追加的に1単位排出量を減らせば、限界排出削減費用として線分 $f'X^0_A$ だけ追加的に費用がかかるが、1単位当たり t_x だけ税金の支払いを減らすことができる。このとき、図15-6では線分 $f'X^0_A < t_x$ だから、企業Aにとって排出量を削減した方が、支払いが少なくなって得である。こうして、企業Aは排出量を X'_A となるように生産活動を行う。同様に、企業Bは排出量を X'_B となるように生産活動を行う。したがって、この両企業の排出量の合計は $X'_A + X'_B$ となる。

もし $X'_A + X'_B$ が X^* より多ければ、この税額を改めなければならない。そこで、両企業に温室効果ガス排出量1単位当たり t^*_x だけ従量税を課税したとする。このとき、図15-6で前述と同じ考え方から、企業Aの排出量は

X_A^*、企業Bの排出量はX_B^*となる。この両企業の排出量の合計は$X_A^*+X_B^*$となり、これがX^*と等しければこの税額t_B^*が採用される。

　このように、外部不経済をもたらす要因について量的目標を設定し直接課税して外部不経済を抑制するのが、ボーモル＝オーツ税の特徴である。近年ヨーロッパ諸国で議論・導入されている環境税の多くは、ボーモル＝オーツ税の性質を持つ税である。しかし、ボーモル＝オーツ税は、第1節で示した総余剰の最大化が実現できるとは限らない。なぜならば、図15-6で示した限界排出削減費用と図15-4の限界外部費用との間に直接的な関係は必ずしもなく、政府が設定する排出量の量的目標と総余剰の大きさとの間にも関係は必ずしもないからである。また、ボーモル＝オーツ税でも、ピグー税よりは容易であるが、税額を定めるためには前述のような試行錯誤を要する場合がある。このように、ボーモル＝オーツ税にも難点がある。

●徴税権の範囲と外部性の範囲の差異
　さらに、地球環境問題は、地球規模の問題であるがゆえに課税による内部化を困難にさせる性質を内包している。つまり、ある国のある企業が放出した汚染物質は、自国のみならず他の国の環境をも悪化させる。したがって、もし環境問題（環境悪化という外部不経済）を完全に解消させたいならば、世界各国にある汚染物質を放出する企業に対して課税しなければならない。しかし、ある国の政府が国境を越えて課税することはできない。あくまでも主権の及ぶ範囲（領土内）でしか政府は課税できないのである。

　このように、環境問題の解決を妨げる問題点の1つは、徴税権が及ぶ範囲（領土内）と外部不経済が及ぶ範囲（地球全体）が異なる点である。徴税権が及ばない地域の企業が汚染物質を放出すれば、ある国の政府はその企業に対して課税できない以上、もはやその外部不経済を完全には内部化できず、課税によって環境を不完全にしか改善できないのである。

図15-7 排出量取引のしくみ

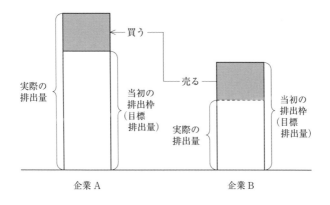

3　排出量取引

●排出量取引（排出権取引）

　そこで、国境を越えて外部不経済を内部化する方法として考案されたのが、排出量取引である。それは、温室効果ガスや有害物質を排出する権利（枠）を規定し、それらを排出するには排出枠を持っていなければならず、原則として持っている排出枠で許されている量までしか排出してはならないとするものである。排出枠は、国や企業ごとに温室効果ガス等の目標排出量として設定される。もしその目標排出量以上に排出したければ、他の国や企業が持つ排出枠を買えば、その分だけ多く排出することができる。目標排出量未満しか排出しない国や企業は、実際の排出量が目標排出量を下回った分だけ排出枠を売ることができる。したがって、必要に応じて排出枠を取引する仕組みが必要となる。そのありさまは、図15-7に示されている。例えば、企業Aが目標排出量を上回って排出したい状況で、企業Bの実際の排出量が目標排出量を下回るならば、企業Bは企業Aに排出枠を売ることができる。

　では、この排出量取引（排出権取引）はうまく機能するだろうか。この排出量取引市場が完全競争市場であるとする。たくさんある企業の中で、2つ

図 15-8　排出量取引

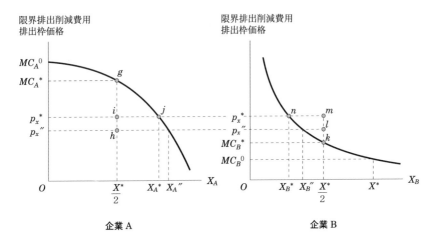

の企業AとBは、図15-6と同じ限界排出削減費用に直面しているとする。いま、両企業合計として温室効果ガスの目標排出量を X^* とし、それを両企業に均等に排出枠として割り当てたとする。つまり、各企業は $X^*/2$ 単位だけ排出枠を持っている状態である（この初期段階の割り当てについては後で議論する）。

この段階で、図15-8のように、企業Aの限界排出削減費用が MC_A^*、企業Bの限界排出削減費用が MC_B^* であるとする。そこで、企業Bが排出量1単位分の排出枠を価格 p_x''（$MC_B^* < p_x'' < MC_A^*$）で売ることを企業Aにもちかけたとする。企業Bは価格 p_x'' で売れるならば、排出量1単位追加的に削減すれば限界排出削減費用として MC_B^* がかかるが、排出枠の売却収入として p_x'' だけ得られ、線分 kl 分だけ得するから、企業Bは排出枠を売った方が得である。企業Aは価格 p_x'' で買えるならば、排出枠の購入代金として p_x'' だけ支払うが、排出量1単位追加的に増やせれば限界排出削減費用として MC_A^* だけその費用をかけずに済み、排出量1単位を増やすことで線分 gh 分だけ節約できるので、企業Aは排出枠を買った方が得である。したがって、この価格で企業Bから企業Aへ排出枠を売買するインセンティブがある。

しかし、両企業にとってこの価格では1単位のみならず、もっと多くの排出枠を取引するインセンティブがある。価格 p_x'' で取引できるならば、各企業にとって限界排出削減費用が排出枠の価格と等しくなる水準まで排出量を調整しようとする。例えば、図15-8では、価格が p_x'' のとき、企業Aは排出量が X_A'' となるまで排出枠を $(X_A''-X^*/2)$ 単位だけ買いたいと思い、企業Bは排出量が X_B'' となるまで排出枠を $(X^*/2-X_B'')$ 単位だけ売りたいと思う。しかし、図15-8を見ると、企業Bが売りたい排出枠の量は、企業Aが買いたい排出枠の量よりも少ないから、企業Aはもう少し高い価格で排出枠を売買してもよいと考える。そうして、両企業が望む取引量がちょうど一致する価格まで排出枠価格が上昇する。その価格が p_x^* ($> p_x''$) のとき、企業Aは排出量が X_A^* となるまで排出枠を $(X_A^*-X^*/2)$ 単位だけ買いたいと思い、企業Bは排出量が X_B^* となるまで排出枠を $(X^*/2-X_B^*)$ 単位だけ売りたいと思う。ちなみに、$X_A^*+X_B^*=X^*$ である。このとき、両企業にとって排出枠が売買できない状態に比べて売買後の状態の方が得しており、かつそれ以上排出枠を売買するインセンティブがない状態でもある。具体的には、企業Aでは図形 gij 分だけ排出削減費用を節約でき、企業Bでは図形 kmn 分だけ排出枠の売却益を得ている。また、第2節の図15-6と同じ目標排出量 X^* を設定しているから、排出量取引で到達する排出量 (X_A^*、X_B^*) は適切に課税されたボーモル＝オーツ税と同じである。

こうして、外部性を抑制するような排出量の目標 X^* が実現するように、排出量取引が行われる。この取引は、排出量取引市場が完全競争市場であれば、政府が各企業の限界排出削減費用を把握する必要がなく、各企業が排出枠に従った排出量で排出しているか否かを政府が監視しさえすればよい。しかも、排出量取引は国際間でも可能だから、この企業AとBが別の国の企業であっても先の結論は成り立ち、国境を越えて外部不経済を内部化することができ、徴税権の及ぶ範囲を気にする必要はない。

●排出枠の初期配分

そこで気になるのが、排出枠を最初の段階で誰にどれだけ割り当てるかである。この割り当て方次第で排出量取引で到達する排出量が異なるならば、

初期配分が結果に影響を与えることになりかねない。そこで、初期配分が結果に影響を与えるか否かを検討しよう。

いま、極端な想定として、排出枠の初期配分として、企業Aが排出枠をまったく持たず、企業BがX^*単位の排出枠を持つとしよう。この状態で、図15-8のように、企業Aの限界排出削減費用がMC_A^0、企業Bの限界排出削減費用がMC_B^0であるとする。先に述べた説明のように、完全競争市場における排出量取引は、排出枠を買いたい企業Aにとって限界排出削減費用よりも低い価格であればどんどん買いたいと思い、排出枠を売りたい企業Bにとって限界排出削減費用よりも高い価格であればどんどん売りたいと思う。こうして価格が調整されて、価格がp_x^*のとき、企業Aは排出量がX_A^*となるまで排出枠をX_A^*単位だけ買い、企業Bは排出量がX_B^*となるまで排出枠を$(X^*-X_B^*)$単位だけ売って、最終的には初期配分とは無関係に先と同じ排出量(X_A^*, X_B^*)に到達する。ここで、初期配分が影響を与えたのは、排出枠の取引量、それに伴う売買代金の所得移転だけである。

以上より、排出枠の初期配分はどうであれ、最終的に到達する各企業の排出量は変わらないといえる。ただし、排出枠は私的所有権となって財産価値を持つから、誰がどれだけ排出枠を持つかは所得分配上の影響を持つ。つまり、排出枠を多く初期に与えられるほどそれだけ財産価値を多く持つことができる。そのため、初期段階で誰がどれだけ排出枠を持つかをめぐり、利害の対立が生じる可能性がある。

排出枠の初期配分は、利害の対立を生むが、いったん配分されれば地球環境に影響を与える外部不経済を抑制するためには有効に機能するから、地球環境を保全するには何はともあれ排出枠を早く配分することが重要である。そこで、政治的には対立が少ない方法として、現時点ですでに排出している経済主体に対して実績の排出量に応じて排出枠を無料で配分する、グランドファーザー方式がある。他には、排出枠を競争入札で配分する方法などが考えられる。

今後、地球温暖化防止に対するさらなる国際的な努力が求められる。そのためには、この章で取り上げたように、国際的な問題であるが故の問題点を克服しなければならない。公共経済学の観点からすれば、排出量取引や環境

税などの具体的な手段を国際的に実効性のある形で実施する必要がある。この章のはじめに触れたパリ協定は、先進国のみならず途上国も含め各国が温室効果ガスを削減する目標を設定することとした点で評価できる一方、目標が達成できなかったときの罰則は設けられていない点で実効性に課題が残された。今後は、地球環境問題に関する国際協調がますます求められることとなり、温暖化防止の目標だけでなく、それを実現させる具体的な手段についても積極的に検討してゆくこととなろう。

■ 練習問題

1．企業の生産活動に伴い外部不経済が生じているとき、ピグー税が外部性を内部化できる仕組みを説明せよ。
2．ピグー税とボーモル＝オーツ税の違いを説明せよ。
3．2つの企業（AとB）の間で、図15-8の状況で排出量取引を行うとする。ここで、排出枠の初期段階の割り当てを、企業Aには $2X^*/3$ 単位、企業Bには $X^*/3$ 単位の排出枠を配分したとする。このときの均衡での排出枠価格はどうなるか示せ。

Public Economics

16 政策決定の政治的影響を考える

1 公共選択学派

● 公共選択論

　本書ではこれまで、主に「市場の失敗」が生じる状況を考え、市場が「失敗」しても政府の適切な政策によって解消できるか否かを考えてきた。そこでの政府は、個人に対して利他的であったり、全知全能で経済を意のままに動かすことができたり、政策決定がいつでも柔軟に対応できたりする存在だった。しかし、このような政府の行動についての仮定は必ずしも現実的でない。

　そのような例として、公共財（の性質をもつ行政サービス）がある。第2章でみたように、公共財は経済主体の自発的な供給ではパレート最適な配分が不可能である。そこで政府が公共財を供給すると、パレート最適な配分が可能となる。しかしこの政府は、経済主体の行動を把握し個人の効用を高めるように供給することが前提である。各個人が政府に偽りの選好を表明すればただ乗りが生じ、政府による供給自体が「失敗」する可能性もある。政府

の政策が必ず成功するには、あくまでも政府がその意味で「完璧」であるという仮定が正しくなくてはならない。

　この仮定の不備を指摘し、市場メカニズムに民主主義の政治過程を合わせて研究したのが、**公共選択学派**である。**公共選択論**（public choice）は、現実の政治過程における「政府の失敗」の実態、原因、その防止策について考察したもので、政治の経済学的分析とも言えるものである。その対象は、投票ルール、投票行動、政党政治、官僚制などの制度やルールについて、ないしはその下での合理的個人の行動についてである。公共選択論の先駆者は、ブキャナン、タロックらで、とくにブキャナンは公共選択論の先駆的研究により1986年度のノーベル経済学賞を受賞した。ただし、公共選択学派は、同じ主義主張を持った人たちの学派というよりも、むしろ各学者が現実の政治を経済学的に分析した研究を総称したものといえる。ここでは、公共選択の諸理論を個別に見てゆくこととする。

2　直接民主主義

●合意の計算

　公共選択学派が、主に分析の対象としたのは、民主主義である。民主主義の下での政策決定を、通常のミクロ経済学などと違って、あえて別途に議論しなければならない理由は、その過程が、多くの個人が集まって意思決定を行う過程（専門用語としては、これを**集団的意思決定過程**と呼ぶ）だからである。民主主義の下では、多くの人が各自の経済的利害を背景に自らの目的をよりよく達成するために政治的行動を行った結果として政策などが決まる。これに対して、独裁政治の政策決定は、その独裁者の利害と目的さえわかれば、独裁者という1人の個人が目的をよりよく達成するように意思決定を行う過程を考察すればよい。こうした個人的意思決定過程は、独裁者に限らず、本書のこれまでの章において、家計の効用最大化、社会計画当局の効用（社会厚生）最大化などですでに議論をしてきた。そこでこの章では、集団的意思決定について議論を進めたい。

　民主主義には、その社会で選挙権を持つ個人が全員直接参加して議案につ

いて投票を行う**直接民主主義**と、選挙権を持つ個人の中から代表者を選挙で選び、その代表者で議会を形成し、代表者が直接的に議案についての投票を行う**議会制民主主義（間接民主主義）**がある。議会制民主主義は、代表者を選ぶ投票と、代表者の間で行われる議題に関する投票との2段階の投票が行われる。その意味では、議会制民主主義は、2段階の直接民主主義によって構成されているとも解釈できる。そこで、最初に、直接民主主義について議論しよう。

　公共選択論の出発点は、世の中の制度やルールがどのように形成されるかを分析することである。通常のミクロ経済学のように、制度やルールを所与として経済が効率的な均衡へと収束してゆくとは考えないのである。合理的な個人が非協力的に利己的な行動を行えば、利害が対立して無秩序状態に陥ると考えた。この状態を打開するために個人の間で協力して「憲法」（すなわち、基本ルール）を確立し、個人の集まりとして意思を集約した「立憲契約」（基本ルールを確立する契約）を結ぼうとする、という過程を考えるのである。

　ブキャナンとタロックは、直接民主主義における「立憲契約」について次のように分析した。合理的な個人がある内容の「立憲契約」を結ぶかどうかについて利己的に行動する社会を考える。「憲法」はその内容に合意する人が多いほど秩序が安定するため、合意した人々にとって望ましい。他方、合理的個人は自ら望んでいない「憲法」に無理に合意しようとはしない。これらを言い換えれば、立憲契約に合意しない人々が非協力的に行動するため、合意した人がこうむる損害や苦痛など、我慢しなければならない費用（これを外部費用という）が生じる。外部費用は契約に合意しない人が多い（合意する人が少ない）ほど高くなる。そこでできるだけ多くの人々から合意を得るために、交渉や説得にかかる費用（これを意思決定費用という）が生じる。意思決定費用は人数が多くなるほど高くなる。立憲契約を結ぶ際に、これら外部費用と意思決定費用を合計した相互依存費用が極小となるような人数で合意するのが望ましい、という基準を示した。このような合意形成過程を**合意の計算**という。

　これを図示したのが、図16-1である。図16-1では、この社会にN人い

図16-1 合意の計算

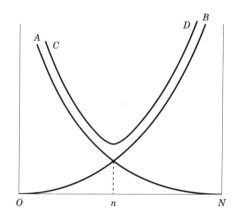

るとして外部費用曲線を曲線 AN、意思決定費用曲線を曲線 OB で表している。外部費用と意思決定費用の合計である相互依存費用曲線は横軸から両曲線までの長さを縦に足し合わせた長さとして曲線 CD で表されている。このとき、相互依存費用は n 人の所で極小になっているから、立憲契約は n 人で合意するのが望ましいということになる。

　公共選択が扱った社会の制度やルールについての主なテーマは、いま述べたように合理的個人が立憲段階でどのようなルールを選択するかというものと、集団的意思決定過程において考えられうるルールの下で、各個人の選好（効用）がどのように決定の結果に反映されるかというものがある。後者をより具体的に言えば、1つの政治過程である民主主義の下で、各個人の選好がどのように意思決定に反映されているかを扱ったものである。

● 全員一致ルール

　直接民主主義のルールの1つとして、全員一致ルールが挙げられる。全員一致ルールによる公共財供給が望ましい、と公共選択学派が形成される以前に主張したのは、ヴィクセルである。

　全員一致ルールは、ある議案について投票権を持つ個人全員が賛成すれば議案は採択され、1人でも反対票を投じればその議案は否決されるルールで

ある。全員一致ルールの下での投票は、その議案が採択されたとき全員にとって現状よりも望ましい結果を生むならば、その案は採択される。しかし、誰か1人でも不利になれば、反対票が投じられるため、採択されない。したがって、全員一致ルールでは、現状よりパレート改善される議案のみ採択される。もし全員一致ルールでどの議案も否決されるならば、他の個人の効用を下げずにある個人の効用をもはや上げることができない状態が現状において実現している、といえる。別の言い方をすれば、全員一致ルールでどの議案も否決されるならば、現状がパレート最適となる。全員一致ルールは、採択されれば即座にパレート改善が実現するという点で優れている。

このように、全員一致ルールでは、各個人が議案に対して拒否権を持っていると解釈できる。そのため、全員一致しないとなかなか議案が採択できず、全員一致に費用がかかりすぎる点、現状維持したい人の1票が（議案を採択して）改革したい人の1票よりも重く扱われる結果、現状維持と改革という2つの対象が平等に扱えない点などの欠点がある。

●投票のパラドックス

次に、全員一致ルールより現実的な民主主義のルールである多数決原理による投票を考える。しかし、多数決原理による投票も全員一致ルールや市場メカニズムと同様に、万能ではないことが18世紀以来指摘されている。これを、提唱者にちなんで、**コンドルセの投票のパラドックス**と呼ぶ。投票のパラドックスを説明する上で議論を簡単にするため、個人A、B、Cの3人で構成される社会で、選択対象X、Y、Zの中から多数決原理によって1つだけ決定する状況を考える。各個人は3つの選択対象X、Y、Zについて、選好順序（効用水準が高い順番）が、個人AはYZX、個人BはZXY、個人CはXYZの順で望ましいと考えているとする。1回の多数決投票でX、Y、Zのうち2つが投票の対象となり、各個人はそのうち1つに投票することができる（棄権しないと仮定する）。各個人は、選好順位が高い方に投票する。そして、過半数の票（ここでは2票）を得た選択対象が勝者として採択される。

そこで、まずXとYについて多数決投票をすると、個人BとCがX

に、個人 A が Y に投票するから、X が採択される。同様に X と Z について多数決投票をすると、Z が採択される。この時点では多数決投票の結果、社会的な選好順序（この社会全体として選択対象についての順番）は、ZXY の順となるかに見える。しかし、Y と Z について多数決投票をすると、個人 A と C が Y に、個人 B が Z に投票するから、Y が採択されてしまう。つまり、選択対象 X、Y、Z の中で選好順序を社会的に決定しようとしても、先の社会的な選好順序が覆されて多数決原理では決定できないという状態に陥る。これが投票のパラドックスである。ただし、投票のパラドックスはつねに起こるわけではなく、個人の選好順序に依存している。

● アローの一般不可能性定理

　この投票のパラドックスは、純粋に直接民主主義の政治過程にのみ注目したものである。コンドルセの投票のパラドックスをさらに一般化して経済学の概念と結びつけたのが、**アローの一般不可能性定理**である。

　アローは、直接民主主義の意思決定過程を特徴づけるために、次のような性質を定義した。そして、社会的な選好順序を決めるルール（社会厚生関数）に関する次のような定理を導いた。

(1) 広範性

　選択対象 X、Y、Z について、Y よりも X、Z よりも Y が選択されるならば、Z よりも X が選択される。

(2) 満場一致性（パレート原理）

　すべての個人が、ある選好順序について一致するならば、社会的な選好順序もこれと同じにならなければならない。例えば、すべての個人が一致して Y より X を好むならば、社会的な選好順序も Y より X を高く評価しなくてはならない。

(3) 独立性（情報効率性）

　任意の選択対象に対する社会的な選好順序を決める際には、その選択対象に関する各個人の選好順序のみを利用し、他のどんな要素の影響も受けない。例えば、X と Y についての社会的選好を決める際には、X と Y についての選好順序だけを利用し、各個人の X と Z についての選好順序や、そ

もそも Z が存在するか否かは無視してよい。
(4)非独裁性
　特定の個人の選好順序がそのまま社会的な選好順序になることはない。

> **アローの一般不可能性定理**
> 　複数の個人がいて、少なくとも３つの選択対象があるとき、４つの性質（広範性、満場一致性、独立性、非独裁性）を同時に満たす社会的な選好順序を決めるルール（社会厚生関数）は論理的に存在しない。

　つまり、民主主義において理想とする４つの性質を満たすような選好順序を社会的に決定するルールが存在し得ないということである。この定理の証明は、本書の範囲を超えるため割愛する[1]。アローの一般不可能性定理は、直接民主主義ではいかなる社会的な選好順序も決められないと主張したものではない。あくまでも、社会的選好順序を理想的な形では決めるルールがないことを示したのである。
　しかし、公共選択論の関心は理想的な選択過程の結果だけにあるのではない。むしろ現実的な意思決定過程で各個人の選好がどのように扱われ、そのルールの下でどのような社会的な選好順序が決まるかということなのである。

●中位投票者定理

　現実の意思決定過程における投票者の行動を分析したものとして、アローの一般不可能性定理より以前に、ボーエンとブラックの中位投票者定理がある。中位投票者定理とは、次のようなものである。

> **中位投票者定理（median voter theorem）**
> 　以下の３つの条件
> (1)選択対象が１つ（１次元）に限られる
> (2)すべての投票者の選好が単峰型（図16－２下図のように選択対象に大

---

[1] この定理の詳細に関心のある読者は、奥野正寛・鈴村興太郎『ミクロ経済学Ⅱ』岩波書店、武隈慎一『ミクロ経済学』新世社などを参照されたい。

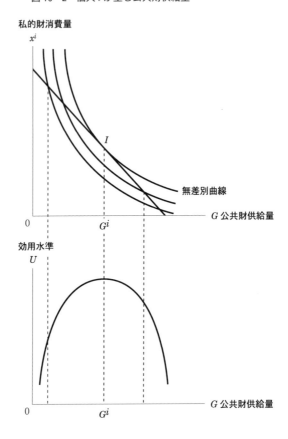

図16-2 個人 i が望む公共財供給量

小関係がつけられ、個人にとって効用最大化点から離れるほど効用が低下するという選好）である

(3)どの投票者も自由に提案ができる

が成り立つとき、多数決投票によって中位投票者の効用最大化点が安定的、支配的な社会的決定となる。

中位投票者とは、全投票者について最適点を小さい方から大きい方に並べたときの中位数となる投票者のことである。例えば、投票者が5人いれば中位投票者は3番目の投票者である。

図 16-3 中位投票者定理

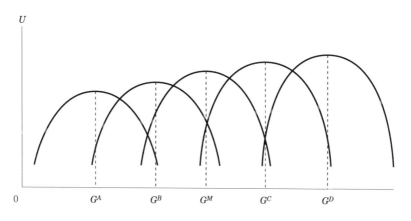

　中位投票者定理が成り立つ論理について、公共財の供給量が投票での選択対象となっている状況を例として考えてみよう。5人の個人 A、B、M、C、D がそれぞれ、第2章で説明したように、私的財と（純粋）公共財について図16-2のような選好（無差別曲線）を持っていたとする。そのとき、個人 i $(i=A,B,M,C,D)$ にとって、予算制約を満たす状況で、効用を最大にする公共財供給量を G^i と表すとする。これは、個人 i にとって、予算制約を満たす状況で、公共財供給量 (G) がゼロから G^i までは G が増えるにつれて効用水準が上がり、G^i より多くなると G が増えるにつれて効用水準が下がることを意味する。これを図示したのが、図16-2の下図である。ここで、5人の公共財に関する選好は異なっていると仮定する。いま、効用を最大化する公共財供給量が、それぞれ G^A〜G^D と、図16-3のように並んでいるとする。図16-3は、5人の図16-2の下図を並べて描いたものである。ここでは、個人 M が中位投票者である。

　そこで、5人の間で多数決投票によって公共財供給量を決定する状況を考えよう。各個人は多数決投票において、自分の効用最大化点により近いものに投票するのが合理的である。個人 A〜D は、自分の効用を最大化する供給量 G^A〜G^D をそれぞれ提案する。まず、G^A と G^B について多数決投票をすると、個人 A が G^A、個人 B〜D が G^B に投票し、G^B が採択される。同

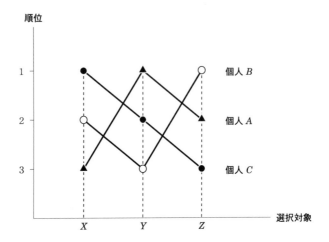

図16-4 非単峰型選好

様に、G^CとG^DではG^Cが採択される。次にG^BとG^Mでは、個人A、BがG^Bに、個人M、C、DがG^Mに投票してG^Mが採択され、G^MとG^CではG^Mが採択される。結局多数決投票の結果、投票順序によらず、中位投票者Mの効用を最大化する供給量が採択される。この結果は、投票者数によらず、各個人の選好が1つの選択対象について単峰型であれば成り立ち、選好が効用最大化点に対して非対称であっても成り立つ。

● 非単峰型選好

この中位投票者定理は、投票者の選好が単峰型であることが重要な条件であった。もし単峰型でなければ、投票のパラドックスが生じ得るのである。このことは簡単に確認できる。前に投票のパラドックスを説明した際に用いた例で説明する。3人の個人A、B、Cが3つの選択対象X、Y、Zについて、選好順序が個人AはYZX、個人BはZXY、個人CはXYZの順で望ましいとする。これを縦軸に順位、横軸に選択対象をとって図示すると、図16-4のようになる。

そこで、図16-4で各個人の選好が単峰型になっているかをみると、個人AとCは峰が1つしかない形をしているから単峰型だが、個人BはXとZ

図 16-5 選択対象が2つの場合

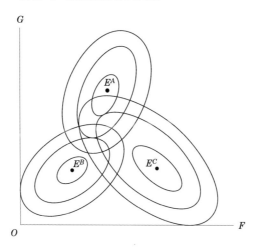

のところで峰があり単峰型でない。このように選好が単峰型でないときには、前に述べたように投票のパラドックスが生じ得る。

● プロットの条件

中位投票者定理は、選択対象が2つ以上のときには必ずしも成り立たない。つまり、選択対象が2つ以上のときには、多数決投票によって社会的決定が必ずしも一意的に決まらない。このことを簡単に確認する。いま、3人の個人 A、B、C が2つの選択対象 G、F について図16-5のように効用最大化点 E^A、E^B、E^C をそれぞれ持ち、効用最大化点を中心に無差別曲線が図16-5のように描けたとする。このとき、前に述べたような投票のパラドックスが生じている（各自で確かめられたい）。したがって、選択対象が2つ以上のときには選好が単峰型であっても、中位投票者定理は必ずしも成り立たない。

選択対象が2つ以上のときでも中位投票者定理が成り立つ場合がある。そのための条件が、プロットの条件である。成り立つ場合とは、先ほどの選択対象が2つの例では個人の効用最大化点が図16-6のようになっている場合である。

図16-6 プロットの条件

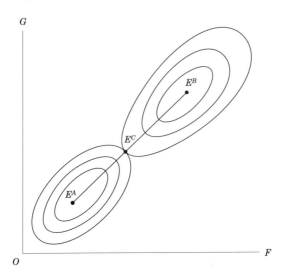

　ここでは、点 E^C を効用最大化点とする個人 C がいて、点 E^C を対称に点 E^A、点 E^B が一直線上に並んでいるとする。このとき多数決投票によって、中位投票者の個人 C の効用最大化点が社会的決定として採択される。
　なぜならば、点 E^C よりも E^A に近い点を投票にかければ、個人 A は賛成するが個人 B と C は反対する。同様に、点 E^C よりも E^B に近い点を投票にかければ、個人 B は賛成するが個人 A と C は反対する。こうして点 E^C が採択される。
　このことから、プロットの条件を一般的にいえば、選択対象が 2 つ以上のとき中位投票者定理が成り立つ条件は、多数決投票の結果採択される点（中位投票者の効用最大化点）以外のところに効用最大化点を持つ個人が、多数決投票の結果採択される点に対して対称に存在することである、といえる。

3　議会制民主主義

●2 大政党モデル
　現代の世界で最も多い民主主義の形態は、議会制民主主義（間接民主主

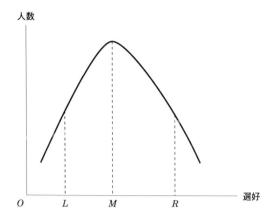

図16-7 2大政党モデル

義）であろう。議会制民主主義での投票者行動を分析したものとして、ダウンズの2大政党モデルがある。

　まず、投票者の選好の分布が図16-7のように右翼、中道、左翼と並べられるとする。政界に2大政党（左翼党、右翼党）があるとき、議会制民主主義では選挙の際に公約を掲げて過半数の票（ないしは議席）を得れば、与党となり政策を行うことができる。両政党はこの選好の分布を完全に知っていることを前提とする。そこで、一方の政党の公約の位置より左（右）に他の政党の公約がないときは、公約の位置より左（右）の投票者はその政党に投票する。

　このとき、両政党はどこに公約を設定するだろうか。まず左翼党が図16-7で点 L に、右翼党は点 R に公約を設定したとする。これに対し、左翼党は公約を点 L より右に設定するほど、右翼党は公約を点 R より左に設定するほど、その政党に投票する投票者が増える。突き詰めれば、右翼党が中位投票者の位置する点 M に公約を設定すると過半数が右翼党に投票し与党になれる（これは左翼党でも同様である）。つまり、2大政党の公約は中位投票者に近いものを出せば与党となりやすくなるから、選挙を繰り返せば両党とも公約は中位投票者の位置に近づけていくのである。

　2大政党モデルでの結論は選好の分布が非単峰型であっても、非対称型で

あっても成り立つ。また、一見直接民主主義と同じ結論だが、実際の議会制民主主義は、政党が投票者の意向をきちんと把握しにくい状況があって、不完全情報の下では、必ずしも中位投票者の選好に収束するわけではない。

●官僚の予算規模最大化行動

現実の政治過程において官僚が果たす役割は、国によって異なるが無視できないものである。行政機構の中で実務担当者として重要な役割を果たす官僚の行動を分析したものとして、ニスカネンの**官僚の予算規模最大化行動モデル**がある。

このモデルでの官僚は、国民（投票者）や議会で予算編成権を握る政治家とは独立に行動することを前提とする。さらに、官僚は自らの部局の予算規模を拡大することを目的として行動すると考える。これが官僚の予算規模最大化行動の重要な仮定である。官僚は、行政機構を司るため、政府が供給する公共財にかかる費用やその公共財から国民がどれだけ便益を受けるかを知っている。しかし、政治家は公共財供給に関する予算を議決する権限は持っているが、公共財に対する便益は知っていても、その費用はわからないとする。ここでは、官僚は予算の議決権を持っていないものの、費用に関する情報を独占的に持っているとする。政治家は、予算を議決するために必要な情報を官僚から入手する必要がある。

いま、公共財供給の予算規模に対する費用曲線が図16-8の曲線 OC、（金額ベースに換算した）便益評価曲線が図16-8の曲線 OV のように表されるとする。図16-8での曲線 OEA は、便益から費用を差し引いたもので、公共財から受ける国民の純便益を示す曲線である。国民にとっては純便益が最大になる予算規模が望ましく、国民（投票者）から選挙で再び選ばれる政治家は、国民の利害を代弁してこの純便益が最大になるように予算を議会で決定しようとする。

ここで、官僚が費用曲線を偽りなく政治家に伝え、政治家がそれに基づいて予算を編成すると、純便益が最大となる線分 OE'（点 E）に相当する予算規模にするのが望ましい。ところが、官僚は情報を独占していて、予算規模を最大にするために予算規模を OE' よりも多く出来る方法を考えようと

図 16-8　官僚の予算規模最大化行動

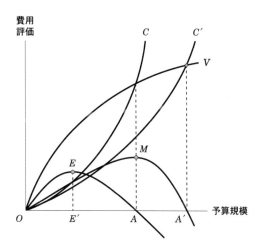

する。政治家や国民は公共財の費用に関する情報を（予算執行前には）知らないから、官僚は費用に関する情報を操作して、予算規模を最大化できる。ただし、実際にかかった費用は、予算が執行されれば事後的に租税負担などの形で政治家や国民の知るところとなる[2]。したがって、予算規模をむやみに大きくすると、官僚はこの不必要な予算拡大に関して事後的に責任を追及される。国民や政治家が予算規模が不必要に多いと判断するのは、予算執行後に受けた便益と実際にかかった費用との差である実際の純便益が負になる場合である[3]。

---

[2] ただし、国民や政治家は、図16-8の曲線 OC のような正しい公共財の費用構造全体を事後的に知ることはできないとする。事後的に知ることができるのは、執行された予算規模での実際にかかった費用だけであるとする

[3] その理由は、国民や政治家は正しい公共財の費用構造全体を知らないから、それを知っていたら受けられたはずの正の純便益の大きさを正確に認識できないからである。予算の執行に伴って少なくともゼロ以上の純便益が得られるなら、その大きさを問わず、その予算執行に反対する理由はない。だから、事後的に認識できる実際の純便益が負でなければ、その予算執行を是認すると考えられる。

そこで、官僚は、実際の純便益が負にならない範囲で予算規模を最大にするように情報を操作しようとする。その予算規模は、図16-8では線分 OA である。官僚は、この予算規模を議決してもらうべく、政治家には公共財の費用曲線を曲線 OC ではなく曲線 OC' として偽って報告する。政治家は官僚から報告を受けた費用曲線が正しいものとして予算を議決すると、便益評価曲線 OV と報告された費用曲線 OC' から導かれた純便益の大きさを示す曲線 OMA' に従って、純便益が最大になる予算規模線分 OA を選択し、議決する。このとき、実現した予算規模 OA は社会的に最適な規模 OE' より多くなる。

このような官僚の予算規模最大化行動の結果、公共財が社会的に最適な水準よりも過大に供給される傾向があることを指摘したのである。

●財政膨張

このような予算規模の拡大傾向は、政策当局の方針や政治家の行動によっても助長されるという議論もある。政策当局の方針によって財政規模が膨張する傾向は、戦後の経済政策ではケインズ経済学に基づいた政策が主流であったことも一因である。ケインズ政策は、有効需要原理に基づいて、不況の時には積極的な財政支出を行って財政赤字を、好況の時には財政余剰を景気対抗的に発生させ、財政支出を裁量的に用いて景気調整を行うものである。さらに、このような政策を行う際には、景況を見極める専門家が政策を司るという「ハーヴェイロードの前提」が成り立っているものとしていた。

これに対してブキャナンらは、そのようなハーヴェイロードの前提は現実的ではなく、政治的な圧力が予算当局にかかり、不況の時に財政支出をいったん拡大すれば、好況になったからといって縮小することができず、ケインズ政策は財政規模を膨張させる一方であると主張した。

さらに、選挙で選ばれる政治家が、選挙で再選できるように多くの政策を投票者に公約し、投票者が反対する政策は公約しないという「政治的企業家」であるならば、政治家は投票者が反対する増税は公約しない。そうなれば、一方では歳出が増加（財政規模が膨張）し他方では税収が増えない（増税できない）という状況に陥り、結局財政赤字が累増してゆくこととなる。

そこでブキャナンらは、このような財政膨張を防ぐためには、「憲法」に公債は発行しない均衡予算ルールを設定すべきだと主張したのである。

●近年の研究動向

　近年、経済学では、さまざまな経済政策と政治の影響を考慮した分析が、新しい展開を見せている。近年における一連の政治現象の経済学的分析は、「政治経済学（political economy）」と呼ばれている。「政治経済学」の研究では、公共選択論の成果を取り入れつつも、主に次のような点でそれとは異なる特徴がある。第1に、政治活動を行う主体は、標準的なミクロ経済学やゲーム理論で想定している効用や利潤や利得を最大化することを前提に、その行動を分析することである。例えば、ニスカネンの官僚の予算規模最大化行動モデルでは、官僚の目的が予算規模を最大化するという特殊な設定になっているが、「政治経済学」ではミクロ経済学的基礎付け（microeconomic foundation）を重視したモデルで政治現象を説明しようとしている。第2に、政治過程における主体間の相互関係を非市場取引とみなして、ゲーム理論の純粋理論で得られた高度で新しい成果を積極的に応用していることである。第3に、現実の政治現象を、政治過程にかかわる主体に内在する要因（目的や選好）よりも、政治過程を取り巻く制度に伴う要因で説明する志向が強いことである。例えば、官僚が汚職をするのは、官僚が予算やレントを追求する目的（関数）を持っていたり、そうした選好が強かったりするという要因より、自らの効用や利得を最大化するという意味で合理的な官僚に、汚職をする誘因を生む現行制度（予算配分の権限や決め方など）が与えられているという要因を強調するのである（もちろん、前者の要因を否定するわけではなく、新しい要因を発見して説明することに近年の研究の意義がある）。

　「政治経済学」の研究では、1980年代にアメリカで「小さな政府」を指向した共和党政権でなぜ財政赤字が拡大したか、複数の政党が与党となる連立政権でなぜ財政再建が遅れるか、選挙の時期を選べる（議会の解散権を持つ）政府は、できるだけ与党が選挙で勝利しそうな時期を選んで選挙を行いたいと考えているが、いつ選挙を行おうとするか、など、より具体的な政治

現象について経済学的な視点から分析を行っている。これらについてのより詳しい解説は、別の書物に譲りたい。

■ 練習問題

1．合意の計算について説明せよ。
2．次の文章について、正しいものに〇、誤っているものに×、どちらとも言えないものに△を付けなさい。
　① 全員一致ルールによる公共財供給は、誰か1人でも現状より悪化するような公共財供給量の提案は採択されないため、パレート最適が実現する。
　② 2大政党モデルでは、投票者の選好の分布が1つの選択対象について単峰型である（図16-7）とき、右翼党と左翼党が選挙公約を掲げる際、両党の公約が離れているほど、第3党が参入する余地が増え、その第3党との連立政権を樹立するように2大政党が第3党を奪い合うというものである。
　③ 官僚の予算規模最大化行動は、官僚が公共サービスを独占的に供給するため、官僚の独占利潤を最大化するように予算規模を大きくする、とブキャナンが提示した。
3．中位投票者定理の内容を説明せよ。

■ 本書を終えるにあたって

　本書では、政府が直面する現実の諸問題を公共経済学の理論を解説しながら論じてきた。目下、わが国はかつてないほどの政府債務を負い、政府のあり方を根本から見直さなければならない時期にある。これまでに論じてきた理論が、今後の政府の諸改革に実践されることを期待してやまない。また、読者諸氏が、民主主義の下でよりよい政策を実現するべく、公共経済学の理論を少しでも実践していただければ、著者冥利に尽きるところである。民主主義の政府は、官僚や政治家のものではなく、読者諸氏を含む国民一人一人のものであることを忘れないでほしい。

用語解説

消費者余剰

消費者余剰とは、財の消費から得られる効用からその財を消費するための支払いを差し引いたもので、家計が財の消費から得る純便益のことである。需要曲線が図Aの曲線Dのように表されれば、消費者余剰は図Aのアミ部分となる。消費者余剰の大きさは、需要曲線よりも下側で、均衡価格よりも上側の部分の面積に相当する。

生産者余剰

生産者余剰とは、企業が財を供給することで得る収入から財を供給するための費用を差し引いたもので、企業が財を供給することから得る利益である。供給曲線が図Bの曲線Sのように表されれば、生産者余剰は図Bのアミ部分となる。生産者余剰の大きさは、供給曲線よりも上側で、均衡価格よりも下側の部分の面積に相当する。

総余剰

総余剰とは、消費者余剰と生産者余剰を足した合計である。これを図で表すと、総余剰は図Cの$\triangle ade$となる。

図A

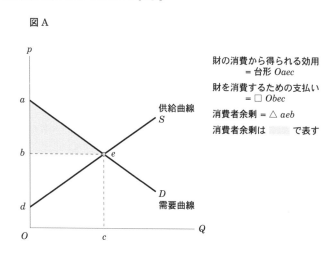

需要の価格弾力性

需要の価格弾力性とは、財の価格が1％上昇したときに需要量が何％増加するかを表したものである。変化前の需要量を D_0、価格を p_0 とし、需要量の変化分を ΔD、価格の変化分を Δp とすると、需要の価格弾力性 ε_D は、

$$\varepsilon_D = \frac{\Delta D/D_0}{\Delta p/p_0}$$

と表される。需要の価格弾力性が大きいほど需要曲線の傾きは緩やかに（水平に近く）なる。需要の価格弾力性が小さいほど需要曲線の傾きはきつく（垂直に近く）なる。

通常（ギッフェン財でない）の場合は、需要の価格弾力性はマイナスの値をとる。なぜならば、通常、財の価格が上がったら家計は需要量を減らすからである。

供給の価格弾力性

供給の価格弾力性とは、財の価格が1％上昇したときに供給量が何％増加するかを表したものである。変化前の供給量を S_0、価格を p_0 とし、供給量の変化分を ΔS、価格の変化分を Δp とすると、需要の価格弾力性 ε_S は、

$$\varepsilon_S = \frac{\Delta S/S_0}{\Delta p/p_0}$$

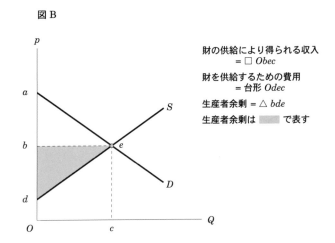

図B

と表される。供給の価格弾力性が大きいほど供給曲線の傾きは緩やかに（水平に近く）なる。供給の価格弾力性が小さいほど供給曲線の傾きはきつく（垂直に近く）なる。

需要の所得弾力性

　需要の所得弾力性とは、家計の所得が1％増加したときに財の需要量が何％増加するかを表したものである。需要の価格弾力性は、上級財ならばプラスとなり、下級財ならばマイナスとなる。

　また、需要関数の性質から、ある財の需要が他の財の価格の変化に影響を受けない（交差価格弾力性がゼロ）場合、需要の価格弾力性と需要の所得弾力性の和はゼロとなることが証明されている。したがって、需要の価格弾力性がマイナスのとき、需要の所得弾力性の値は需要の価格弾力性の絶対値と等しくなる。

必需財・奢侈財

　必需財とは、需要の所得弾力性が1より小さい財のことである。奢侈財とは、需要の所得弾力性が1より大きい財のことである。前述した需要の所得弾力性と需要の価格弾力性の関係から、需要の価格弾力性がマイナスのとき、必需財は需要の価格弾力性の絶対値が1よりも小さい財となる。つま

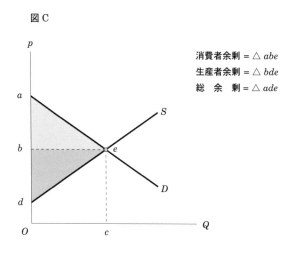

図C

り、価格が上昇しても需要量があまり変化しない(非弾力的な)財である。奢侈財は需要の価格弾力性の絶対値が1よりも大きい財となる。つまり、価格が上昇すると需要量が大きく変化する(弾力的な)財である。

■ 参考文献

　本書の姉妹版として、財政学を学ぶには、
土居丈朗『入門｜財政学（第2版）』日本評論社，2021年．
　がある。本書の知識を引き継いで財政制度や現状について理解を深められる。
　公共経済学の知識をさらに深めるには、次のような文献がある（以下，刊行年順）。
井堀利宏『公共経済の理論』有斐閣，1996年．
ジョセフ・E・スティグリッツ『公共経済学（第2版）上・下』東洋経済新報社，2003年．
林正義・小川光・別所俊一郎『公共経済学（有斐閣アルマ）』有斐閣，2010年．
板谷淳一・佐野博之『コア・テキスト公共経済学（ライブラリ経済学コア・テキスト＆最先端）』新世社，2013年．
奥野信宏・八木匡・小川光編著『公共経済学で日本を考える』中央経済社，2017年．
　財政学や日本の財政制度について書かれた文献は、次のものがある。
井堀利宏・土居丈朗『財政読本（第6版）』東洋経済新報社，2001年．
加藤久和『財政学講義』文眞堂，2003年．
西村幸浩『財政学入門（経済学叢書 Introductory）』新世社，2013年．
赤井伸郎編『実践 財政学——基礎・理論・政策を学ぶ』有斐閣，2017年．
麻生良文・小黒一正・鈴木将覚『財政学15講（ライブラリ経済学15講 BASIC 編 4）』新世社，2018年．
財務省大臣官房総合政策課長編『図説日本の財政』東洋経済新報社，各年度版．
財務省主税局調査課長編『図説日本の税制』財経詳報社，各年度版．
総務省編『地方財政白書』各年度版（ウェブサイトで公開）．
　文中で示したもの以外に、各章に関する文献は、次のものがある。

第3章～第5章　租税関連
石弘光『税制改革の渦中にあって』岩波書店，2008年．
土居丈朗編『日本の税をどう見直すか（シリーズ・現代経済研究）』日本経済新聞出版社，2010年．
井堀利宏『消費増税は、なぜ経済学的に正しいのか——「世代間格差拡大」の財政的研究』ダイヤモンド社，2016年．

第6章　法人税の意義
国枝繁樹「コーポレート・ファイナンスと税制」『フィナンシャル・レビュー』第69号，財務省財務総合政策研究所，pp.4-45，2003年．
鈴木将覚『グローバル経済下の法人税改革』京都大学学術出版会，2014年．

第8章　公共料金の決め方
江副憲昭『ネットワーク産業の経済分析——公益事業の料金規制理論』勁草書房，2003年．

桑原秀史『公共料金の経済学——規制改革と競争政策』有斐閣，2008年.
長岡貞男・平尾由紀子『産業組織の経済学（第2版）』日本評論社，2013年.

第9章、第10章　地方財政関連

林宜嗣『地方財政　新版』有斐閣，2008年.
佐藤主光『地方財政論入門（経済学叢書 Introductory）』新世社，2009年.
林宏昭・橋本恭之『入門地方財政（第3版）』中央経済社，2014年.
金本良嗣・藤原徹『都市経済学（第2版）』東洋経済新報社，2016年.

第11章　公債の有効活用

井堀利宏『財政赤字の正しい考え方』東洋経済新報社，2000年.
カーメン・M・ラインハート，ケネス・S・ロゴフ『国家は破綻する——金融危機の800年』日経BP社，2011年.

第12章　年金制度の課題

上村敏之『公的年金と財源の経済学』日本経済新聞出版社，2009年.
西沢和彦『税と社会保障の抜本改革』日本経済新聞出版社，2011年.
小塩隆士『社会保障の経済学（第4版）』日本評論社，2013年.
駒村康平『日本の年金』岩波新書，2014年.

第13章　効率的な公共投資のために

吉野直行・中島隆信『公共投資の経済効果』日本評論社，1999年.

第14章　国際課税をどう行うか

井堀利宏『経済大国日・米の財政政策』東洋経済新報社，1991年.
Frenkel, J.A., A. Razin, and E. Sadka, *International Taxation in an Integrated World*, The MIT Press, 1991年.

第15章　地球環境問題

浅子和美・落合勝昭・落合由紀子『グラフィック環境経済学（グラフィック経済学 9）』新世社，2015年.
栗山浩一・馬奈木俊介『環境経済学をつかむ 第3版（テキストブックス［つかむ］）』有斐閣，2016年.
有村俊秀・片山東・松本茂編著『環境経済学のフロンティア』日本評論社，2017年.

第16章　政策決定の政治的影響を考える

井堀利宏・土居丈朗『日本政治の経済分析』木鐸社，1998年.
アビナッシュ・K・ディキシット『経済政策の政治経済学——取引費用政治学アプローチ』日本経済新聞社，2000年.
小西秀樹『公共選択の経済分析』東京大学出版会，2009年.
川野辺裕幸・中村まづる『テキストブック公共選択』勁草書房，2013年.
井堀利宏・小西秀樹『政治経済学で読み解く政府の行動——アベノミクスの理論分析』木鐸社，2016年.

■練習問題解答例

第1章

1. ①他のいずれかの経済主体の効用（あるいは利潤）を減らすことなく、どの経済主体の効用（あるいは利潤）を増やすことがもはやできない状態。
   ②ある人が対価を支払えば、他の人は財やサービスの消費から排除される性質。
   ③ある人が財やサービスを消費したら、その同じ財やサービスについて他の人々の消費を減らす性質。

2. 家計間のパレート最適条件：$MRS^A = MRS^B = \dfrac{p_1}{p_2}$

   企業間のパレート最適条件：$MRT^A = MRT^B = \dfrac{p_1}{p_2}$

   家計と企業の間のパレート最適条件：$MRS^i = MRT^j = \dfrac{p_1}{p_2}$ $(i = A, B, j = A, B)$

3. 公共財（外部性の存在）、独占・寡占、不完全情報、不完備市場

第2章

1. ①非排除性と非競合性を持つ財。
   ②純粋公共財の自発的供給が行われる下で、家計間のいかなる所得再分配政策も各家計の公共財の自発的供給量を変化させない状態。
   ③故意に対価を支払わずに公共財を消費しようとする人。

2. ①○ ②× ③×

3. ①60 ②40 ③$h_A = 3/8 (= 45/120)$, $h_B = 5/8 (= 75/120)$〈解法は筆者のウェブサイト http://web.econ.keio.ac.jp/staff/tdoi/pubecon.html を参照〉

第3章

1. Ⅰ：変わらない Ⅱ：企業 Ⅲ：家計 Ⅳ：小さい

2. 従量税が課税されても、均衡需給量は課税前と変わらず、租税負担はすべて企業が負担することになり、超過負担は生じない。

第4章

1. 従量税
2. 一括固定税は両財の価格比を変えず代替効果が生じないという点で超過負担が生じないのに対して、個別消費税は、課税によって財の間の価格比を変えて代替効果が生じるため、超過負担が生じるからである。
3. 逆弾力性の命題：各財の（補償）需要が相互に独立である場合、各財の税率は各財の需要の（自己）価格弾力性に反比例して決めるのが望ましい。
　　均一課税の命題：各財（余暇を除く）に対して同一の税率で課税するのが望ましいのは、各財の（補償）需要の賃金弾力性がすべての財で等しい場合である。

第5章

1. ①× ②○ ③△
2. コレット＝ヘイグの命題：余暇とより補完的な財に、より高い税率を課すのが望ましい。
3. 利子所得税を課税することが効率性の観点から望ましい場合には、次のような場合がある。第一に、現在消費と将来消費の（補償）需要の賃金弾力性が異なる状況で、何らかの理由で両時点の消費に同じ税率でしか課税できないときに、コレット＝ヘイグの命題が示唆する税率をかけたときに実現する価格比になるように利子所得税を課税する場合である。第二に、現在消費と将来消費の（補償）需要が相互に独立で、両時点の消費の（補償）需要の賃金弾力性が等しい状況で、何らかの理由で同じ税率で課税できないときに、両時点の消費に対して同じ税率をかけたときに実現する価格比になるように利子所得税を課税する場合である。

第6章

1. こうした状況での課税によって、課税後に企業が直面する資本に関する限界生産性条件を課税前と異なるものにし、資本投入量を減らすからである。
2. 負債で資金調達した企業
3. 法人で利潤が実現した段階（配当が支払われる前の段階）で法人税が課税され、家計がそれを配当所得として得た段階で所得税が課税されるから、配当所得は二重に課税されている。これに対して、利子所得は家計が受け取る段階で所得税が課税されるものの、法人で利潤が実現する段階では費用となるため課税されないため、二重課税は生じない。

第7章

1. Ⅰ：変わらない　Ⅱ：低下する　Ⅲ：大きい
2. 超過負担は必ず小さくなる。

第8章

1. ①1つの企業ですべて供給するときの費用の方が、複数の企業で個別に供給するときの費用の合計よりも少ないという性質。
   ②通常の取引における量では平均費用が逓減する（供給量が増えると平均費用が低下する）産業。
   ③自然独占の市場や費用逓減産業などで、価格（公共料金）を限界費用と等しい水準に設定する原理。
2. ピーク・ロード料金は、オフピーク時には限界操業費用と等しい水準でより安い価格を設定し、ピーク時には固定費用を回収するべくより高い価格を設定する料金体系である。
3. ラムゼイ価格では、その財の限界費用が高いほど、需要の価格弾力性の絶対値が小さいほど、その財の価格を高くつけることが望ましいと示唆している。

第9章

1. サミュエルソンの公式（私的財と地方公共財に関して、各家計の限界代替率の和が限界変形率と等しくなる）と最適人口分布の条件（各地域の労働の社会的限界純生産性（私的財の追加的な生産量の変化と消費量の変化の差）が等しくなる）を同時に満たすこと。
2. 所得や地方公共財に対する選好が異なる家計は、それぞれグループ化されて、似たような所得や選好を持つ家計がある同一の地域に集まって居住するようになる。
3. ①×　②×　③○

第10章

1. ある地域の地方政府が供給した地方公共財の便益が、行政区域を越えてスピルオーバーしていないにもかかわらず、租税負担を他地域の住民に転嫁する状況。
2. 最適な地方公共財供給と最適な人口規模という2つの政策目標を実現するには、一括固定税という1つの政策手段だけでは足らず、固定資産税という他地域への財政移転を

自発的に可能にする2つ目の政策手段が必要である。また、一括固定税は代替効果が生じず、土地に対する固定資産税は、課税対象である土地が地域間で不動であり、住民の地域間移住と無関係である点で、効率的である。
3. 家計の地域間移住が完全に自由ならば、各地域の効用水準が均等化されるから、垂直的公平性は、中央政府から地方政府への財政的措置でなく、むしろ家計の地域間移住によって達成される。

第11章

1. ①経済主体の時間的視野が無限である、②資本市場が完全である、③異質な経済主体間の再分配効果がない、④民間の経済活動に対して歪みのない租税体系である。
2. 公債残高、将来世代の公債の負担、減税政策、内国債と外国債の区別、公債の持続可能性（財政の破綻）、公債管理政策（公債の満期構成）など。
3. 公債の中立命題が成り立たない状況で、ある一定水準の政府支出の財源を調達するときには、ある一時期に集中した租税負担を課すのではなく、通時的に租税負担をならすように課すのが、超過負担をより小さくできて効率性の観点から望ましい。

第12章

1. ①高齢世代への年金給付の財源を、その時の若年世代から保険料として徴収する方式の年金 ②若年期に保険料を支払い、将来（高齢期）の自らの年金受給のために積み立てておく方式の年金 ③高齢期の1人当たり年金保険金をあらかじめ定める形で保険料負担を求める年金 ④若年期の1人当たり年金保険料をあらかじめ定める形で保険金給付を行う年金
2. 人口成長率が高いほど、賦課方式年金の収益率の方が高くなる。利子率が高いほど、積立方式年金の収益率の方が高くなる。

第13章

1. 社会資本を生産要素としてみなし、社会資本が増えると生産量（生産面からみたGDP）が増える効果。
2. $MP_g = MP_k = MRS$
3. プロジェクトA

第14章

1. 〈居住地主義課税〉A国政府が課税：A国で発生したA国の家計の利子所得、B国で発生したA国の家計の利子所得。B国政府が課税：A国で発生したB国の家計の利子所得、B国で発生したB国の家計の利子所得。
〈源泉地主義課税〉A国政府が課税：A国で発生したA国の家計の利子所得、A国で発生したB国の家計の利子所得。B国政府が課税：B国で発生したA国の家計の利子所得、B国で発生したB国の家計の利子所得。
2. 居住地主義の利子所得税の下での生産における効率性の条件：各国での資本の限界生産性（税抜き）が均等化する状態。
源泉地主義の利子所得税の下での消費における効率性の条件：各国の家計の異時点間（現在と将来）の消費の限界代替率が均等化する状態。
3. 生産における効率性の条件を満たす租税が次善の意味で望ましく、消費における効率性の条件を満たす租税は生産における効率性の条件を満たす租税よりも非効率な租税である。

第15章

1. 政府が企業に対して、生産に伴う外部不経済に応じた適切なピグー税を課税すれば、企業が認識する課税後の費用が租税分だけ高くなり、生産量を抑制させる。このピグー税は、外部不経済を及ぼしている企業に対して、外部不経済に伴う損害を課税の形で認識させることによって、外部性を内部化する。
2. ピグー税は、外部不経済を考慮しつつ総余剰を最大にする需給量での限界外部費用と同じ大きさの税を課税するのに対して、ボーモル＝オーツ税は、外部不経済をもたらす物質の量について、ある目標値を設けてそれを実現するべく課税する。
3. 図15-8での p_x^*

第16章

1. 合理的な個人がある内容の「立憲契約」を結ぶ際に、外部費用と意思決定費用を合計した相互依存費用が極小となるような人数で合意するのが望ましい、という基準で進められる合意形成過程。外部費用は、立憲契約に合意しない人々が非協力的に行動するためにこうむる費用で、合意する人が少ないほど高くなる。意思決定費用は交渉や説得にかかる費用で、合意する人が多くなるほど高くなる。
2. ①○ ②× ③×

3．①選択対象が1つ（1次元）に限られる、②すべての投票者の選好が単峰型である、③どの投票者も自由に提案ができる、という条件が成り立つとき、多数決投票によって中位投票者の効用最大化点が安定的、支配的な社会的決定となる。

索 引

ア行

アドバース・セレクション（逆選択） 297
アローの一般不可能性定理 376

移住均衡 210
一括固定税 93, 103, 210
一般消費税 94
一般補助金 220
インセンティブ規制 194
温室効果ガス 352

カ行

外形標準課税 124
外部性 356
価格支持政策 161
価格受容者 5
下級財 8
確定給付型年金 288
確定拠出型年金 288
課税控除 105
課税最低限 105
課税標準 124
課税平準化の理論 276
加速償却制度 135
間接税 55
完全競争市場 5
完全情報 5
簡素 57
完備市場 5

官僚の予算規模最大化行動 384
規模の経済 174
逆弾力性の命題 96
供給曲線 13
供給の価格弾力性 392
競合性 4
居住地主義 330
均一課税の命題 96, 114
クラーク＝グローブス・メカニズム 47
クラブ財 201

景気調整機能 2
経済安定機能 2
限界生産性 11
　——条件 12
限界代替率 9
限界費用価格形成原理 175
限界変形率 15
源泉地主義 330

合意の計算 373
公共財 22
　——の中立命題 40
公共事業関係費 301
公共選択論 372
公共料金 169
公債 261
　——の中立命題（等価定理） 267
厚生経済学の基本定理 6
公的年金 283, 296

公平　57
　　垂直的——　57
　　水平的——　57
効率性　58
国税　55
国庫支出金　222
固定資産税　229
個別消費税　91
コレット＝ヘイグの命題　114

サ行

財政構造改革　262
財政的外部性　216
財政投融資　296
財政の持続可能性　269
最適課税論　95
最適人口分布の条件　208
サミュエルソンの公式　28, 206

死荷重　63
資源配分機能　2
市場の失敗　2
次善　95
自然独占　172
私的財　4
社会計画当局　26
社会厚生関数　51
社会資本の最適供給条件　312
社会資本の生産力効果　307
奢侈財　393
従価税　60, 79
従量税　60
従量補助金　155
需要曲線　11
需要の価格弾力性　197, 392
準公共財　22, 201
純粋公共財　22
上級財　8
乗数効果　306

消費者余剰　391
所得効果　92
所得控除　105
所得再分配機能　2

垂直的公平　57
水平的公平　57
スピルオーバー効果　242

税額控除　105
生活保護　109
生産可能曲線　15
生産者余剰　391
政治経済学　387
全員一致ルール　374
戦略的行動　32

総生産効率性定理　345
総余剰　391
租税輸出　232

タ行

貸借対照表　139
代替効果　92
代表的家計　202
単峰型選好　377
地方公共財　200
　　——の最適供給条件　204
地方交付税　220
地方税　55
地方分権定理　224
中位投票者定理　377
中立　57
超過負担　63
直接税　55

積立方式　290

定額補助金　220
ティブーの足による投票　227
定率補助金　220

投資税額控除　132
投票のパラドックス　375
独占企業　69
特定補助金　220

ナ行

内部化　358
内部収益率　322
ナショナル・ミニマム　250
ナッシュ均衡　35

二重配当　361
2大政党モデル　382
二部料金　178
ニューメレール　202

納税義務者　60

ハ行

排出量取引（排出権取引）　365
排除性　4
配当所得税　146
配当の二重課税　146
パレート改善　7
パレート最適　5

ピーク・ロード料金　181
非競合性　22
ピグー税　358
必需財　393
非排除性　22
費用逓減産業　173
費用便益分析　30, 321

賦課方式　289
普通税　55
負の所得税　111
プライス・キャップ規制（価格上限規制）
　195
フライペーパー効果　222
フリーライダー問題　23

平均費用価格形成原理　177

法人擬制説　127
法人実在説　127
法人税　123
ボーモル＝オーツ税　362
補償需要　66
補助金　153
　一般——　220
　定額——　220
　定率——　220
　特定——　220

マ行

目的税　55
モジリアーニ＝ミラーの定理　142

ヤ行

ヤードスティック競争　195

ラ行

ラムゼイ・ルール　95
ラムゼイ価格　190
利子所得税　116, 146, 270, 330
リンダール均衡　44
累進所得税制　107

劣加法性　171

労働所得税　99

土居丈朗（どい　たけろう）

1970年奈良県生まれ。大阪大学経済学部卒業。東京大学大学院経済学研究科博士課程修了。博士（経済学）（東京大学）。慶應義塾大学経済学部専任講師、助教授、財務省財務総合政策研究所主任研究官などを経て、現在、慶應義塾大学経済学部教授。これまでに、内閣府経済社会総合研究所客員研究員、カリフォルニア大学サンディエゴ校客員研究員、政府税制調査会委員、財政制度等審議会委員、社会保障審議会臨時委員などを務める。著書に、『地方債改革の経済学』（日本経済新聞出版社）：第50回日経・経済図書文化賞、第29回サントリー学芸賞受賞、『入門｜財政学（第2版）』（日本評論社）、『財政学から見た日本経済』（光文社）などがある。

ウェブサイト　http://web.econ.keio.ac.jp/staff/tdoi/

にゅうもん　こうきょうけいざいがく
入　門｜公共経済学　第2版
2002年11月15日　　第1版第1刷発行
2018年3月15日　　第2版第1刷発行
2023年8月30日　　第2版第3刷発行

著　者　土居丈朗
発行所　株式会社日本評論社
　　　　〒170-8474 東京都豊島区南大塚3-12-4　振替00100-3-16
　　　　電話03-3987-8621（販売）　03-3987-8595（編集）
　　　　https://www.nippyo.co.jp/
検印省略 ©Takero Doi, 2018
印　刷　精文堂印刷株式会社
製　本　株式会社難波製本
Printed in Japan ISBN978-4-535-55891-5
装　幀　林健造

JCOPY　〈(社)出版者著作権管理機構　委託出版物〉

本書の無断複写は著作権法上での例外を除き禁じられています。複写される場合は、そのつど事前に、(社)出版者著作権管理機構（電話03-5244-5088、FAX 03-5244-5089、e-mail：info@jcopy.or.jp）の許諾を得てください。また、本書を代行業者等の第三者に依頼してスキャニング等の行為によりデジタル化することは、個人の家庭内の利用であっても、一切認められておりません。

経済学の学習に最適な充実のラインナップ

入門 経済学 [第4版] 伊藤元重／著	(3色刷) 3300円
ミクロ経済学 [第3版] 伊藤元重／著	(4色刷) 3300円
マクロ経済学 [第2版] 伊藤元重／著	(3色刷) 3080円

【日評ベーシック・シリーズ】

経済学入門 奥野正寛／著	2200円
ミクロ経済学 上田薫／著	2090円
計量経済学のための統計学 岩澤政宗／著	2200円
計量経済学 岩澤政宗／著	2200円
ゲーム理論 土橋俊寛／著	2420円
財政学 小西砂千夫／著	2200円
マーケティング 西本章宏・勝又壮太郎／著	2200円

【新エコノミクス・シリーズ】

ミクロ経済学入門 清野一治／著	(2色刷) 2420円
マクロ経済学入門 [第3版] 二神孝一／著	(2色刷) 2420円
ミクロ経済学の力 神取道宏／著	(2色刷) 3520円
ミクロ経済学の技 神取道宏／著	(2色刷) 1870円

例題で学ぶ 初歩からの経済学 白砂堤津耶・森脇祥太／著	3080円
例題で学ぶ 初歩からの計量経済学 [第2版] 白砂堤津耶／著	3080円
例題で学ぶ 初歩からの統計学 [第2版] 白砂堤津耶／著	2750円
入門 公共経済学 [第2版] 土居丈朗／著	3190円
入門 財政学 [第2版] 土居丈朗／著	3080円
経済学を味わう 東大1、2年生に大人気の授業 市村英彦・岡崎哲二・佐藤泰裕・松井彰彦／編	1980円
しっかり基礎からミクロ経済学 LQアプローチ 梶谷真也・鈴木史馬／著	2750円
ミクロ経済学 戦略的アプローチ 梶井厚志・松井彰彦／著	2530円
入門マクロ経済学 [第6版] 中谷巌・下井直毅・塚田裕昭／著	(4色刷) 3080円
[改訂版] **経済学で出る数学** 尾山大輔・安田洋祐／編著	2310円
計量経済学のための数学 田中久稔／著	2860円
実証分析入門 森果／著	3300円
最新 日本経済入門 [第6版] 小峰隆夫・村田啓子／著	2750円
経済論文の書き方 経済セミナー編集部／編	2200円

※表示価格は税込価格です。

〒170-8474 東京都豊島区南大塚3-12-4　TEL:03-3987-8621　FAX:03-3987-8590　**日本評論社**
ご注文は日本評論社サービスセンターへ　TEL:049-274-1780　FAX:049-274-1788　https://www.nippyo.co.jp/